U0903288

观山湖区人民法院
司法改革创新

THE INNOVATIVE EXPLORATION AND PRACTICE IN JUDICIAL REFORM OF GUANSHANHU PRIMARY PEOPLE'S COURT,GUIYANG,GUIZHOU

顾问／李豫贵　徐文山
主编／吴大华　徐　涛

社会科学文献出版社
SOCIAL SCIENCES ACADEMIC PRESS (CHINA)

《观山湖区人民法院司法改革创新》
编　委　会

编撰者简介

吴大华　法学博士后，经济学博士后；贵州省社会科学院党委书记，贵州省法治研究与评价中心主任，贵州省大数据政策与法律创新研究中心主任；二级研究员，云南大学、西南政法大学、华中科技大学、贵州民族大学、贵州师范大学博士生导师；国家高层次人才特殊支持计划领军人才、全国文化名家暨“四个一批”人才、国务院政府特殊津贴专家、贵州省核心专家。主要研究方向：刑法学、民族法学（法律人类学）、犯罪学、马克思主义法学、循环经济。主要社会兼职有：中国法学会常务理事、中国民族法学研究会常务副会长、中国人类学民族学研究会副会长暨法律人类学专业委员会主任委员、贵州省法学会副会长兼学术委员会主任，以及贵州省人大常委会、贵州省人民政府法律顾问室、贵州省高级人民法院、贵州省人民检察院咨询专家。先后出版《中国少数民族犯罪与对策研究》《依法治省方略研究》等个人专著13部，合著《法治中国视野下的政法工作研究》《侗族习惯法研究》等35部，主编23部；发表法学论（译）文300余篇；主持国家社会科学基金重大项目“建设社会主义民族法治体系、维护民族大团结研究”、国家社会科学基金重点项目“中国共产党民族法制思想研究”等国家级科研课题6项；“中国少数民族传统法律文化及其现代转型研究”等省部级科研课题10余项。

徐　涛　法学研究生，贵州省贵阳市观山湖区人民法院党组书记、院长，三级高级法官，贵州省首批审判业务专家，贵州省法治研究与评价中心研究员，贵州大学法学院法律硕士校外导师。曾获贵州省刑事审判庭审比赛第一名、全省人民满意好法官等荣誉。编著出版《圣地一簇款冬花》。发表调研文章40余篇。主持省级“基层专业化法庭在市域社会治理现代化中的功能研究”等科研课题7项，2篇论文获全国法院学术征文优秀奖。主持的市级科研课题“轻罪社区矫正审执衔接模式探索”被评为贵阳市“社会治理创新优秀案例”。

王　飞　贵州省社会科学院法律研究所研究员，贵州省法治研究与评价中心副主任，法学博士。

张　可　贵州省社会科学院法律研究所副研究员，贵州省大数据政策与法律创新研究中心副主任，法学博士。

吴月冠　贵州省社会科学院法律研究所副研究员，贵州省大数据政策与法律创新研究中心副主任，贵州大学法学院博士研究生。

孟庆艳　贵州省社会科学院法律研究所副研究员。

贾梦嫣　贵州省社会科学院法律研究所副研究员。

王　喜　贵州省法治研究与评价中心副研究员，中国社会科学院法学研究所·贵州省社会科学院联合培养法学博士后。

尹训洋　贵州省法治研究与评价中心副研究员，北京师范大学法学院博士后。

胡甲庆　贵州省法学会金融法学研究会会长，贵州财经大学教授，法学博士。

黄孝慧　贵阳人文科技学院法学院副院长、副教授，法学博士。

赵燕华　贵州省法学会中国法律咨询中心贵州分中心主任，贵州省法学会研究部负责人，在读法学博士。

陈志宏 中国司法大数据研究院法律研究员。

于 静 中国司法大数据研究院法律研究员。

刘 茜 中国司法大数据研究院法律研究员。

姜毓荣 贵阳市观山湖区人民法院党组成员、审判委员会委员、执行局局长，四级高级法官。

黄 余 贵阳市观山湖区人民法院党组成员、审判委员会专职委员，四级高级法官，法律硕士。

任光焰 贵阳市中级人民法院知识产权庭副庭长，四级高级法官。

苏 飞 贵阳市观山湖区人民法院审判委员会委员，（审监、审管、监察）三办负责人，一级法官。

熊德敏 贵阳市观山湖区人民法院审判委员会委员，一级法官。

徐 力 贵阳市观山湖区人民法院绿色金融法庭负责人，一级法官，法律硕士。

肖 海 贵阳市观山湖区人民法院一级法官。

丁 杰 贵阳市观山湖区人民法院二级法官，法律硕士。

张贵梅 贵阳市观山湖区人民法院二级法官。

马艺榕 贵阳市观山湖区人民法院三级法官，法学硕士。

周小萌 贵阳市观山湖区人民法院三级法官。

刘　忱 贵阳市观山湖区人民法院三级法官，法律硕士。

徐　羿 贵阳市观山湖区人民法院诉讼服务中心负责人。

曾　伟 贵阳市观山湖区人民法院执行员，法律硕士。

胡　蔚 贵阳市观山湖区人民法院法官助理。

黄　笛 贵阳市观山湖区人民法院工作人员，负责新闻宣传。

张　雯 贵阳市观山湖区人民法院法官助理。

杨　隽 贵阳市观山湖区人民法院法官助理。

刘柯柯 西南政法大学法学硕士。

张　玮 贵州大学法学院法学硕士。

邱　滢 贵州大学法学院法学硕士。

许良琦 贵州行泰律师事务所律师。

摘　要

党的十八大以来，以习近平同志为核心的党中央对司法体制改革高度重视，就深化司法体制改革、全面推进依法治国做出了一系列重大决策部署。2017 年 7 月，全国司法体制改革推进会在贵州省贵阳市召开，习近平总书记在该次会议召开之际对司法体制改革做出重要指示。2021 年春节前夕，习近平总书记在贵州考察调研期间到贵阳市观山湖区了解开展便民服务、加强基层党建等情况，对抓好基层治理现代化寄予希望。

观山湖区是贵州省省会贵阳市的新城区、中心区、窗口区、生态区和试验区。自 2018 年以来，观山湖区人民法院中央政法编制人均收案、结案数均位列贵阳市、贵州省第一。同时，观山湖区人民法院人均未结案数亦连续三年位列贵阳市、贵州省第一，人案矛盾异常突出。面对巨大的办案压力和紧张的资源人手，观山湖区人民法院不等不靠、积极应对，在司法改革创新方面下大功夫，做足文章，努力“向机制要编制”，各项审判工作持续发展并取得优异的成绩，向党和人民群众交出了一份合格、满意的答卷。

本书通过对观山湖区人民法院在绿色金融法庭、多元化纠纷解决机制、司法辅助事务外包、法院信息化建设等方面的举措、成效进行梳理总结，彰显了观山湖区人民法院司法改革创新是贯彻落实习近平法治思想、习近平总书记关于司法改革重要论述和视察贵州重要讲话精神的思想自觉政治自觉行动自觉；是弘扬新时代贵州精神，勇于探索、敢于担当、善于突破，深化司法改革，坚持司法为民服务大局的生动实践；是按照新发展理念的科学指引，在司法改革领域先行先试深入践行新发展理念的路径探索。观山湖区人民法院司法改革创新实践证明，只有深入领悟和切实贯彻习近平法治思想、习近平总书记关于司法改革重要论述和习近平总书记视察贵州重要讲话精神，不断增强思想自觉政治自觉行动自觉，贵州各级法院深化司法改革才能按照正确方向前进，才能形成一些可借鉴可复制可推广的经验。只有不断弘扬“团结奋进、拼搏创新、苦干实干、后发赶超”新时代贵州精神，充满历史担当，作风求真务实，深入贯彻新发展理念的新要求，贵州各级法院方能在谱写新时代法院司法改革创新发展新篇章上取得更多更好更高的新业绩。

关键词： 习近平法治思想　司法改革创新　观山湖区人民法院

目　录

Ⅰ　总报告

Ⅱ　专题报告

Ⅲ　专题调研

Ⅳ　审判研究

目　录

Ⅴ　工作报告

Ⅵ　附录

总报告

观山湖区人民法院司法改革创新：举措、成效与启示

贵州省社会科学院“观山湖区人民法院司法改革创新研究”课题组*

摘　要： 党的十八大以来，以习近平同志为核心的党中央对司法体制改革高度重视，就深化司法体制改革、全面推进依法治国做出了一系列重大决策部署。观山湖区是贵州省省会贵阳市的新城区、中心区、窗口区、生态区和试验区，在近年来连续取得全省基层法院人均收结案数第一名成绩的同时，人案矛盾也异常突出严峻。为破解人案矛盾难题，观山湖区人民法院积极探索司法改革创新，通过设置绿色金融法庭、完善多元纠纷解决机制、探索司法辅助事务外包以及加强法院信息化建设，在司法改革创新方面闯出了一条新路，彰显出观山湖区人民法院坚持以习近平新时代中国特色社会主义思想为指导，贯彻落实习近平法治思想、习近平总书记关于司法改革重要论述和视察贵州重要讲话精神的思想自觉政治自觉行动自觉，是弘扬“团结奋进、拼搏创新、苦干实

* 课题组成员：吴大华，贵州省社会科学院党委书记、博士生导师、二级研究员；徐涛，贵阳市观山湖区人民法院党组书记、院长，贵州省法治研究与评价中心研究员；王飞，贵州省社会科学院法律研究所研究员，法学博士；张可，贵州省社会科学院法律研究所副研究员，法学博士；吴月冠，贵州省社会科学院法律研究所副研究员；孟庆艳，贵州省社会科学院法律研究所副研究员；贾梦嫣，贵州省社会科学院法律研究所副研究员；王喜，中国社会科学院法学研究所・贵州省社会科学院联合培养法学博士后，副研究员；尹训洋，北京师范大学法学院博士后；黄孝慧，贵阳人文科技学院法学院副教授，法学博士；许良琦，贵州行泰律师事务所律师。

干、后发赶超”新时代贵州精神，勇于探索、敢于担当、善于突破深化司法改革，坚持司法为民服务大局的生动实践，是按照新发展理念的科学指引，在司法改革领域先行先试深入践行新发展理念的路径探索。

关键词： 司法改革创新　观山湖区人民法院　绿色金融法庭　司法辅助事务外包　法院信息化建设

一　观山湖区人民法院司法改革创新的背景

（一）司法改革创新的背景

公平正义是法治的基本价值，司法是维护公平正义的最后一道防线。作为社会主义政治制度重要组成部分的司法制度，从新中国成立之日起，就不断在自我更新、自我完善的道路上努力探索与实践。党的十八大以来，以习近平同志为核心的党中央对司法体制改革高度重视，就深化司法体制改革、全面推进依法治国做出了一系列重大决策部署。

习近平同志在2014年中央政法工作会议上指出：“司法体制改革是政治体制改革的重要组成部分，对推进国家治理体系和治理能力现代化具有十分重要的意义。”随后，中央政法委在全国东、中、西部选择上海、广东、吉林、湖北、海南、青海6个省市先行进行司法体制改革试点，贵州通过争取也进入了试点省份名单。作为“6+1”司法改革试点省份之一，贵州全省各级政法机关在司法体制改革方面锐意进取、勇于创新、不断拼搏，取得了一个又一个胜利，获得了一项又一项成就，为创建平安贵州、法治贵州提供了优质的体制保障。

2017年7月10日，全国司法体制改革推进会在贵州省贵阳市召开，习近平总书记在该次会议召开之际对司法体制改革做出重要指示：“司法体制改革在全面深化改革、全面依法治国中居于重要地位，对推进国家治理体系和治理能力现代化意义重大。”“要遵循司法规律，把深化司法体制改革和现代科技应用结合起来，不断完善和发展中国特色社会主义司法制度。要全面落实司法责任制，深入推进以审判为中心的刑事诉讼制度改革，开展综合配套改革试点，提升改革整体效能。”

2021年春节前夕，习近平同志在贵州考察调研期间来到贵阳市观山湖区金阳街道金元社区，了解开展便民服务、加强基层党建等情况，并对抓好基层治理现代化寄予希望。基层人民法院作为基层治理现代化的重要载体和平台，承担着繁重的日常司法审判工作任务。观山湖区人民法院坚决贯彻落实习近平同志的重要指示，在司法改革创新方面敢闯新路，敢打硬仗，取得了令人振奋的成绩。

（二）观山湖区人民法院所处区情与法院概况

1. 观山湖区基本区情

观山湖区位于贵州省贵阳市西北部，地处东经106°25′至106°41′，北纬26°31′至25°45′，东临黔灵山脉，南与云岩区、花溪区相连，西与贵安新区、清镇市相邻，北与白云区接壤，总面积307平方公里，建成区面积为64.5平方公里，城镇化率达85.4%，下辖3个镇、7个街道办事处，49个行政村、84个居委会，常住总人口超过50万。2020年全区完成国内生产总值（GDP）653.52亿元，同比增长6.5%；固定资产投资完成422.58亿元；区直管规上工业增加值完成21.6亿元，同比增长42.3%；限上社会消费品零售总额完成229.76亿元，同比增长37.8%；一般公共预算收入完成53.9亿元，连续6年稳居全市第一。

观山湖区是贵州省省会贵阳市的新城区、中心区、窗口区、生态区和试验区。作为新城区，观山湖区是2000年启动建设的城市新区，并于2012年12月经国务院批准成立行政区，建设开发时间距今仅有21年，建区时间仅有9年，是一座包容性强、充满活力、发展空间巨大、后发优势明显的新兴城区。作为中心区，观山湖区被贵阳市定位为“双核多组团”中“双核”之一，市级行政中心、贵阳奥体中心、贵阳国际会展中心、贵州金融城、贵州西南国际商贸城、贵州省博物馆、贵阳高铁北站等一批省、市重大功能设施落户于此，是贵阳市的政治、经济、金融、文化、交通中心。作为窗口区，生态文明贵阳国际论坛、中国国际大数据产业博览会、中国（贵州）国际酒类博览会等国家级活动每年在观山湖区举办，观山湖区成为全省最大的旅游集散地和贵州走向世界的窗口。作为生态区，观山湖区是全国少有的以湖泊命名的行政区，境内有观山湖、百花湖和阅山湖三个湖泊，是贵阳市重要的饮用水源保护区，2017年荣获国家首批生态文明示范区称号。作为试验区，观山湖区是贵州国家内陆开放型经济试验区中的首个现代服务产业试验区，当前正以实施高水平对外开放为契机，按照“二产有突破、三产有跨越”的发展思路，围绕中高端消费和中高端制造“两大引擎”，推动以金融、商贸、大数据、会展、旅游、现代制造等为主导的现代产业高质量发展，着力打造全市中高端消费品集散中心、进口商品集散中心、国际化中高端消费品工贸一体示范区和对外开放发展的“领头雁”，在贵州现代服务业发展方面发挥先行先试和引领示范作用。

2. 观山湖区人民法院基本情况

贵阳市观山湖区人民法院成立于2013年5月20日，前身是贵阳经济技术开发区人民法院、贵阳市小河区人民法院，法院审判办公楼现坐落于贵阳市观山湖区石林西路中段，负责贵阳市观山湖区行政区划内的刑事、民事、经济、行政、执行等各类案件的立案、审判、执行工作，共设有办公室、政治处、纪检组、监察室、研究室、司法行政科、司法警察大队、刑一庭、刑二庭、民一庭、民二庭、民三庭、行政审判庭、执行局、立案庭、审判管理办公室、审判监督庭等机构。观山湖区人民法院有中央政法编制干警69人（实际在编67人，其中在编在岗员额法官34人、审判辅助人员25人、司法行政岗8人）、机关工勤人员5人，聘用辅助人员131人（其中区聘人员110人、省聘人员21人）、审判辅助事务外包人员70人，共计275人。自2018年以来，观山湖区人民法院中央政法编制人均收案、结案数均位列贵阳市、贵州省第一。2020年，观山湖区人民法院以人均收案380.32件、人均结案265.30件继续领跑。同时，观山湖区人民法院人均未结案数亦连续三年位列贵阳市、贵州省第一，人案矛盾异常突出。

（三）观山湖区人民法院司法改革创新的意义

观山湖区人民法院取得人均收结案数全市、全省第一的成绩背后，是无数法院工作人员默默奉献、任劳任怨的辛勤与汗水。近年来贵州省、贵阳市经济社会快速发展，特别是观山湖区特殊的地理位置，使得辖区范围内的各类案件特别是民商事纠纷案件不断增多，呈“井喷”和“爆炸”态势。2013年建院之初，观山湖区人民法院收案1380件，结案1074件；2014年收结案数即在2013年基础上翻了一番；随后的2015年收结案数在2014年基础上又翻了一番；2017年收结案数在2015年基础上翻了一番；2019年收结案数在2017年基础上再翻一番；2020年收案26275件，结案20221件。观山湖区人民法院自建院以来，收结案数基本上保持每两年翻一番的速度，8年增长了近20倍。在编制人数基本没有较大变化的情况下，这已经远远超出了正常办案的承受范围。面对巨大的办案压力和紧张的资源人手，观山湖区人民法院不等不靠，积极应对，在司法改革创新方面下大功夫，做足文章，努力“向机制要编制”，各项审判工作持续发展并取得了优异的成绩，向党和人民群众交出了一份合格、满意的答卷。本课题组通过对观山湖区人民法院近年来在司法改革创新方面的实践与探索进行调研，认为观山湖区人民法院的司法改革创新对于新时期做好司法审判工作具有可借鉴、可复制、可推广性，且有积极而深远的意义。

1. 司法改革创新是人民法院人案矛盾突出下必须打好的“突围战”

2019年2月27日，最高人民法院发布人民法院“五五改革纲要”及《中国法院的司法改革（2013～2018）》，司改办负责人在谈及法院“人案矛盾”时表示，人案矛盾影响到司法公信，但并不全是“案多人少”导致，不能全靠增编加人解决问题。随着我国经济社会快速发展，案件数量呈递增态势，人案矛盾确实在一定范围内存在，并影响到审判质效和司法公信。但实事求是地讲，人案矛盾并不全是“案多人少”导致，成因也包括诉讼理念、资源配置、审判管理、诉讼制度、科技运用和司法能力等多重因素。破解人案矛盾，不能全靠增编加人，而是要通过改革进一步释放潜力、盘活资源、激发活力。近年来，观山湖区人民法院通过设立绿色金融法庭、推进诉调对接、“智慧法院”建设、审判辅助事务外包等一系列司法改革创新举措，充分灵活运用各种手段打好这场人案矛盾的“突围战”。

2. 司法改革创新是审判执行工作巨大压力下必须打赢的“攻坚战”

近年来，随着社会整体法治意识和人民群众法律水平的不断提升，“到法院去讲理”已经成为当事人处理矛盾纠纷的重要选择手段，立案登记制的推行使“诉讼爆炸”成为现实常态，而在“诉讼爆炸”中民商事纠纷案件又位居首位，随之而来的执行工作也日益繁多，“执行难”已经成为一种社会现象，严重影响了人民法院的司法公信力。司法改革如逆水行舟，不进则退。面对审判和执行工作的巨大压力，观山湖区人民法院广大干警以“明知山有虎，偏向虎山行”的大无畏精神和革命乐观主义精神，直视困难，积极应对，通过司法改革创新，多想办法，多动脑筋，变压力为动力。在司法改革创新中，观山湖区人民法院紧紧抓住全面依法治国所带来的历史机遇，迎接时代所赋予的使命职责，坚持从司法改革创新的细处着眼、从实处着手、从难处发力，以昂扬的斗志坚决打赢审判和执行工作的“攻坚战”。

3. 司法改革创新是推进国家治理体系和治理能力现代化的“示范战”

在司法改革创新中，观山湖区人民法院立足区情，实事求是，切实找准工作结合点、切入点，不断推进司法体制改革系统集成、协同高效，深化司法责任制综合配套改革，加快推进审判体系和审判能力现代化。观山湖区人民法院通过诉调对接，坚持和发展新时代“枫桥经验”，全面推进一站式多元解纷和诉讼服务体系建设，提升司法治理能力；通过信息化建设，努力打造“智慧法院”，构建具有贵州大数据特色的司法模式，创造更高水平的数字正义；通过绿色金融法庭，贯彻生态环保可持续发展理念，以金融业支撑促进环保和经济社会可持续发展，引导资金流向节约资源技术开发和生态环境保护企业，引导消费者形成绿色消费理念；通过法务外包，改变“所有事务大包大揽”的管理模式，把适合由社会力量承担的司法辅助事务和司法行政事务交给市场主体、社会力量去做，实现减负增效。法治兴则国兴，法治强则国强。法治是治国理政的基本方式，是国家治理体系和治理能力现代化的重要依托。只有坚持以习近平法治思想武装头脑、指导实践、推动工作，坚定不移地走中国特色社会主义法治道路，不折不扣把党中央关于全面依法治国的决策部署落到实处，坚持在法治轨道上推进国家治理体系和治理能力现代化，才能为全面建设社会主义现代化国家、实现中华民族伟大复兴的中国梦提供有力的司法服务和保障。观山湖区人民法院的司法改革创新，就是把不断提升司法促进国家治理体系和治理能力现代化效能的路子走深走实，在法治轨道上推进国家治理体系和治理能力现代化，为西部地区基层人民法院提供可借鉴、可复制、可推广经验的“示范战”。

二　观山湖区人民法院司法改革创新的具体举措

观山湖区人民法院在优化营商环境、化解矛盾纠纷、创新发展“枫桥经验”、建设智慧法院等方面积极探索和创新审理模式，不断深化司法体制改革，法院上下团结一致，攻坚克难，在“十三五”收官之年交上一份满意的答卷。

（一）创建绿色金融法庭，高度契合绿色发展战略①

观山湖区人民法院结合所处区域经济特点，于2017年10月创建绿色金融法庭，该法庭是国内首个也是唯一的绿色金融司法专门化审判机构，是贵州省在审判制度机制改革中的又一创新举措。自成立以来，绿色金融法庭不等不靠，大胆探索，主动出击，不断深化司法体制综合配套改革，在集中精力尽责办案、团队建设、工作体系、体制机制等方面积极开拓，创新“1335”审判模式、“121”标化速裁模式等多项工作举措。

1. 创新“1335”审判模式

“1335”审判模式即“一个专门化司法平台”“三支专业化审判队伍”“‘三快一体’立审执程序”“五种审判效果”，目的是实现绿色金融司法的扁平化、集约化、专业化。

一个专门化司法平台。充分利用大数据技术，建立线上线下两个法庭，并通过“立案预登记前置—立案一键启动—证据云端保全—远程数据传输—审判程序全程信息覆盖跟踪—多方信息共享—在线线下法庭”实现两个法庭的实时切换。绿色金融法庭现已成为一个综合性的司法服务平台，涵盖管辖审理集约、在线线下一体、司法—行政—自律联动、诉调有机衔接等方面的内容。

三支专业化审判队伍有效配置法院内部资源。搭建绿色金融审判团队。科学设置绿色金融案件案由，将涉及绿色金融的刑事、民事、行政案件指定由绿色金融法庭专属管辖。民商事案件主要管辖范围涉及绿色金融合同纠纷及侵权纠纷案件。考量纠纷所涉及的生态环境法益，因此对生态功能退化、环境损害认定评估、环境要素的可恢复性等专业问题都需要制定一套不同于普通合同、侵权纠纷的特别程序规定和特别规则。

绿色金融法庭集中管辖绿色金融行政纠纷，主要是绿色金融行政行为

① 党的十九届五中全会提出推动绿色发展，促进人与自然和谐共生的新目标。习近平总书记在贵州视察时要求，要牢固树立生态优先、绿色发展的导向。观山湖区人民法院绿色金融法庭的创建，为探索建立统筹生态环境保护治理之事中事后救济性司法职能和绿色生产生活方式引领保障之事前生成性司法职能的专门绿色法院提供新经验、新元素。

相对人提起的绿色金融行政案件，内容涉及金融、环境监管机关和组织，公民、法人或经济组织参与的环境许可、影响评价审批、规划等辅助行政行为，绿色金融行政许可、认证、行政强制、行政处罚、行政调处等金融执法行为，绿色金融补贴等财政给付行为、税收优惠行为、政府采买行为。

绿色金融刑事案件主要是涉侵害生态环境救助、扶贫及绿色产业基金等绿色专项资金犯罪的行为，借绿色金融之名，实施非法集资、贪贿型犯罪或是涉插手绿色金融活动的黑社会性质组织和其他暴力性犯罪行为。

民事、行政、刑事审判团队的法官均按正规化、职业化、专业化标准进行遴选，由兼具“三审合一”能力的一级法官担任。针对绿色金融法庭的生态属性、技术属性和金融属性等特点，必须借助外部力量的帮助，因此，金融法庭特聘任绿色金融专家作为陪审员参与案件审理活动，建立绿色金融咨询委员会，聘请法学界、金融学界、科技界专业人士担任委员，发挥其司法政策解读、审判专门问题咨询作用。打造专业型司法辅助事务队伍。为缓解法院案多人少的压力，让专业审判团队专注于审判工作，将其从繁忙的事务性工作中解放出来，观山湖区人民法院绿色金融法庭在贵阳市首创了“一名法官 + 两名聘用制法官助理模式”，组建高素质法官助理队伍，全程办理审执辅助性事务，从而实现审执辅助服务的专业化、高标准、高效率。

“三快一体”立审执程序——“快立快审快执”。观山湖区人民法院绿色金融法庭面对“立案难、审理慢、执行难”“程序繁琐、耗时长、成本高”等普遍存在的司法难题，始终坚持便民、快捷、高效的理念，探索建立了以审判为核心，以立、审、执一体化通道为载体的机制。在立案方面，创立网上立案、自主立案和柜台立案串联系统。特别是立案一键启动制度，对案件送达难题进行预设，将法律保障置于纠纷发生之前，大大提高金融纠纷案件立案、送达、排期审查工作效率，排除立案和送达的最大障碍。同时，充分利用大数据技术，搭建大数据平台，创新性地将微信推送、短信送达、电话送达以及上门送达、邮递送达、公告送达的多种方式相组合，用尽各种方式，最大化地完成送达工作。针对金融纠纷案件在适用简易程序时的退费周期较长的问题，规定了在立案时即减半收取的方式，减轻当事人的负担，从而提高审判效率。

五种审判效果——快、新、精、准、好。收案数量多，结案率高，实现了绿色金融审判的“快”；当庭裁判率、一审民商事案件调撤率高，实现了绿色金融审判的“新”；改判发回重审率低，实现了绿色金融审判的“精”与“准”；被告应诉率高、调撤率高、自动履行率高，实现了绿色金融审判法律社会效果的“好”。

2. 创新“121”标化速裁模式

观山湖区人民法院绿色金融法庭创新的“一套标化速裁流程 + 两个关键环节 + 一个目标”模式，可以总结为“121”标化速裁新模式。第一个“1”是指“一套标准化流程”，该流程内容包括金融案件所涉事实要素①与程序节点，明确岗位职责和办案流程，通过各环节协同发力，快速解决案件纠纷。“2”是指“两个关键环节”，即推行实名制移动电话电子送达和要素式裁判，积极解决送达老大难问题，围绕要素简化审判程序，提高裁判质效。为此，法院专门制定了《实名制移动电话电子送达规则》，充分利用大数据技术解决故意逃避送达的难题。最后一个“1”是指“一个目标”，即追求质量评估指标体系中各项办案指标最优化。金融纠纷案件所涉金融借款、信用卡纠纷等案件具有批量大、同质化高等特点，也正因为案件事实要素同质性特点，这种模式可以对数十个、上百个案件同时作业，做到批量审理、批量宣判、批量送达。以要素式裁判为核心，集中当庭裁判，解决耗时的重复性工作，努力实现让人民群众在每一件司法案件中感受到公平正义的目标。

为了让司法审判兼顾专业性与“人情味”，绿色金融法庭遵循绿色金融司法审判规律，探索建立“审判技能复合型法官 + 知识复合型法官助理 + 专业司法事务辅助员”审判团队，打造复合型审判队伍，回应绿色金融对生态司法提出的时代新要求。针对绿色金融兼具的法律属性、环资属性、生态属性、技术属性和金融属性，聘请省法学会、高等院校等专家组建智库，打造精英型支持队伍，组织专家参与案件审理、提供专业咨询意见，助力绿色金融审判公正高效。

（二）创新发展新时代“枫桥经验”，完善纠纷调解机制

观山湖区人民法院创新发展新时代“枫桥经验”，积极整合各方资源，通过贵州省法学会应用法学研究会发起成立调解委员会。调解委员会自设立以

---

① 事实要素主要是指借款事实、担保事实、履约事实、诉讼请求细化为诉讼主体、诉讼管辖、诉讼请求及抗辩理由、本金金额、利息、罚息、利率、还款方式等。

来，积极开展各项调解工作，2019 年 8 月成立至今已经摸索出一套较为完善的工作制度，形成较为成熟的调解机制。调解委员会的成立和调解工作的开展，及时化解了社会矛盾，维护社会稳定，有效地减轻了法院案多人少的办案压力①，为其他法院解决类似问题提供了可借鉴的成功经验。

1. 强化建设，搭建“1 + N”调解平台

调解委员会设调解中心，实行“两块牌子一套人马”工作模式。法院整合自身资源，外联多方力量，在各方共同努力下，从各区选取具有一定资质和服务水平的法律服务机构、法律服务团队，成立民商事案件人民调解委员会，负责调解法院移交调解的民商事案件，实现诉调衔接工作的规模化、系统化、常态化运作。

“1 + N”调解平台是指“一个调解中心 + N 个专业调解组织”。创建市场化运营模式，以省法学会调解中心为主，吸纳整合辖区内各类调解组织，配备多领域调解人员，建立调解员专家库，实现调解人员的跨界组合，为提高调解成功率打下人才基础。制定相关指标评价体系，如质量指标（收案数、调撤率、履行率、言行规范等）、效率指标（调解成功数、调解天数、反馈天数等）、满意度指标（当事人评价、委托人评价等）、否定指标（法律适用错误或不当、违反程序规定、违法违纪行为等）等，以指标评价体系反推问题所在，从而不断提高案件调解质量。通过调解中心制度化、科学化、指标化、系统化运作，观山湖区人民法院调解成功案件数量一直位居全市第一。

2. 捆绑“1 +4”工作模式

观山湖区人民法院民商事案件调解中心针对诉中调解积极探索捆绑“1 +4”模式。“1”是指调解工作。“4”是指调解与保全捆绑、调解与质证捆绑、调解与庭审捆绑、调解与效益捆绑，将调解程序模块化、流程化、简捷化，实现调解、质证、庭审“一日衔接”，从而实现调解工作效率和效益的最大化。捆绑“1 +4”工作模式有利于将保全、质证和庭审同步进行，有效解除了当事人的后顾之忧，树立调解的权威，培育群众选择多元方式解决纠纷的意识。

① 观山湖区人民法院自调解中心成立以来，调解案件数一直位列贵阳市全市第一。在贵州省全省清理超期未结案战役中，用不到 3 个月时间完成“双清零”目标，得到上级法院的高度赞誉，被评为全省先进法院。

观山湖区人民法院充分发挥调解在审判工作中的积极作用，2020 年全年共调解结案 1623 件，占民商事案件结案数的 12.7%，调解案件数一直位居贵阳市 10 家基层法院第一，有效化解了矛盾纠纷，减轻了区法院办案压力。

（三）外包司法辅助事务，助力审判高质高效

司法辅助事务外包①更多体现社会功能，利用社会资源的帮助推动司法改革创新，提高审判工作效率。

1. 制度先行，规范规程

观山湖区人民法院针对立案、送达、排期、卷宗装订、文书模板等一系列业务，先后制定了《贵阳市观山湖区人民法院立案诉讼规范（试行)》，明确了诉讼服务中心与外包公司在立案方面的分工、流程及其工作衔接机制；《贵阳市观山湖区人民法院民商事案件排期规则（试行)》，明确了外包公司排期组的设立方式程序、外包公司排期流程及要求、外包公司选定陪审员的规则流程等，为外包公司诉讼引导、分案排期送达、卷宗扫描装订、网络查控等提供服务指南，为审判单元与司法辅助事务外包公司协调配合奠定基础。发布制定并试行《贵阳市观山湖区人民法院建立执行案件繁简分流工作机制的指导意见》《贵阳市观山湖区人民法院执行案件繁简分流机制流程实施方案》，明确了执行案件的类型化标准方法、繁简分流及流转程序，为提高卷宗在不同执行实施组和外包公司之间的流转率和执行流程节点严格控制目标，上述指导意见和实施方案还按照流程节点将繁案执行流程区分细化，并对执行案件实行网络查控制度。此外，制定并实施了《贵阳市观山湖区人民法院关于规范庭审排期及录音录像工作的审管指令》等司法辅助事务外包风险防控和保密规范性文件，建立了风险识别、风险评估、风险防控等一整套科学管理方法。

2. 打造“3 +3 +N”专业化职能分工新机制

如将法院看成一个高效运转的工厂，立案、审判、执行等则是主要的生产部门，各个生产环节犹如一条流水线相互配合但又各司其职，高度专业。观山

① 《人民法院第五个五年改革纲要（2019 ~2023)》明确：将包括操作性事务在内的所有非核心审判业务的辅助性事务纳入审判辅助事务社会化的范围，通过以外包为主，对外合作、人员聘用、劳务派遣等多种社会化方式为辅的审判辅助事务社会化体系，最大限度地发挥审判辅助事务社会化节约审判资源、缓解人案矛盾的作用。

湖区人民法院在司法辅助事务社会化改革试点中，探索建立了法官事务、法官助理事务和审判辅助事务的“3+3+N”专业化职能分工机制。第一个3表示法官专注于“审、判、写”，即开庭、签发文书和撰写部分判决文书；第二个3表示法官助理聚焦于“管、核、写”，即管理法官案件事务、审核审判服务结果和撰写大部分判决书及其他文书，成为法官的得力助手和预备梯队；N则表示除上述专业化工作内容以外的审判辅助事务，将包括简单的程序性、技术性事务等都剥离出来进行外包，面向社会购买服务，从而实现外包事务社会化、人员分工精细化。让法官从繁杂的外包事务中脱身出来，实现“全科型”向“专业型”的角色转变，专业的人做专业的事的效果日益显现。

（四）加强信息化建设，浇灌“智慧法院”之树

2015年，习近平总书记在贵阳市考察大数据应用展示中心时曾肯定“贵州发展大数据确实有道理”。2018年4月20日，习近平总书记在全国网络安全和信息化工作会议上的重要指示，成为人民法院全面推进信息化建设的行动指南。贵州作为全国首个大数据综合试验区，敢于先行先试，已建成全国首个省级一体化政府数据汇聚共享平台。人民法院充分利用大数据建设“智慧法院”系统，并取得积极成效，李克强总理指出“贵州在大数据产业上和发达地区不仅平等竞争，而且走在了前面。在中国西部欠发达的地方，在不断地挖掘生成着‘钻石矿’、‘智慧树’”。观山湖区人民法院正是充分发挥大数据作用，精心浇灌出一棵“智慧法院”之树。

智能化办公系统助力审判工作。观山湖区人民法院充分利用科技手段，全面完善升级基础设施和信息化设施、信息化软件系统。先后建立了24个科技法庭①、7个专用调解室。在自助服务方面，有诉讼风险评估终端为群众提供诉讼风险评估、起诉书预生成、费用及法律条文参考等“自助服务”。此外，观山湖区人民法院作为贵州省唯一的基层试点法院，上线了电子卷宗深度应用系统，实现立案回填、卷宗管理和自动归目、智能阅卷、文书智能编写等功能，各项应用成效数据在全省保持领先。

为使法院变得更加“智慧”“聪明”，观山湖区人民法院还在不断升级法

① 指满足同步录音录像、庭审直播、网络开庭等功能。

院的科技“大脑”：完善诉讼服务中心查询系统、集中控制中心可视化系统；建设3D导航、e送达站；继续开发和完善智慧法庭、虚拟导诉系统、诉讼风险评估、区块链第三方存证系统等。

“智慧法院”的建设，力求打造全方位、立体式的“大数据+”诉讼服务模式，让各种信息多跑路，大大提高了法官的办案效率，增强了当事人的体验感，增加案件程序透明度，减少诉讼各方的讼累，极大地缓解了观山湖区人民法院案多人少的紧张局面。

绿色金融法庭不断创新的审判模式、多元诉讼解纷机制的日渐完善、司法辅助事务外包的专业化分工以及“智慧法院”的科技应用，已成为观山湖区人民法院快速发展的四驱发动机。四个方面同时发力，全面出击，有效衔接，协同发展，使观山湖区人民法院真正成为淬火成钢铸成的利剑，担当起守护正义的职责。

三 观山湖区人民法院司法改革创新的成效

（一）提高司法效能，有效缓解人案矛盾

观山湖区人民法院是贵州省人案矛盾最为突出的基层法院之一。纵向比较，自2013年成立以来，观山湖区人民法院经两次增编，截至2020年末，有中央政法编制67人，机关工勤编制8人，司法责任制改革，法院共遴选29名员额法官。7年时间里，人员编制数量仅增加22人，但收案数增长18.04倍，结案数增长17.83倍①（见表1）。

表1 观山湖区人民法院收案、结案与政法编制人员情况（2013~2020年）

项目	2013年	2014年	2015年	2016年	2017年	2018年	2019年	2020年
收案数(件)	1380	3667	5902	8088	11073	13407	21040	26275
结案数(件)	1074	2894	4049	5876	8728	11126	16434	20221
中央政法编制(人)	45	61	61	61	69	69	67	67
结案同比增长数(件)	—	1820	1155	1827	2852	2398	5308	3787

① 观山湖区人民法院。收案、结案数均未含委托办理案件数。

横向比较，近年来，观山湖区人民法院收案数量和人均结案率均远高于贵阳市法院平均值。2018～2020年，观山湖区人民法院收案平均数为17370件，较贵阳市法院均值（13491件）多3879件。2020年观山湖区人民法院收案增幅为24.87%，较贵阳市法院均值（9.51%）高15.36个百分点。万人成讼率方面，2020年观山湖区人民法院万人成讼率为373.67%，较2019年（340.13%）上升33.54个百分点，较贵阳市平均值（222.08%）高151.59个百分点①（见表2）。

表2　2020年观山湖区人民法院案件情况与贵阳市法院平均值对比

序号	指标名称	观山湖区人民法院	贵阳市法院平均值
1	2018～2020年收案平均数(件)	17370	13491
2	收案增幅(%)	24.87	9.51
3	中央政法编制人均收案数(件)	380.80	172.05
4	万人成讼率(%)	373.67	222.08
5	执行受托事项发生率	31.79	12.52

通过推行审判辅助事务社会化、基层专业法庭建设等工作制度和机制，观山湖区人民法院在案多人少的矛盾急剧恶化的情况下，大幅降低了案件的平均审理时长，提升了全院的平均结案件数（见表3）。

表3　2020年观山湖区人民法院案件情况与贵阳市法院平均值对比

序号	指标名称	观山湖区人民法院	贵阳市法院平均值
1	中央政法编制人均收案数(件)	380.80	172.05
2	中央政法编制人均结案数(件)	293.06	152.92
3	平均审理时长(天)	148.94	105.81
4	结案率(%)	76.96	89.55

（二）提高审判质量，服务经济社会发展大局

从数据上看，观山湖区人民法院一审判决案件改判发回重审率、生效案件改判发回重审率均低于贵阳市法院均值。2020年，观山湖区人民法院一审判

① 观山湖区人民法院。未包含委托办理案件。

决案件改判发回重审率为0.49%，较2019年（5.58%）下降91.22%，较贵阳法院均值（0.66%）低25.76%；2020年生效案件改判发回重审率为0.07%，较2019年（0.09%）低22.22%。

（三）绿色金融法庭建设和探索，为维护金融安全提供强有力的司法保障

习近平总书记指出“金融是国家重要的核心竞争力，金融安全是国家安全的重要组成部分。金融活，经济活。金融稳，经济稳”。2017年8月4日，最高人民法院印发《关于进一步加强金融审判工作的若干意见》，提出建立专业化金融审判机构，恰逢贵州被国务院确定为全国首批绿色金融先行五个试验区之一的大好机遇，同时，中国工商银行贵州分行等18家银行、中国人寿等8家保险公司、中天证券等8家证券公司及其他300多家金融企业相继入驻贵州金融城，观山湖区正面临逐渐成为全省金融中心的有利时机。有鉴于此，2017年10月16日，贵州省高级人民法院、贵阳市中级人民法院决定在贵阳市观山湖区贵州金融城设立全国首家绿色金融法庭，以期专业探索金融司法规律，总结司法经验，为维护金融安全提供强有力的司法保障。

1. 以金融安全为抓手推动共建共治共享现代化市域社会治理格局

在工作机制创新方面，绿色金融法庭自成立以来，通过大胆探索与实践，结合标化案件事实要素进行集约化审理，构建公正与效率兼具的“标化速裁模式”；创造性地将举证责任倒置规则引入金融司法领域，明确金融企业对借款人还款事实承担举证责任，既规范和推动了金融机构的区块链存证，又节省了司法资源。

2. 进一步提高案件审理质效

2017年10月16日至2019年12月31日，法庭共受理各类金融案件6014件，审结5997件，涉案标的额21.27亿余元；在审结的案件中，普通程序陪审率100%，简易程序适用率77.87%。其中，法定期限内结案率100%。

在案件质效上，结案率、息诉服判率、人均结案数、平均结案周期等多项质效指标均居全省第一。2018年、2019年，法庭平均审理周期分别为30.47天和39.12天。同比，观山湖区人民法院分别为68.99天和60.88天，全市基层法院均值分别为62.59天和63.36天。法官年人均结案数分别为701件和

1136.67件。同比，观山湖区人民法院分别为412.07件和566.62件，全市基层法院均值分别为305.17件和425.50件。两年的当庭裁判率均值比较，法庭分别为69.22%和88.88%，同比，观山湖区人民法院分别为35.21%和42.2%，全市基层法院均值分别为35.4%和50.51%。2018年、2019年，法庭一审案件改判发回重审率分别为0.34%、0.47%。同比，观山湖区人民法院分别为1.16%、1.00%，全市基层法院均值分别为1.13%、0.72%；一审服判息诉率、调撤率、自动履行率也优于观山湖区人民法院、全市基层法院均值。其中，一审服判息诉率2018年、2019年分别为91.59%（审结2105件，仅上诉177件）、88.87%（审结3351件，仅上诉373件），同比，观山湖区人民法院分别为74.97%、80.95%，全市基层法院均值分别为83.31%、83.90%。[①]

3. 依法及时移送非法金融活动线索，延伸金融司法金融法治监管职能作用，净化金融环境、维护金融秩序

2018～2019年，法庭共向公安机关及省地方金融监督管理局移送职业放贷、变相非法放贷（以汽车销售合同、融资租赁合同等合法形式放贷）、变相第三方支付、非法放贷、关联企业担保、以POS机刷卡套现、无资质的职业P2P担保、非法集资等违法金融活动线索100余件，涉案金额54亿余元。[②] 随着法庭案件移送数量的增加，根据市域金融治理的需要和国务院整顿P2P平台的要求，贵阳市加大了对非法金融治理的力度。市域治理与人民法院司法实践高度融合，齐抓共管，形成了强大的合力，最终确保了贵阳市乃至贵州省的金融安全。

4. 以“社会征信+金融监管”为抓手创新现代化市域社会治理体制

2018年初，法庭与多家银行、市区金融办座谈，聚力构建诉讼诚信奖惩机制，连接执行失信惩戒制度，构建诉讼失信惩处体系，培育和弘扬社会主义核心价值观，提升社会法治思维及法治方式，从源头防范纠纷发生。2018年，法庭与多家金融机构、市银保监会、市区金融办联席通过《司法建议答复纪要》，明确对法庭的司法建议必须答复办理情况，弥补了司法建议原有

① 观山湖区人民法院。

② 观山湖区人民法院。

的只有建议、没有答复的缺陷。两年多来，各金融机构及监管部门对法庭发出的30多份司法建议均给予答复。其中，关于格式合同中约定涉诉送达确认地址及实名制移动电话作为合同条款的司法建议，被上海浦发银行全国总部采纳并确定为2020年该行通用的合同标准样本。法庭还针对金融机构存在的“三查”（贷前调查、贷时审查、贷后检查）不严、经办人代借款人担保人签名、借新还旧后抵押物不重新办理登记、先签合同后填内容等问题提出司法建议。

（四）创新工作方式，破解工作困局

1. 创新发展新时代“枫桥经验”，努力践行司法为民宗旨

整合各方资源，积极与贵州省法学会合作，成立全省唯一由省法学会独立实体化运行的民商事案件人民调解中心。在运行中搭建了“1+N”调解平台，摸索出“捆绑1+4”工作模式，在调解中秉持人民调解“合法合情合理、平等自愿、不限制当事人诉讼权利”原则，运行过程中不断总结发展，成为区别于人民调解而又不完全是司法调解的一种全新的调解形式。经过不断实践，调解中心已进入科学化、规范化运行轨道，实现了为法院减负工作目标，破解了法学会虚化困局。“能调则调”“调解优先”，坚持将调解机制放首位。2019年9月，观山湖区人民法院与贵州省法学会合作，构建运行“捆绑1+4”调解模式（调解与保全、质证、庭审、效益捆绑）。在此基础上，法庭与省法学会金融法学研究会、省金融协会调解中心联合打造集金融司法研究基地与金融案件调解于一体的诉调中心，特邀省社科院、省法学会、贵州财经大学、中国人民银行贵阳中心支行的知名金融专家、学者、教授，对金融司法进行实证研究及委托调解。截至2020年12月31日，调解中心已调解结案1623件，占民商事案件结案数的12.7%，调解案件数一直位居贵阳市10家基层法院第一，有效化解了矛盾纠纷，减轻了法院办案压力。

2. 开展审判辅助事务社会化试点，有效破解“立案难”“送达难”，助推法官专业化队伍建设

审判辅助事务社会化，不仅是《人民法院第五个五年改革纲要（2019－2023）》的工作要求，也是解决人案矛盾、建设专业化队伍、提高审判效能的重要举措。观山湖区人民法院是贵阳市中级人民法院选定的审判辅助事务

社会化工作试点法院。近年来，观山湖区人民法院坚持以习近平新时代中国特色社会主义思想为指导，深入贯彻落实习近平全面依法治国新理念新思想新战略，忠实履责，积极推进司法辅助事务社会化改革创新实践，探索建立了以“审判体系和审判能力现代化”为体，以“司法改革与智能化、信息化建设”为“两翼”，以“规范化、标准化、专业化、集约化、流程化、信息化、底线化”“七化”为重要节点的司法辅助事务社会化运行和管理的“127”模式，圆满完成司法辅助事务外包试点改革任务，实现了司法效能提升与外包事务“零风险”的试点改革目标。

在审判辅助事务社会化试点工作的试运行期内，观山湖区人民法院仅同比增加2名员额法官（在编法官助理人数未增加）办案，在全院收案数同比增长34.19%的态势下，全院平均月结案件数同比提升36.98%（增至1058.83件）、案件平均审理时长同比减少11.31%（减至67.59天）。在审判辅助事务社会化试点工作的正式运行期间，仅同比增加4名在编法官助理（含1名执行员，员额法官人数未增加）辅助办案，在全院收案数较之试运行期增长41.09%的态势下，全院平均月结案件数较之试运行期提升37.82%（增至1459.33件）、案件平均审理时长较之试运行期减少17.30%（减至55.90天）。①

四　观山湖区人民法院司法改革创新的启示

回顾观山湖区人民法院司法改革创新历程，给予我们深刻的启示：观山湖区人民法院司法改革创新，是观山湖区人民法院坚持以习近平新时代中国特色社会主义思想为指导，贯彻落实习近平法治思想、习近平总书记关于司法改革重要论述和视察贵州重要讲话精神的思想自觉政治自觉行动自觉，是弘扬“团结奋进、拼搏创新、苦干实干、后发赶超”新时代贵州精神，勇于探索、敢于担当、善于突破，深化司法改革，坚持司法为民服务大局的生动实践，是按照新发展理念的科学指引，在司法改革领域先行先试深入践行新发展理念的路径探索。

① 观山湖区人民法院。

（一）观山湖区人民法院司法改革创新是贯彻落实习近平法治思想、习近平总书记关于司法改革重要论述和视察贵州重要讲话精神的思想自觉政治自觉行动自觉

习近平总书记指出，要坚持司法体制改革的正确政治方向，坚持以提高司法公信力为根本尺度，坚持符合国情和遵循司法规律相结合，坚持问题导向、勇于攻坚克难，坚定信心，凝聚共识，锐意进取，破解难题，坚定不移深化司法体制改革，不断促进社会公平正义。习近平总书记强调，贵州坚持稳中求进工作总基调，立足新发展阶段、贯彻新发展理念、构建新发展格局，坚持以高质量发展统揽全局，守好发展和生态两条底线，统筹发展和安全工作，在新时代西部大开发上闯新路，在乡村振兴上开新局，在实施数字经济战略上抢新机，在生态文明建设上出新绩，努力开创百姓富、生态美的多彩贵州新未来。

观山湖区人民法院高举习近平法治思想旗帜，深入学习贯彻落实习近平法治思想，深刻领会贯彻落实习近平总书记关于司法改革重要论述，毫不动摇地把党对司法工作的绝对领导贯彻到人民法院依法履职全过程，不断创新深化司法改革，有力破解司法改革中的“难点”和“痛点”。观山湖区人民法院领导和干警吃透习近平法治思想基本精神，把握核心要义，增强“四个意识”、坚定“四个自信”、做到“两个维护”，始终做习近平法治思想的坚定信仰者和忠实实践者，把习近平法治思想贯穿审判执行工作全过程各方面，不断转化为建设社会主义法治国家的基层司法生动实践，努力让人民群众在每一个司法案件中感受到公平正义。观山湖区人民法院领导和干警深刻领会习近平法治思想蕴含的实践品格和担当精神，在深化司法体制改革中坚持问题导向，在巩固、提升、创新、发展上下苦功夫，着力解决司法改革领域突出矛盾和问题，在司法改革的攻坚克难上不断展现新作为。

习近平总书记视察贵州重要讲话是贵州发展的总遵循、总纲领、总指针，是贵州一切工作的主心骨、定盘星、指南针。观山湖区人民法院学习贯彻落实习近平总书记视察贵州重要讲话精神，用五大发展理念统揽法院工作，始终把法院工作置于党和政府工作大局中谋划推进，紧扣观山湖区建设公平共享创新型中心城市核心区等中心工作，围绕观山湖区经济社会发展主要目标，把强力推进“六个观山湖”建设工程大手笔融入审判执行工作大格局，充分发挥职

能作用，为实现经济行稳致远、社会安定和谐提供有力的司法服务。在深化司法改革上不断闯新路、不断出新绩。比如创新首设绿色金融法庭，创新拓展新时代“枫桥经验”等探索，为基层法院深化司法改革提供了一些可复制、可借鉴的实践经验。

（二）观山湖区人民法院司法改革创新是弘扬新时代贵州精神，勇于探索、敢于担当、善于突破，深化司法改革，坚持司法为民服务大局的生动实践

“团结奋进、拼搏创新、苦干实干、后发赶超”新时代贵州精神是贵州人民不畏艰险、奋力攀高、赶超跨越的真实写照。这十六个字的新时代贵州精神，给予全省上下信念的感召、进取的力量、胜利的信心。新时代贵州精神成为观山湖区人民法院领导和干警历史担当、求真务实、谱写新时代基层法院司法改革创新发展新篇章的强大精神动力。观山湖区人民法院领导和干警牢记嘱托、感恩奋进，用新时代贵州精神凝聚全院干警的智慧力量，激发干事创业的澎湃激情，奋力在深化司法改革新征程上开创新局面。

习近平总书记指出，创业要实，就是要脚踏实地、真抓实干，敢于担当责任，勇于直面矛盾，善于解决问题，努力创造经得起实践、人民、历史检验的实绩。面对案多人少矛盾突出等诸多现实问题和困难，观山湖区人民法院领导和干警充分发扬担当精神，敢于迎难而上，敢于啃硬骨头，不等不靠，奋力拼搏，恪守2017年确立的“一年打基础，二年翻身仗，三年正规化，四年创一流，五年走前列”奋斗目标，相继取得人均收、结案数分别位居贵州全省法院第二、贵阳全市法院第一（2017年），人均收、结案数分别位居贵州全省法院第一、第二（2018年），人均结案数位居全省法院第一、全国法院前列（2019年），人均结案数位居全省法院第一（2020年）等好成绩。观山湖区人民法院艰苦奋斗克服案多人少困难的努力和探索，凸显了“团结奋进、拼搏创新、苦干实干、后发赶超”新时代贵州精神，为基层法院破解案多人少困境提供了样板和借鉴。

（三）观山湖区人民法院司法改革创新是按照新发展理念的科学指引，在司法改革领域先行先试深入践行新发展理念的路径探索

以习近平同志为核心的党中央，在党的十八届五中全会上明确提出“创

新、协调、绿色、开放、共享”的新发展理念。近年来，观山湖区法院以新发展理念为指引，把以人民为中心的发展思想作为深入贯彻新发展理念、深化司法改革的根本宗旨，不断推进司法改革创新，取得系列重大成果和显著效果。这些成就的取得是观山湖区人民法院发挥主观能动性、充分用好主客观条件，深入贯彻新发展理念的结果，充分印证了新发展理念的科学指引作用。

观山湖区人民法院坚持将创新理念作为司法改革的第一动力，创造性地探索法务外包新模式，并将其制度化、规范化，实现为审判支撑服务的工作社会化，有效实现诉讼裁判与诉讼服务之间的人力资源合理配置。观山湖区人民法院坚持将协调理念作为司法改革工作的重要要求，设置一体化案件管理机制，统筹司法业务活动管理，实现人民调解、立案、分案、审判、执行有机衔接和协调，优化合理配置司法资源，提高司法效能。观山湖区人民法院坚持将绿色理念作为司法活动的重要价值选择，创建绿色金融法庭，将涉及绿色金融的刑事、民事、行政案件指定由绿色金融法庭专属管辖，集中推进释放审理案件涉及的生态环境价值，促进绿色金融案件纠纷及时化解，助力绿色生态发展。观山湖区人民法院坚持将开放理念贯穿于司法裁判、司法执行等司法工作的全过程，与社会力量合作开展法务外包；与专业团体合作建设调解中心；与信息化建设运维机构合作发展科技智慧审判；与政府部门、电信运营商、市场主体、律师组织之间协调互动，让案件处理的法律效果与社会效果相统一。观山湖区人民法院坚持将共享理念作为司法裁判等法院工作的重要追求，通过便捷诉讼、诉调联动、提高诉讼可及度、联动执行、行政与诉讼相衔接、积极接受社会监督等系列措施，不断在司法便民、司法为民、司法利民上做实做细本职工作，努力让人民群众在每一个司法案件中感受到公平正义，让人民群众和市场主体共享司法改革成果。

观山湖区人民法院司法改革创新实践证明，只有深入领悟和切实贯彻习近平法治思想、习近平总书记关于司法改革重要论述和习近平总书记视察贵州重要讲话精神，不断增强思想自觉政治自觉行动自觉，贵州各级法院深化司法改革才能按照正确方向前进，才能形成一些可借鉴可复制可推广的经验。只有不断弘扬“团结奋进、拼搏创新、苦干实干、后发赶超”新时代贵州精神，充满历史担当，作风求真务实，深入贯彻新发展理念的新要求，贵州各级法院方能在谱写新时代法院司法改革创新发展新篇章上取得更多更好更高的新业绩。

专题报告

基于司法大数据的2020年贵阳市观山湖区人民法院人案适配情况评估报告

贵阳市观山湖区人民法院　中国司法大数据研究院*

摘　要：当前人民法院“案多人少”的情况普遍存在，对法院工作产生重大影响和压力。为科学合理配置人民法院人力资源，本报告以人案矛盾较为严重的贵阳市观山湖区人民法院作为评估对象，从纠纷存量、纠纷增量、办案压力、审判周期、案件质量等五类14项指标入手，对观山湖区人民法院2020年人案适应情况进行“数字体检”，形成定量化体检报告。通过对比贵阳市的情况，观山湖区人民法院有10项指标超过全市均值，属于风险预警指标；表现优良指标有3项；表现一般指标为1项。总体来说，观山湖区人民法院人案不相适应，且趋势日益严峻。

关键词：人案矛盾　法院人力资源　2020年　观山湖区人民法院

我国经济社会正处于大发展、大变革时期，矛盾凸显、多发，各种纠纷大量涌入法院。人民法院能够科学合理地配置人力资源，对解决当前人民法院“案多人少”的矛盾意义重大。2014年司法责任制改革以来，法院人力资源配置模式进行了翻天覆地的变化，工作取得了卓越的成效，但在配套体制深化改革的过程中，部分法院仍然出现了人案不相适应的情况，甚至个别法院矛盾严重，本次评估选取了贵州省贵阳市极具特点的基层法院——观山湖区人民法院作为评估对象，从纠纷存量、纠纷增量、办案压力、审判周期、案件质量五类

* 执笔人，陈志宏，于静，刘茜，中国司法大数据研究院法律研究员；苏飞，贵阳市观山湖区人民法院审判委员会委员，中国司法大数据研究院法律研究员，三办负责人，一级法官。

14 项指标对评估对象 2020 年人案适应情况进行“数字体检”，形成定量化体检报告，主要结论如下。

一　综合性总体评估结论

通过对比贵阳市的情况，观山湖区人民法院有 10 项指标超过全市均值，属于风险预警指标，占比 71.42%，包括近三年收案平均数、收案增幅、万人成讼率、执行受托事项发生率、中央政法编人均收案数、中央政法编人均结案数、中央政法编人均未结案数、平均审理时长、结案率、四类案件未结比；表现优良指标有 3 项，占比 21.43%，包括未结案件增幅、一审判决案件改判发回重审率、生效案件改判发回重审率。表现一般指标为 1 项，占比为 7.15%。总体来说，观山湖区人民法院人案不相适应，且趋势日益严峻（见表 1）。

表 1　2020 年观山湖区人民法院人案适应市内风险预警指标①

单位：件，%，‰

类型	序号	三级指标	指数方向	指标值	贵阳法院均值	与贵阳法院均值比较	风险预警区间
纠纷存量司法指数	1	近三年收案平均数	—	17370	13491	28.75	中风险
	2	未结案件增幅	—	31.38	60.69	-48.29	优异
纠纷增量司法指数	3	收案增幅	—	24.87	9.51	161.51	高风险
	4	万人成讼率	—	373.67	222.08	68.26	高风险
	5	执行受托事项发生率	—	31.79	12.52	153.91	高风险
办案压力司法指数	6	中央政法编人均收案数	—	380.80	172.05	121.33	高风险
	7	中央政法编人均结案数	—	293.06	152.92	91.64	高风险
	8	中央政法编人均未结案数	—	87.74	19.12	358.89	高风险

① 此处的预警标准是将与贵阳法院均值比较的百分比作为划分标准：在正向指标中，百分比≥30%为优异；30%＞百分比≥10%为良好；10%＞百分比＞0%为一般；0%≥百分比≥-10%为低风险；-10%＞百分比＞-30%为中风险；百分比≤-30%为高风险。在逆向指标中，百分比≥30%为高风险指标；30%＞百分比≥10%为中风险；10%＞百分比＞0%为低风险；0%≥百分比≥-10%为一般；-10%＞百分比＞-30%为良好；百分比≤-30%为优异。

续表

类型	序号	三级指标	指数方向	指标值	贵阳法院均值	与贵阳法院均值比较	风险预警区间
审判周期司法指数	9	平均审理时长	—	148.94	105.81	40.76	高风险
	10	结案率	+	76.96	89.55	-14.06	中风险
	11	四类案件未结比	—	69.26	49.52	39.86	高风险
案件质量司法指数	12	一审判决案件改判发回重审率	—	0.49	0.66	-25.76	优异
	13	生效案件改判发回重审率	—	0.07	0.347	-79.83	优异
	14	一审服判息诉率	+	85.99	87.01	-1.17	一般

二　各维度详细评估结果

（一）纠纷存量方面

观山湖区人民法院未结案件增幅较去年同期大幅下降，较贵阳法院均值表现优异，未结案件增速趋缓；近三年收案平均数同比呈现上升趋势，且高出贵阳法院均值近三成，未结案件清理工作刻不容缓。

近三年收案平均数方面：2018～2020年，观山湖区人民法院收案平均数为17370件，较上一统计周期（13583件）增加3787件，较贵阳法院均值（13491件）多3879件。

未结案件增幅方面：2020年观山湖区人民法院未结案件增幅为31.38%，较2019年（97.51%）下降66.13个百分点，较贵阳法院均值（60.69%）低29.31个百分点。

（二）纠纷增量方面

观山湖区人民法院收案增幅较去年同期有大幅下降，但高于贵阳法院均值1.6倍，执行受托事项发生率、万人成讼率同比呈上升趋势，两项分别高出贵阳法院均值153.9和68.26个百分点，审判压力加大。

收案增幅方面，2020年观山湖区人民法院收案增幅为24.87%，较2019年

(56.95%)下降32.08个百分点，较贵阳法院均值（9.51%）高15.36个百分点。

万人成讼率方面，2020年观山湖区人民法院万人成讼率为373.67%，较2019年（340.13%）上升33.54个百分点，较贵阳法院均值（222.08%）高151.59个百分点。

执行受托事项发生率方面，2020年观山湖区人民法院执行受托事项发生率为31.79%，较2019年（24.77%）上升7.02个百分点，较贵阳法院均值（12.52%）高19.27个百分点。

（三）办案压力方面

观山湖区人民法院的中央政法编人均收案数、中央政法编人均结案数、中央政法编人均未结案数同比均有上升，分别高出本市法院均值121.33%、91.64%和358.89%，形势严峻，政法编人员办案压力持续增大。

中央政法编人均收案数方面，2020年观山湖区人民法院中央政法编人均收案数为380.80件，较2019年（304.96件）上升75.84件，较贵阳法院均值（172.05件）多208.75件。

中央政法编人均结案数方面，2020年观山湖区人民法院中央政法编人均结案数为293.06件，较2019年（238.17件）增加54.89件，较贵阳法院均值（152.92件）多140.14件。

中央政法编人均未结案数方面，2020年观山湖区人民法院中央政法编人均未结案数为87.74件，较2019年（66.78件）增加20.96件，较贵阳法院均值（19.12件）多68.62件。

（四）审判周期方面

观山湖区人民法院四类案件未结比较去年同期稍有上升，高出本市均值近四成，值得关注；案件平均审理时长同比增加超过27天，较本市法院均值多出43天；结案率较上年同期有所下降，低于贵阳法院均值近两成，建议加强分析研判。

平均审理时长方面，2020年观山湖区人民法院平均审理时长为148.94天，较2019年（121.48天）增加27.46天，较贵阳法院均值（105.81天）多43.13天。

结案率方面，2020 年观山湖区人民法院结案率为 76.96%，较 2019 年（78.10%）下降 1.14 个百分点，较贵阳法院均值（89.55%）低 12.59 个百分点。

四类案件未结比指数方面，2020 年观山湖区人民法院四类案件未结比为 69.26，较 2019 年（66.54）上升 2.72 个百分点，较贵阳法院均值（49.52）高 19.74 个百分点。

（五）案件质量方面

观山湖区人民法院一审判决案件改判发回重审率、生效案件改判发回重审率均低于本市法院均值，总体表现良好，但较去年同期稍有下降，需加强分析研判；一审服判息诉率虽低于贵阳法院均值，但同比小幅上升，司法公信力有所提高。

一审判决案件改判发回重审率方面，2020 年观山湖区人民法院一审判决案件改判发回重审率为 0.49%，较 2019 年下降 0.51 个百分点，较贵阳法院均值（0.66%）低 0.17 个百分点。

生效案件改判发回重审率方面，2020 年，观山湖区人民法院生效案件改判发回重审率为 0.07‰，较 2019 年（0.09‰）下降 0.02 个千分点，较贵阳法院均值（0.347‰）低 0.277 个千分点。

一审服判息诉率方面，2020 年观山湖区人民法院一审服判息诉率为 85.99%，较 2019 年（85.73%）上升 0.26 个百分点，较贵阳法院均值（87.01%）低 1.02 个百分点。

三　具体纠纷存量指数①

（一）近三年收案平均数

（1）近三年观山湖区人民法院收案平均数为 17370 件，同比增加 3787 件。

近三年收案平均数以 2018 ~2020 年法院年均受理案件数量作为衡量指标。2018 ~2020 年，观山湖区人民法院共审结各类案件 47749 件，近三年收案平均数为 17370 件，同比（2017 ~2019 年）增加 3787 件。

① 本报告中各类指数均出自法院人案适应司法指数体系，具体参见附件一。

（2）观山湖区人民法院近三年收案平均数较贵阳法院均值（13491 件）多 3879 件。

2020 年贵阳法院近三年收案平均数主要情况如表 2 所示。

表 2　2019～2020 年贵阳法院近三年收案平均数

单位：件

序号	地区	2019 年	2020 年	变化情况
1	观山湖区人民法院	13583	17370	3787
2	贵阳法院均值	10698	13491	2793

（二）未结案件增幅

（1）2020 年观山湖区人民法院未结案件增幅为 31.38%，同比下降 66.13 个百分点。

未结案件增幅以统计周期内法院未结案件量同比增幅作为逆向衡量指标。2020 年，观山湖区人民法院未结案件增幅为 31.38%，较 2019 年（97.51%）下降 66.13 个百分点。

（2）2020 年观山湖区人民法院未结案件增幅较贵阳法院均值（60.69%）低 29.31 个百分点。

2020 年贵阳法院未结案件增幅主要情况如表 3 所示。

表 3　2019～2020 年贵阳法院未结案件增幅

序号	地区	2019 年(%)	2020 年(%)	变化情况(个百分点)
1	观山湖区人民法院	97.51	31.38	-66.13
2	贵阳法院均值	51.70	60.69	8.99

四　纠纷增量司法指数

（一）收案增幅

（1）2020 年观山湖区人民法院收案增幅为 24.87%，同比下降 32.08 个百分点。

收案增幅以统计周期内法院新收案件量同比增幅作为正向衡量指标。2020年，观山湖区人民法院收案增幅为24.87%，较2019年（56.95%）下降32.08个百分点。

（2）2020年观山湖区人民法院收案增幅较贵阳法院均值（9.51%）高15.36个百分点。

2020年贵阳法院收案增幅主要情况如表4所示。

表4 2019～2020年贵阳法院收案增幅

序号	地区	2019年(%)	2020年(%)	变化情况(个百分点)
1	观山湖区人民法院	56.95	24.87	-32.08
2	贵阳法院均值	32.00	9.51	-22.49

（二）万人成讼率

（1）2020年观山湖区人民法院万人成讼率为373.67%，同比上升33.54个百分点。

万人成讼率以一审民事案件每万人口发案量为逆向衡量指标。2020年，观山湖区人民法院万人成讼率为373.67%，较2019年（340.13%）上升33.54个百分点。

（2）2020年观山湖区人民法院万人成讼率较贵阳法院均值（222.08%）高151.59个百分点。

2020年贵阳法院万人成讼率主要情况如表5所示。

表5 2019～2020年贵阳法院万人成讼率

序号	地区	2019年(%)	2020年(%)	变化情况(个百分点)
1	观山湖区人民法院	340.13	373.67	33.54
2	贵阳法院均值	188.12	222.08	33.96

（三）执行受托事项发生率

（1）2020年观山湖区人民法院执行受托事项发生率为31.79%，同比上升

7.02 个百分点。

执行受托事项发生率以委托执行案件数量在执行案件中的占比为逆向衡量指标。2020 年，观山湖区人民法院执行受托事项发生率为 31.79%，较 2019 年（24.77%）上升 7.02 个百分点。

（2）2020 年观山湖区人民法院执行受托事项发生率较贵阳法院均值（12.52%）高 19.27 个百分点。

2020 年贵阳法院执行受托事项发生率主要情况如表 6 所示。

表 6　2019～2020 年贵阳法院执行受托事项发生率

序号	地区	2019 年(%)	2020 年(%)	变化情况(个百分点)
1	观山湖区人民法院	24.77	31.79	7.02
2	贵阳法院均值	10.44	12.52	2.08

五　办案压力司法指数

（一）中央政法编人均收案数

（1）2020 年观山湖区人民法院中央政法编人均收案数为 380.80 件，同比增加 75.84 件。

中央政法编人均收案数以统计周期内中央政法编制人员人均收案量作为逆向衡量指标。2020 年，观山湖区人民法院中央政法编人均收案数为 380.80 件，较 2019 年（304.96 件）上升 75.84 件。

（2）2020 年观山湖区人民法院中央政法编人均收案数较贵阳法院均值（172.05 件）多 208.75 件。

2020 年贵阳法院中央政法编人均收案数主要情况如表 7 所示。

表 7　2019～2020 年贵阳法院中央政法编人均收案数

单位：件

序号	地区	2019 年	2020 年	变化情况
1	观山湖区人民法院	304.96	380.80	75.84
2	贵阳法院均值	148.91	172.05	23.14

（二）中央政法编人均结案数

（1）2020 年观山湖区人民法院中央政法编人均结案数为 293.06 件，同比增加 54.89 件。

中央政法编人均结案数以统计周期内中央政法编制人员人均结案量作为逆向衡量指标。2020 年，观山湖区人民法院中央政法编人均结案数为 293.06 件，较 2019 年（238.17 件）增加 54.89 件。

（2）2020 年观山湖区人民法院中央政法编人均结案数较贵阳法院均值（152.92 件）多 140.14 件。

2020 年贵阳法院中央政法编人均结案数主要情况如表 8 所示。

表 8　2019～2020 年贵阳法院中央政法编人均结案数

单位：件

序号	地区	2019 年	2020 年	变化情况
1	观山湖区人民法院	238.17	293.06	54.89
2	贵阳法院均值	137.63	152.92	15.29

（三）中央政法编人均未结案数

（1）2020 年观山湖区人民法院中央政法编人均未结案数为 87.74 件，同比增加 20.96 件。

中央政法编人均未结案数以统计周期内中央政法编制人员人均未结案件量作为衡量指标。2020 年，观山湖区人民法院中央政法编人均未结案数为 87.74 件，较 2019 年（66.78 件）增加 20.96 件。

（2）2020 年观山湖区人民法院中央政法编人均未结案数较贵阳法院均值（19.12 件）多 68.62 件。

2020 年贵阳法院中央政法编人均未结案数主要情况如表 9 所示。

表 9　2019～2020 年贵阳法院中央政法编人均未结案数

单位：件

序号	地区	2019 年	2020 年	变化情况
1	观山湖区人民法院	66.78	87.74	20.96
2	贵阳法院均值	11.31	19.12	7.81

六　审判周期司法指数

（一）平均审理时长

（1）2020 年观山湖区人民法院平均审理时长为 148. 94 天，同比增加 27. 46 天。

平均审理时长以统计周期内法院已结案件平均审理天数为逆向衡量指标。2020 年观山湖区人民法院平均审理时长为 148. 94 天，较 2019 年（121. 48 天）增加 27. 46 天。

（2）2020 年观山湖区人民法院平均审理时长较贵阳法院均值（105. 81 天）多 43. 13 天。

2020 年贵阳法院平均审理时长主要情况如表 10 所示。

表 10　2019 ~ 2020 年贵阳法院平均审理时长

单位：天

序号	地区	2019 年	2020 年	变化情况
1	观山湖区人民法院	121. 48	148. 94	27. 46
2	贵阳法院均值	96. 17	105. 81	9. 64

（二）结案率

（1）2020 年观山湖区人民法院结案率为 76. 96%，同比下降 1. 14 个百分点。

结案率以统计周期内法院审结案件与新收案件的比值为正向衡量指标。2020 年观山湖区人民法院结案率为 76. 96%，较 2019 年（78. 10%）下降 1. 14 个百分点。

（2）2020 年观山湖区人民法院结案率较贵阳法院均值（89. 55%）低 12. 59 个百分点。

2020 年贵阳法院结案率主要情况如表 11 所示。

表 11　2019～2020 年贵阳法院结案率

序号	地区	2019 年(%)	2020 年(%)	变化情况(个百分点)
1	观山湖区人民法院	78.10	76.96	-1.14
2	贵阳法院均值	92.74	89.55	-3.19

（三）四类案件未结比

（1）2020 年观山湖区人民法院四类案件未结比为 69.26，同比上升 2.72 个百分点。

法院四类案件未结比以延长审限、扣除审限、中止、简转普四类未结案件占未结案件比重为逆向衡量指标。2020 年观山湖区人民法院四类案件未结率为 69.26%，较 2019 年（66.54%）上升 2.72 个百分点。

（2）2020 年观山湖区人民法院四类案件未结率较贵阳法院均值（49.52%）高 19.74 个百分点。

2020 年贵阳法院四类案件未结比主要情况如表 12 所示。

表 12　2019～2020 年贵阳法院四类案件未结率

序号	地区	2019 年(%)	2020 年(%)	变化情况(个百分点)
1	观山湖区人民法院	66.54	69.26	2.72
2	贵阳法院均值	47.67	49.52	1.85

七　案件质量司法指数

（一）一审判决案件改判发回重审率

（1）2020 年观山湖区人民法院一审判决案件改判发回重审率为 0.49%，同比下降 0.51 个百分点。

法院一审判决案件改判发回重审率以上诉改判案件、上诉发回重审案件在一审判决案件中的占比作为逆向衡量指标。2020 年，观山湖区人民法院一审判决案件改判发回重审率为 0.49%，较 2019 年（1.00%）下降

0.51 个百分点。

（2）2020 年观山湖区人民法院一审判决案件改判发回重审率较贵阳法院均值（0.66%）低 0.17 个百分点。

2020 年贵阳法院一审判决案件改判发回重审率主要情况如表 13 所示。

表 13　2019～2020 年贵阳法院一审判决案件改判发回重审率

序号	地区	2019 年(%)	2020 年(%)	变化情况(个百分点)
1	观山湖区人民法院	1.00	0.49	-0.51
2	贵阳法院均值	0.91	0.66	-0.25

（二）生效案件改判发回重审率

（1）2020 年观山湖区人民法院生效案件改判发回重审率为 0.07‰，同比下降 0.02 个千分点。

生效案件改判发回重审率以再审改判案件、再审发回重审案件在生效案件中的占比作为逆向衡量指标。2020 年，观山湖区人民法院生效案件改判发回重审率为 0.07‰，较 2019 年（0.09‰）下降 0.02 个千分点。

（2）2020 年观山湖区人民法院生效案件改判发回重审率较贵阳法院均值（0.347‰）低 0.277 个千分点。

2020 年贵阳法院生效案件改判发回重审率主要情况如表 14 所示。

表 14　2019～2020 年贵阳法院生效案件改判发回重审率

序号	地区	2019 年(‰)	2020 年(‰)	变化情况(个千分点)
1	观山湖区人民法院	0.09	0.07	-0.02
2	贵州法院均值	0.159	0.347	0.188

（三）一审服判息诉率

（1）2020 年观山湖区人民法院一审服判息诉率为 85.99%，同比上升 0.26 个百分点。

一审服判息诉率以后续无上诉的一审已结案件在一审判决案件中占比作为

正向衡量指标。2020 年，观山湖区人民法院一审服判息诉率为 85.99%，较 2019 年（85.73%）上升 0.26 个百分点。

（2）2020 年观山湖区人民法院一审服判息诉率较贵阳法院均值（87.01%）低 1.02 个百分点。

2020 年贵阳法院一审服判息诉率主要情况如表 15 所示。

表 15　2019～2020 年贵阳法院一审服判息诉率

序号	地区	2019 年(%)	2020 年(%)	变化情况(个百分点)
1	观山湖区人民法院	85.73	85.99	0.26
2	贵阳法院均值	86.95	87.01	0.06

附　录

附件一：法院人案适应司法指数体系说明

（一）研究思路说明

数据分析是调查研究中的常用方法，具有较强的科学性。周强院长亦强调“要构建科学的司法指数，深入分析司法数据与经济社会发展数据间的规律联系，深刻揭示司法案件、司法活动与经济社会发展的内在关联，为党和政府决策提供科学参考”。中国司法大数据研究院按照“继承发展创新、突出服务重点、量化表征所能、辅助决策所需”的指导思想，综合前期司法大数据专题研究经验，参考其他指数研究成果，基于人民法院大数据管理和服务平台汇聚的案件、卷宗、文书信息等数据资源，结合行政区人口规模、法院编制等数据，对各项指数进行量化表征。运用数据分析的方式，发现法院运行现状、成效及存在的风险隐患，为法院科学的人事管理、案件管理提供翔实、全面、系统的指数体系分析。在“法院人案适应司法指数”一级指标之下，设置“纠纷存量司法指数”“纠纷增量司法指数”“办案压力司法指数”“审判周期司法指数”“案件质量司法指数”（见表 16）。

表 16　法院人案适应司法指数体系

一级指标	二级指标	三级指标
法院人案适应司法指数	纠纷存量司法指数	近三年收案平均数
		未结案件增幅
	纠纷增量司法指数	收案增幅
		万人成讼率
		执行受托事项发生率
法院人案适应司法指数	办案压力司法指数	中央政法编人均收案数
		中央政法编人均结案数
		中央政法编人均未结案数
	审判周期司法指数	平均审理时长
		结案率
		四类案件未结比指数
	案件质量司法指数	一审判决案件改判发回重审率
		生效案件改判发回重审率
		一审服判息诉率

（二）指标的设置依据及评估标准

1. 纠纷存量司法指数

【设置依据】区域矛盾纠纷基数即纠纷存量，是衡量法院匹配人员数量的重要前提。

【评估标准】以近三年收案平均数、未结案件增幅为衡量标准。

2. 纠纷增量司法指数

【设置依据】区域矛盾纠纷增长的趋势即纠纷增量，是衡量法院人员数量增减匹配的重要依据。

【评估标准】以收案增幅、万人成讼率、执行受托事项发生率为衡量标准。

3. 办案压力司法指数

【设置依据】法院干警办案压力是人案是否适应的重要判断标准。

【评估标准】以中央政法编人均收案数、中央政法编人均结案数、中央政法编人均未结案数为衡量标准。

4. 审判周期司法指数

【设置依据】审判周期的长短侧面反映法院干警办案压力及法院人案是否适应。

【评估标准】以平均审理时长、结案率、四类案件未结比指数为衡量标准。

5. 案件质量司法指数

【设置依据】案件质量的好坏侧面反映法院人案是否适应。

【评估标准】以一审判决案件改判发回重审率、生效案件改判发回重审率、一审服判息诉率为衡量标准。

6. 未设置员额法官收、结案数（各家法院员额法官占中央政法编百分比均不相同，不具可比性）

按照中央司改方案设置，基层法院员额法官、司法辅助人员、司法行政人员比例应为39%、46%、15%，呈橄榄球型结构，而观山湖区人民法院员额法官、司法辅助人员、司法行政人员比例则分别为54%、37%、9%，呈倒三角结构。

表 17　法院人案适应司法指数体系衡量指标及计算公式信息

一级指标	二级指标	三级指标	计算公式
法院人案适应司法指数	纠纷存量司法指数	近三年收案平均数	2018年、2019年、2020年收案数/3
		未结案件增幅	(本年度未结案件数－上年度未结案件数)/上年度未结案件数
	纠纷增量司法指数	收案增幅	(本年度收案数－上年度收案数)/上年度收案数
		万人成讼率	年度收案数/辖区人口
		执行受托事项发生率指数	执行委托案件数/执行案件数量
	办案压力司法指数	中央政法编人均收案数	年度收案数/中央政法编制数
		中央政法编人均结案数	年度结案数/中央政法编制数
		中央政法编人均未结案数	年度未结案件数/中央政法编制数
	审判周期司法指数	平均审理时长	年度结案案件审理天数之和/结案案件数
		结案率	结案数/收案数
		四类案件未结比指数	延长审限、扣除审限、中止、简转普四类未结案件之和/未结案件数

续表

一级指标	二级指标	三级指标	计算公式
法院人案适应司法指数	案件质量司法指数	一审判决案件改判发回重审率	0.4＊上诉案件改判数(错误)/一审判决数＋0.6＊上诉案件发回重审数(错误)/一审判决数
		生效案件改判发回重审率	0.4＊再审案件改判数(错误)/生效案件总数＋0.6＊再审案件发回重审数(错误)/生效案件总数
		一审服判息诉率	1－上诉案件收案数/一审结案数

附件二：贵阳市基层人民法院中央政法编制人员数量及收案、结案、未结数量及人均数量

表18　贵阳市基层人民法院中央政法编制人员数量及收案、结案、未结数量及人均数量

单位：人

序号	法院	2020年								
		政法编人数	员额法官数	法官比例(%)	收案数	人均收案数	结案数	人均结案数	未结数	人均未结数
1	南明区人民法院	159	57	35.85	32770	206.10	30753	193.42	2017	12.68
2	云岩区人民法院	155	58	37.42	30503	196.79	28728	185.34	1775	11.45
3	清镇市人民法院	102	35	34.31	13764	134.94	12825	125.74	939	9.2
4	花溪区人民法院	96	30	31.25	27537	286.84	20113	209.51	7424	77.33
5	开阳县人民法院	92	30	32.61	9120	99.13	8957	97.36	163	1.77
6	乌当区人民法院	91	25	27.47	8558	94.04	8259	90.76	299	3.28
7	白云区人民法院	82	29	35.37	14345	174.94	14099	171.94	246	3
8	修文县人民法院	79	25	31.65	5815	73.61	5650	71.52	165	2.09
9	息烽县人民法院	78	25	32.05	3876	49.69	3773	48.37	103	1.32
10	观山湖区人民法院	69	37	53.62	26275	380.80	20221	293.06	6054	87.74

附件三：法院人案适应司法指数体系各类指标原始数据

表19　近三年收案平均数司法指数数据

地区	2019年(%)	2020年(%)
贵阳法院均值	10698	13491
观山湖区人民法院指标值	13583	17370

表 20　未结案件增幅司法指数数据

地区	2019 年(%)	2020 年(%)
贵阳法院均值	51.70	60.69
观山湖区人民法院指标值	97.51	31.38

表 21　收案增幅司法指数数据

地区	2019 年(%)	2020 年(%)
贵阳法院均值	32.00	9.51
观山湖区人民法院指标值	56.95	24.87

表 22　万人成讼率司法指数数据

地区	2019 年(%)	2020 年(%)
贵阳法院均值	188.12	222.08
观山湖区人民法院指标值	340.13	373.67

表 23　执行受托事项发生率司法指数数据

地区	2019 年(%)	2020 年(%)
贵阳法院均值	24.77	31.79
观山湖区人民法院指标值	10.44	12.52

表 24　中央政法编人均收案数司法指数数据

地区	2019 年(件)	2020 年(件)
贵阳法院均值	148.91	172.05
观山湖区人民法院指标值	304.96	380.80

表 25　中央政法编人均结案数司法指数数据

地区	2019 年(件)	2020 年(件)
贵阳法院均值	137.63	152.92
观山湖区人民法院指标值	238.17	293.06

表 26　中央政法编人均未结案件数司法指数数据

地区	2019 年(件)	2020 年(件)
贵阳法院均值	11.31	19.12
观山湖区人民法院指标值	66.78	87.74

表 27　平均审理时长司法指数数据

地区	2019 年(天)	2020 年(天)
贵阳法院均值	96.17	105.81
观山湖区人民法院指标值	121.48	148.94

表 28　结案率司法指数数据

地区	2019 年	2020 年
贵阳法院均值	92.74	89.55
观山湖区人民法院指标值	78.10	76.96

表 29　四类案件未结比司法指数数据

地区	2019 年	2020 年
贵阳法院均值	47.67	49.52
观山湖区人民法院指标值	66.54	69.26

表 30　一审判决案件改判发回重审率司法指数数据

地区	2019 年(%)	2020 年(%)
贵阳法院均值	0.91	0.66
观山湖区人民法院指标值	1.00	0.49

表 31　生效案件改判发回重审率司法指数数据

地区	2019 年(‰)	2020 年(‰)
贵阳法院均值	0.159	0.347
观山湖区人民法院指标值	0.09	0.07

表 32　一审服判息诉率司法指数数据

地区	2019 年(%)	2020 年(%)
贵阳法院均值	86.95	87.01
观山湖区人民法院指标值	85.73	85.99

绿色金融法庭创新审判模式助推司法改革调查研究

贵州财经大学课题组*

摘　要：贵州是中国生态文明思想的重要策源地和生态文明建设、生态文明法治实践的先行者。经过长期探索实践，贵州不仅开创了欠发达地区破解资源环境制约难题、实现经济效益、生态效益和社会效益同步提升的“守底线、走新路、奔小康”的绿色发展、高质量发展之路，还开辟了一条整体主义推进生态文明法治建设的道路。其中，贵阳“环保两庭”形成了中国环境司法专门化的“贵阳模式”，而2017年10月16日经贵州省高级人民法院、贵阳市中级人民法院批准成立的观山湖区人民法院绿色金融法庭则是国内首个且唯一的绿色金融司法专门化审判机构，是继“环保两庭”之后专业化审判制度机制改革创新的又一次开拓性探索。它不仅为全面推开绿色金融审判当好了排头兵，具有首创和标杆意义，而且还弥补了现行环资司法这一“末端治理”的短板。本课题旨在探讨观山湖区人民法院开展绿色金融专门化司法实践的深远意义及其重大实践，并揭示这一重大实践的宝贵经验和深刻启示。

关键词：绿色金融　法庭　专门化司法　贵州

---

* 课题组成员：胡甲庆，贵州省法学会金融法学研究会会长、贵州财经大学教授，法学博士；黄余，贵阳市观山湖区人民法院党组成员、审判委员会专职委员，四级高级法官，法律硕士；任光焰，贵阳市中级人民法院知识产权庭副庭长，四级高级法官，法律硕士；张可，贵州省社会科学院法律研究所副研究员，法学博士；黄孝慧，贵阳人文科技学院法学院副教授，法学博士。

一　观山湖区人民法院探索绿色金融专门化司法的深远意义

观山湖区人民法院绿色金融专门化司法探索实践，是践行习总书记绿水青山就是金山银山思想、落实中央“五位一体”“四个全面”布局的重要举措，对于提升国家绿色金融治理能力、增添国家绿色发展动能、探索国家生态文明发展道路，具有重大而深远的意义。

（一）贯彻落实国家绿色发展理念的重要举措

绿色发展既是可持续发展责任，又是重大机遇。当前可持续发展理念成为全球普遍共识，各国为重塑竞争优势纷纷将重心转向振兴实体经济，将发展绿色经济、绿色金融上升为国家战略。我国高度重视绿色发展，并将绿色金融定位为实现绿色经济发展的战略举措。党的十七大首倡走“生产发展、生活富裕、生态良好”之文明发展道路，十八大将生态文明建设纳入“五位一体”总体布局，十八届五中全会将“绿色发展”上升为新发展理念，十九大在加快生态文明体制改革、建立绿色生产消费法律制度和政策导向、发展绿色金融等方面做出了“建设人与自然和谐共生的现代化”的重要战略部署。“欠发达欠开发、生态环境优良与生态环境脆弱”是贵州的基本省情。特殊的省情决定贵州必须念好“山水经”，打好“生态牌”，化“生态资源优势”为“产业优势”，以“绿水青山”换取“金山银山”，这样才能实现“守底线、走新路、奔小康”伟大战略构想。贵州把探索绿色金融专门化司法作为加强供给侧结构性改革的重要抓手，不断提升贵州绿色司法专业化水平和竞争力，为推动贵州绿色发展和高质量发展、促进贵州生态文明走向新时代撑好司法“保护伞”。探索绿色金融专门化司法模式是贵州牢牢守住两条底线、充分发挥自身比较优势、确保与全国同步全面建成小康社会的重要举措。

（二）推动“两区”试验试点建设的重要抓手

党中央、国务院大力支持贵州绿色发展先行先试，先后将贵州纳入首批“国家生态文明试验区”和五个“绿色金融改革创新试验区”，要求贵州利用“两区”试验试点综合性平台，积极开展“生态文明法治建设试验”、创新绿色金融体制机制制度，为推动国家生态文明治理体系和治理能力现代化、法治化提供可复制、可推广的经验。观山湖区人民法院敢于抢占先机，在全国及至全球率先建立绿色金融法庭、开展绿色金融专门化司法实践，是贵州担当“两区”试验光荣使命、探索“生态文明重大制度”的重要抓手。

（三）推进司法体制改革创新的重要路径

绿色金融案件具有标的大、法律关系复杂、新类型多、审理难度大等特点，容易引发区域性系统性金融风险。现行绿色金融司法存在管辖不集中、审判不专业、裁判尺度不统一等诸多问题，不适应绿色发展需要。习总书记在第五次全国金融工作会议上指出“健全符合我国国情的金融法治体系”。观山湖区人民法院绿色金融法庭在绿色金融纠纷职能管辖集中化、审理专门化、程序集约化和人员专业化等多方面开展专门化司法探索，是司法体制改革的新举措，有利于建立公正、高效、权威的绿色金融审判体系，提升绿色金融审判质量效率，促进绿色金融健康发展。观山湖区人民法院绿色金融专门化司法模式的实践与贵州先行探索的“生态委”大行政执法、“生态保护法庭”专属司法管辖、生态保护检察局和生态保护公安分局集中侦检以及执法司法联动的重大理论创新、制度创新、实践创新一道，为国家生态文明治理体系和能力现代化贡献贵州方案。

二　观山湖区人民法院绿色金融专门化司法的重大实践

观山湖区人民法院绿色金融法庭以五大发展理念为指导，以“绿色、专业、致公、卓越”为主线，紧紧围绕绿色金融审判体系和能力现代化，着力培养造就高素质绿色金融审判队伍，探索绿色金融审判体制机制改革，创建了绿色金融专门化司法模式，即“一个专门化司法平台”“三支专业化审判队伍”“‘三快一体’立审执程序”“五种审判效果”的“1335”司法模式，实现了绿色金融司法的平台化、集约化、专业化。

（一）打造一个专门化司法平台机构

经过探索实践，贵州绿色金融法庭已成为一个“管辖审理集约、在线线下一体、司法—行政—自律联动、诉调有机衔接”的绿色金融司法服务平台。

1. 实行统合管辖和“三加一”归口审执模式

理论上讲，生态环境是一个区域经济、社会发展的空间载体和资源基础，是区域内外人与自然共享的福利，整体性公益性强、利益关联度高。绿色金融具有公共物品属性，具有将“生态环境外部性内部化”的价值功能。绿色金融法是为适应经济和市场社会化迫切要求而产生的社会之法，以社会为本位，着眼于社会整体利益。绿色金融法的整体性、公益性决定了绿色金融司法必须树立人与人、人与自然和谐共存的生态文明法治理念，把绿色金融司法的核心价值转移到生态文明建设保障和服务上来。事实上，水流空气等环境介质的流动性、环境空间的跨地域性往往使得社会经济金融行为产生的生态环境受害人多且不确定、损害表征多样、类型复杂多样（既有私益如人财物损害，又有公益如环境污染、生态破坏）、损害程度不同、损害潜伏时间长、损害因果关系认定难、损害比例确定难、受害人态度诉求不一，由此产生的绿色金融纠纷呈现主体多元化、客体多维化、客观多样化、主观多态化、因果关系多重化的极其复杂的跨界性、复杂性、特殊性、专业技术性。

此外，绿色资金融通活动及各种辅助金融服务不是简单纯粹的民事行为、私益行为，而是一种民行混合行为、公私益交融行为，涉及经济社会各个方面和不同主体、不同权属，这种行为既受私法调整，又受公法规制，形成民行刑一体的多重法律关系。因此绿色金融纠纷具有公私法交融、民行刑交叉特性。事实上，大量绿色金融产品或业务都是以环资权利及其收益为担保来进行股权、债权融资。一旦发生纠纷，往往涉及环资权及其收益的取得、转让、承包租赁、合作等，其中既有物权纠纷、合同纠纷，也有侵权纠纷；既有民事纠纷，也有行政纠纷，还可能涉嫌犯罪，或者一个案件同时涉及民行刑三种不同性质的法律关系，产生多重法律关系的交叉、法律责任竞合或聚合。在这种情况下，若民行刑分别审理，则容易产生正在审理的涉及某一性质的绿色金融案件是否同时涉及其他性质纠纷的情况不明，或者即便清楚地知道涉及其他性质纠纷，但也因程序规则限制不能进行并案审查。传统民事、刑事、行政分立的审判模式不能适应绿色金融司法的复合性特点。因此绿色司法必须建立与绿色案件跨界性、复杂性、特殊性、专业技术性相适应的民行刑审执一体化的归口审理模式，实行绿色民事、刑事、行政或执行案件统一集中审理的制度。

为改变传统按行政区划配置执法权和司法权的行政司法体制造成绿色金融整体性联系割裂以及“重发展轻环保”消极治理、有治理之心无治理之权、行政司法管辖推诿或竞争、司法地方保护主义以及同案不同立、同案不同判等乱象，应破除绿色金融司法中职能管辖、级别管辖、地域管辖的分散化瓶颈问题，建立跨行政区域管辖、异地管辖、集中管辖等方式的统合管辖模式。这一方面可整合优化审判资源配置，深化审判专业化分工，提升审判合理化水平，促进审判规模经济和范围经济，最终提高绿色金融审判质效，另一方面有利于统一资环案件裁判规则、避免资环案件司法保护宽软松及资环司法负担畸轻畸重、维护案件审理结果的统一平衡、实现生态环境利益分配正义、营造公平有序的法治化国际化便利化营商环境。此外，建立统合管辖模式可有效回应国内外业界长期来对于构建一个“少而精”的一审法院加“相对统一上诉法院”的期待，使之符合“国家层面、高等法院、评审资环”专门法院设立模式国际潮流，有利于集中力量打造贵州省绿色金融司法品牌。

从实践上看，贵阳是贵州生态文明试验区的核心区域，其经济在省内相对活跃，涉绿色金融民事案件数量大，加之省级金融行政执法机构集中，涉绿色金融行政案件也相对集中。特别是自黔府金发〔2015〕11 号印发以来，“引金入黔”工程和贵安新区西部绿色金融港建设深入推进实施，吸引了不少国内外金融机构纷纷来贵州设立总部、分支机构以及后台服务机构。贵州金融城坐落于贵阳市观山湖区，成为贵州实际上的金融中心：包括 10 大银行总部、3 家生态支行、2 家科技支行、保险公司及贵州绿色资源投资公司、贵州绿色硅谷资产管理公司在内的 300 多家金融机构相继入驻；贵州大数据金融交易所、贵州众筹金融交易所等金融交易平台也先后在贵州金融城挂牌运营。同时，绿色金融港也逐渐成为金融机构的集聚平台。截至 2019 年 10 月，落户绿色金融港的金融机构（包括绿色金融专门分支机构和绿色金融事业部）多达 22 家。金融机构的聚集，不仅带来繁荣的金融交易和丰富的金融产品业务品类，而且会造成金融风险、金融纠纷的多发积聚。这一方面为绿色金融案件统合管辖模式的建立提供了可靠的案源保障，另一方面也对绿色金融统合管辖模式提出了新要求。

与此同时，贵州省金融业存在本土金融机构规模小、投资者结构不合理、业务创新能力不高、市场体系服务体系（包括金融司法服务水平）不健全、对外开放程度低等问题。在2020年《贵州省政府工作报告》中，时任省长谌贻琴指出，“优良生态环境是贵州省最大的发展优势和竞争优势”，提出要“坚定不移走生态优先绿色发展之路”“坚定不移加强生态文明建设”以及“推进‘引金入黔’，进一步完善地方金融服务体系，大力发展绿色金融、科技金融，增强金融服务实体经济能力”“提升省会城市首位度……积极推进贵阳贵安协同融合发展”、做大做强“贵阳—贵安—安顺都市圈”的重大战略决策部署。而要达成“贵阳—贵安—安顺都市圈”跨区合作，就迫切需要这些区域共同建设好绿色金融体系，打造立足于需求端的绿金交易平台，吸引大量外部绿色资本，构建绿色产业链、价值链、供应链，从而摸索出一条不同于东部、有别于西部工业发展的新型绿色发展之路。这就需要提升绿色金融司法服务于省委重大战略决策部署的能力，统筹贵州生态文明试验区、贵安新区绿色金融试验区建设和贵阳贵安一体化发展的大局，建立集中管辖贵阳贵安两地绿色金融案件的统合管辖模式，提升贵州省绿色金融法治水平和治理水平，改善贵州省金融市场环境，增强贵州省环资要素交易市场和绿色金融市场国内国际影响力，推动贵州省由金融弱省向金融强省转变。

为使绿色金融法庭聚焦绿色金融本色，增强审判规范化、专业化，观山湖区人民法院突破传统法庭功能设置，科学确定绿色金融案件案由，将观山湖区的绿色金融刑事、民事、行政案件指定由绿色金融法庭专属管辖。

（1）明确了民商事案件管辖范围。由于绿色金融合同性质、效力、履行等实体审查认定方面需要考量生态环境法益，绿色金融环境侵权案件审理也需要面对生态功能退化、环境损害认定评估的科学性、环境要素的可恢复性等专业问题，都需要在侵害主体、原因行为、环境损害行为与结果间因果关系证明认定归责规则、责任承担方式等实体方面制定不同于普通侵权案件的、需适用绿色金融环境侵权案件的特别程序规定、特别规则，因此，绿色金融法庭集中管辖绿色金融合同纠纷及侵权纠纷，具体包括绿色金融信贷纠纷、民间绿色金融借贷纠纷、绿色保险纠纷、碳金融交易纠纷、绿色金融权益抵押质押纠纷、绿色金融排污权用能权水权等环境权益交易纠纷、涉及绿色金融补贴确认纠纷等绿色金融纠纷。

（2）明确了行政案件管辖范围。由于绿色金融案件在被告、原告、被诉行政行为、司法审查方式及相对人行为认定标准和证据规则等方面具有极强的专业性、领域性、复杂性，因此，绿色金融法庭集中管辖绿色金融行政纠纷，具体包括：绿色金融行政行为相对人对金融、环境监管职责的行政机关和相关法律、法规、规章授权的组织（含金融监管机构、货币财政税收宏观调控管理部门、环境保护行政管理部门、城市管理行政执法局）提起的绿色金融行政案件；绿色金融行政行为相对人对有公民、法人或其他经济组织参与的环境许可、影响评价审批、规划等辅助行政行为所提起的绿色金融行政案件；绿色金融行政行为相对人对绿色金融行政许可、认证、行政强制、行政处罚、行政调处等金融执法行为提起的行政诉讼；绿色金融行政行为相对人对绿色金融补贴等财政给付行为、税收优惠行为、政府采买行为提起的行政诉讼等。

（3）明确了刑事审判案件管辖范围。为严厉打击绿色金融领域犯罪活动，维护绿色金融秩序，绿色金融法庭管辖以下刑事案件：挪用、贪污、侵占、诈骗生态环境救助、扶贫及绿色产业基金等涉绿色专项资金犯罪行为，欺诈发行和擅自发行绿色股票、债券、存托凭证、资产支持证券、资产管理产品等证券犯罪行为，高利转贷绿色金融资金，骗取绿色贷款、绿色票据承兑、绿色金融票证、绿色金融责任保险等犯罪行为，借绿色金融之名，实施非法集资、贪污、受贿行贿等犯罪行为，插手绿色金融活动的黑社会性质组织和其他暴力性犯罪行为。

通过统合管辖和“三加一”归口审执模式的探索，绿色金融法庭实现了从在集中管辖基础上的统一立案到审执合一的绿色金融案件立案、审判和执行各审判环节闭环，建立了刑民行三类审判间以及立审执机构三个业务部门间既分工又配合的审判协同工作机制，形成了绿色金融案件审判的整体合力。

2. 建成在线线下两个法庭

当今，第三次科技革命浪潮方兴未艾，网络化、信息化、数字化、智能化对司法渗透的广度深度前所未有，为智慧司法带来重大机遇。新修订的《中华人民共和国人民法院组织法》规定，“人民法院应当加强信息化建设，运用互联网、大数据等现代信息技术，提高工作效率，保障司法公正”。2017 年

《最高人民法院关于进一步加强金融审判工作的若干意见》也提出，为加强金融审判工作、发挥金融审判职能，要提升金融审判的信息化水平。

绿色金融法庭充分利用贵州大数据试验区建设的先发优势和重大成果，在打造智慧法庭上大胆探索，先行先试，形成了以大数据信息共享平台为依托，线下实体法庭智能辅助审判和在线网络法庭并行的智慧法庭的组织技术架构和运行模式。借助“立案预登记前置—立案一键启动—证据云端保全—远程数据传输—审判程序全程信息覆盖跟踪—多方信息共享—在线线下法庭”之选择机制，两个法庭实时转换衔接提供跨越时空、高效便捷绿色的诉讼服务，最大限度地缩短审判周期，降低当事人诉讼成本，节约司法资源。此外，还实现了当事人法庭选择的多元化。当事人可以根据自己的实际情况，选择适合自己的审判法庭，实现在线网络法庭及线下实体法庭诉讼服务多元选择。通过智慧法院建设，绿色金融法庭实现了诉讼服务体系化、智能化、现代化，确保司法“让数据多跑路，让群众少跑腿”，为辖区群众提供“一站式、全方位、多层次、低成本”司法服务；同时借助于智慧法院建设成果，做到智审、智执、智服、智管，使司法人员从繁重的重复劳动中解放出来，更加聚焦于核心审判事务。

（1）线下实体法庭智能辅助审判。线下实体法庭由诉讼服务中心、审判法庭两块功能区域构成，并配置人工智能法官参与全程辅助审判，通过送达地址确认前置、立案预登记前置及立案一键启动等智能辅助功能，实现审判智能化。

第一，诉讼服务中心配置机器人法官。机器人法官，又称人工智能机器人，它可以将立案、缴费、诉讼文书打印、送达、诉讼咨询、电子签字、案件预判等多种诉讼服务功能集于一体。机器人法官服务设置立案登记与立案启动模块、诉讼主体确认模块、智能诉讼咨询模块、案件诉讼结果预判模块。

立案登记与立案启动模块。没有立案预登记前置的当事人，可以在该模块提交起诉书、缴费、接收与打印诉讼文书等，完成立案或立案预登记程序。立案预登记前置的当事人，可凭前置案件账号、密码或二维码启动立案预登记，完成立案程序。

诉讼主体确认模块。该模块运用身份识别系统，采集确认诉讼主体基本信息、委托诉讼代理人的身份、代理权限，并自动确认当事人或其他诉讼参与人的微信、微博、电子邮箱为他们的诉讼服务终端，法庭、当事人可以通过该终端进行举证、证据交换等诉讼活动。在庭审中，对参加庭审的诉讼主体，运用身份识别及预警系统与立案信息比对，完成身份核对，既节省庭审时间，又预防虚假诉讼。

该模块具有语音、身份识别验证及报警等功能。为了提升绿色金融诉讼的效率及安全性，规范庭审活动，减少虚假诉讼或者冒名诉讼风险，线下实体法庭和在线网络法庭均应用语音、身份识别验证及报警系统。具体操作为：在绿色金融交易、立案预登记前置或立案一键启动时，法人或其他组织需要提交社会统一信用代码及相关诉讼参与人的基本信息；自然人需要提交身份证、个人语音及照片等基本信息。绿色金融法庭网上法庭或者实体法庭，均采用语音识别系统及人脸识别系统全程录音录像开庭审理，全程进行信息比对及信息异常预警，确保诉讼的正常进行。

智能诉讼咨询模块。该模块综合汇总绿色金融相关法律、法规、政策及法律法规适用规则，为当事人提供专业性的智能诉讼咨询服务。

案件诉讼结果预判模块。该模块可自动向当事人推送指导性案例或相似案件裁判结果，供其参考。同时，可根据当事人提供的主要证据，对涉诉案件风险及裁判结果进行智能预判，为当事人下一步的诉讼活动提供参考意见。

第二，庭审过程智能化。根据员额法官数量 1∶1 匹配在线网络审判法庭和线下实体审判法庭。各审判法庭形成可供扫描的二维码，帮助当事人查阅审判团队相关信息及联系方式，提供审判法庭的电子导航地图，为当事人寻找审判法庭提供路线向导。庭审中，运用大数据信息共享平台，通过案件管理系统、图片文字识别提取系统、机器人法官、云端证据保全公证系统、语音识别系统、庭审录音录像系统、远程信息传输设备，实现庭审全智能化。通过远程指挥系统，实现案件办理全程留痕，绿色高效便捷。运用多方信息共享平台，在证据认定及事实存疑时，还原合同签订、履约全程信息，通过金融机构数据提取及监管机构数据提取比对，实现信息互联互通共享、证据相互印证，完善证据认定机制。

（2）在线网络法庭。整合贵州法院诉讼服务系统、庭审直播系统、法庭专用微信号平台，构建在线网络法庭，并按照线下实体法庭设置线上网络法庭功能区域，实现网上立案、送达、答辩、缴费、开庭、举证、宣判、法制宣传、案件信息查询、诉讼结果预判、法律文书远程打印传输等电子化远程化诉讼服务全覆盖、跨时空，形成了以诉讼服务电子化为核心，大厅、热线、网络、移动端无缝衔接，“一网一站通办”诉讼服务模式，实现当事人参与诉讼表达方式的多元化。比如，在诉讼过程中，当事人可以根据自己的实际情况，选择语音、视频或文字输入、图片等方式表达诉求。法庭通过图片转化系统、语音转化系统同步转化保存，确保如盲人、哑人、聋人等不同情况的当事人绿色、便捷、无障碍参与诉讼。此外，绿色金融法庭还借鉴银行自动柜员机运作机理，在绿色金融法庭管辖范围的社区、街道配置一体式司法服务终端，让人民群众不出居民区，即可完成立案、缴费、应诉、领取传票、打印司法文书、远程签章、送达反馈、自助查询、阅读卷宗等多项诉讼活动。

（3）审判执行事务网络化、智能化、信息化。通过法庭智慧管理系统建设，保障了审理、执行事务全环节过程流程化规范化管理、电子化流转、一键化透明化监控及数据化分析的高效运行和精准管控。一是推行实名制移动电子送达制[①]，实现诉讼文书送达电子化，解决送达难问题。二是充分利用法院裁判文书公示系统、办案系统、庭审直播系统，保证审裁公开，阳光司法。三是通过智能化办公系统查看案件信息并通过抓取案件要素，对批量诉讼案件一键生成法律文书，实现法律文书制作批量化、数据化；建成电子卷宗深度应用系统，率先在全省实现立案回填、卷宗管理和自动归目、智能阅卷、文书智能编写、类案智能推送等功能，电子卷宗随案率达 86%。四是建立案卷流转信息系统，通过手机扫描案卷对应二维码即可完成整个签收程序，实现案卷的流水线式流转及流程留痕和大数据管理。五是建立智能法院资源管理系统，助力庭审时间和庭审资源配置智能化、大数据化管理，审判法庭利用率提高 50%。六是构建上下一体、内外联动、规范高效、反应快捷的执行信息系统，使法院与公安、国土、住建、工商、金融机构间建立起执行信息共享机制，全方位拓展被执行人财产查控范围，便于全面准确举证查明被执行人财产线索，快速完成被执行人财产状况查询，精准送达执行通知书、财产报告令及调查传票，及

① 即法庭通过以中国移动、联通、电信三大营运商为主，全国法院办案系统平台、区公安分局户籍系统查询为辅的信息系统，查询当事人正在使用的实名制移动电话，并借助送达专用手机，贵州法院办案系统以短信、彩信、微信、邮箱等多种方式向当事人推送诉讼文书。

时采取查封、冻结、扣划等强制措施，动态掌握执行办案进展信息，确保执行信息及时反馈至办案人员和当事人。七是开发诉讼风险评估终端，方便群众自助进行诉讼风险预估、诉状预生成、涉案费用预算及法律条文查询等活动。

3. 建立“司法—行政—自律—自治”四方联动机制

绿色金融司法通过惩治绿色金融犯罪、解决绿色金融民事纠纷，发挥着金融司法监督的职能。然而，绿色金融司法是一种事后救济的补充性监督，需要强化绿色金融法庭与金融监管机构、各类金融行业协会商会及不同金融组织的交流互动，并及时向其反馈有关案件审执状态，这样才能有效发挥审判数据的导向功能、典型案例的指引功能，增强金融监管、行业自律与司法监督的协同互动，实现防范金融风险、促进金融改革和服务实体经济之功能。为此，绿色金融法庭探索建立了以司法监督为中心，以行政监管、行业自律、金融机构自治为辅的四方联动机制。

（1）建立案件协调联系机制。一是建立绿色金融案件快速处置联席会议工作机制，定期召开会议，及时交流反馈案件审执动态，分析研究破解审执疑难问题，推进重大诉讼案件进程。二是案件执行快速查询工作机制。促进金融机构与法庭协作配合，在法庭查询案件当事人账号、存款余额、资金流水、交易对手等相关执行信息时提供便利。

（2）联合构建绿色信用体系。绿色信用体系及环境建设是长期性、系统性工程，需要不同部门、全行业各层面积极参与和不懈努力。为此，法庭与人民银行、公安、国土、税务、市场监管等部门建立联席会议制度，形成部门间密切联动合作工作机制，联合开展绿色信用体系建设、绿色金融风险处置、风险预警等系统性工作。

一是创新诉讼诚信奖惩机制。诚信诉讼是社会主义核心价值观的重要体现，为激励约束当事人积极履行诉讼义务、正当行使诉讼权利，对诚信诉讼且在融资活动中无失信行为的当事人依法给予优先诉讼、优先调解、优先开庭、诉讼费由金融机构承担等程序性便利，并在分期还款、借新还旧、复利减免、罚息优惠等方面给予实体性奖励。对失信当事人，按《中华人民共和国民事诉讼法》及司法解释、证据规则规定予以惩戒。比如，对失信当事人，一律按《中华人民共和国民事诉讼法》及司法解释、证据规则规定的视为放弃权利、妨碍民事诉讼等法律责任进行处置；对案件审理过程中发现的双方当事人在金融活动中存在的失信行为，在承担法律责任上严格按过错归责；对虚假诉讼案件、虚假陈述案件的当事人给予训诫处理，对恶意提起管辖异议案件当事人给予罚款处理；对逃避送达的案件当事人按其自动放弃诉权处理；对原告不按标化时间到庭案件，按原告自动撤诉处理；对虚假诉讼案件、虚假陈述案件的当事人给予训诫处理；对恶意提起管辖异议案件当事人给予罚款处理；对其他诉讼参与人的失信行为进行训诫、罚款处罚；等等。两年多来，绿色金融法庭共对1374起案件中失信诉讼当事人进行惩戒，对1569起案件中诚信当事人实行奖励。其中，对75件原告不按时到庭案件，按原告自动撤诉处理；对2件虚假诉讼案件、15件虚假陈述案件的当事人给予训诫处理，如法庭对被告黔商市西担保公司恶意提起管辖异议处以高达50万元的罚款；对1357件逃避送达的案件当事人按缺席处理。同时，672名诚信诉讼的当事人不负担案件受理费（由金融机构负担），对1569件诚信诉讼案件诉讼优先，对51件加大纠纷调处力度，使其重新获得了银行的授信融资支持（贷新还旧）。对不按标化着装的律师给予30余次训诫及禁止出庭等惩戒措施。对拒不协助法院调查的中国移动公司贵州省分公司工作人员罚款一次，最终使得该公司无条件向全省法院系统提供实名制电话查询服务。诉讼诚信奖惩机制的建立有效遏制了逃避送达、恶意提起管辖异议、恶意提起司法鉴定、假意提起反诉、未在规定的举证期限内提交证据、申请追加与案件无利害关系的人员参加诉讼等失信诉讼乱象，极大地优化了金融司法环境。

二是合力推动信用环境建设，完善社会征信体系，培育诚信社会环境，提升绿色金融综合治理法治水平，从源头防范区域性金融风险。为进一步发挥金融征信系统识别风险、震慑金融违法违规行为功能，绿色金融法庭和人民银行贵州支行签署“关于法庭相关诉讼信息纳入人民银行征信系统”合作备忘录，明确相关诉讼信息纳入人民银行征信系统的范围、形式、报送频次等具体内容，及时将审执过程中发现的恶意欠款、逃避执行的人员名单纳入征信系统，为辖区绿色诚信评估体系、绿色信用体系建设与完善保驾护航。在审理绿色金融案件过程中，根据当事人的绿色诚信度，制作绿色诚信名单，通过多方共享平台实现绿色金融机构、绿色金融监管机构、社会诚信体系的共享信息。以司法建议等形式向绿色金融审批监管部门提出建议，对失信绿色金融主体做出绿色整改、绿色降级、绿色注销等处罚。除对失信诉讼当事人依法处以诉讼程序上的不利处罚外，绿色金融法庭还不断探索联合奖惩戒工作机制。比如，为当事人诉讼诚信建档立卡，加快失信行为认定并提前纳入黑名单，在金融系统对其失信行为予以通告，并由工商、司法、行政、金融等相关职能部门联合实行金融消费限制等惩戒措施，对拒不报告、虚假报告或隐瞒报告财产的被执行人，工商、司法、金融等相关职能部门联合实施制裁。此外，结合“智慧法院”建设，探索建立以金融机构为当事人的民商事案件信息管理系统，打造银证保等金融机构当事人案件信息管理系统，借助于大数据技术，对绿色金融案件审执管理过程中形成的司法大数据进行深度挖掘，深入研判分析，定期编制绿色金融审判报告和绿色金融诉讼案件审执白皮书，并联合相关职能部门、金融监管机构、行业协会、金融机构、专业化中介机构、科研机构，针对普遍性、趋势性法律理论和实践问题，提出有效预警方案和政策建议。

三是创新执法司法联动机制。一方面创新司法建议机制，主动延伸司法服务。与贵阳市银保监会、金融办、金融机构联合出台《司法建议答复纪要》，明确对法庭的司法建议必须答复办理情况，强化司法建议约束力。两年多来，金融机构及金融监管部门对法庭发出的 30 多份司法建议均给予答复。特别是法庭针对金融机构存在的“三查”（贷前调查、贷时审查、贷后检查）不严、经办人代借款人担保人签名、借新还旧后抵押物不重新办理登记等问题提出的司法建议，均被完全采纳。比如，关于格式合同约定涉诉送达确认地址及实名制移动电话的建议，被浦发银行采纳，成为其 2020 年版格式合同内容。另一方面创新联动方式，实现从简单的线索通报、案件移送向专项金融治理的制度化转变。两年多来，绿色金融法庭共向公安机关及省地方金融监督管理局移送职业放贷、变相非法放贷（以汽车销售合同、融资租赁合同等合法形式放贷）、变相第三方支付、非法放贷、关联企业担保、以卡养卡、POS 机刷卡套现、无资质的职业 P2P 担保、P2P 非法集资、P2P 自行非法放贷、P2P 发布假标非法吸资、P2P 卷款潜逃等违法金融活动线索 100 余件，涉案金额 54 亿余元。随着法庭案件移送数量的增加、市域金融治理的需要和国务院整顿 P2P 平台的要求，贵阳市加大了非法金融治理的力度。贵阳市金融办于 2019 年 9 月 10 日印发了《贵阳市关于 P2P 网络借贷风险专项整治第一批僵尸类、失联类、停业类、自愿退出类机构名单的公告》，先批对全市 18 家平台进行了清理。相继，全省、市地方金融监督管理局列入整顿的 P2P 平台 63 家中现有 18

家依法退出、停业24家。常态化强制答复司法建议和制度化联动，提高了金融机构防范风险和规范操作能力，促进了金融监管部门行政效能，有效确保了贵阳市乃至贵州省的金融安全，优化了金融营商环境。在2018年贵州省优化营商环境执行合同类指标测评中，法庭名列全省前列。

四是拓展司法服务半径，强化服务保障功能。绿色金融法庭充分发挥其沟通协调职能，采取绿色金融审判情况通报会、座谈会等多种形式及时向金融监管部门、金融从业机构通报、分析案件审执过程中反映出的法律政策风险、内控缺失、操作疏漏及监管盲区等重大问题，为金融从业机构开展风险评级，预防金融市场风险、操作风险、合法合规风险及监管部门改革创新监管措施提供实践依据。

（3）创新多元纠纷化解机制。按照“党委主导、司法推动、社会参与、多元并举、法治保障”的理念要求，绿色金融法庭积极创新工作方式方法，逐步构建了“顶层设计引领、平台建设布局、解纠主体多元”的“功能互补、程序衔接”多元化纠纷联调联动解决机制。

一是创新多元调解机制。坚持将非诉纠纷解决挺在前面，“调解优先”“能调尽调”理念原则；探索创新“鉴定前置”“以保促调”等调解模式，建立“人民调解+行政调解+诉讼调解+相关部门”的“3+N”多调联动机制；实行新案“委托行业协会学会厘清争议问题、明确裁判思路”的诉调前咨询，难案“法庭—行业协会学会”联合诉前调解，专业案件“专家型陪审员参与”的诉中调解，实现争端纠纷“联防、联控、联解”。特别是针对绿色金融案件专业性强、所涉法律关系复杂的特点，绿色金融法庭与贵州银行业协会、保险业协会、证券业协会等行业自律组织探索建立联动化解机制。在诉前调解阶段，绿色金融法庭对案件审理难度、矛盾激化程度进行预评估，然后向行业协会发出案件联合调解与咨询联系单，并由行业协会根据案件难易程度决定是采取直接与涉案金融机构沟通的方式进行联合调解，还是采取让行业协会参与庭审的方式进行联合调解。实践证明，“联防、联控、联解”机制可有效化解涉难杂、民生、弱众性及矛盾易激化等纠纷。对于新型疑难案件，借助于行业协会的专业知识和技能，则更容易澄清重大理论与实践问题，更有助于厘清裁判思路，从而有助于最大限度地解决纠纷，减少当事人讼累，真正实现了案结事了。

二是完善诉调对接机制。联合省法学会金融法学研究会、省金融协会调解中心、省社科院、贵州财经大学等行业自律组织、学术组织、科研机构打造集绿色金融司法研究与金融案件调解于一体的诉调中心；规范诉前分流标准范围、诉前调解流程、纠纷性质、调解程序时限等相关事项，做到案件随机导出，提高诉前调解质效；畅通“成果固定 + 司法确认”双向对接管道，赋予非诉解纷司法公信力，形成横向到边、纵向到底，多层次、多渠道化解社会矛盾纠纷工作新格局，实现诉调衔接工作的规模化、系统化、常态化。

（二）创建三支专业化审判队伍与管理工作机制

实行专业化审判是司法体制改革的题中应有之义，也是提高法院内部资源配置效率的重要抓手。绿色金融纠纷的专业化、多样化、复杂化需要审判的专业化。而审判专业化的关键在于审判队伍的专业化、合理化。作为全国唯一的绿色金融审判组织，贵州绿色金融法庭聚焦“职能分工不明、审判责任不实、监督管理不力”司法改革难题和法庭“案多人少”“事多人少”矛盾，着力打造金融审判团队、专业支持团队、专业辅助团队三支审判队伍，并建立与之相适应的管理机制、工作机制，从而让一线法官快办案、办好案，助理法官更好地服务法官，社会机构及其从业人员高效服务审判核心事务，不断提升审判能力和专业化水平。

1. 构建三支专业化审判队伍

一是严格按“审理者裁判、裁判者负责”原则搭建绿色金融审判团队。审判团队是法庭的灵魂，应当以贯彻司法责任制为核心目标，不断完善选任标准、职责权限、工作流程及考核评价机制，实行扁平化管理和司法责任制。目前绿色金融审判法官都是按正规化、职业化、专业化标准，从刑事、民事、行政三大审判部类中选取具有较强绿色金融案件“三审合一”能力与审管能力兼备的一级法官担任。其中 4 名精英法官从省高院、市中院抽调，另有常驻员额法官 3 名。他们的政治素质过硬、业务功底扎实、庭审能力驾驭娴熟、绿色金融法务精通。

二是组建专业支持队伍。绿色金融案件审判兼具法律属性、资环属性、生态属性、技术属性和金融属性，审判法官不可能全知全能，必须坚持开放办案，从外部借智借能。为此，绿色金融法庭积极打造专业支持队伍：聘任绿色金融专家作为陪审员参与案件审理活动，优化合议庭审判人员知识结构，提高法庭审判专业化水平；建立绿色金融咨询委员会，聘请来自法学界、金融学界、科技界专业人士担任委员，发挥其司法政策解读、审判专门问题咨询作用。

三是打造专业型司法辅助事务队伍。司法为民是中国特色社会主义法治的内在要求，司法便民是新时代司法改革的重要举措。这一方面大大降低了群众“接近司法”“接近正义”的门槛，另一方面也进一步加剧了法院“案多人少”的矛盾。只有实行司法行政分离、审辅分离，才能将审判团队从繁忙纷扰的事务性工作中解放出来，集中精力尽好责、办好案。为此，绿色金融法庭着力推进以审判为中心的诉讼制度改革，在贵阳市首创一名法官两名聘用制法官助理模式，打造了一支由9名法学学士学位以上、司法考试A证、35岁以下的年富力强、综合素质高的法官助理队伍，全流程集中办理可剥离的审执辅助事务性工作，实现了审执辅助服务的专业化、高标准、高效率。

2. 建立“分类＋集约”审判队伍管理模式

为避免司法事务各行其是、各自为战，实现司法事务的规模化、协同化，绿色金融法庭坚持系统思维、法治思维、辩证思维，紧紧围绕“让人民群众在每一个司法案件中感受到公平正义”目标，聚焦“让审理者裁判，由裁判者负责”员额制、司法责任制改革中心任务，积极稳妥推进以司法责任制为核心的四项基础性改革及相关综合配套改革，创新完善司法管理体制，着力破解改革中存在的职能分工不明、审判责任不实、监督管理不力、裁判尺度不一、保障激励不足、配套机制不完善等突出问题。根据司法事务的不同属性和人尽其用原则，在精准厘定审判事务中法官、法官助理和外包公司及其从业人员的核心职责和专业化基础上，探索建立了“分类＋集约”的适应审判规律、审判事务社会化规律的新型管理模式：“法官＋法官助理”的审判团队管理模式和“审管办集中管理司法辅助事务”的辅助事务管理模式。

（1）构建扁平化审判团队管理模式。按照司法行政与司法审判相分离的原则，分设司法行政服务中心与司法审判团队。司法行政服务中心设主任1人，负责法庭司法行政服务工作。统筹考虑案件繁简程度和审判专业化分工，组建以员额法官为主导，以法官助理、审判辅助事务外包服务人员等审判辅助人员为支撑的审判团队，明确团队内部各类人员岗位职责，形成权责明晰、权责一致、分工协作、运转有序的办案工作机制。根据各类审判辅助人员的岗位类别，分别制定法官助理职责管理规定，并对法官助理的权力清单和行权方式予以明确。记录等一般操作性事务外包后，传统的书记员角色已不存在，集体转型为法官助理，因此绿色金融法庭取消书记员岗位，率先在贵阳创建一名法官两名聘用制法官助理的“法官 + 法官助理 + 外包服务从业人员”的扁平化管理的绿色金融审判团队架构。该审判团队架构严格按“审理者裁判、裁判者负责”原则组建：法官聚焦于“审判写”，即法官主要负责开庭、签发文书和撰写部分判决文书等方面工作；法官助理专注于“管核写”，即法官助理主要负责法官案件管理、审判结果审核和判决书及其他司法文书撰写等与案件实体处理相关的辅助性工作，是法官的得力助手和预备队；社会化机构及其从业人员精准对接其他司法辅助事务；而部分权责交叉的事项由法官根据具体情况灵活安排，形成快办合力，提高审判效率。

（2）健全服务外包管理机制。为提升司法辅助事务集约化、社会化水平，节约司法资源、提高办案效率，绿色金融法庭抓住外包事务完成质量这个牛鼻子，通过信息化实现由人工到智能、由管“人”到管“事”、由抓“面”到抓“点”的工作管理模式的转变。

一是拓展了司法辅助事务的范围。为提升司法辅助事务外包规范化水平，绿色金融法庭制定了立案规范、送达规范、排期规则、卷宗装订规范、文书模板等一系列业务规则，明确了外包公司的立案规范、送达规范、排期规则、卷宗装订规范、文书模板等方面业务规则，规范外包业务范围、标准、流程、节点、责任，为外包公司诉讼引导、分案排期送达、卷宗扫描装订、网络查控等提供服务指南。根据上述业务规则，绿色金融法庭在接听 12368 热线、解答咨询、诉讼引导、立案信息录入、判前文书送达、分案庭审排期送达、案卷流转、材料收转、卷宗扫描装订、网络查控、失信限高录入、两表登记（执行登记表、日志登记表）、资产变现、判后文书送达、结案信息录入、上诉状送达、上诉卷宗扫描装订等司法辅助事务方面进行试点工作，初步实现了导诉、案件信息录入、卷宗扫描装订、送达、排期、人民陪审员预约等司法辅助事务的“应包尽包”。

二是建立了立案环节外包公司与诉讼服务中心、承办法官的工作衔接流程。在立案过程中，对于不符合规范的当事人身份证明材料、诉状材料、证据材料收取标准的案件，法务服务外包公司应退回诉讼服务中心处理。对有不同意见的，可报请诉讼服务中心团队负责人或审管办审核。经审核认定为不符合规范要求的相关材料，退回诉讼服务中心，由该中心联系当事人并完善材料。除此之外，外包公司还对立案过程中的缴费、排期、送达进行处理。当事人申请诉前财产保全的，由诉讼服务中心审查后立案，信息交法务外包公司录入，并随即进行分案工作。当事人申请诉讼保全的，该案件的信息录入工作和分案工作由法务外包公司负责，并将案件卷宗移交承办法官，法官审核后裁定是否保全。法务外包正常运转后，保全裁定书的草拟工作由法务外包公司完成，交承办法官审核签发。立案环节的流程再造和重构，明确了案件立案的流程接口、流程流转责任主体，避免立案流程的人为分割、各自为政，实现了立案流程的跨部门协同。

三是建立了外包公司审前排期工作流程。为规范办案程序，增进法官与外包人员的沟通，促进审判工作和外包服务工作间的联动协同，提升法院各项事务运行效率，绿色金融法庭探索建立了“审期与庭审速录员、人民陪审员同时排定”制度，即在排期的同时排定庭审速录员，对普通程序案件的人民陪审员一并排定①。同时实行“并案排期与开庭”制度，即对系列案件统一排期，一并开庭。此外，明确外包公司与案件庭审法官在审前排期工作中的分工和衔接机制。外包公司负责速录员、陪审员的排定，法官有可预见特殊情形不能正常庭审的，须提前书面通知外包公司排期组。法官当庭决定再次开庭时间，电话联系外包人员，法官决定时间后当庭告知当事人，排期人员应将排定日期录入系统。“审期与庭审速录员、人民陪审员同时排定”制度、“并案排期与开庭”制度将原来分散在不同环节的相关工作整合或压缩成一个完整的工作，并统一由外包人员负责或实行并案审理，这不仅减少了不必要的沟通协商，为当事人提供单一的接触点，而且还实现了审判业务的水平整合，提高了资源配置效率。

---

① 其中，陪审员的选定工作由外包公司根据人民陪审员编序征询排定，首先由法院组织人民陪审员抽签决定各自编序，由外包公司工作人员在陪审员管理群发布需陪审案件信息。若上一顺位人民陪审员不能参加庭审，则询问下一顺位人民陪审员，以此类推。若同一人民陪审员连续三次不能参加庭审，视为其放弃编序，此后排定陪审员过程中不再征询其意见，下一顺位依序上调。已预订的陪审员应当录入在“民事审判统一排期表”中，并同时在案件袋封面上标注。法官有特殊要求需要审判员组成合议庭的案件，应当在排期表上标注，但同一合议庭中的审判员排期不能冲突。发回重审、再审案件的原审案件陪审员、审判员应回避。

四是建立了速录员“定点排定”工作流程。为适应专业化审理、审判庭使用分配基本固定于各庭室的特点，充分发挥速录员各类案件庭审记录熟练度，促进法官与速录员间协同，提高庭审效率，绿色金融法庭按照相对固定速录小组服务相对固定的审判庭室或审判单元的原则排定速录员，即在速录员充足的情况下，采用定点法庭、定点审判单元、定点法官的方式排定速录员。如遇速录员休假、参加培训等情况，由外包公司排期人员先行调整，无法调整的，与审管办、业务庭室协商处理。

五是建立了执行案件繁简分流中外包公司的组织和工作流程。为使执行案件繁简分流改革落地，提高执行绩效，绿色金融法庭科学分解执行权，优化执行组织及职责分工协作，做到执行各环节的无缝衔接和闭环运行。根据执行案件类型和执行环节特点，绿色金融法庭分别成立简易案件速执组、普通案件精执组、执行调查组和法务外包录入查控送达组。其中，法务外包录入查控送达组主要负责案件的流转。执行案件立案后，先分流至法务外包录入查控送达组进行送达、查控财产。法务外包录入查控送达组在5个工作日内完成被执行人财产状况查询并在10日内送达执行通知书、财产报告令及调查传票。查询后，法务外包录入送达查控组视查询结果根据案件分类标准在1个工作日内进行二次分流，分为简易快执案件和普通精执案件。无财产则应当在执行通知书送达后立即将案件分送普通案件精执组，精执组完成调查后2个工作日内将调查过程和结果向申请执行人反馈，释明进一步举证其他财产线索，并制作告知笔录存档；有财产的应立即采取查封、冻结、扣划等强制措施。法务外包组二次分流时要及时把被执行人财产信息反馈给简易案件速执组和普通案件精执组，同时确保财产查控信息、办案进程及办案人员信息及时反馈至当事人。执行案件繁简分流和外包服务分组负责的工作机制，不仅使执行事务的处理步骤更加合理化，实现了执行辅助事务流程次序最佳化，而且它给予外包人员相应的决策权及必要的信息，减少不必要的监督和控制，使工作现场的事能当场解决而不必层层汇报，从而实现执行辅助事务的垂直整合，提高工作效率。

六是筑牢司法辅助事务外包风险墙。由于审判流程节点多，外包人员结构复杂，加之外包公司的逐利性及其风险行为与风险结果间较长的时滞性，司法辅助事务外包的风险链条延长、风险敞口放大、风险外溢概率增加、风险防控难度加大。因此必须建立严格、科学、有效的司法辅助事务外包风险防控体系机制。为此，绿色金融法庭始终坚持放权不放任理念，探索建立了“源头预防—流程监控—责任追溯”事前事中事后一体的司法辅助事务风控体系和“集约化与碎片化并举”的防控机制。首先，强化事前预防。定期举办岗前培训，提升外包人员辅助性法务、软件操作、保密等相关知识技能，增强外包人员工作质量意识、纪律意识和保密意识。与外包公司及外包工作人员签订保密合同、保密条款，明确保密义务责任。其次，强化实时动态过程监控。充分利用智能法院资源管理系统，在社会化服务区域和关键区域，对立案、审判、执行诸环节司法辅助事务及案件流转时长、工作场所情况实行实时监控、取证，并由审管办专项跟踪管理。再次，强化责任追溯。充分利用案件流转信息系统流程留痕、工作场所留痕、工作状态留痕的功能，对外包工作人员工作开展风险识别、风险评估，对责任人员实行问责。最后，建立“集约化与碎片化并举”的风险防控机制。审管办统一对接外包公司，全权负责外包事务信息收集反馈、分析和管理。同时分解分散外包事务节点，将每个案件的处理程序分解成若干个节点，实行流水作业，将外包工作碎片化，分段明确职责和操作方法，缩短外包工作人员单独掌握案件卷宗时间，切断外包工作人员知悉案件全貌的风险链条。

七是建立了“当天立案、当天完成案件信息录入，第二天排期、查控、陪审员预约，第三天开启送达程序，当月案件百分之百送出，上月审结案件次月完成卷宗装订归档”的“一二三一一”工作机制。

（3）建立审判队伍专业化培养长效机制。经济金融绿色化、网络化、数据化、智能化必将推动绿色金融业务多元化、金融产品新型化、绿色金融行为科技化，必然使得绿色金融审判所具备的知识结构交叉化、审判能力复合化、审判素质高端化。为此，绿色金融法庭探索形成了有效的“专门、精英、复合”型审判队伍的培养机制。

一是结合员额制、主审法官办案责任制、审判管理扁平化和人民陪审员制度等改革要求，加强绿色金融审判法官的标准化、专业化、系统化培训，着重培养适应“三合一”归口审判模式的专业队伍。

二是法律培训与金融专业培训相结合，通过金融专业培训，办案法官更好地熟悉金融市场运作规则、精通金融法律和政策。

三是日常培训与定期培训相结合，使培训工作常态化、机制化。比如，通过聘请法学理论实务专家授课、组织金融纠纷法律适用疑难问题暨金融审判实务研修班、到金融机构和金融监管部门交流学习等多种形式，有组织、有计划地开展条线学习，让法官在第一时间了解纠纷的新类型、新规范、新解释。

四是内部培训与外部培训相结合。通过法庭系统内部选派审判法官到上级、外地法院挂职以及法庭外部利用“双千计划”等多种方式，与法律院校、金融机构、金融监管部门结对共建，形成双向交流挂职、招收硕士生为法律实习生、联合培养跨学科专业研究生等方式，培养造就懂法律、懂金融、懂科技的绿色金融审判专门专业人才。

通过上述综合施策，绿色金融法庭打造了一支审判业务精、综合能力强、作风素质硬的复合型金融司法队伍，真正实现了“让审理者裁判、由裁判者负责”要求的落地，有效缓解了法庭“案多人少”的矛盾，提升了办案质效，优化了社会资源的合理配置和高效利用。

（4）全面落实司法责任制。一是深化人员分类管理制度改革，推动法官、审判辅助人员、行政管理人员管理制度化、规范化。严格落实只有员额法官才有案件裁判权和“让审理者裁判、由裁判者负责”要求，充分尊重和提高独任法官、合议庭的办案主体地位；全面推进庭长办案常态化，庭长从过去以审批案件为主转向办案与监督并重，普遍回归审判一线。2019 年观山湖区人民法院副院长、绿色金融法庭庭长黄余法官审结涉金融案 1259 件，日均审结 3.45 件。

二是科学合理地制定法官工作考评机制，建立全面、客观、公正的评价法官司法能力的审判绩效评估体系，实行业绩量化评比、评选办案标兵、召开审判质效点评会，最大限度地调动法官们的积极性，激励约束法官注重审判质量效率，做到公正司法、文明司法，实现管理效果。

三是严格落实省法院《关于对审判执行中案件依法监督的规定（试行）》中各项规定，努力做到放权不放任、监督不缺位。充分发挥信息化、大数据、人工智能等现代科技的作用，积极探索标准化建设与信息化建设的深度融合，将从立案、分案、送达、庭审、合议、宣判、执行到结案归档的每个节点纳入审判监督管理范围，将监督事项嵌入办案业务系统，实现司法活动全程留痕、违规操作自动拦截、办案风险实时提示。同时，运用司法大数据，建立审判运行态势分析体系，加强审判质量效率评估研判，实时准确掌握审判运行态势、特点和规律，及时发现和通报需要重视和整改的问题，保障审判质效稳步提升。

四是严格落实省法院《问题案件错误等级评定及问责办法（试行）》，对因错误被上级法院发回重审和改判的一审案件、超审限和无正当理由长期未结案件的责任人以及监督人，实行“一案一通报、一案一检视、一案一问责、一案一学习”的“四个一”制度。

（三）探索立审执“三快一体”程序

立审执是法院工作主业，也是保障绿色经济秩序、司法公平正义的“主阵地”。但没有效率的公平是“迟到的正义”，没有公平的效率是“缺失正义的速度”。因此，立审执活动既要正确处理“公平效率”关系，又要审慎权衡“质量”关系。面对“立案难、审理慢、执行难”“程序繁琐、耗时长、成本高”等普遍存在的司法难题，绿色金融法庭始终坚持“便民、高效、公正、专业”的司法理念，不断优化立审执程序，不断完善快处机制，探索建立了以审判为核心，以立案、审判、执行一体化通道为载体的立审执流转畅通、协调联动有效、量升质提的“快立快审快执”程序机制，简化不必要的程序环节，缩短案件审理周期，提高审执效率，让一线法官快办案、办好案，有效满足当事人及时、便捷、快速处理纠纷的需求，促进经济和金融良性循环。

1. 建立“快立”程序，推进立案便民

为满足群众诉求以及当事人及时、便捷、快速处理纠纷的需求，绿色金融法庭创立网上立案、自主立案和柜台立案串联系统，实现立案便利化，自主立案系统以诉讼立案功能前置为理念，将涉诉信息录入、诉状生成上传等部分系统操作权力下放给群众，并实行立案和立案卷宗材料数据化同步进行，实现金融机构和法院业务无缝对接；实行立案预登记前置及立案一键启动制度①，将

① 鉴于金融纠纷发生后当事人众多且流动性大、大量当事人恶意回避诉讼，造成诉讼送达效率低、办案周期长的情况，法庭实行立案预登记前置及立案一键启动制度，即双方当事人在发生绿色金融交易时，将双方当事人基本情况、通信方式、涉诉法律文书送达地址、法庭选择等信息与金融交易信息同步传送到中立云端证据保全系统，作为案件立案预登记档案保存，上传后由第三方数据保全系统自动生成案件账户及密码或二维码。纠纷发生后，双方或任意一方可登录在线网络法庭或到线下实体法庭，持交易的账号密码上传诉状，缴纳诉讼费后进行一键立案启动，启动后中立云端证据保全系统自动分别向法庭及当事人双方推送已保全的绿色金融交易证据，完成立案工作。

法律保障置于纠纷发生之前，“防纠纷于未然”；建立快速立案登记制度，变立案审查为排期送达前审查，由当事人当即自助立案，真正实现登记即立案。

（1）推进立案便利化，提升案件受理效率。

一是设立立案组，推行网上远程立案，对符合条件的案件一律予以网上立案。在自主立案中，法庭设立 25 个自由操作座席，以诉讼立案功能前置为理念，通过软件开发，结合立案程序指引、必备证据清单提示，将涉诉信息录入、诉状生成上传等部分系统操作权利下放到自由操作座席，将部分自主立案的权力交给群众。坚持立案和立案卷宗材料数据化同步进行，实现金融机构和法院业务的无缝对接。

二是实行立案预登记前置及立案一键启动制度，“防纠纷于未然”。绿色金融纠纷发生后，当事人众多且流动性大，同时也存在大量当事人恶意回避诉讼问题，导致诉讼送达效率低下、办案周期长，严重影响绿色金融运行。鉴于此，法庭采取立案预登记前置措施，将法律保障置于纠纷发生之前，落实纠纷防控功能。立案预登记前置是指双方当事人在发生绿色金融交易时，将双方当事人基本情况、通信方式、涉诉法律文书送达地址、法庭选择等信息与金融交易信息同步传送到中立云端证据保全系统，作为案件立案预登记档案保存，上传后由第三方数据保全系统自动生成案件账户及密码或二维码。纠纷发生后，双方或任意一方可登录在线网络法庭或到线下实体法庭，持交易的账号密码上传诉状，缴纳诉讼费后进行一键立案启动，启动后中立云端证据保全系统自动分别向法庭及当事人双方推送已保全的绿色金融交易证据，完成立案工作。

三是建立快速立案登记制度，变立案审查为排期送达前审查，由当事人当即自助立案，真正实现登记即立案。

（2）优化诉讼费缴退程序，减少“不必要诉讼时滞”堵点。灵活处置金融纠纷集团诉讼的诉讼费缴纳程序，由金融机构在结案后分批结算，公告费、鉴定费由金融机构自行向受托机构支付。针对金融借款纠纷案件适用简易程序退诉讼费周期长的问题，规定该类案件在立案时即减半收取诉讼费的方式，减少当事人负累，提高审判效率。

（3）建立多址同时送达制度，化解“送达难”痛点。针对案件审理中“送达难”的现象，绿色金融法庭多措并举，积极破解送达瓶颈。

一是 2010 年底出台《关于审理金融借款纠纷案件适用简易程序有关问题

的意见》，确立多地址同时送达原则，即在案件审理中，向被告送达诉讼文书应当穷尽原告提供或本院查明的被告所有送达地址，对多个地址同时进行送达，将被告电话、传真和电子邮件等联系方式作为辅助送达方式进行联系，并将联系过程及结果做出书面记录附卷。

二是针对金融服务对象面广、涉及区域大、人员流动快等特点，将涉诉地址确认工作前移，即在金融机构与服务对象签订金融服务合同时，以格式合同条款特别约定的形式，将涉诉后的送达地址、邮寄或电子送达方式、送达后拒收或约定地址无人收件等情形视为送达的法律效果，以当事人意识表示的形式予以确定，节约合同类案件中送达环节查找当事人的时间，提高送达效率。

三是借助大数据信息平台，创新以微信送达、短信送达、电话送达为主，辅以上门送达、邮递送达和公告送达的实名制送达模式，在第一时间将信息告知诉讼当事人。两年多来，绿色金融法庭通过实名制移动电话电子送达 5184 件，采取电子送达方式的案件数量占所有案件的 90%，基本实现送达无纸化，体现了“惜民之力，节民之财”的司法为民、司法便民的宗旨，使民众不觉官之可畏，增强群众的司法亲近感、信赖感。

2. 建立“快审”程序，推动审判便民

一是案件类型化繁简分流，提高审判效率。对案情相对简单、事实清楚的案件适用调解前置程序；对于事实清楚、争议不大的案件，当事人可以根据原告主张的事实及诉讼请求，选择书面审理或开庭审理的方式，充分尊重当事人的意思自治，实现开庭方式选择多元化；对按揭贷款、信用卡还款等事实清楚、争议不大的纠纷适用简易速裁程序，实行当即立案、当日排期、当庭宣判、当日结案；对保险、票据、证券等重大、新型或复杂案件，适用普通程序，但对金融机构当事人相同、案情相似的批量案件，实行集中开庭宣判；简化资产保全等相关程序，提高裁判档标准化水平，实现裁判档格式化，在操作流程上提高审判效率。当前法庭案件简易程序适用率超过 95%，基本实现简易程序 20 日内结案、普通程序 30 日内结案。

二是探索 121 标化速裁新模式，实现裁判要素化、标准化。针对金融案件收案数量多、小标的额诉讼多、逃债避债多等现象，绿色金融法庭形成了一个专业、规范、有序的“流水线”速裁模式，即“一套标化速裁流程 + 两个关键环节 + 一个目标”的“121”标化速裁模式。通过从立案到归档审判流程的标准化管理、要素式速裁、审判环节协同，使审判流程化繁为简、案件流转衔接有序、审判工作有条不紊；借助“实名制移动电话电子送达”环节，破解传统送达中存在的“当事人现声不现身”“人难找”“耗时耗力”痛点；依托“要素表格一键生成法律文书”环节，对同一金融机构批量案件采取要素表格一键批量生成法律文书，解决法律文书制作中的重复性工作。

具体来说，“121”标化速裁模式是指“运行一个标化（速裁）流程，抓住两个关键环节，追求一个质效目标”。“一个标化流程”就是将金融案件的借款事实、担保事实、履约事实、诉讼请求细化为诉讼主体、诉讼管辖、诉讼请求及抗辩理由、本金金额、利罚息利率、还款方式、到期或提前到期时间、尚欠本息明细、核销情况等事实要素与程序节点，并据此确定立案人员、书记员、法官助理、法官各岗位的职责和办案流程，使立案登记、送达、庭前会议、庭审及当庭裁判等环节流程化、标准化、格式化，从而形成各环节协同发力，分阶段快速消化案件的审判机制。“两个关键环节”，就是指实名制移动电话电子送达和要素式裁判。第一个关键环节，是根据最高人民法院《关于进一步加强无事送达工作的若干意见》，利用贵阳市打造“中国数谷”、建设国家大数据（贵阳）综合试验区核心区的有利机遇和电话实名制推动成果，制定《实名制移动电话电子送达规则》，推行实名移动电话电子送达，明确当事人不诚信故意逃避送达视为送达的几种情形，从而解决送达老大难问题，基本抛弃公告送达。第二个关键环节，是围绕要素式裁判核心，衍生要素式立案、要素式质证、要素式开庭、要素式裁判文书一键生成，集中当庭裁判，解决诉讼过程中重复性耗时性工作。“追求一个质效目标”，就是追求质量评估指标体系中各项办案指标的最优化，努力实现让人民群众在每一件司法案件中感受到公平正义。

“121”标化速裁模式的良好运行，使法庭更快速提炼类案共性要素，更精准聚焦案件非共性要素争点异议审查，取得了案均“从立案到结案只用32天”“平均审理时间比贵阳市基层法院减少一半”的佳绩。这一机制创新被新华社内参《高管信息》2020年第225期收录。

3. 建立“快结”程序，推动执行便民

绿色金融法庭对标的小、财产线索明确的案件通过快速查控执行；对于事实清楚、争议不大的案件，当事人可以选择申请支付令、实现担保物权或常规诉讼等多元化途径实现债权；有计划开展绿色金融案件专项执行活动等，打通立案、审判、执行一体化“最后一公里”，审判周期、当事人诉讼时间成本大大降低。

4. 建立一站式“立送审执”诉讼服务，推进司法便民

民事商案件自行立案、送达、审判、执行一站式服务，充分运用登记立案制度、开庭形式和场所的便利、文书制作的简易化，运用证据云端保存与远程数据传输技术实现一站式办结，避免因案件证据资料与数据信息分散在不同部门而造成诉讼程序烦琐的情形。通过有计划地开展绿色金融案件专项执行活动等，打通立案、审判、执行一体化“最后一公里”，做到办案效率高、流程简、审理快，最大限度地缩小审判周期，降低当事人诉讼时间成本，节约司法资源。

（四）实现“快新精准好”五种审判效果

绿色金融司法乃是一项开创性的事业，既没有现成的标准，也没有现成的可借鉴模式。自成立以来，绿色金融法庭不等不靠，大胆探索，不断创新，在有限的资源下、有限的空间里，探索建立了案件管辖集中化、审理专门化、人员专业化、程序集约化的专门化审判体系，有效缓解了法庭“案多人少”的矛盾，实现绿色金融案件审判“快、新、精、准、好”。

1. 收案数量多，结案率高，实现了绿色金融审判的“快”

2017 年 10 月 16 日至 2019 年 12 月 31 日，法庭共受理各类金融案件 6014 件，审结 5997 件，涉案标的额 21. 27 亿余元。在审结的案件中，普通程序陪审率 100%，简易程序适用率 77. 87%。其中，法定期限内结案率 100%。法庭在平均审理时间、法官年人均结案数方面均优于观山湖区人民法院、全市基层法院均值。2018 年、2019 年，法庭平均审理时间分别为 30. 47 天和 39. 12 天。同比，观山湖区人民法院分别为 68. 99 天和 60. 88 天，全市基层法院均值分别为 62. 59 天和 63. 36 天（见图 1）。

2018 年、2019 年，法官年人均结案数分别为 701 件和 1136. 67 件。同比，观山湖区人民法院分别为 412. 07 件和 566. 62 件，全市基层法院均值分别为 305. 17 件和 425. 50 件（见图 2）。

2. 当庭裁判率、一审民商事案件调撤率高，实现了绿色金融审判的“新”

2018 年、2019 年，法庭当庭裁判率分别为 69. 22% 和 88. 88%，同比，观

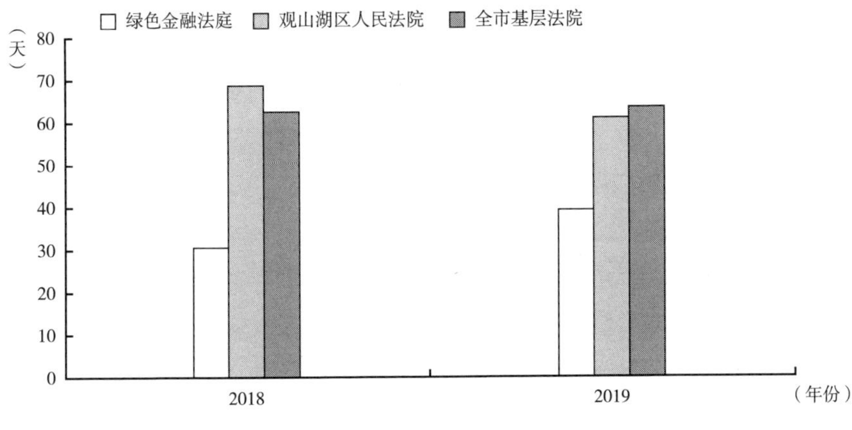

图1　平均审理时间

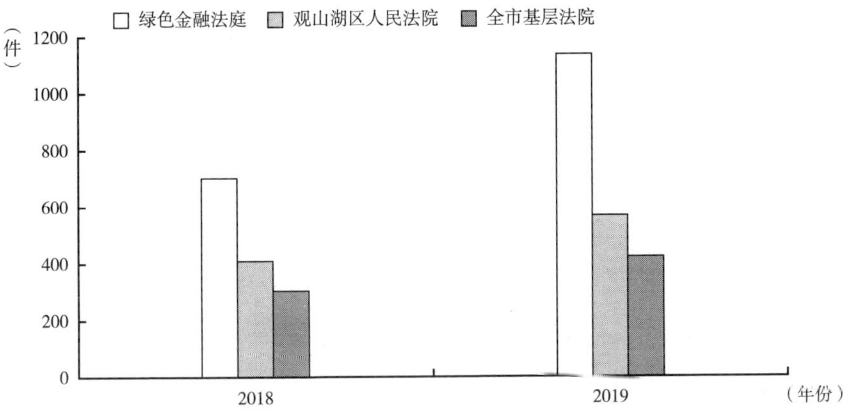

图2　法官年人均结案数

山湖区人民法院分别为35.21%和42.2%，全市基层法院均值分别为35.4%和50.51%（见图3）。

3. 改判发回重审率低，实现了绿色金融审判的“精”与“准”

2018年、2019年，法庭一审案件改判发回重审率、生效案件改判发回重审率均远优于观山湖区人民法院和贵阳市基层人民法院均值。其中，一审案件改判发回重审率，2018年、2019年，法庭分别为0.34%（改判和发回重审共8件）、0.47%（改判和发回重审共16件）。同比，观山湖区人民法院分别为1.16%、1.00%，全市基层法院均值分别为1.13%、0.72%（见图4）。

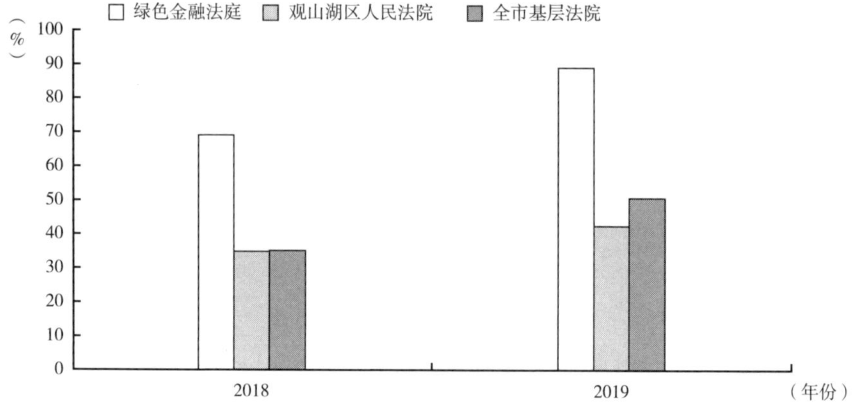

图3　当庭裁判率

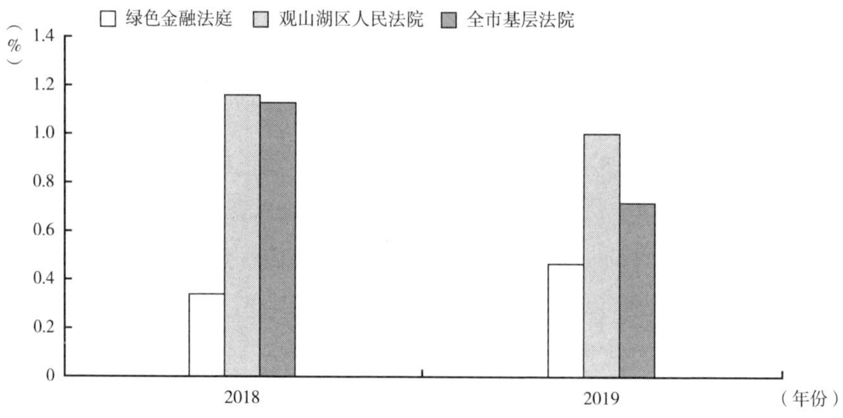

图4　一审判决案件改判发回重审率（错误）

4. 被告应诉率高、调撤率高、自动履行率高，实现了绿色金融审判法律社会效果的“好”

法庭一审服判息诉率、调撤率、自动履行率也优于观山湖区人民法院、全市基层法院均值。其中，一审服判息诉率 2018 年、2019 年分别为 91.59%（审结 2105 件，仅上诉 177 件）、88.87%（审结 3351 件，仅上诉 373 件），同比，观山湖区人民法院分别为 74.97%、80.95%，全市基层法院均值分别为 83.31%、83.90%（见图5）。

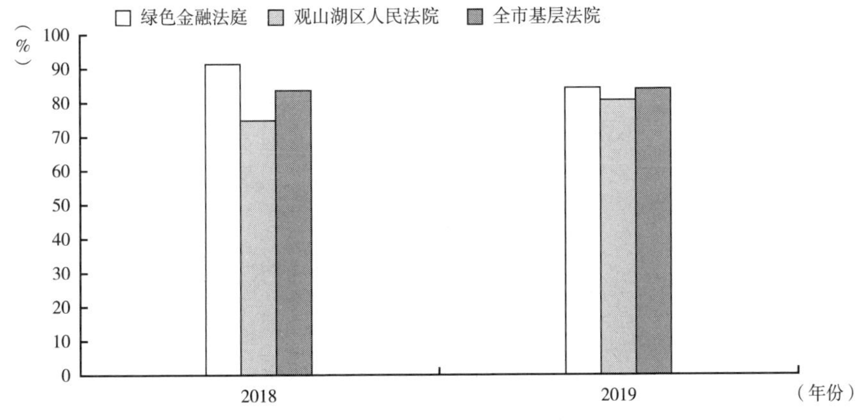

图5　一审服判息诉率

特别是自动履行率，由于实名制移动电话电子有效送达率高及诚信诉讼有诸如减免利罚息等减轻借款人融资成本的等奖励，被告应诉率、自动履行率高，导致金融企业融资周期变短，融通提速，利润不降反升，借贷双方均受益，胜败皆服。以观山湖富民村镇银行为例，作为股份制村镇银行，注册资本3000万元。2018年，有不良贷款4447万元共286件案件进入诉讼。在诉讼过程中，被告应诉调撤168件，自动履行本息1504万元。再如，作为上市公司的贵阳银行，2019年起诉不良信用卡贷款768笔，涉及本息685.02万元。被告应诉调撤376件，自动履行本息570.7万元。两年多来，法庭已被贵阳市法律职业共同体认可，“绿色金融法庭能管的案件，一定到绿色金融法庭立案”，已成为贵阳市律师的共识。

此外，绿色金融法庭所创新的裁判规则，取得了较好的效果。一是根据金融机构举证优势地位的实际，将《中华人民共和国民事诉讼法》举证责任倒置范围拓展适用于金融案件审判，明确金融机构在庭前准备阶段提供借款人还款及差欠款证据的举证规则，避免人民法院依申请或主动到金融机构调取银行流水需二次开庭的问题，提升一次开庭当庭裁决率。二是对金融机构诉请的利率限高。鉴于金融机构的社会职责有别于民间借贷主体，因此，金融借贷的利率不适用民间借贷的利率标准，且不得高于民间借贷利率标准。2018年初，绿色金融法庭在信用卡纠纷、金融借贷纠纷案件中，对金融机构诉请利息、违约金等总和利率均限定在年利率18%以下。如此裁判，既降低了实体经济的融资成本，又促进了金融机构资金的流通速度，营造了良好的营商环境。如观山湖富民村镇银行2018年收回呆滞贷款本金1000多万元，利息300多万元。三是禁止职业担保。2018年，在审理P2P民间借贷合同纠纷案件中，发现大批不具有担保资质的公司及自然人，在P2P平台为不特定的出借人提供担保，收取保费并行使追偿权。绿色金融法庭认为，这些不具有担保资质的公司及自然人在一定期间内多次从事有偿的担保，构成职业担保，担保应当无效，担保人不享有追偿权。因为如果他们享有追偿权，就变相形成职业放贷，扰乱金融秩序。四是禁止变相职业放贷。2018年，在审理按揭汽车买卖担保追偿权纠纷案件中，发现汽车销售公司不销售汽车，而是长期为不特定的买受人向其他销售公司有偿垫付购车款，之后作为有偿担保人代理买受人向金融机构申请按揭贷款偿还其垫支款。当买受人按揭贷款逾期一期，担保人代偿并诉讼追偿。绿色金融法庭认为，汽车销售公司有偿垫付行为属第三方支付业务，与买受人之间形成变相的职业放贷，扰乱金融秩序，应当认定为无效。这有力打击了职业放贷，净化了金融市场，有效防范了金融风险。上述裁判规则被《全国法院民商事审判工作会议纪要》(法〔2019〕254号)吸收采纳。

三　观山湖区人民法院绿色金融专门化司法实践的宝贵经验

绿色金融司法因绿色发展而生、因绿色金融发展而彰，代表国际绿色司法专门化新方向、新趋势，是我国绿色司法的重大变革。观山湖区人民法院抢抓机遇，因势利导，充分发挥比较优势，扎实推进绿色金融审判模式创新，成绩来之不易，经验弥足珍贵。

(一)要敢于抢占先机，牢牢把握绿色发展主动权

贵州省敢为人先、勇立潮头，抢抓机遇，把绿色金融发展上升为省委省政府重大战略行动，纳入《贵州省“十三五”规划纲要》《贵州省“十三五”金融业发展专项规划》，立法、执法、司法多措并举，制度供给与司法保障双管齐下，协同推进绿色金融制度机制改革创新。一是构建了多层级绿

色金融制度政策支撑体系。2016 年 8 月，在央行等部委联合发布《关于构建绿色金融体系的指导意见》之后 3 个月，贵州省政府就率先制定《关于加快绿色金融发展的实施意见》这一探索建设绿色金融改革试验区的总则性档，先后出台了 16 个配套政策档，形成了内容涵盖绿色金融顶层设计、产业发展、市场准入、行业标准、项目认证评估、风险防控、法治保障等方面的绿色金融制度政策体系，为贵州绿色金融组织体系、服务体系、产品业务体系的建立健全提供了政策基础。二是率先设立了贵安新区绿色金融港管委会。这是目前国内首个且仅有的政府绿色金融管理机构。绿色金融港管委会主要负责绿色金融管理、技术设计、市场扩展和绿色金融机构引进等事项，较好地适应了金融集中统一分级垂直管理和绿色发展、生态文明建设分散横向管理的体制特点，确保绿色金融政策、金融资源有效配置到绿色发展中。三是创建了全球第一个绿色金融专门司法机构——观山湖区人民法院绿色金融法庭。实现了绿色金融司法的专门化，补足了绿色司法“源头防”的短板，构建了生态环境司法保护“结果治”和绿色金融审判“源头防”的绿色司法体系，为国家统筹生态环境保护治理之事中事后救济性司法职能和绿色生产生活方式引领保障之事前生成性司法职能，探索建立专门“环资法院”提供新经验、新元素。四是建立了“行政监管、司法监督、行业自律、企业自治”多方联动的绿色金融风控体系。“大数据 + 绿色产业 + 绿色金融”深度融合，政府节能环保系统、司法诉讼服务系统、金融监管部门风险识别系统、商业银行风险管控系统、担保公司备案登记系统以及第三方机构系统联通的绿色金融风控体系。

（二）要善于发挥比较优势，有效开创绿色金融司法新模式

观山湖区人民法院充分发挥贵州省生态环境好的最大比较优势、生态立省和环境立省的战略优势、“2 + 8”国家生态文明建设和环资体制机制改革创新试验平台优势①、全国唯一“生态文明法治试验区”政策优势、绿色法治实践

① 目前，贵州正承担着国家生态文明试验区、国家绿色金融改革创新试验区及国家生态产品价值实现机制试点省、国家省级空间规划、自然资源资产管理体制、自然资源资产负债表编制、领导干部自然资源资产离任审计、生态环境损害赔偿制度、环境监察执法机构垂直管理、商品林赎买等多个试验试点改革任务。

的先发优势、大数据试验区的先行优势以及贵阳金融城金融机构集聚的区位优势，锐意探索绿色金融专门化司法模式创新。一是始终坚持生态立省、环境立省的战略定位，始终坚守“两条底线一起守、两个成果一起收”的绿色司法理念，主动发挥保障服务开创“百姓富、生态美的多彩贵州新未来”大局的司法职能。二是充分发挥“2 + 8”国家生态文明改革创新平台优势、政策优势，借鉴生态环保司法“贵阳模式”，率先开展绿色金融审判组织体系改革，探索绿色金融合议庭人员按照“法律 + 金融 + 资环 + 技术”构造配置，建立法官、专家陪审员、普通陪审员共同组成合议庭的“1 + x + y”大合议庭制审判组织形式，构建绿色金融民事案件、行政案件、绿色刑事案件及案件执行裁判“三加一”归口审理模式，有效化解绿色金融案件跨界性、复杂性、特殊性、专业技术性司法难题。三是充分利用全国第一个国家大数据（贵阳）综合试验区建设先发优势和重大成果，在打造智慧法庭上大胆探索，先行先试，形成了以大数据信息共享平台为依托，线下实体法庭智能辅助审判和在线网络法庭并行的智慧法庭运行模式。四是充分利用贵阳市观山湖区贵州金融城金融机构聚集、金融机构总部多①、金融交易繁荣、金融风险和金融纠纷相对集中的区域金融中心地位和特点，构建了跨区域的绿色金融案件集中管辖模式，推进绿色金融案件统一裁判标准，提升金融法治化治理水平，改善贵州金融市场环境，助推“贵阳—贵安”同城化协同融合发展战略落地。

（三）要全面深化司法体制改革，提升绿色金融司法质效

观山湖区人民法院绿色金融法庭不等不靠，大胆探索，紧紧抓住“让司法人员集中精力尽好责、办好案”这一牛鼻子，全面落实司法责任制，深化司法体制综合配套改革。建立“法官 + 法官助理 + 外包服务从业人员”扁平化团队管理模式，优化职权职责配置，构建“各尽其职、配合有力、制约有效”的工作体系；全面推进庭长办案常态化，庭长从过去以审批案件为主转向办案与监督并重，普遍回归审判一线；不断优化法官、审判辅助人员、行政

① 贵州金融城目前有银行、保险、证券、信托等各类金融机构 300 余家，全国首家大数据金融交易所、众筹金融交易所、贵州绿色资源投资公司、绿色硅谷资产管理公司，3 家生态支行、2 家科技支行也相继在贵州金融城挂牌运营。此外，世界 500 强、国内 500 强企业及国内外上市公司总部上下游产业聚集，经济金融辐射贵州全省。

管理人员分类管理制度改革，使之制度化、规范化；制定法官审判绩效评估体系，实行法官业绩量化考评；积极转变思路，大力开展司法辅助事务外包改革试点，创新司法辅助事务外包“一二三一一”工作机制，建立“规范化、标准化、专业化、集约化、流程化、信息化、底线化”司法辅助事务外包管理模式，有效破解法庭“案多人少”“事多人少”瓶颈，实现从“向党委要编制”到“向机制要编制”的转变；不断强化诉讼制度改革，推进案件“繁简分流、轻重分离、快慢分道”；建立多元调解联动机制模式，建立“3 + N”联合化解机制，完善诉调对接机制，开创横向到边、纵向到底，多层次、多渠道化解社会矛盾纠纷工作新格局。实践证明，只有锐意改革，才能破解“司法职能分工不明、审判责任不实、监督管理不力、裁判尺度不一、保障激励不足、配套机制不完善”等突出问题，才能激发司法活力，让人民群众切实享受到司法改革发展红利。

（四）要围绕中心服务大局，发挥绿色金融司法效能

服务党和国家工作大局是司法工作的不变主题。观山湖区人民法院绿色金融法庭自觉融入、服务、保障经济社会发展大局，主动担当起营造良好绿色金融法治环境的职能使命。一是破解绿色实体融资难贵难题。立足绿色金融案件专业性、技术性，创新金融借贷利率不适用民间借贷利率标准且不得高于民间借贷利率标准（18%）的裁判规则，创设禁止职业担保、变相职业放贷的裁判规则，创造性地将举证责任倒置规则引入金融司法领域，创造性地建立诚信诉讼激励机制，着力解决绿色实体融资难贵问题，推动金融反哺实体经济的金融供给侧改革。上述裁判规则得到《全国法院民商事审判工作会议纪要》（法〔2019〕254 号）认可。2018 年贵州省优化营商环境执行合同类指标测评中，绿色金融法庭名列全省前五。二是防范化解金融风险。其一，建立司法建议常态化、强制性回复制度，促进行业机构有效防范化解金融风险。法庭与金融机构、市银保监会、市区金融办联合制定《司法建议答复纪要》，明确对法庭的司法建议必须答复办理情况，着力破解司法建议“议而不复”难题。绿色金融法庭共向涉案金融机构及金融监管部门发送司法建议 30 多份，均获得答复，并及时转化为金融机构风险防范具体举措。其二，强化司法监督职能，督促行政机关积极履行监管职责，提升绿色金融行政法治水平和效能。一方面，

加强对金融行政处罚、市场禁入等案件的审理，督促金融监管机构不断优化行政处罚听证规则；另一方面，加强对投诉举报、监管履职等案件的审理，督促行政机关积极作为。其三，依法及时向公安机关、市区金融办移送非法金融活动线索100余件，坚决打击取缔职业放贷、变相非法放贷（以汽车销售合同、融资租赁合同等合法形式放贷）、变相第三方支付、非法放贷、关联企业担保等非法金融活动，净化金融环境、维护金融秩序。三是服务保障国家绿色金融试验区建设。贵州绿色金融司法实践探索，极大地提升了贵州绿色法治水平和竞争力，有效保障了绿色金融试验区各项改革创新的顺利推进，贵州绿色金融机构、绿色金融产业集聚效应初步显现，西南地区绿色金融国际中心、绿色社会财富管理中心和绿色金融产业新高地的辐射效应不断增强，金融改革创新试验田、金融产业发展强引擎、绿色金融体系示范区、金融对外开放主窗口功能日益彰显。国内第一个“绿色金融”保险服务创新实验室落户试验区；发行了全国首单省会城市公交绿色资产证券化项目的绿色资产支持专项计划；全国首个开展山地茶叶气象指数保险试点；央行绿色资产证券化融资首批推广典型案例中包括了贵安电投公司分布式能源中心碳金融项目；月亮湖海绵城市建设项目融资开创了“绿色金融 + 多级绿色财政”联动模式；等等。

四　观山湖区人民法院绿色金融专门化司法实践的深刻启示

观山湖区人民法院敢为人先，率先开展绿色金融专门化司法实践，成功探索出了一条符合绿色金融法治规律的“1335”审判模式，为国家生态文明建设综合试验区和绿色金融试验区建设交出了一份绿色金融专门化司法“答卷”，彰显中国生态文明法治建设的道路自信、理论自信、制度自信、文化自信，极大地鼓舞了贵州各族人民“守底线、走新路、奔小康”的信心，给我们以深刻启示。

（一）绿色金融司法必须坚持习近平生态文明思想

习近平生态文明思想不仅对于“五位一体”总体布局具有重要指导意义，

而且也是观山湖区人民法院绿色金融专门化司法实践的根本指导思想。观山湖区人民法院绿色金融法庭始终坚持习近平生态文明思想，自觉践行习总书记“最严格制度最严密法治保护生态环境”的生态法治观，通过专门化司法重大实践，使绿色金融制度成为刚性约束和不可触碰的高压线，使市场主体绿色生产消费行为预期逐步确立，使司法监督压力传导到地方政府和相关部门，引导金融资源“不与污染企业交朋友”，倒逼污染企业脱胎换骨，让绿色企业茁壮成长，助推经济绿色转型发展，助力做好“良好生态环境是最公平公共产品、最普惠民生福祉”这篇大文章。实践证明，习近平总书记生态文明思想是开展绿色司法常态化、制度化实践的强大动力，是推进现代生态文明司法体制机制改革创新的理论武器，是推动绿色金融治理体系和能力现代化的重要法宝。

（二）绿色金融司法必须坚持以人民为中心的发展思想

要依法公正对待人民群众的诉求，努力让人民群众在每一个司法案件中都能感受到公平正义。观山湖区人民法院绿色金融法庭始终把以人民为中心的法治思想作为一条主线贯穿于司法的全过程，自觉践行“司法为民”“司法便民”理念，着力营造“零距离、无障碍”司法服务氛围，打造“便民、高效”绿色审判通道，致力于破解“程序繁、耗时长、成本高”诉讼难题。推行自主立案，将部分立案权交给群众，做到“有案必立、有诉必理”，不断提升群众依法维权便利度；以银行自动柜台机为蓝本，构建司法便民利民网络，在管辖社区、街道实现法院服务终端全覆盖，使立案、缴费、应诉、传票领取、文书自助打印、远程签章等自助功能一体化，打通服务群众“最后一公里”；坚持立案和立案卷宗材料数据化同步进行，实现金融机构和法院业务的无缝对接；优化诉讼费缴退程序，减少“不必要诉讼时滞”堵点；推出诉讼保全免担保措施，切实减轻当事人诉讼成本；建立多址同时送达制度，化解“送达难”痛点；构建“快立快审快结”程序，实现裁判要素化、标准化；实行审执繁简分流，破除“审执低效”难点；建设智慧法庭，让数据多跑路、群众少跑腿，让人民群众感受到司法服务的温度。实践证明，只有坚持人民中心司法观，以“不断满足人民日益增长的公平正义需要”为审判工作根本遵循，才能改革创新司法体制机制，促进审判体系现代化建设，增强司法亲民、司法便民、司法利民的能力，实现好、维护好、发展好最广大人民的根本利益。

（三）绿色金融司法必须坚持国家生态文明治理体系和能力现代化的战略视野

绿色金融是以环境责任为基础的金融，其本质是从环境保护和资源节约角度对金融产品、金融机构、金融体系、金融制度的“绿色化”。绿色金融法就是现有金融体系的“绿色制度革命”，就是贯穿了环保理念的金融法。它要求将金融体系与生态文明制度体系相衔接，将所有生产消费等经济行为都纳入绿色金融制度体系中，从源头上打造成防治污染、保护环境、节约资源的“天罗地网”，是最严格的源头保护制度。实践证明，观山湖区人民法院绿色金融司法专门化探索实践，开创了绿色金融审判“源头防”的“前端司法治理”新模式，有效弥补了当前环资司法“结果治”的“末端司法治理”短板，使贵州生态文明法治建设先行先试进一步发扬、生态文明治理制度体系进一步完善、生态文明“系统治理、依法治理、综合治理、源头治理”效能进一步提升，为国家统筹生态环境保护治理之事中事后救济性司法职能和绿色生产生活方式引领保障之事前生成性司法职能，建立统一集中的大环资专门法院或专门绿色法院提供了“贵州样本”和“贵州经验”。观山湖区人民法院绿色金融法庭还是全球第一个绿色金融专门司法机构，其建立的绿色金融专门化司法模式有利于打造我国绿色金融司法品牌，向国际社会传播我国绿色金融法律规则、司法理念和裁判规则，提升中国绿色金融司法国际影响力、国际绿色金融治理体系及规则建构中的话语权，发挥中国国际社会方面的引领示范作用，为人类共同体践行绿色金融法治建设贡献中国模式与中国智慧。

结　语

观山湖区人民法院绿色金融司法专门化的成功实践，诠释了习近平总书记“只有实行最严格的制度、最严密的法治，才能为生态文明建设提供可靠保障”的科学论断，开创了“欠发达弱生态”地区“守底线、走新路、奔小康”的生态文明发展法治道路，丰富了习近平总书记生态文明法治建设新理念、新思想、新战略。全省上下沿着这条新路干字当头、干在实处，贵州就一定能完成国家赋予的“生态文明法治建设试验”的光荣使命，就一定能“开创百姓富、生态美的多彩贵州新未来”，就一定能续写好美丽中国梦的贵州新篇章。

观山湖区人民法院多元调解机制助推司法改革调查研究

贵州财经大学课题组*

摘　要：多元化纠纷解决机制是诉讼与非诉讼程序共同构成的纠纷解决系统。党的十八届三中全会提出“推进法治中国建设，实现国家治理体系和治理能力现代化”，四中全会提出“健全社会矛盾纠纷预防化解机制，完善多元化纠纷解决机制”，五中全会提出“构建全民共建共享的社会治理格局”，标志着多元化纠纷解决机制已上升为中央全面深化改革、推进依法治国战略部署的重要内容，也成为我国完善纠纷解决方式、满足人民群众多元需求的重要路径。观山湖区人民法院立足国家治理体系和治理能力现代化，在制度建设、调解队伍、工作流程、大数据运用等方面进行积极探索，整合法官、律师、人民调解员等多方力量，逐步形成“顶层设计引领、平台建设布局、解纠主体多元”的多元化纠纷解决机制，形成“党委领导、政法主导、多元参与、群众受益”的工作格局，化解了大量的矛盾纠纷，满足了人民群众的多元司法需求。

关键词：多元调解　司法改革　观山湖区人民法院

* 课题组成员：胡甲庆，贵州省法学会金融法学研究会会长、贵州财经大学教授，法学博士；徐力，贵阳市观山湖区人民法院绿色金融法庭负责人，一级法官，法律硕士；孟庆艳，贵州省社会科学院法律研究所副研究员。

一　观山湖区人民法院推进多元调解机制建设的重要意义

贵州推进多元化纠纷解决机制建设，有利于保障人民群众合法权益、促进社会公平正义，在贵州决战脱贫攻坚、决胜全面小康的关键时期，对满足贵州百姓多元解纠需要、化解多元社会矛盾具有重大意义。

（一）贯彻落实国家司法改革的重要举措

党的十八大以来，在以习近平同志为核心的党中央坚强领导下，人民法院司法体制改革全面推进，在重要领域和关键环节取得突破性进展，中国特色社会主义审判权力运行体系初步形成。党的十九大从发展社会主义民主政治、深化依法治国实践的高度，做出深化司法体制综合配套改革、全面落实司法责任制的重要战略部署。

深化多元化纠纷解决机制改革，是完善社会治理格局的重要内容，同样也是实现国家治理体系和治理能力现代化的重要举措。近年来，为更好地扛起便民、利民、惠民的旗帜，承担起公正司法、服务大局、服务群众的责任使命，人民法院坚持发展新时代“枫桥经验”，充分把握法院工作规律，努力探索纠纷解决工作中的矛盾下沉和纠纷前移机制，促进多元纠纷解决机制的不断完善，公平公正地化解民事纠纷，维护社会和谐稳定。

（二）促进纠纷根本化解的重要抓手

构建社会主义和谐社会是我国的一项重大战略任务。现实中的和谐社会并不是没有或者少有矛盾和纠纷的美好社会，而是让社会矛盾和纠纷能够得到更加科学、合理、及时、有效解决的社会。近些年来，贵州省经济发展迅速，但是随之而来的是社会矛盾纠纷的大量涌现，在现阶段面临的最主要的问题是，有限的司法资源远远不能满足人民群众日益增长的化解矛盾解决纠纷的需求。

因此，在此背景之下，推进矛盾纠纷多元化解机制建设，对满足人民群众的多元化解纠纷需要、最大限度地化解各类矛盾、构建社会主义和谐社会具有重要作用。

（三）满足人民群众多元司法需求的重要途径

诉讼必须与其他纠纷解决方式相协调，并允许当事人在一定的限度内进行自由选择，这样才能实现对当事人权益的充分保障。过高的诉讼成本和时间代价往往会使不少当事人放弃救济，多元化纠纷解决机制成本低廉、程序简便易行，可以最大限度地节约当事人的金钱和时间成本，一次性解决多方面和多层次的纠纷和利益诉求，以平和、合理的方式解决纠纷，减少对抗性，增加和解的机会，有利于维护需要长久维系的合作关系和人际关系。

随着调解、仲裁、行政裁决、行政复议等非诉讼程序的不断完善，当事人可以根据自主和自律原则选择地方惯例、行业习惯和标准等解决纠纷，达到情理法的融合，实现在尊重公民自由处分权的前提下，满足人民群众不同价值取向和司法需求，修复社会关系，促进社会和谐。

二　观山湖区人民法院多元调解的探索与实践

贵州省观山湖区人民法院立足国家治理体系和治理能力现代化，按照“党委主导、司法推动、社会参与、多元并举、法治保障”的新理念要求，不断健全诉调对接平台建设，推动设立诉前调解室，完善司法确认机制推动人民调解、行政调解与诉讼调解的对接，引入社会调解力量，有效促进社会矛盾纠纷的化解，逐步形成“顶层设计引领、平台建设布局、解纠主体多元”的多元化纠纷解决机制。观山湖区人民法院自民商事案件调解中心试点工作以来，共分流案件1789件，成功调解案件305件，调解标的达8423万余元，化解了大量矛盾纠纷，取得显著成效，并贡献了地方实践经验。

（一）夯实平台建设，形成多元解纠机制合力

1. 强化诉调对接平台建设，从单一衔接转为多元服务

观山湖区人民法院专门设立功能完备、运行规范的诉调对接中心，集诉讼指引、便民服务、诉讼服务、调解服务等多种功能于一体，为辖区群众提供“一站式、全方位、多层次、低成本”司法服务。观山湖区人民法院通过内合自身资源，外联多方力量，从各区选取具有一定资质和服务水平的法律服务机

构、法律服务团队，成立民商事案件人民调解委员会，负责调解法院移交调解的民商事案件，实现诉调衔接工作的规模化、系统化、常态化运作，促使非诉讼纠纷解决方式更加便捷、灵活、高效，为矛盾纠纷解决机制的繁荣发展提供司法保障。

2. 加强部门对接，将纠纷化解在基层

观山湖区人民法院积极与人民调解委员会及调解中心建立诉调对接关系，在各街道、社区、村庄设联络点，委派、委托、指导人民调解委员会开展调解工作。依托基层网格化管理，将多元解纷工作与辖区服务群众工作有机结合，定期指派有经验的法官指导人民调解，将纠纷化解在百姓家门口。积极争取有关部门的协助和配合，与各行政机关建立提前联动协调、诉中协调化解、联席会议等协调和解机制，借用行政机关的力量进行行政调解。

（二）抓实流程管理，确保诉调衔接畅通有序

观山湖区人民法院从诉调对接规范化入手，规范诉调对接流程，完善诉调对接制度，实现诉内诉外解纷程序的无缝衔接、顺畅运转。

1. 规范诉前分流，实现纠纷有序导出

在立案登记过程中，将受理的各类民商事、行政纠纷，按照大、小、难、易进行初步分层，将案件分为三类，一是事实基本清楚、没有超过诉讼时效、不存在大的执行风险的案件；二是起诉符合形式要件，但存在证据不充分需要补充、可能存在执行不能风险的案件；三是涉及三个以上法律关系、没有证据、容易引发不稳定因素或者标的额大且对方无履行能力的案件，把真正需要动用国家司法资源做出裁判的纠纷分列出来，其他案件则尽量引导当事人自主选择多元化手段解决。对同意进行诉前调解的，根据具体情况或当事人的选择将纠纷委派给适宜的特邀调解组织、特邀调解员，并将分流情况统一录入平台。

2. 规范诉前调解，提高诉外解纷成功率

观山湖区人民法院通过规范诉前调解流程，明确诉前调解的纠纷类型、调解程序、调解时限等事项，建立诉前调解卷宗和严格的归档制度，实现对诉前调解的全流程跟踪监督和指导支持，有效增强诉前调解效能。

3. 规范效力对接，增强诉外解纷的公信力

推行“成果固定 + 司法确认”的双对接机制，依托司法权威提升诉外解纷公信。一方面，强化成果固定。建立无争议事实记载机制，对诉前调解未达成调解协议的，书面记载调解过程中没有争议的事实，诉讼过程中除涉及国家利益、社会公共利益和他人合法权益的外，法院对无争议事实直接予以认定。另一方面，规范司法确认工作。对司法确认案件实行专人办理，由专职调解法官对提交申请的司法确认案件进行审查。对不符合条件的调解协议，当场提出修改建议指导。

（三）整合多方资源，构建多元纠纷调处体系

观山湖区人民法院在推进“三调联动”的同时，更加注重创新调解团队建设，按团队建设思路，整合各项调解资源，立足法官调解主导地位，引导调解人员跨界整合，探索“1 + N”调解模式。把优秀的特邀调解员、专业法律职业人员或德高望重的社会贤达人士吸纳到调解团队，积极探索组建专业法官调解工作室、专业审判庭、网上法庭，打造多元解纷的专业场地，拓展空间。与此同时，加强宣传指导，发挥多元解纷文化的先进性、特色性，将多元化纠纷解决机制的传统文化融入社会主义核心价值观，提升多元解纷机制公信力，为全国深入推进矛盾纠纷多元化解机制提供可复制的样本。

1. 加强调解队伍建设

观山湖区人民法院以加强组织建设为基础，全面提升调解员政治素养，着力打造过硬调解队伍。法院注重加强调解员理论武装，组织深入学习党的十九大以来历次全会精神、党章党规、党的路线方针政策，将习近平新时代中国特色社会主义思想理论贯穿融入各项活动中，切实提高调解队伍的理想信念，强化思想基础，提升党性修养。一是配备多领域调解人员。所有调解员均从事过法律工作，有一定的专业知识，专业涵盖多个不同领域，为调解工作的开展提供了强有力的技术支撑。二是组织专业培训。组织资深专业人员对 50 余名调解员进行调解技能和调解流程的培训，全面提高调解员的能力素质和工作水平，推动调解工作进入正轨。三是注重规范化管理。建立健全“一案一档一标准”的档案管理工作机制、形成每周分享会议机制和阶段性联席会议总结与反馈机制。在工作中逐步总结形成一整套调解工作标准，包括与法院对接的

案件移送标准、调解工作流程及与司法局对接的成效评估标准，最大限度地发挥出调解工作为民、利民、惠民的效果。

2. 强化内外联合调解

观山湖区人民法院推行“鉴定前置”，将建筑工程、医疗纠纷、交通事故等案件司法鉴定程序前置到诉前，以促成诉前调解。实行“以保促调”，在依法实施诉前证据保全或财产保全措施后，用足用活法律规定的30天起诉期限，积极引导当事人诉前调解。开展“难案联调”，建立“人民调解 + 行政调解 + 诉讼调解 + 相关部门”的重大疑难纠纷“3 + N”联合化解机制，根据需要召开联席会议，实现重大疑难纠纷的“联防、联控、联解”。

（四）坚持科技引领，凸显“互联网 + ”功能

观山湖区人民法院始终坚持与时俱进，不断将大数据、云计算与人工智能等信息技术融入其中，为推进矛盾纠纷在线解决、实现“互联网 + 社会治理”提供了新动能。观山湖区人民法院着力打造在线矛盾纠纷多元化解平台，实现了从诉前化解到立案、审判和执行的全流程在线运行，既让老百姓解纷“最多跑一次，甚至一次不用跑”成为可能，也为缓解案多人少矛盾、提升人民群众获得感提供了有力支撑。

1. 以信息技术为支撑，建立现代化诉调对接平台

观山湖区人民法院利用先进的信息技术，建立“互联网 + 诉非衔接平台”，提供在线咨询、评估、调解、仲裁、诉讼五大服务功能，形成了递进式、漏斗型的矛盾纠纷分层过滤化解机制，推动纠纷处理模式从事后处理向源头预防转变，并与法院网上立案系统打通，网上立案的民商事案件可自动推送到平台进行在线分流，由社会调解力量进行诉前化解，调解成功的可在线申请司法确认，调解不成功的自动回传审判系统进行立案。

2. 以协同联动为突破口，建立互动型解纷机制

观山湖区人民法院以“互联网 + 诉非衔接平台”为中心向外辐射，与派出所、司法所、人民调解组织、行业性调解组织等机构的信息平台对接，建立解纷网络，形成信息平台集群，实现部门间对矛盾纠纷的网络移交、委派和委托调解。如法院与人民调解组织通过网络平台进行移动终端对接，可以实时动态了解村里发生的纠纷，第一时间排查矛盾。

（五）健全制度建设，保障调解工作有序开展

1. 完善保障机制，激发矛盾调处的积极性、主动性

为进一步调动人民调解组织及人民调解员在预防、调处矛盾纠纷中的积极性和主动性，助推诉调衔接机制建设，观山湖区人民法院主动争取地方党委政府对多元化纠纷解决机制工作的经费拨付，建立调解员激励机制，设立专项资金，每年拨付包含特邀调解员误工补偿、奖励、培训费及专职调解员的人员经费近百万元，为诉调衔接工作提供了充足的经费保障。

此外，为调动专职调解员、特邀调解员调处纠纷的积极性，观山湖区人民法院建立绩效管理和考评奖励机制，每年召开特邀调解员年度总结及表彰大会，总结回顾本年工作，展望部署来年工作，并对在调解过程中表现突出的特邀调解员予以表彰，颁发优秀调解员证书，有效地保障了调解工作的顺利开展。

2. 建立评估监督机制，促进多元调解规范化

观山湖区人民法院将诉非衔接的日常工作纳入信息化流程管理，将委派调解、委托调解、司法确认等工作形成“在线”工作日志，健全工作台账，录入统计系统，并设立每月评查制度，定期统计制作案件质量差错情况。另外，观山湖区人民法院正式启用《诉前调解工作满意度调查表》，涵盖对调解员调解程序、调解效率、调解结果及调解员工作作风、廉政建设、调解能力等各方面的调查，同时设置建议和意见栏，旨在通过实时收集当事人对诉前调解工作的反馈及意见，及时发现问题，积极整改解决，不断提升调解员的素质和能力，促进诉前调解工作更加规范、高效，从而促使更多的矛盾纠纷在诉前得到有效化解。

三　观山湖区人民法院多元调解探索实践的成功经验与不足

多元化纠纷解决机制的贯彻落实，是政府在国家治理方面做出的实践探索，对提高我国治理体系和治理能力的现代化具有重要意义。观山湖区人民法院积极探索符合本地区域特色的调解模式，实事求是，大胆创新，抢抓机遇，在推进矛盾多元化解机制建设中取得弥足珍贵的经验。当然，多元调解仍有进

一步完善的空间，须加强对多元调解机制的研究，有针对性地采取措施，有效推进多元调解工作。

（一）观山湖区人民法院多元调解实践探索的成功经验

1. 敢于探索创新、强化科技，建立在线调解纠纷平台

习近平总书记强调，以百姓心为心，与人民同呼吸、共命运、心连心，是党的初心，也是党的恒心。新时代，人民法院将聚焦人民日益增长的美好生活需要与不平衡不充分的发展之间的矛盾，积极服务民众，努力让人民群众在每一个司法案件中感受到公平正义。观山湖区人民法院从维护人民群众利益的角度出发，着眼于互联网特有的泛在性、通用型、低成本等便民优势，搭建在线联动、调审对接、服务智能化的多元化解平台。

观山湖区人民法院坚持弘扬优良传统与运用现代科技相结合，大力推动人民调解工作创新，努力化解更多的社会矛盾纠纷，更好地服务经济社会发展、服务人民群众。法院一方面把完善多元化纠纷化解机制作为工作重心，致力于满足人民群众多元的解决纠纷需求，不断创新，建设功能完备、形式多样、运行规范的诉调对接平台，畅通纠纷解决渠道，引导当事人选择适当的纠纷解决方式；另一方面，加强平台建设，明确平台职责，创新在线纠纷解决方式，加强与综治组织、行政机关、人民调解组织、仲裁机构等机关的对接工作，根据“互联网＋”战略要求，推广极大地提升审理案件的效率。观山湖区人民法院在平台建设方面不断强化科技水平，建立全天在线的纠纷解决平台，为贵阳市其他区及全国省市做了示范，提供了可复制的经验。

2. 加强理论支撑、凝聚力量，有效建设高水平调解团队

党的十八大以来，习近平总书记多次对人民调解工作做出重要指示，为做好人民调解工作和加强人民调解员队伍建设指明了方向。深入贯彻落实党的十九大精神，坚持以习近平新时代中国特色社会主义思想为指导，按照“五位一体”总体布局和“四个全面”战略布局，全面贯彻实施人民调解法，优化队伍结构，着力提高素质，完善管理制度，强化工作保障，努力建设一支政治合格、熟悉业务、热心公益、公道正派、秉持中立的人民调解队伍。党的十九大报告强调要加强预防和化解社会矛盾机制建设，正确处理人民内部矛盾，这些都对人民调解工作、人民调解员队伍建设提出了新的更高要求。

人民调解是一项具有中国特色的法律制度，在矛盾纠纷多元化解机制中发挥着基础性作用，观山湖区人民法院为建设专业化、高水平的调解队伍，不断提升专职人民调解员的理论水平和调解技能，提升调解队伍整体素质，凝聚解纷合力，以建设调解团队为基础，加强专业化培训，适应人民调解形势发展新需要。2019 年上半年，举办了专职人民调解员业务培训班，本区各部门、各街道以及各行业性、专业性调委会的调解员积极参加此次培训，创新培训内容和培训形式，提高培训的针对性、有效性，对专职人民调解员进一步明确工作任务、熟练运用法律等起到了很好的指导作用。

3. 立足区域特点、社会需求，有效构建多元化纠纷调解体系

多元化纠纷解决体系是中国特色社会主义法治体系的重要组成部分，健全多元化纠纷解决体系是国家治理体系和治理能力现代化的重要标志。大力推进多元化纠纷解决机制和现代化诉讼服务体系建设，实现一站式纠纷解决、一站式诉讼服务，切实提升新时代人民法院化解矛盾纠纷和服务人民群众的能力水平，是时代的需要、人民的愿望，是人民法院的重要职责，是国家治理体系和治理能力现代化的重要组成部分。

观山湖区人民法院坚持把非诉讼纠纷解决机制挺在前面，借鉴“枫桥经验”强调的坚持群众路线，加强专业调解能力，树立“解纠纷用真情，化解矛盾促和谐，人民调解为人民”的服务理念，构建起“社会调解优先，法院诉讼断后”的递进式矛盾纠纷化解体系，建立健全矛盾纠纷工作制度，形成科学有序的制度体系，保障调解工作的规范开展和高效运行，取得了显著的成效。观山湖区人民法院积极培育专业的调解力量，因地制宜、因时而异、因势利导，坚持实事求是，一切从实际出发，准确把脉矛盾纠纷的发展与化解趋势，构建起符合本区特色的矛盾纠纷化解体系，为加快推进社会治理现代化、建设更高水平的平安中国做出积极贡献。

（二）观山湖区人民法院多元调解面临的困境与问题

1. 多元化解工作监督领导不统一

目前，省级层面尚未建立统一的多元化纠纷解决工作领导机构，各部门之间缺乏有效整合及对接的工作平台。由法院、司法行政、政府法制机构等单位牵头协调的力度不够，部门之间多强调本部门利益，缺乏整体意识，导致衔接

运行不畅，作用发挥不充分。矛盾解决机关之间缺乏衔接，无法全面建立多元化的诉讼外解决机制，由此产生的不作为或各自运转的现象突出；部分纠纷虽已经过有关组织调解，但因信息交流不畅，增加了调解纠纷的时间和成本，而调解成功的概率并未得到明显提高。

2. 调解协议的法律效力较低

最高人民法院相关司法解释仅认可人民调解协议的合同效力，而对于其他调解方式特别是行政调解的法律效力尚未明确。人民调解、行政调解、专业机构调解、仲裁形成结果缺乏可执行性，需向法院申请执行，很多达成的调解协议因程序上或内容上的瑕疵不被法院认可，不能及时进行司法确认，造成资源浪费。

（三）公众对调解工作的认可度还需进一步加强

公众“信访不信法”“信判不信调”的观念根深蒂固，公众片面地将诉讼作为维护自身权益的有效手段，普通矛盾纠纷直接进入激烈对抗的信访、诉讼过程中。对当地的人民调解及其他解纷机构缺乏信任、了解，非诉程序上的非正式性和判断基准的非法律性存在争议事实无法固定、处理结果缺乏依据的特性，公众对于调解的效力存在质疑，和解协商难度大，和解协议反悔率高。

四　完善多元调解的应对方案

（一）坚持组织对多元调解机制建设工作的领导

组织的领导不仅是扎实推进人民调解工作取得实效的关键，也是贯彻落实国务院《关于完善矛盾纠纷多元化解机制的意见》的具体体现。一是坚持党委政府主导。党委政府负责人要深入社区、乡镇了解多元调解实践中的问题，发现问题、研究问题，因地制宜出台相应政策措施，做好多元调解机制的顶层设计。二是发挥主管部门职能。结合实际积极贯彻实施党关于人民调解工作的政策措施，聚集各方力量，紧抓各部门多元调解工作的实施进程，更好地理顺矛盾纠纷的实质。三是鼓励基层群众自治组织参与。做好村委会、居委会处于矛盾纠纷第一线的预防化解工作，发动村寨、社区人情力量，最大限度地防止矛盾激化。

（二）提高调解队伍工作能力，创新调解工作方式方法

随着时代的发展，社会矛盾纠纷呈现多样化、多元化、复杂化的特点，拥有与时俱进的调解知识是推进多元调解工作的重要抓手。一是及时学习党的相关政策。党的政策措施指引多元调解工作的方向，及时学习并掌握党对于多元化纠纷解决机制的新思路、新方法，并积极贯彻落实。二是积极了解社会热点问题。了解社会发展动向，知晓社会发展中出现的新问题，以全新的眼光看待社会发展中的矛盾，创造性地解决纠纷。三是提升调解队伍的知识水平。着力改善调解人员专业化、技术性水平，积极展开调解知识培训活动，不断更新多元调解工作知识，引入调解工作评级机制，激发调解人员的学习动力。

（三）完善司法确认程序，加强司法审查

法院通过对其他纠纷解决组织主持达成的调解协议予以司法审查和强制执行，实现对其他纠纷解决组织工作的支持和监督。经行政机关、人民调解组织、商事调解组织、行业调解组织或者其他具有调解职能的组织调解达成的具有民事合同性质的协议，当事人可以向调解组织所在地基层人民法院或者人民法庭依法申请确认其效力。登记立案前委派给特邀调解组织或者特邀调解员调解达成的协议，当事人申请司法确认的，由调解组织所在地或者委派调解的基层人民法院管辖。

（四）协调联动，加强资源信息互通

切实解决调解工作中诉调衔接不平衡及各机关部门信息互通难、联动性不足等问题，借力信息化技术的优势，构建互联网时代的纠纷解决新模式，推动社会治理、司法运行、公共服务等工作机制创新。一是建立诉调联动平台。打通在线调解平台与诉讼服务平台、法院审判管理系统之间的对接通道，通过建立立案申请转调解、调解不成转诉讼、诉中审理转调解、调解成功转确认之间的无缝衔接机制，实现诉服、调解与审判信息共享，避免让法官、调解人员和当事人频繁重复录入信息。二是鼓励专业化调解平台的发展。大力支持环境污

染、物业管理、证券金融等专业调解平台的建立，拓宽矛盾纠纷解决渠道，同时规范专业化平台的管理，填补调解工作在专业领域的空白。三是利用大数据平台，使多元调解工作实现信息化发展。大数据平台的构建不仅要具有地域性的特点，更要打造全国式信息的互联互通。充分发挥大数据平台资源收集、分析、储备的特点，系统化整合多元调解信息，实现信息的共享，以便及时发现问题、解决问题。

（五）从立法、制度和保障上完善多元调解机制

在立法方面，要确保各类调解协议法律效力，对于简单案件，纠正烦琐的程序效力，从而提升解决各类调解矛盾的效率，避免浪费司法资源。在制度方面，要健全完善矛盾纠纷排查调处工作制度和调委会管理制度，建立调解员名册和调解员持证上岗和等级评定制度，完善各类调解之间衔接联动、调解协议效力保障和调解工作评价制度。在保障方面，健全规范现有的各类调解组织建设，把好调解人员任用关，严格规范选拔标准，加强对调解人员的培养与指导，提升调解员法律知识水平和调解纠纷的能力。

（六）加强宣传，提高公众对调解工作的认可度

公众对调解工作的认可度，已然关乎着调解工作的效能。“信判不信调”的原因，一是目前基层的调解员法律素质不够高，很多都是年纪稍微偏大、调解方式也较为老套、全职的调解员太少而兼职的根本无法全身心投入到调解工作当中，导致公众对于调解工作不太认同；二是诉调衔接不够完善，司法机关对调解工作的重视无法做到与审判相当，承认度不够，导致执行困难。因此，一方面，必须加大调解工作的宣传力度，不断提高人民调解在社会中的认知度，充分发挥互联网媒体作用，着力宣传人民调解的意义、作用、方法以及成效，引导公众更多地采用人民调解员的方法解决矛盾纠纷；另一方面，要加强多部门的联合，由各地司法局为领导牵头联合其他各部门资源，组织各调解中心的主要负责人针对矛盾纠纷的当事人主动介入，既增强调解的专业性，又增强调解的权威性，并将极大增强公众对调解工作的认可度。

观山湖区人民法院司法辅助事务外包工作调查研究

贵州财经大学课题组*

摘　要： 作为贵阳市中级人民法院选定的审判辅助事务社会化工作试点法院，观山湖区人民法院坚持以习近平新时代中国特色社会主义思想为指导，深入贯彻落实习近平总书记全面依法治国新理念新思想新战略，增强“四个意识”，坚定“四个自信”，做到“两个维护”，忠实履行宪法法律赋予的职责，积极推进司法辅助事务社会化改革创新实践，探索建立了以“审判体系和审判能力现代化”为体、“司法改革与智能化、信息化建设”为“两翼”、以“规范化、标准化、专业化、集约化、流程化、信息化、底线化”等“七化”为重要节点的司法辅助事务社会化运行和管理的“127”模式，圆满完成司法辅助事务外包试点改革任务，实现了司法效能提升与外包事务“零风险”的试点改革目标。

关键词： 司法辅助　事务外包　观山湖区人民法院

一　观山湖区人民法院司法辅助事务外包试点改革的探索实践

司法辅助事务社会化既是将法官从繁杂的事务性工作中解放出来，推进法

* 课题组成员：胡甲庆，贵州省法学会金融法学研究会会长，贵州财经大学教授，法学博士；苏飞，贵阳市观山湖区人民法院审判委员会委员，中国司法大数据研究院法律研究员，三办负责人，一级法官；贾梦嫣，贵州省社会科学院法律研究所副研究员。

官队伍专业化、职业化建设的过程，也是法院管理模式、工作机制的升级优化过程。只有各方面司法改革与司法辅助事务社会化改革协同推进，才能实现司法辅助事务社会化改革的最优化、法院整体效益的最大化。因此，观山湖区人民法院在司法辅助事务社会化试点改革中推进法院内部分工和管理的精细化、专业化、集约化，不断提升法院的智能化、信息化水平，探索建立了以“审判体系和审判能力现代化”为体、“司法改革与智能化、信息化建设”为“两翼”、以“规范化、标准化、专业化、集约化、流程化、信息化、底线化”等“七化”为重要节点的司法辅助事务社会化运行和管理的“127”模式。

（一）规范化：构建司法辅助事务外包规则体系

“重大改革于法有据”是厉行法治的根本要求。司法辅助事务外包是一个全新事物，也是一项重大改革，因此必须依法依规进行。虽然《中华人民共和国政府采购法》和《国务院办公厅关于政府向社会力量购买服务的指导意见》《最高人民法院关于全面深化人民法院改革的意见》《人民法院第五个五年改革纲要（2019－2023）》等法律和规范性文件对法院购买社会服务的原则、采购主体、采购方式、采购对象等进行了规范，为法院购买社会服务包括司法辅助事务提供了基本法律依据，从而使司法辅助事务社会化有了正当性、合法性基础，但司法辅助事务不同于一般的项目、产品或服务采购，而是具有极强的司法辅助性、程序性、协同性、连贯性、重复性和保密性。为此，观山湖区人民法院出台了一系列有关司法辅助事务外包的规章制度和操作规程，为司法辅助事务立章建制，做到规范先行。一是制定了立案规范、送达规范、排期规则、卷宗装订规范、文书模板等一系列业务规则，为外包公司诉讼引导、分案排期送达、卷宗扫描装订、网络查控等提供服务指南，为审判单元与审判辅助事务外包公司协调配合奠定基础。比如，2019 年 3 月 7 日《贵阳市观山湖区人民法院立案诉讼规范（试行）》发布，明确了诉讼服务中心与外包公司在立案方面的分工、流程及其工作衔接机制；同日《贵阳市观山湖区人民法院民商事案件排期规则（试行）》发布，明确了外包公司排期组的设立方式程序、外包公司排期流程及要求、外包公司选定陪审员的规则流程等。二是先后制定并试行《贵阳市观山湖区人民法院建立执行案件繁简分流工作机制的指导意见》《贵阳市观山湖区人民法院执行案件繁简分流机制流程实施方案》，明确了执行案件的类型化标准方法、繁简分流及流转程序。具体说，上述指导意见和实施方案根据案件案由、财产类型数额等因素将执行案件区分为复杂和简易案件两种基本类型，并实行简案快执、繁案精执。此外，为实现提高卷宗在不同执行实施组和外包公司之间的流转率和执行流程节点严格控制目标，上述指导意见和实施方案还按照流程节点将繁案执行流程区分细化，并对执行案件实行网络查控制度。三是制定并实施了《贵阳市观山湖区人民法院关于规范庭审排期及录音录像工作的审管指令》等司法辅助事务外包风险防控和保密规范性文件，建立了风险识别、风险评估、风险防控等一整套科学管理方法。

（二）标准化：夯实司法辅助外包业务流水作业基础

标准化是指在经济、技术、科学和管理等社会实践中，为在一定的范围内获得生产经营秩序、经济效益和社会效益，对实际的或潜在的问题制定共同的和重复使用的规则的活动。其重要意义在于改进产品、过程和服务的适用性，促进产品或服务的简化、统一化、系列化、通用化、组合化、模块化，因而是组织现代化、专业化生产的重要手段和必要条件，是实现科学管理和现代化管理的基础。在司法辅助事务社会化过程中，外包事项范围广，审执环节复杂。以审判辅助性事务外包为例，《中华人民共和国民事诉讼法》规定的诉讼引导、12368服务热线、立案、信息录入、诉讼中案件材料收转、分案、排期、EMS业务收寄、制作应诉材料、送达、联系当事人、诉讼保全、证据交换、档案查询、庭前调解、开庭、庭审记录、撰写文书、校对文书、核发文书、文书文印、文书送达、办理上诉、订装移送案卷、网上报结、文书上网、案卷归档、物业管理、档案整理、信息化维护、文印综合事务、信息化处理事务、执行联查失信事务都属于可以向社会购买的服务。同时，这些工作大多是重复性劳动，而且环环相扣，具有开展流水作业的条件。因此，只有将每个工作节点的办理结果要求转化为按章操作的客观标准，才能保证购买服务可控、唯一、合格，才能保障流水线正常运转，才能提高司法辅助事务社会化工作质效和法院管理效率。

为此，观山湖区人民法院在立案送达、排期、立卷等规范的框架内，进一步细化各项业务流程工作标准，编制标准手册，奠定司法辅助业务工作流程标准化基础。同时，外包公司在统筹流程节点基础上，细化岗位设置，强化人员培训，外包公司如标准车间般，流水线式“生产”服务成果，确保服务符合规范标准，成功应用于审判。

（三）专业化：打造“3 + 3 + N”专业化职能分工新机制

专业化是先进的生产组织形式，是产业内部各企业和部门逐渐分离、形成独立企业和新部门的过程，也是同类产品由分散生产趋于集中生产的过程。它强调充分发挥工人、工程技术人员和管理人员各自专长，配备相应的生产工人、技术人员和管理干部，采用专用设备和特定工艺流程集中、大批量生产同类产品或者完成成品生产过程中的某些工艺作业，从而提高劳动生产率和管理水平，提高产品质量，降低生产成本。法院是垄断案件审判的专门司法机关，“裁判书”及其有效执行这一成果是法院提供的“产品”的最终形式，因此其本身就是一种社会分工高度部门或行业专业化的产物。虽然法院“最终产品”是一个单一产品，但是这一“最终产品”的完成需要经历立案、审判、执行等多环节，涉及多种要素的组合调适。因此要真正提高法院专业化水平，就必须要实现法院内部诸部门环节的专业化。这主要包括：“零部件”专业化，即将立审执各阶段工作成果分解为多个细分工作成果，一个法院单位只负责完成一个或几个细分工作成果；“工艺”专业化，即将完成立审执各阶段工作成果所需的同类专业知识技能、流程集中起来组织专业化“生产”，一个内部单位只负责完成工作成果的部分“工艺”和“工序”；“辅助、服务生产”专业化，亦即技术后方专业化，是指将立审执各阶段工作中的辅助性、服务性“生产”分化出来交由专门化组织完成。

观山湖区人民法院在司法辅助事务社会化改革试点中，探索建立了法官事务、法官助理事务和审判辅助事务的“3 + 3 + N”专业化职能分工机制，审判执行专业化、外包事务社会化、人员分工精细化，专业的人做专业的事的效果日益显现。

一是法官事务的专业化。法官专注于“审、判、写”，即开庭、签发文书和撰写部分判决文书（见图2）。

二是法官助理事务的专业化。法官助理聚焦于“管、核、写”，即管理法官案件事务、审核审判服务结果和撰写大部分判决书及其他文书，成为法官的得力助手和预备梯队。

三是审判辅助事务的专业化。法官、法官助理事务以外的事务都是简单的程序性、技术性事务，全部剥离出来以社会化方式向社会购买服务。

四是审判事务单元化。根据“法官 + 法官助理 + 外包服务从业人员”模式和案由差异化，以繁简分流、案由相近、人案均衡为原则推进管辖案件单元化，推动法官角色由“全科型”向“专科型”转换。

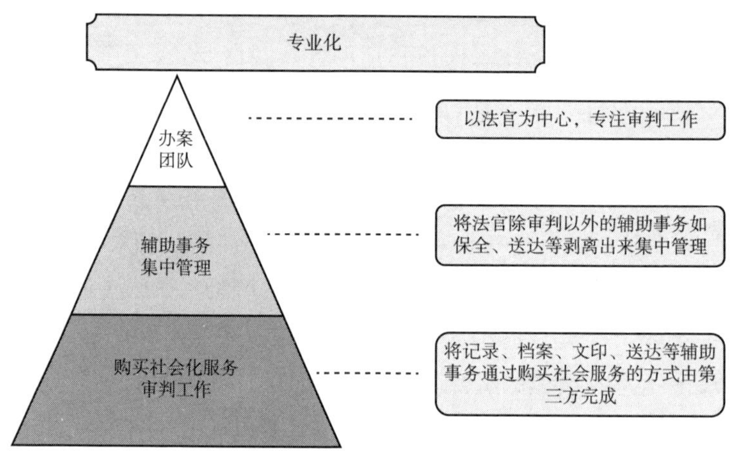

图 1　专业化管理示意

（四）集约化：开创“分类管理 + 集约化管理”新模式

集约化是相对于粗放式而言，原本指在同一经济范围内通过经营要素质量的提高、要素含量的增加、要素投入的集中以及要素组合方式的调整来增进效益的经营方式。集约化经营强调以效益（社会效益和经济效益）为中心，强调通过生产要素、经营要素的重组、集中，避免生产经营的分散、各行其是、各自为战以及“少、慢、差、费”的高成本、低效率状况，实现生产经营的规模化、协同化以及“多、快、好、省”的低投入、高产出绩效。面对“案多人少”“事多人少”的困境，法院必须走集约化道路，充分利用院内院外一切资源，更集中合理地运用现代管理与技术，充分发挥各类人力资源积极效应（见图 2）。

为避免司法事务各行其是、各自为战的现象，实现司法事务的规模化、协同化，观山湖区人民法院坚持系统思维、法治思维、辩证思维，紧紧围绕员额制、司法责任制改革中“让审理者裁判，由裁判者负责”的中心任务，根据司法事务的不同属性和人尽其用原则，在精准厘定审判事务中法官、法官助理和外包公司及其从业人员的核心职责和专业化基础上，探索建立了“分类管理＋集约化管理”的适应审判规律、审判事务社会化规律的新型管理模式，即“法官＋法官助理”的审判团队管理模式和“审管办集中管理司法辅助事务”的辅助事务管理模式。

一是重组法院内部机构。记录等一般操作性事务外包后，传统的书记员角色已不存在，集体转型为法官助理。因此观山湖区人民法院取消书记员岗位，率先在贵阳创建一名法官两名聘用制法官助理的审判团队管理模式，形成了“法官＋法官助理＋外包服务从业人员”的扁平化管理的审判团队架构。

二是建立司法辅助事务集中管理制。为使辅助事务外包机构及其从业人员更好地服务法官，实现外包辅助事务与法官、助理法官事务的无缝衔接，实行法院审管办统一负责送达、信息录入、庭审排期和记录、统计、委托鉴定和评估、归档等辅助外包事务的监管制度。

三是创新司法辅助事务分类管理方式。对于以派遣方式购买的辅助服务，外包公司自行负责从业人员招录、岗位安排调整、工资发放、社会保险、劳动纠纷解决、绩效考核、离职等日常员工管理工作，法院各庭室负责对辅助事务从业人员考核、培训、管理；对于以项目交付方式购买的辅助服务，法院根据审判实际分解诉讼流程节点向社会力量购买服务，并按操作标准和验收质量对项目的交付、监督、验收实行管理。

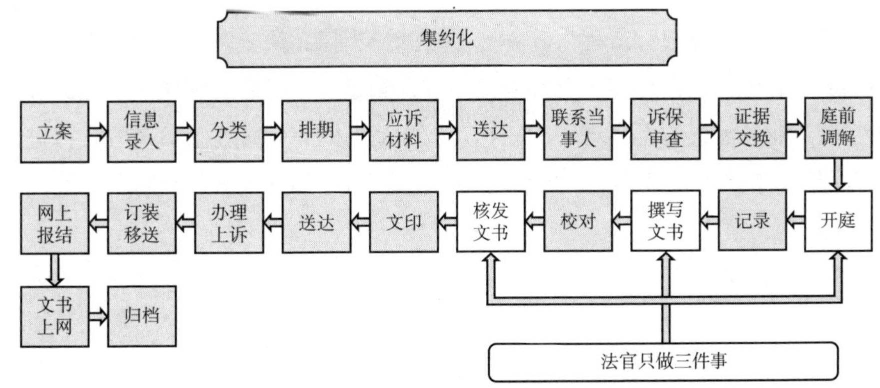

图2　集约化管理示意

综上，观山湖区人民法院走出了一条审判事务集约化管理之路，不仅有效破解了“职能分工不明、审判责任不实、监督管理不力”的改革难题，而且将法官和法官助理从“繁、琐、重”的程序性、技术性事务中解放出来，从而实现了法官集中精力尽好责、办好案，助理法官更好地服务法官，社会机构及其从业人员高效服务审判核心事务的改革目标。此外，司法辅助事务的社会化管理还实现了从全日制、合同制的内部聘用制用工方式向劳务派遣的外部购买制用工方式的转变，实现了从“要素合约”向“产品合约”的交易组织形式切换，有效规避了法院长期用工风险和派遣政策风险，减少了事务管理项目，降低了聘用人员管理成本和难度，打破了在一对多（一名正式干警+N名聘用人员）传统结构模式下内部聘用人员增加、人浮于事的“大浪淘金沙尽在”的用工怪圈，从而使法院从聘用人员的行政管理事务中解放出来，将更多的时间精力放在审判中心工作的提质增效上来。

（五）流程化：提升司法辅助事务运行效率

流程管理是一种以规范化的构造端到端的卓越业务流程为中心，以持续提高业务绩效为目的的系统化方法，也是按照工期优化、工艺优化、成本优化、技术优化、质量优化等指标而展开的流程梳理、设计、开发、调试、部署、维护、评估、监控、优化、淘汰的动态管理过程。法院审判工作不仅环节多，而且各项业务环环相扣，具有极强的连贯性、流程性和整体性。其中，不论哪个环节、哪个流程出现问题，都会严重影响审判整体质量和效率。特别是在司法辅助事务社会化的情况下，更是增加了法院内各部门与外包公司间的流程接口数量、流程流转环节和流程协同难度。因此，为提高法院工作质效，有必要取消简化不必要的工作环节，合并工作内容，调整工作时序、程序和步骤，破除审判核心业务流程的不合理职能制约，建立清晰的审判核心业务流程，推进流程管理的整体优化，实现司法辅助事务在法院各部门间及其与外包公司间的流程协同。

经过试点改革，观山湖区人民法院建立了一个以司法便民、司法高效为导向的，依审判实际分解诉讼流程节点，核心业务、管理流程清晰、简洁，协调顺畅、协同效应明显的管理流程体系。

一是探索建立了立案环节外包公司与诉讼服务中心、承办法官的工作衔接流程。在立案过程中，对于不符合规范的当事人身份证明材料、诉状材料、证据材料收取标准的案件，法务服务外包公司应退回诉讼服务中心处理。对有不同意见的，可报请诉讼服务中心团队负责人或审管办审核。经审核认定为不符合规范要求的相关材料，退回诉讼服务中心，由该中心联系当事人并完善材料。除此之外，外包公司还对立案过程中的缴费、排期、送达进行处理。当事人申请诉前财产保全的，由诉讼服务中心审查后立案，信息交法务外包公司录入，并随即进行分案工作。当事人申请诉讼保全的，该案件的信息录入工作和分案工作由法务外包公司负责，并将案件卷宗移交承办法官，法官审核后裁定是否保全。法务外包正常运转后，保全裁定书的草拟工作由法务外包公司完成，交承办法官审核签发。立案环节的流程再造和重构，明确了案件立案的流程接口、流程流转责任主体，避免立案流程的人为分割、各自为政，实现了立案流程的跨部门协同。

二是探索建立了外包公司审前排期工作流程。为规范办案程序，增进法官和外包人员的沟通，促进审判工作和外包服务工作间的联动协同，提升法院各项事务运行效率，观山湖区人民法院探索建立了“审期与庭审速录员、人民陪审员同时排定”制度，即在排期的同时排定庭审速录员，对普通程序案件的人民陪审员一并排定①。同时实行“并案排期与开庭”制度，即对系列案件统一排期，一并开庭。此外，明确外包公司与案件庭审法官在审前排期工作中的分工和衔接机制。外包公司负责速录员、陪审员的排定，法官有可预见特殊情形不能正常庭审的，须提前书面通知外包公司排期组。法官当庭决定再次开庭时间，电话联系外包人员，法官决定时间后当庭告知当事人，排期人员应将排定日期录入系统。“审期与庭审速录员、人民陪审员同时排定”制度、“并案排期与开庭”制度将原来分散在不同环节的相关工作整合或压缩成一个完

---

① 其中，陪审员的选定工作由外包公司根据人民陪审员编序征询排定，首先由法院组织人民陪审员抽签决定各自编序，由外包公司工作人员在陪审员管理群发布需培审案件信息。若上一顺位人民陪审员不能参加庭审，则询问下一顺位人民陪审员，以此类推。若同一人民陪审员连续三次不能参加庭审，视为其放弃编序，此后排定陪审员过程中不再征询其意见，下一顺位依序上调。已预订的陪审员应当录入在“民事审判统一排期表”中，并同时在案件袋封面上标注。法官有特殊要求需要审判员组成合议庭的案件，应当在排期表上标注，但同一合议庭中的审判员排期不能冲突。发回重审、再审案件的原审案件陪审员、审判员应回避。

整的工作，并统一由外包人员负责或实行并案审理，这不仅减少了不必要的沟通协商，为当事人提供单一的接触点，而且还实现了审判业务的水平整合，提高了资源配置效率。

三是探索建立了速录员“定点排定”工作流程。为适应专业化审理、审判庭使用分配基本固定于各庭室的特点，充分发挥速录员各类案件庭审记录熟练度，促进法官与速录员间协同，提高庭审效率，观山湖区人民法院按照相对固定速录小组服务相对固定的审判庭室或审判单元的原则排定速录员，即在速录员充足的情况下，采用定点法庭、定点审判单元、定点法官排定速录员。如遇速录员休假、参加培训等情况，由外包公司排期人员先行调整，无法调整的，与审管办、业务庭室协商处理。

四是探索建立了执行案件繁简分流中外包公司的组织和工作流程。为使执行案件繁简分流改革落地，提高执行绩效，观山湖区人民法院科学分解执行权，优化执行组织及职责分工协作，做到执行各环节的无缝衔接和闭环运行。根据执行案件类型和执行环节特点，观山湖区人民法院分别成立简易案件速执组、普通案件精执组、执行调查组和法务外包录入查控送达组。其中，法务外包录入查控送达组主要负责案件的流转。执行案件立案后，先分流至法务外包录入查控送达组进行送达、查控财产。法务外包录入查控送达组在5个工作日内完成被执行人财产状况查询并在10日内送达执行通知书、财产报告令及调查传票。查询后，法务外包录入查控送达组视查询结果根据案件分类标准在1个工作日内进行二次分流，分为简易快执案件和普通精执案件。无财产则应当在执行通知书送达后立即将案件分送普通案件精执组，精执组完成调查后2个工作日内将调查过程和结果向申请执行人反馈，释明进一步举证其他财产线索，并制作告知笔录存档；有财产的应立即采取查封、冻结、扣划等强制措施。法务外包组二次分流时要及时把被执行人财产信息反馈给简易案件速执组和普通案件精执组，同时确保财产查控信息、办案进程及办案人员信息及时反馈至当事人。执行案件繁简分流和外包服务分组负责的工作机制，不仅使执行事务的处理步骤更加合理化，实现了执行辅助事务流程次序最佳化，而且给予了外包人员相应的决策权及必要的信息，减少不必要的监督和控制，使工作现场的事能当场解决而不必层层汇报，从而实现执行辅助事务的垂直整合，提高工作效率。

五是探索建立了终本案件中外包公司的监管流程。为加强对终结本次执行程序案件（以下简称终本案件）的有序管理，切实维护申请执行人的合法权益，观山湖区人民法院将终本案件交由法务外包公司下设的终本案件管理办公室进行管理。终本案件管理办公室利用执行网络查控系统对相关案件进行动态管理，并对申请人提供的材料以及调查核实的材料予以登记、造册、归档，卷宗材料由终本案件管理办公室集中管理。但法院严格控制和掌握案件的决策权，对拟终结执行程序的案件，组成合议庭就案件是否终结本次执行程序进行合议，合议完毕后报执行局长审查同意。终本案件中外包公司的监管流程明确了终本案件管理办公室的责任主体地位，加强了业务流程监督考核的关键控制点，使法院对终本案件工作的结果更加可控，目标更易达成。

（六）信息化：助力司法辅助事务节点化管理

信息不完全和信息不对称不仅是市场失灵的重要原因，也是管理失灵的重要原因。当今时代，以大数据、云计算、人工智能为核心的新信息化浪潮不仅深刻影响生产生活，而且也在一定程度上缓解了信息不完善和信息不对称难题。最高人民法院《五五改革纲要（2019—2023）》提出，“司法改革与智能化、信息化建设”是审判体系和审判能力现代化的“两翼”。因此，法院应充分发挥信息化、智能化在通信、信息集成、信息发布、知识管理、日常办公、公文流转、协同工作、辅助决策等方面的功能，助力审判体系和审判能力现代化：提高职员学习能力、创新能力、快速响应能力；缩小职员与管理层间的物理空间距离和心理距离，提高团队化协作能力，最大限度地释放人的创造力；推动法院从传统的垂直化领导模式向基于项目或任务的“扁平式管理”模式转变以及从传统纸质公文办公模式向无纸化办公模式转变；保障信息流的畅通，跨越人与人、部门与部门、单位与单位间沟通、管理屏障，实现对管理各环节的掌控、调配和协作，保证工作流的畅通，优化各种司法资源的配置。此外，法院审判核心事务、辅助事务的标准化、专业化、集约化、流程化也有赖于人工智能、信息技术、网络技术、云计算、大数据、区块链等智能化、信息化技术手段的应用。没有智能化、信息化技术的支撑和运用，便无法实现大数据下的繁简分流、审判辅助性事务的剥离，更难以实现审判事务的标准化、专业化、集约化、流程化管理。

司法辅助事务外包过程中，观山湖区人民法院牢牢把握新一轮科技革命历史机遇，构建了与社会化服务相统一的“案卷流转信息系统”“智能法院资源管理系统”“执行信息系统”三大信息化平台，充分运用信息化辅助手段破解司法辅助性事务管理模式和工作手段滞后难题，助推司法辅助性事务管理集约化、节点化创新，实现了由人工到智能、由管“人”到管“事”、由抓“面”到抓“点”的工作方式和管理模式的更迭，形成了社会化与信息化相辅相成、相互促进的工作格局，外包服务效能不断提升。

一是拓宽立案文书电子送达方式，助力外包公司提升送达率。立案过程中司法辅助事务外包公司充分利用信息化手段，采取短信、电子邮件、微信等方式提高送达效率。

二是建立案卷流转信息系统，助力外包公司提升服务效率和管理水平。案卷流转系统不仅解决了将案卷作为产品在流水线上流转的问题，而且操作中外包工作人员只需通过手机扫描每一案卷对应的二维码，即可完成整个签收程序。方便快捷的同时，签收信息会自动留存在系统数据中，从而实现了流程留痕和大数据管理。

三是建立智能法院资源管理系统，提升外包公司庭审时间和庭审资源配置智能化、大数据化管理水平。借助于该系统，每个案件庭审时长都能得到准确计算和留存，不仅便于审判人员准确把握每一类案件庭审所需时间，合理安排审判法庭，使审判法庭利用率提高50%，而且还使外包公司全面把握各类型案件庭审时间，及时优化调配人力资源。

四是构建上下一体、内外联动、规范高效、反应快捷的执行信息系统，助力外包公司提升执行效率。通过该系统，观山湖区人民法院与公安、国土、住建、工商、金融机构等建立了执行信息的共享机制，全方位拓展被执行人财产查控范围，便于法务外包录入查控送达组全面准确举证查明被执行人财产线索，快速完成被执行人财产状况查询，精准送达执行通知书、财产报告令及调查传票，及时采取查封、冻结、扣划等强制措施，动态掌握执行办案进展信息，确保执行信息及时反馈至办案人员和当事人。同时，该系统也为法院和行政执法部门在查控被执行人财产、信用惩戒被执行人和惩治拒不执行判决、裁定行为等方面的合作提供了平台。

（七）底线化：筑牢司法辅助事务外包风险墙

由于审判流程节点多，外包人员结构复杂，加之外包公司的逐利性及其风险行为与风险结果间较长的时滞性，司法辅助事务外包的风险链条延长、风险敞口放大、风险外溢概率增加、风险防控难度加大。因此必须建立严格、科学、有效的司法辅助事务外包风险防控体系机制。为此，观山湖区人民法院始终坚持放权不放任理念，探索建立了“源头预防—流程监控—责任追溯”事前事中事后一体的司法辅助事务风控体系和“集约化与碎片化并举”的防控机制。

一是强化事前预防。定期举办岗前培训，提升外包人员辅助性法务、软件操作、保密等相关知识技能，增强外包人员工作质量意识、纪律意识和保密意识。与外包公司及外包工作人员签订保密合同、保密条款，明确保密义务责任。

二是强化实时动态过程监控。充分利用智能法院资源管理系统，在社会化服务区域和关键区域，对立案、审判、执行诸环节司法辅助事务及案件流转时长、工作场所情况实行实时监控、取证，并由审管办专项跟踪管理。

三是强化责任追溯。充分利用案件流转信息系统流程留痕、工作场所留痕、工作状态留痕的功能，对外包工作人员工作开展风险识别、风险评估，对责任人员实行问责。

四是建立“集约化与碎片化并举”的风险防控机制。审管办统一对接外包公司，全权负责外包事务信息收集反馈、分析和管理。同时分解分散外包事务节点，将每个案件的处理程序分解成若干个节点，实行流水作业，将外包工作碎片化，分段明确职责和操作方法，缩短外包工作人员单独掌握案件卷宗时间，切断外包工作人员知悉案件全貌的风险链条。

二　观山湖区人民法院司法辅助事务外包的改革成效、困难与问题

（一）观山湖区人民法院司法辅助事务外包的改革成效

观山湖区人民法院司法辅助事务外包的探索实践，有力推动了《五五改

革纲要（2019～2023）》关于司法辅助事务社会化改革要求的落地，实现了司法辅助事务专业化集约化发展、缓解法院“案多人少”“事多人少”矛盾、让法官聚焦审判主业、回归“审理者、裁判者、负责者”本位、提升司法质效的各项目标任务。目前观山湖区人民法院司法辅助事务外包试点改革经验得到省法院肯定，并被录入省法院《为平安贵州建设提供司法服务与保障研究》报告，为贵州乃至全国法院系统优化司法辅助事务外包工作提供了可复制推广的新理念、新思路、新经验。

1. 圆满完成司法辅助事务社会化试点改革任务

一是拓宽了司法辅助性事务的外包范围。最高法院在《五五改革纲要（2019～2023）》中明确提出，要“充分利用市场化、社会化资源，探索实施网拍辅助、文书上网、案款发放等审判辅助事务和部分行政综合事务外包”。这明确了司法辅助事务“可否购买”“购买什么”，从而打破了司法辅助事务社会化的认知禁区，极大地解放了思想，为各地法院探索司法辅助事务外包提供了行动指南。然而，该纲要确立的外包范围过于狭窄，难以发挥缓解人案矛盾的作用，加之缺乏司法辅助事务外包的基本法律规范，导致许多地方法院在司法辅助事务外包范围上犹豫不决、踟蹰不前。因此，探明司法辅助事务外包的范围是司法辅助事务社会化改革的前提。观山湖区人民法院勇于担当，锐意创新，本着“应包尽包”的原则，不断拓展细化司法辅助事务外包范围，从而为落实《五五改革纲要（2019～2023）》司法辅助事务社会化改革各项要求奠定了基础。目前，观山湖区人民法院已将导诉、案件信息与案件流程节点录入、审判流程系统操作（报结案件、裁判文书上网等）、卷宗扫描装订整理归档、材料收转、送达、排期、庭审速录、人民陪审员预约、上诉移送、失信录入、联查查控、两表登记（执行登记表、日志登记表）、资产变现等包括操作性事务在内的所有非核心审执业务的辅助性事务纳入外包范围。

二是协同推进司法辅助事务社会化改革与其他司法改革、法院智能化信息化建设。作为重大司法体制综合配套改革之一，司法辅助事务社会化与智慧化法院建设、集约化改革等综合司法配套改革一道，都服务保障于以员额制法官改革为核心的审判中心的司法改革目的，因此在司法辅助事务社会化改革中观山湖区人民法院始终坚持以“促进审判体系和审判能力现代化”为体、“司法改革与智能化信息化建设”为“两翼”的“一体两翼”发展改革思路，形成了以符合审判规律的“规范化、标准化、专业化、集约化、流程化、信息化、底线化”等“七化”为重要节点的司法辅助事务社会化运行和管理的“127”模式。

2. 极大地提升了司法资源配置效率

经过一年的试点运行，司法辅助事务社会化改革减负增效的效果开始显现。

一是有效化解了人案矛盾。观山湖区人民法院案件数量近年来一直保持高位增长，自2013年以来7年时间，法院收案增长12.91倍，结案增长13.77倍。仅按照2018年的结案率82.99%计算，法院结案数将达到14786件。而观山湖区人民法院实有中央政法编制69人，机关工勤编制8人，实际在编分别为59人和5人，若扣除4名长期住院治疗干警和1名脱产攻读硕士学位人员，共实际在岗59人。在编在岗中央政法编人均结案203.91件。截至2019年10月，法院在编在岗政法编制干警人均收、结案数量均位列贵阳市法院第一，超过上海浦东新区法院。法院“案多人少”“事多人少”矛盾十分突出。自开展司法辅助事务社会化试点以来，观山湖区人民法院严格按照司法责任制配套改革要求、上级法院指示内容以及区委、区政府“向机制要编制”的指导精神，积极探索实践，极大地缓解了人案矛盾。2019年，观山湖区人民法院司法辅助性事务外包公司立案组案件信息录入19188件；排期组排期8739次，改期4438次，预约陪审员1140人次。送达组送达12461件，占民商事收案13326件的93.51%，当月成功送达率为80.1%；执行组网络查控4460件；卷宗装订组截至2019年9月完成执行卷宗534件、民商事卷宗54件、上诉卷宗57件的扫描、装订、归档、移送工作。降低了案件审执、管理成本，有效提升了办案质效。2019年案件平均审理时长降低了近10个百分点，月均结案数增长了108.18%。

二是有效破解了立案难。在立案诉讼服务环节，自实行审判辅助事务社会化以来，外包公司案件信息录入人员6人，实现了当日受理案件当日录入完毕，录入案件信息的同时即将纸质材料扫描上传，确保信息同步上传、电子卷宗同步生成，让法官第一时间从审判管理系统看到案件全部材料，改变过去从材料接收到录入系统需要三四天的情况。

三是有效缓解了送达难题。司法辅助事务社会化过程中，法院充分利用外包公司精细节点管理、人员安排灵活机动等特点，根据送达方式划分人员岗位，将电话电子送达、邮寄送达、委托送达、直接送达、公告送达交由不同岗位的人员完成，案件卷宗在不同工作人员之间限时流转，改变以往包案到底的模式，搭建了流水线运作、全程监督的送达高速道路，扫除了严重影响诉讼进程发展的送达“拦路虎”。截至2019年12月，外包公司当月成功送达率平均达到80.94%，执行流程节点无一超期，这意味着法院八成的民商事案件立案当月即可完成送达，次月即可如期开庭审理。

3. 强化风险防范，实现外包事务“零事故”

风险是法院在司法辅助事务社会化过程中面临的最大的管理问题。观山湖区人民法院通过由传统管“人”到管“事”的管理理念及机制创新，不仅突破了长期以来困扰法院的庭审同步录音录像率不能有效提升的瓶颈，于2019年5月实现庭审同步录音录像率超过考核指标区间上限，达到优值，而且自外包以来还在案件流转10万次以上的情况下，未发生一起卷宗材料遗失、毁损事件，也未发生任何审判秘密泄露事件，实现了外包事务的“零事故”“零风险”。

（二）观山湖区人民法院司法辅助事务外包试点改革面临的困难与问题

虽然观山湖区人民法院司法辅助事务外包试点改革成效显著，但如同任何新生事物一样都有一个不断完善的过程，其仍需在管理模式、智能化信息化方面进一步探索完善。同时，司法辅助事务外包试点改革又是一项系统工程，当前还面临顶层设计不完善、配套制度不健全、保障机制不到位等诸多体制机制困境。

1. 司法辅助事务外包基本规范缺失

司法辅助事务社会化涉及人民法院相关行政司法保障权力的行使，因此需要科学合理的顶层设计。虽然《中华人民共和国政府采购法》和《国务院办公厅关于政府向社会力量购买服务的指导意见》、《最高人民法院关于全面深化人民法院改革的意见》（国办发〔2013〕96号）、《人民法院第五个五年改革纲要（2019～2023）》等法律和规范性文件对法院购买社会服务提供了基本法律依据和正当性、合法性基础，但当前的相关规范主要是针对货物、工程采购，对服务采购尤其是政府向社会组织购买公共服务的规定较少，而且多属原则性规定，对司法辅助事务的服务内涵外延、范围、外包模式、从业人员职责、法律责任等缺乏相关法律法规具体明确的规定或者省一级外包管理统一操作规范的指引。这严重制约了司法辅助事务外包工作的发展，一方面法院对购买社会化服务的范围理解不一，随意性较大、效果参差不齐；另一方面社会对法院的辅助事务外包工作缺少理解和支持，甚至有时外包从业人员向有关部门送达法律文件时，相关部门对其送达的法律效力并不认可。

一是司法辅助事务范围不明确。当前最高法院有关司法性政策文件仅就司法辅助性事务的外包范围做了原则性规定，范围较窄。既没有明确可社会化的司法辅助事务界定标准，也没有明确可社会化的核心辅助事务和非核心辅助事务的划分标准，更没有划定明确禁止社会化的司法辅助事务。这增加了司法辅助外包改革的风险。比如法院的管理者可能受限于自己的经验和能力，难以界定法院核心事务与非核心事务的边界，从而在甄选服务项目、选择购买方式、挑选承接商等方面出现决策错误。

二是外包模式不明晰。司法辅助事务性质、内容不同，对从业人员的要求不同，所采取的社会化模式和管理方式亦应不同。外包模式的不明晰，既不利于充分发挥不同外包模式的优势功能，也不利于区别不同外包模式实施有针对性的管理。

三是司法辅助事务社会化机构和从业人员的市场准入标准和退出机制缺失。虽然对于技术型外包从业人员的法律专业素养要求不高，但对于权力型外包从业人员而言，其所从事的辅助工作与司法权的行使关系密切，应满足相应的法律专业教育背景、资质和从业经验等方面的要求。然而，当前没有建立市场准入标准和退出机制，导致司法辅助事务社会化机构和从业人员的专业水平不高、服务能力不强、市场约束不力，长远看不利于司法辅助事务市场体系、市场组织的培育发展，也不利于司法辅助事务市场秩序的建立。

四是外包工作人员身份定位不明，问责无据。法务外包一般采取与相关专业公司合作的业务承揽方式，在法律性质上属于委托代理行为，而法院作为涉密单位对工作人员有很多特殊要求，但相对于法院内部管理的稳定性而言，外包项目的复杂性、承接商的逐利性和外包人员的流动性使得外包充满了风险与挑战。一旦发生泄密等风险事件，法院将是责任的最终承担者，并对司法公信力造成重大影响。然而，由于目前对于外包工作人员在从业过程中的身份定位尚未明确，作为采购方的法院只能向外包公司寻求违约救济，而无法对外包工作人员寻求其他民事责任、行政责任或刑事责任方面的救济。

2. 司法辅助事务社会化配套制度不健全

一是司法辅助事务服务机构和从业人员职业发展配套制度缺位。司法辅助事务社会化的前提是存在健全的司法辅助服务市场，且有足够数量的合格服务机构和从业人员。但是，实践中由于司法辅助事务服务机构及从业人员职业发展配套制度供给不到位，司法辅助事务市场发育不成熟。从供给端看，虽然随着社会分工的精细化和司法辅助事务社会化进程加快，出现了少量从事卷宗电子扫描、司法拍卖辅助等辅助工作的专门社会服务机构，也有一些评估公司、拍卖公司、快递公司等社会主体参与到司法辅助事务中，但总体来说，市场上从事辅助事务的社会机构主要是劳务派遣公司，专门为法院提供外包服务的机构并不多见，且没有形成充分的市场竞争，服务水平也有待提高。此外，目前对司法辅助事务人员的招聘条件、招聘程序、合同管理、考核与奖惩、劳动报酬及其工作条件、内容、程序、培训等规范缺失，不仅使劳务派遣公司等司法辅助事务社会服务机构在招聘从业人员时无规可依，往往不注重从业人员学历、专业背景、从业经验等方面的资质要求，而且由于缺乏应有的职业发展激励约束机制，司法辅助事务从业人员地位待遇低、晋升晋级渠道不畅、职业前景不明，普遍缺乏对司法辅助服务工作的职业认同感，工作主动性和积极性不高，流动性大。从需求端看，面对专业性社会服务机构少、从业人员素质参差不齐的窘境，法院难以通过招标等竞争性市场进入机制选择合意的专业性服务机构和从业人员，增加了从业人员培训成本，加大了管理难度，从而一定程度上影响了服务外包的效果，制约了审判业务质的提升。

二是法院购买社会服务财政保障制度不健全。由于各地没有将法院购买社会服务纳入财政管理体系，当前司法辅助事务社会化的经费主要来自法院办公经费。在经费财物省级统管配套改革不到位及基层法院普遍存在办案业务经费、业务装备经费下降、经费协调难度加大的情况下，财政支出压力陡增。而司法辅助事务社会化则是一种市场行为，营利性社会组织只有在有利可图的情况下才会进入司法辅助服务市场。因此，在司法辅助事务社会化缺乏独立充足经费来源的条件下，营利性社会组织往往面临利润风险，对参与司法辅助事务动机不强、意愿不高。这一方面加剧了司法辅助事务市场组织的稀缺，不利于司法辅助事务市场体系的培育壮大，另一方面又造成法院在实施司法辅助事务社会化购买时可供选择的社会组织范围狭小，有时不得不降低资质标准，从而难以有效保证司法辅助事务的高质高效。

3. 司法辅助事务外包管理不完善

一是管理衔接有待加强。比如，观山湖区人民法院将卷宗扫描业务进行外包，但由于法院的案卷卷宗具有较强的涉密性，其流转涉及多个庭室、多个岗位，所以还另需管理人员进行监督管理。对此，观山湖区人民法院在试点改革中虽然明确由审管全权负责法务外包的集中管理，但由于该机构非实体机构，而是一个协调机构，难以承担实体责任。实践中卷宗扫描业务由办公室负责，但派遣管理及监督人员却由政治处调配。这容易引发管理衔接不畅、责任不明等问题。

二是司法辅助事务外包评估反馈机制有待完善。观山湖区人民法院的法务外包尚处于起步阶段，相关绩效评估制度呈现重视框架、轻细则的特征，包括评估主体、对象、程序、方法等在内的运行框架尚不健全，第三方评估机制也未建立起来。

4. 信息化、智能化水平有待提高

审判事务具有环节性、连贯性、流程性等特点，大部分事务完全可以在明晰标准、分解节点的基础上实现信息化、智能化管理。但实践中，由于智慧法院基础设施建设滞后、法院专网性能不完备，观山湖区人民法院在辅助事务信息化、智能化方面还存在诸多短板。

一是信息化节点覆盖面不宽。观山湖区人民法院现有“案卷流转信息系统”“智能法院资源管理系统”“执行信息系统”三个信息化平台，仅涵盖立案送达、案卷流转、庭审时间和庭审资源配置及执行等几个比较粗放的节点，而没有实现审判核心事务和辅助事务节点的全覆盖，难以实现审判全要素的集约化、一体化信息管理。

二是电子诉讼适用比例和应用水平不高。电子卷宗生成归档、随案同步生成和上传办案系统、电子卷宗自动编目、原审卷宗远程调阅、诉讼文书辅助生成和类案智能推送应用等功能不强。

三是司法辅助事务集约管理智能平台尚未有效建立。庭审自动排期、格式文书包一键生成打印、辅助事务派件追踪验收、电子卷宗标签快速识别、车辆智能调度、送达地址智能定位等多项功能有机融合的司法辅助事务集约管理智能平台尚未有效建立。

四是司法大数据分析应用水平较低。司法活动产生海量大数据，但目前法院缺乏对司法大数据的集中研究，难以实现司法大数据在司法辅助外包事务中的“聚通用”，不能有效发挥司法大数据类案推送、结果比对、数据分析、瑕疵提示等作用。

三　观山湖区人民法院进一步强化司法辅助事务社会化工作的思考与建议

面对司法辅助事务外包试点改革中遇到的困境和问题，应当坚持系统思维、法治思维、辩证思维，既需要省高院或国家层面的顶层设计完善和制度配套，又需要试点法院充分发挥主观能动性、积极性、创造性。只有“顶层设计”与“基层探索”同频共振、上下联动，才能破解司法辅助事务社会化改革中存在的保障激励不足、配套机制不完善等突出问题。

（一）立章建制：增强司法辅助事务社会化基本规范的有效供给

审判辅助事务社会化的过程，涉及人民法院相关行政司法保障权力的行使。为保证这一权力的正当行使，固化司法辅助事务社会化改革试点成果，整体推进贵州省司法辅助事务社会化改革创新，有必要及时将观山湖区人民法院等基层法院在司法辅助事务外包试点中证明行之有效的好的做法上升为普遍规范，并根据《中华人民共和国政府采购法》的基本原则和精神，由省法院制定专门的《贵州省法院系统购买社会化服务管理办法》，以规范性文件形式，对法院购买社会化服务做出规范。

一是明确司法辅助事务社会化的基本原则，即开展司法辅助事务社会化工作应遵循合法性、必要性、可行性和安全性原则。

二是科学划分可社会化的司法辅助事务范围和种类，解决“买什么”问题。社会化服务既包括法院向社会公众和诉讼参与人提供的部分公共服务，也包括法院履职所需的辅助性服务，应按照司法权力的性质，厘清司法核心事务与辅助事务的界限，进而将辅助事务区分为核心辅助事务和非核心辅助事务。在此基础上编制购买服务内容指导性目录，建立购买事项三级目录事项清单，细化诉讼服务、审判执行、法院管理、后勤保障、司法公开、信息化建设和文化建设等领域大类分项。同时为维护司法严肃性、权威性和公信力，应实行司法事务社会化负面清单制度，明确禁止社会化的司法事务①。

三是明确司法辅助事务社会化的承接主体范围，解决"向谁买"的问题。为建立统一开放、竞争有序的司法辅助事务社会化市场体系，保障市场主体公平参与竞争和同等受到法律保护，激发市场活力，规范司法辅助事务市场秩序，应进一步明确司法辅助事务社会化的承接主体范围。首先，建立健全司法辅助事务社会化机构和从业人员的市场准入标准。一方面，在人员、资金、管理、信用、服务等方面规范外包机构的准入条件，并明确公开招标等竞争性市场准入机制；另一方面鉴于权力型外包从业人员所从事的辅助工作具有国家权力属性和专业性强的特点，应对权力型外包从业人员建立从业资格制度，设定相应法律专业准入条件，如法律专业教育背景、相关资质和从业经验等。其次，建立司法辅助事务社会化机构和从业人员的退出机制。对从事司法辅助事务过程存在违反法律、行政法规强制性规定，严重违反法院政治纪律、保密纪律或严重失职、营私舞弊，给用人单位造成重大损害，未能按质按量完成司法辅助服务以及因自身原因不再满足司法辅助事务准入条件等情形之一的社会化服务机构和从业人员，应实行强制性退出。最后，拓宽司法辅助事务承接主体范围。为解决省内整个司法辅助事务外包服务市场发育不充分、承接主体专业水平不足的问题，应考虑将公证机构、社会力量和专业化社会服务团队纳入承接主体范围，并根据工作性质选择确定不同专长的承接主体。可借鉴厦门思明区法院—鹭江公证处首创的"诉讼与公证协同创新中心"模式，引入公证机

① 比如，民事审查和处理执行异议，变更、追加当事人，不予执行审查等各项执行裁判权以及财产控制裁定（查封、扣押、冻结、扣划等）、处分裁定（拍卖、变卖、以物抵债、价款分配等）、制裁决定权（罚款、拘留）等重大执行事项的执行命令权，都涉及当事人的重大实体利益和程序利益，涉及国家权力的行使，具有专属性，因此属于司法核心事务，应由法官专属行使，不得剥离出去由社会机构代行。

构参与司法辅助外包事务①。同时，还可委托公证机构或具有相关资质的机构，就当事人婚姻状况、亲属关系、户籍信息、未成年子女抚养情况等身份信息，以及工商登记信息、房产信息、银行凭证等财产状况进行核实和调查取证，对诉讼中被申请保全人的财产信息和财产线索，申请保全人或第三人提交的财产保全担保书、保证书的相关担保内容等保全事项信息及证据材料进行核实。此外，聘请社会力量参与庭审速录、档案管理等辅助工作，委托具有相关资质的专业化社会服务团队参与庭审速录和记录整理，卷宗的装订、扫描、归档等工作，负责电子送达平台的日常运行、数据管理和维护，等等。

四是明确司法辅助事务社会化工作的购买方式，解决“怎么买”的问题。司法辅助事务的不同类型决定着从业人员的工作方式和效率，因此应区分不同情况适用不同的社会化购买方式。对于那些能够快速打包、对服务人员综合素质要求不高的司法辅助事务，应明确“买劳务”的方式，即以劳务派遣方式购买服务；对于那些不宜分割或者要求长期稳定关系的司法辅助事务则应明确“买项目”的方式。

五是明确司法辅助事务社会化工作的集中管理体制和分类管理机制，解决“怎么管”的问题。一方面根据本院案件数量、干警数量、诉讼服务工作量等具体情况，对司法辅助事务社会化工作进行集中管理；另一方面按照辅助事务性质实行分类管理。权力型辅助事务往往与调查取证权、裁判权、执行权等司法固有权力密切相关，一般需要在法官的监督和指导下进行。因此对于权力型辅助事务，应实行“法官+法官助理”的审判团队管理模式，并明确法官对权力型辅助事务的监督指导职责。技术型辅助事务，由于其一般不需要法官的指导，只要按照规定的标准开展相关工作即可，因此法院不负责外包从业人员的管理，主要通过对外包事务质量的验收实现对社会外包机构的监督和管理。

六是明确司法辅助事务外包方及其从业人员的法律责任，解决“怎么救济”的问题。严格落实退出机制有关规定，强化资格型处罚，对符合退出条

① 比如，在梳理区分司法核心业务、司法辅助业务和司法行政业务的基础上，将程序性、事务性司法辅助业务，如第三方调解、送达、保全等职能，交由协同创新中心的公证机构协助完成，既可提升调解、送达的有效性与公信力，又可拓宽公证法律服务领域，实现司法辅助业务全程无缝衔接，有效促进司法审判执行工作提速提效。

件的外包机构及从业人员解除外包合同或从业人员与外包机构间的劳动合同。同时，对违反劳动纪律、政治纪律、保密纪律的从业人员应给予相应的纪律处分，对造成严重后果的，法院应依法追究其相应的民事责任或者刑事责任。

（二）协同推进：加强司法辅助事务社会化配套制度建设

司法辅助事务社会化是一项系统工程，也是一种刚刚兴起的市场行为。当前司法辅助服务市场体系不健全，市场主体机构少，从业人员素质不高，市场供给整体水平不适应司法辅助事务社会化需求。因此亟须从法律政策环境、资金投入、配套制度供给等方面促进司法辅助服务社会组织的培育和市场体系的发展。

一是建立健全司法辅助人员职业发展配套制度。为保障司法辅助事务从业人员的有效优质供给，应建立健全司法辅助人员职业发展配套制度。一方面应及时出台《贵州省法院系统司法辅助人员管理办法》，对司法辅助人员的招聘条件、招聘程序、合同管理、考核与奖惩、劳动报酬、培训等方面做出具体规定，明确司法辅助外包人员工作的条件、内容、程序。特别是为解决司法辅助事务从业人员数量少、工作意愿低、流动性大等难题，提升其职业前景、职业生涯合理预期，应按照司法辅助事务的不同性质，构建合理的晋级晋升渠道，建立与当地经济发展水平相适应的薪酬激励机制。另一方面，建立健全司法辅助事务社会化机构和从业人员的社会约束机制，加强外包机构综合监督和诚信体系建设，建立外包机构诚信档案，更好地发挥自律、他律、互律作用。

二是法院购买社会服务财政保障配套制度。司法辅助事务社会化不只是法院的独唱，还是法院、政府、社会力量的大合唱，需要各方的通力合作和政策支持。其中，资金投入是司法辅助事务社会化的基础。只有充分保障法院购买社会服务的独立、充足经费来源，才能持续推进司法辅助事务社会化改革，也才能有效巩固司法辅助事务社会化改革成果。因此，应推进法院购买社会服务财政保障长效机制建设，在制定法院经费省级统管的实施办法及配套规定时将法院购买社会服务纳入财政管理体系，实行司法辅助事务社会化项目经费列支，在财政预算中统筹安排项目经费，并完善司法辅助事务社会化项目经费监管制度。当然，在过渡时期，也可积极争取上级法院和当地政府支持，以立项的方式申请项目专项资金。

（三）内部挖潜：优化司法辅助事务社会化管理机制

在建立健全基本规范和外部配套制度的同时，还应建立健全人民法院购买社会化服务工作机制。《人民法院第五个五年改革纲要（2019～2023）》明确提出，健全完善人民法院购买社会化服务工作机制，确保公开竞标、质量评估、运营监督、保密协议、业务培训等各类行为合法合规、外包机制公平公开。因此，应进一步优化创新法院司法辅助事务管理机制：严格准入门槛，把好司法辅助事务社会机构和从业人员入口关；优化过程管理，把好司法辅助事务运行监管关；创新事后管理，司法辅助事务绩效考核、评估反馈和责任落实，形成事前事中事后监管的动态一体化监管链条。

一是建立司法辅助事务社会化购买领导机制。为确保招标竞标合法合规，实现外包机制公平公开，建议成立司法辅助事务社会化工作领导小组及办公室。高院成立司法辅助事务社会化工作领导小组，加强对全省各法院司法辅助事务社会化工作的指导。司法辅助事务社会化工作领导小组成员由办公室、行政装备处、立案庭（诉讼服务中心）、审管办、监察室等相关职能部门组成。各院成立司法辅助事务社会化工作办公室，在高院的指导下负责司法辅助事务外包事项的决策、执行等工作。委托鉴定、评估、拍卖等司法辅助事务由高院统筹管理，委托送达法律文书、参与调解等多元化纠纷解决工作、委托调查等辅助事务由各院结合本院实际需要开展社会化工作；对于不在《高院关于司法辅助社会化工作指导意见》范围内的社会化事项，各院可以积极探索，但应报高院司法辅助事务社会化工作领导小组审批。建立司法辅助事务的监督部门，各院纪检监察部门加强对司法辅助事务社会化工作的全程监督，确保司法廉洁。

二是建全常态教育培训机制。外包机构从业人员大部分没有执行辅助工作的从业经验，入职前应加强对相关人员尤其是专业技术领域人员的岗前业务培训，使其掌握相应的工作技能。入职后从思想、作风、纪律、廉政以及业务等方面进行常态化的教育和培训，增强其职业认同感，树立廉洁自律意识，养成良好的工作作风，具备优良的职业素养。

三是优化外包机构及其从业人员管理。法院应摒弃大包大揽的传统管“人”模式，建立以合同管理为主、监管管理为辅的管“事”模式。法院与提供服务的第三方公司本质上是一种委托代理关系，即法院与服务方之间的委托代理关系、外包服务人员与法院之间的服务提供与接受关系，但辅助事务的司法性决定了它又不是纯粹的民事委托代理关系，法院必须对服务方实施相应的监督管理。当然，司法辅助事务的性质不同，其外包的方式也不同，也意味着法院的监管范围、方式的差异。因此，法院在一般性合同管理的基础上，应对司法辅助事务实施差异化监管。对于权力型外包模式下的从业人员，由于其主要是协助法官完成特定工作，与司法核心事务的关系密切，对当事人的利益影响较大，需要审判法官、执行法官进行监督指导；对于技术型外包模式下的从业人员，由于其实施的辅助工作与司法核心事务联系不紧密，不需要审判法官、执行法官的监督和指导，因此法院可按照规定的事务性技术标准负责项目的交付、监督、验收。此外，实行台账管理，及时跟进各外包服务人员的具体工作状态、进度、绩效，并及时向外包机构反馈，以便其加强对外包服务人员的管理、督促、整改，提升工作质效。

四是改进考核评估机制。首先，依外包模式实行分类考核：对于权力型外包从业人员，因其主要接受审判执行法官的监督指导，因而应实行以审判执行法官考核为主、社会外包机构考核为辅的考核方式；对于技术型社会外包机构，因从业人员不需要接受审判执行法官的监督指导，因而应由法院根据外包服务协议约定，对其工作质量、工作实效、合格率等进行考核。其次，司法辅助外包服务的产品产出形态抽象、验收所需时效较长，导致对工作成果难以全面量化，因此，为保障考核的公平公正，应推进服务效用最终受益主体即诉讼当事人和社会公众参与对社会外包机构提供的服务进行评价，并将其作为考核内容。考核结果与外包从业人员的薪金和社会外包机构的外包费用挂钩，形成奖优罚差的正面导向。社会外包机构应根据考核结果对从业人员或提供的服务进行相应的整改，从而使法院和社会外包机构形成良性互动。最后，建立第三方评估反馈机制。科学的评估反馈机制是评价、检验司法辅助事务运行及其绩效的重要手段。因此，除法院内部评估外，还应建立第三方评估反馈机制。借助于外部第三方独立机构，可对外包服务质量、效果、当事人的满意程度等进行专业、中立、客观地评估，使法院全面掌握司法辅助事务社会化运作方式、管理手段与改革目标的匹配度、偏差，从而为进一步完善司法辅助事务社会化提供实证支撑和行动指南。

（四）科技支撑：提高司法辅助事务智能化信息化水平

深入推进智慧法院基础设施建设，实现司法辅助事务全流程规范化管理、无纸化流转、流程化跟踪、一键化管控、透明化监督和数据化分析的信息化、大数据化、智能化的高效运行和精准管控。

一是构建以云计算为支撑的全要素一体化信息平台。及时将导诉、12368服务热线、立案、信息录入、诉讼中案件材料收转、分案、排期、EMS业务收寄、应诉材料制作送达、联系当事人、诉讼保全、证据交换、档案查询、庭前调解、开庭、庭审记录、撰写文书、校对文书、核发文书、文书文印、文书送达、办理上诉、订装移送案卷、网上报结、文书上网、案卷归档、档案整理、执行联查失信等司法辅助事务全部纳入信息化管理平台。

二是开发完善“集约化智能管理系统”。依托科技企业力量，组建由法官、公证员、工程师组成的联合攻关小组，开发完善立案互通、自动分案排期、应诉材料一键生成、庭审自动签到、裁判文书辅助生成、辅助事务派件追踪验收、电子卷宗标签快速识别签收、车辆智能调度、送达地址智能定位等多功能有机融合的司法辅助事务集约化智能管理系统（见图3），提高司法辅助事务智能化水平。

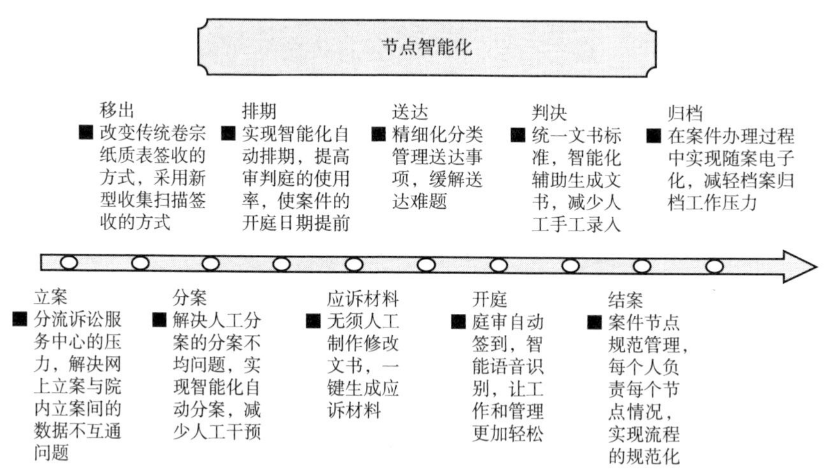

图3　集约化智能管理系统示意

三是有序扩大电子诉讼的覆盖范围、适用比例和应用水平，提升网上立案、网上缴费、网上证据交换、跨区域立案和网上送达功能。完善电子卷宗生成和归档机制，健全电子卷宗随案同步生成技术保障和运行管理机制，实现电子卷宗随案同步上传办案系统、电子卷宗自动编目、原审卷宗远程调阅、诉讼文书辅助生成和类案智能推送应用全覆盖。

四是完善司法大数据管理和应用机制。丰富扩展司法数据资源，深入开展司法大数据研究，不断提升数据汇聚、分析、应用水平，加强大数据在司法辅助外包事务中的应用。加强智能辅助办案系统建设，完善类案推送、结果比对、数据分析、瑕疵提示等功能，进一步完善网上数据一体化处理机制。

观山湖区人民法院信息化创新发展报告*

贵阳市观山湖区人民法院信息化研究课题组**

摘　要： 近年来，随着互联网、大数据、人工智能的快速发展，人民法院信息化建设进入了一个新阶段。观山湖区人民法院通过不断强化信息基础设施建设、以信息化推进司法便民和司法公开、创新诉调衔接信息化流程、创新身份识别实现电子送达、践行智慧审判、拓展智慧执行、以法院信息化助力绿色金融发展等举措，在法院信息化建设创新方面取得了显著成效。本报告还针对法院下一步信息化发展提出了拓宽信息化节点覆盖面、提高电子诉讼适用比例和应用水平、有效建立司法辅助事务集约管理智能平台、强化司法大数据分析应用及加快智慧法院信息应用、努力提供更多优质司法服务等建议。

关键词： 信息化　大数据　智慧法院　观山湖区人民法院

一　人民法院信息化发展的背景与内涵

（一）人民法院信息化是信息化对国家经济社会发展全面渗透、融入、改造的必然结果

近20年以来，随着计算机、互联网、移动互联网、云计算、大数据、人

* 本文系贵州省哲学社会科学基金重大专项课题（21GZZB13）、（20GZZB25）的阶段性成果。

** 课题组成员：吴月冠，贵州省社会科学院法律研究所副研究员，贵州省大数据政策与法律创新研究中心副主任；黄余，贵阳市观山湖区人民法院党组成员、审判委员会专职委员，四级高级法官；苏飞，贵阳市观山湖区人民法院审判委员会委员，一级法官；丁杰，贵阳市观山湖区人民法院二级法官。

工智能等信息化发展应用进程加速，人民法院系统在全国范围内较早开展体系化的信息化建设。党的十八大以来，最高人民法院以裁判文书公开、审判流程公开、执行信息公开及庭审公开等四大公开平台为支点撬动人民法院系统信息化建设在诉前、立案、审判、执行、协助、涉诉信访、司法管理、司法监督、破产等专项事务系列环节领域全面展开。人民法院信息化建设，有力回应了人民群众司法需求，有力支撑了司法公开和司法权威，有力支持了公正效率司法，有力赋能审判执行，有力强化司法管理监督，从而成为我国法院系统有力促进司法治理能力和治理体系现代化的科技利器。

（二）人民法院信息化具有鲜明的新时代特征

党的十八大以来，以习近平同志为核心的党中央要求“努力让人民群众在每一个司法案件中感受到公平正义”，首先就是司法公开、司法公正、司法效能，人民法院信息化建设正是实现司法公开、司法公正，提高司法效能的有力科技武器。

“没有信息化就没有现代化”，人民法院信息化建设正是实现司法治理能力和治理体系现代化的重要基石性工程。通过持续且不断丰富、深化、优化的人民法院信息化建设，推进智慧法院应用，不断提高公正司法效能、不断扩展司法成果转化应用、不断服务治理决策，从而助力国家治理现代化。

人民法院信息化建设各项应用和发展始终体现以人民为中心的发展思想。不断满足人民群众对诉讼服务便利化的需求，探索并全面推行网上诉讼服务，开展一网通办：网上立案、异地立案、网上交费、网上送达、网上庭审、网上执行、网上拍卖、网上涉诉信访、网上司法监督等系列信息化建设应用，不断减少人民群众的时间、经济成本支出，便利人民群众通过国家司法程序解决纠纷、恢复常规生产生活，为人民群众生产生活提供更加可及的司法保障。通过持续推行审判流程、庭审活动、裁判文书、执行过程以及司法证据、卷宗档案等司法过程公开，不断增强司法活动全业务、全流程、全环节的透明度，维护司法权威，强化内外部司法监督压力，促进司法公正为人民群众具体感知，释放公正司法裁判效能红利。

（三）人民法院信息化具有丰富的理论和实践内涵

人民法院信息化是一项内容庞大、有机联系、场景广阔、效能聚变的系统工程，具有丰富的理论和实践内涵。首先，人民法院信息化包含了信息基础设施层、应用支撑层和应用层，串联融通了数据采集、数据传输、数据存储、数据处理应用、数据安全等系列环节，整合了开放云、专有云、涉密云，联通互联网、法院专网、外部专网、移动专网，体现网络通信技术快速迭代升级趋势。其次，人民法院信息化具有服务人民群众、服务司法裁判、服务司法执行、服务司法管理、服务司法监督等涵盖法院全部职能的多功能服务属性。再次，人民法院信息化能够有效应用移动互联、云计算、物联网、大数据、人工智能、区块链、多边安全计算等信息技术，有效接入多种输入、显示、可视化、交互硬件设备设施，有效连接人、信息（数据）、财、物、规则、经验、环境等司法公正要素。最后，人民法院信息化能够联通法院、检察院、公安机关、刑罚执行机关、银行、市场监管以及其他职能部门和律师、当事人等多个主体，从而推动降低整个社会运转时间成本、经济成本和人力成本。

经历人民法院传统信息化、智慧法院、移动法院、司法人工智能等持续进化发展后，人民法院信息化进入系统整合、应用融合、数据复用、红利显现的整合成长期，信息化短板不断补齐，安全保障不断增强。信息化体制、机制、政策法规、标准、指南等顶层设计和治理保障规范体系不断健全。自2014年以来，人民法院信息化的各类业务和管理标准陆续出台实施，逐渐完善并持续深化发展，为法院信息化健康发展、协调推进、整体协同、持续增加服务能力提供了支撑保障。法院信息基础设施、科技法庭、互联网法院、统一司法数据管理平台、统一司法审判支持系统、多功能诉讼服务系统等硬件、系统逐渐在全国范围内建成完善，整体效应日益显现。异地立案、多层级协同、多部门协同化解纠纷、受理案件风险预判筛选、案件分流、类案推送、电子送达、远程庭审、智慧录入、同步电子卷宗（档案）生成与共享、审判公开、执行联动、信用惩戒、破产和交通案件专项智慧应用等一系列信息化应用助力司法公正、司法权威和司法便民。在领导决策推动下，在各级各部门重视、支持下，法院信息化人才队伍得到充实、能力得到提升锻炼，懂业务、懂技术、懂管理的新型司法人才正在成长，各类先进信息化技术得到迅速应用，人民法院信息化工作得到持续推进，效能不断显现、丰富。

（四）贵州大数据发展应用试验探索营造良好环境

贵州近年来乘大数据发展东风，依托国家首个大数据综合试验区“国家大数据（贵州）综合试验区”和全省大数据战略行动，开展信息基础设施三年会战，全面建设云上贵州，建设国家互联网骨干直联点，建设国家南方数据中心，建设绿色数据中心，加快大数据与实体经济深度融合，推进数字产业化和产业数字化，开展政法大数据、司法大数据和智慧审判、智慧检察、数据铁笼创新探索，加快“一云一网一平台”建设，丰富政务领域和民生领域大数据应用，奋力在实施数字经济战略上抢新机，取得明显成效；自然人和企业市场主体的数字化应用能力不断增强，人们对司法信息化便民利企的期待不断提高。

这些信息化时代背景、国家布局、贵州探索为观山湖区人民法院（以下简称：观山湖区人民法院）信息化工作提供了基础、提出了要求、提供了参照。

二　观山湖区人民法院信息化探索实践

（一）不断强化信息基础设施建设

《中华人民共和国人民法院组织法》规定，“人民法院应当加强信息化建设，运用互联网、大数据等现代信息技术，提高工作效率，保障司法公正”。观山湖区人民法院依托信息化建设，围绕司法为民、公正司法，以高度信息化方式支持司法审判、诉讼服务和司法管理，构建了组织、建设、运行和管理全方位智能化的新型智慧法院。2019 年 7 月，观山湖区人民法院审判业务大楼完成全部建设，8 月 1 日正式迁入办公。全面完善升级了法院的基础设施和信息化设施、信息化软件系统，24 个科技法庭、7 个调解室建设完毕并投入使用，不仅为群众提供了舒适的司法服务环境，也大大提高了审判执行工作效率。12 月 4 日，作为全省唯一的试点基层法院上线电子卷宗深度应用系统，实现了立案回填、卷宗管理和自动归目、智能阅卷、文书智能编写等功能。这为观山湖区人民法院信息化应用打下扎实的物质基础。

（二）不断以信息化推进司法便民和司法公开

一是强化司法人工智能在诉讼服务中的应用。观山湖区人民法院及其绿色金融法庭相关诉讼服务中心配置机器人法官。智能导诉机器人“小法”全天候提供智能法律咨询服务。设置立案登记与立案启动模块、诉讼主体确认模块、法律咨询模块、案件诉讼结果预判模块，多方位服务人民群众司法需求。既能帮助当事人熟悉立案流程、引用法条、分析案情并做出逻辑推理判断，也能引导当事人到各个区域办事，还能进行风险评估，帮助群众预估诉讼风险。通过开发诉讼风险评估终端，方便群众自助进行诉讼风险预估、诉状预生成、涉案费用预算及法律条文查询等活动。

二是推进立案便利化，提升案件受理效率。①观山湖区人民法院绿色金融法庭设立立案组，推行网上远程立案，对符合条件的案件一律予以网上立案。在自主立案中，法庭设立 25 个自由操作座席，以诉讼立案功能前置为理念，通过软件开发，结合立案程序指引、必备证据清单提示，将涉诉信息录入、诉状生成上传等部分系统操作权力下放到自由操作座席，将部分自主立案的权力交给群众。坚持立案和立案卷宗材料数据化同步进行，实现金融机构和法院业务的无缝对接。②实行立案预登记前置及立案一键启动制度，“防纠纷于未然”。立案预登记前置是指双方当事人在发生绿色金融交易时，将双方当事人基本情况、通信方式、涉诉法律文书送达地址、法庭选择等信息与金融交易信息同步传送到中立云端证据保全系统，作为案件立案预登记档案保存，上传后由第三方数据保全系统自动生成案件账户及密码或二维码。纠纷发生后，双方或任意一方可登录在线网络法庭或到线下实体法庭，持交易的账号密码上传诉状，缴纳诉讼费后进行一键立案启动，启动后中立云端证据保全系统自动分别向法庭及当事人双方推送已保全的绿色金融交易证据，完成立案工作。③建立快速立案登记制度，变立案审查为排期送达前审查，由当事人当即自助立案，真正实现登记即立案。民事商案件自行立案、送达、审判、执行一站式服务，充分运用登记立案制度、开庭形式和场所的便利、文书制作的简易化，运用证据云端保存与远程数据传输技术实现一站式办结，避免因案件证据资料与数据信息分散在不同部门而造成诉讼程序烦琐的情形，以及有计划开展绿色金融案件专项执行活动等，打通立案、审判、执行一体化“最后一公里”，做到办案效率高、流程简、审理快，最大限度地缩短审判周期，降低当事人诉讼时间成本，节约司法资源。

三是创新督促程序电子支付令应用。电子支付令是督促程序与互联网信息技术的融合创新，实现了申请、提交证据、审查、立案、送达等一系列流程在线办理，电子支付令即时性强、程序简单、案件处理周期短，使用便捷，能更好地为司法审判过滤、增速、减压，把有限的司法资源让渡给疑难复杂案件，更好地维护群众利益。2020 年在全省率先试点成功“电子支付令”等 66 个案件。

四是加大裁判文书公开力度，提高司法透明度。整合最高人民法院裁判文书公示系统、贵州法院办案系统、庭审直播系统、法庭专用微信号等平台，打造电子诉讼通道。法庭建立以来，在最高人民法院裁判文书公示系统、贵州法院办案系统、庭审直播系统深入推进审判公开、裁判公开、阳光司法。整合贵州法院诉讼服务系统、庭审直播系统、法庭专用微信号，建设线上立案、送达、调解、开庭、宣判的网络法庭，打造数据化诉讼。推出当事人自选线上线下或线上 + 线下组合等便民措施，提升当事人的幸福感、获得感。2020 年，裁判文书上网 11554 件。

（三）不断创新诉非衔接信息化流程

观山湖区人民法院将诉非衔接的日常工作纳入信息化流程管理，将委派调解、委托调解、司法确认等工作形成“在线”工作日志，健全工作台账，录入统计系统，并设立每月评查制度，定期统计制作案件质量差错情况。切实解决调解工作中诉调衔接不平衡及各机关部门信息互通难、联动性不足等问题，借力信息化技术的优势，构建互联网时代的纠纷解决新模式，推动社会治理、司法运行、公共服务等工作机制创新。

一是建立“互联网 + 诉非衔接平台”，提供在线咨询、评估、调解、仲裁、诉讼五大服务功能，形成了递进式、漏斗型的矛盾纠纷分层过滤化解机制，推动纠纷处理模式从事后处理向源头预防转变，并与法院网上立案系统打通，网上立案的民商事案件可自动推送到平台进行在线分流，由社会调解力量进行诉前化解，调解成功的可在线申请司法确认，调解不成功的自动回传审判系统进行立案。二是以协同联动为突破口，建立互动型解纷机制。观山湖区人民法院以“互联网 + 诉非衔接平台”为中心向外辐射，与派出所、司法所、人民调解组织、行业性调解组织等机构的信息平台对接，建立解纷网络，形成信息平台集群，实现部门间对矛盾纠纷的网络移交、委派和委托调解。如法院与人民调解组织通过网络平台，进行移动终端对接，可以实时动态了解发生的纠纷，第一时间排查矛盾。三是建立诉调联动平台。打通在线调解平台与诉讼服务平台、法院审判管理系统之间的对接通道，通过建立立案申请转调解、调解不成转诉讼、诉中审理转调解、调解成功转确认之间的无缝衔接机制，实现诉服、调解与审判信息共享，避免让法官、调解人员和当事人频繁重复录入信息。四是鼓励专业化调解平台的发展。大力支持环境污染、物业管理、证券金融等专业调解平台的建立，拓宽矛盾纠纷解决渠道，同时规范专业化平台的管理，填补调解工作在专业领域的空白。五是利用大数据平台，使多元调解工作实现信息化发展。大数据平台的构建不仅要具有地域性的特点，更要打造全国式信息的互联互通。充分发挥大数据平台资源收集、分析、储备的特点，系统化整合多元调解信息，实现信息的共享，以便及时发现问题、解决问题。

（四）不断创新身份识别实现电子送达

观山湖区人民法院根据最高人民法院印发的《关于进一步加强民事送达工作的若干意见》，利用贵阳市打造“中国数谷”，建设国家大数据（贵州）综合试验区核心区的有利机遇和电话实名制推动成果，制定《实名制移动电话电子送达规则》，推行实名制移动电话电子送达。通过推出实名制移动电子送达机制，解决困扰法院多年的送达难问题。通过中国移动、联通、电信三大营运商及全国法院办案系统平台、公安分局户籍系统查询等渠道，查询当事人正在使用的实名制移动电话，用法院办案系统向当事人推送诉讼文书，进行电子送达。这套送达机制将当事人的实名制移动电话号码拟制为当事人，人民法院向实名制移动电话号码的送达视为对当事人的见面送达。同时，根据当事人的反馈信息，判断当事人是否躲避诉讼。对于躲避诉讼的，根据 2018 年最高人民法院《关于进一步加强民事送达工作的若干意见》的规定进行邮寄送达，邮件退回之日，视为送达之日。其间，对拒不协助法院调查的中国移动公司贵州省分公司工作人员罚款一次，推动该公司向全省法院系统提供实名制电话查询服务。2020 年，电子送达案件达 18530 件。

（五）不断践行智慧审判

一是拓展在线网络法庭应用。整合贵州法院诉讼服务系统、庭审直播系统、法庭专用微信公众号平台，构建在线网络法庭，并按照线下实体法庭设置线上网络法庭功能区域，实现网上立案、送达、答辩、缴费、开庭、举证、宣判、法制宣传、案件信息查询、诉讼结果预判、法律文书远程打印传输等电子化远程化诉讼服务全覆盖、跨时空，形成了以诉讼服务电子化为核心，大厅、热线、网络、移动端无缝衔接，“一网一站通办”诉讼服务模式，实现当事人参与诉讼表达方式的多元化。比如，在诉讼过程中，当事人可以根据自己的实际情况，选择语音、视频或文字、图片等方式表达意思。法庭通过图片转化系统、语音转化系统同步转化保存，确保盲人、哑人、聋人等不同情况的当事人绿色、便捷、无障碍参与诉讼。此外，绿色金融法庭还借鉴银行自动柜员机运作机理，在绿色金融法庭管辖范围的社区、街道配置一体式司法服务终端，让人民群众不出居民区，即可完成立案、缴费、应诉、领取传票、打印司法文书、远程签章、送达反馈、自助查询、阅读卷宗等多项诉讼活动。

二是强化智能技术应用。根据员额法官数量 1∶1 匹配在线网络审判法庭和线下实体审判法庭。各审判法庭形成可供扫描的二维码，帮助当事人查阅审判团队相关信息及联系方式，提供审判法庭的电子导航地图，为当事人寻找审判法庭提供路线向导。庭审中，运用大数据信息共享平台，通过案件管理系统、图片文字识别提取系统、机器人法官、云端证据保全公证系统、语音识别系统、庭审录音录像系统、远程信息传输设备，实现庭审更高水平的智能化。通过远程指挥系统，实现案件办理全程留痕，绿色高效便捷。运用多方信息共享平台，在证据认定及事实存疑时，还原合同签订、履约全程信息，通过金融机构数据提取及监管机构数据提取比对，实现信息互联互通共享、证据的印证，完善证据认定机制。2020 年，网上审查案件 2611 件。

（六）不断拓展智慧执行

构建上下一体、内外联动、规范高效、反应快捷的执行信息系统，提升执行效率。通过该系统，观山湖区人民法院与公安、国土、住建、市场监督、金融机构等建立了执行信息的共享机制，全方位拓展被执行人财产查控范围，便于法务外包录入查控送达组全面准确举证查明被执行人财产线索，快速完成被执行人财产状况查询，精准送达执行通知书、财产报告令及调查传票，及时采取查封、冻结、扣划等强制措施，动态掌握执行办案进展信息，确保执行信息及时反馈至办案人员和当事人。同时，该系统也为法院和行政执法部门在查控被执行人财产、信用惩戒和惩治拒不执行判决、裁定行为等方面的合作提供了平台。

（七）不断以法院信息化助力绿色金融发展

观山湖区人民法院于 2017 年 10 月 16 日正式挂牌成立绿色金融法庭。绿色金融法庭以“绿色、专业、致公、卓越”为目标，淬炼出“121 标化速裁 + 诉讼诚信奖惩机制”司法模式，实现将金融案件的诉讼请求、还款方式等法律事实要素与程序节点在案件审判的各个阶段由立案人员、法官助理、法官分别在标化时限内依序审查，使立案登记、送达、庭前会议、庭审等环节流程化、标准化、格式化，形成分阶段快速处理案件的流水线审判机制；同时在诉讼中奖励诚信行为、惩罚不诚信行为，快速有效防控、化解金融风险，培育社会主义核心价值观，有力推动金融治理现代化，营造良好的营商环境，促进法治、德治、自治有机融合。

绿色金融法庭充分利用贵州大数据试验区建设的先发优势和重大成果，在打造智慧法庭上大胆探索，先行先试，形成了以大数据信息共享平台为依托，线下实体法庭智能辅助审判和在线网络法庭并行的智慧法庭的组织技术架构和运行模式。借助“立案预登记前置—立案一键启动—证据云端保全—远程数据传输—审判程序全程信息覆盖跟踪—多方信息共享—在线线下法庭”之选择机制，两个法庭实时转换衔接提供跨越时空、高效便捷绿色的诉讼服务，最大限度地缩短审判周期，降低当事人诉讼成本，节约司法资源。此外，还实现了当事人法庭选择的多元化。当事人可以根据自己的实际情况，选择适合自己的审判法庭，实现在线网络法庭及线下实体法庭诉讼服务多元选择。通过智慧法院建设，绿色金融法庭实现了诉讼服务体系化、智能化、现代化，确保司法“让数据多跑路，让群众少跑腿”，为辖区群众提供“一站式、全方位、多层次、低成本”司法服务；同时借助于智慧法院建设成果，做到智审、智执、智服、智管，使司法人员从繁重的重复劳动中解放出来，更加聚焦于核心审判事务。截至 2020 年底，绿色金融法庭共收案3270件，结案3265件，结案率99.85%，当庭裁判率87.13%，结案标的6.56亿元，平均结案周期32.91天。

三 观山湖区人民法院信息化发展建议

一是拓宽信息化节点覆盖面。观山湖区人民法院现有“案卷流转信息系统”“智能法院资源管理系统”“执行信息系统”三个信息化平台，仅涵盖立案送达、案卷流转、庭审时间和庭审资源配置及执行等几个比较粗放的节点，有待全面实现审判核心事务和辅助事务节点的全覆盖，从而实现审判全要素的集约化、一体化信息管理。

二是提高电子诉讼适用比例和应用水平。电子卷宗生成归档、随案同步生成和上传办案系统、电子卷宗自动编目、原审卷宗远程调阅、诉讼文书辅助生成和类案智能推送应用等功能有待进一步增强。

三是有效建立司法辅助事务集约管理智能平台。庭审自动排期、格式文书包一键生成打印、辅助事务派件追踪验收、电子卷宗标签快速识别、车辆智能调度、送达地址智能定位等多项功能有机融合的司法辅助事务集约管理智能平台尚待进一步有效建立。

四是强化司法大数据分析应用。司法活动产生海量大数据，但目前法院缺乏对司法大数据的集中研究，难以实现司法大数据在司法辅助外包事务中的“聚通用”，尚待进一步有效发挥司法大数据类案推送、结果比对、数据分析、瑕疵提示等功能。

五是不断加快智慧法院信息应用，努力提供更多优质司法服务。加强智慧法院建设，建设7×24小时自助法院，上线电子送达平台、电子卷宗深度应用二期、e送达站、区块链第三方存证等系统，向科技要生产力。法院受理的案件是经济社会发展的“晴雨表”，是社情民意的“风向标”。依法审判各类案件，既是履行法定职责，也是向社会提供的必不可少的公共服务。要依托强化信息平台应用、区块链运用等，推进电子卷宗深度应用、审判智能服务等科技系统与办公办案平台融合，提升信息化建设水平，减轻法官办案压力，促进公正司法，努力为社会提供更多优质司法服务，为推进观山湖区经济社会建设提供更多司法智慧。

专题调研

关于设立绿色金融法庭的调研报告

苏　飞[*]

摘　要： 因贵州金融城于2016年建成于观山湖区人民法院辖区，十大银行总部、多家保险公司以及各类金融机构应运而生，导致辖区内金融案件激增，金融矛盾频发，开通专业化审判和绿色快速审判通道势在必行。在政府和上级法院的大力支持下，本院抽调精英审判力量，以求设立一个能够促进金融业环保和经济可持续发展、加强金融机构涉诉风险控制规范、降低金融风险控制、在最大限度上缩短审判周期、降低当事人的诉讼成本、节约司法资源的绿色金融审判法庭。其设立能够有效满足辖区内专业化金融案件快速审判的需求，是对实现排除法庭的有利探索。此外可以绿色金融法庭为依托开展法治宣传教育，充分发挥司法调解功能，为辖区的和谐稳定提供法律保障。

关键词： 绿色金融法庭　风险控制　快速审判通道　观山湖区人民法院

为深入贯彻落实党的十八届和十八届五中、六中全会精神，着力解决影响和制约人民法院科学发展和人民群众反映强烈的突出问题，进一步助推辖区经济绿色发展、可持续发展、社会和谐稳定。我院在深入考察调研地区社会、经济、文化、司法等审判实际的基础上，对金融业的可持续发展问题、金融业对环保等可持续性产业的支撑问题、法院金融案件的快速审判问题，以及三者之间的关系和法院快速审判的功能作用进行了认真梳理，对如何满足辖区的现实司法需求和如何科学设置派出审判机构问题进行调研和论证。

---

* 苏飞，贵阳市观山湖区人民法院审判委员会委员，三办负责人，一级法官。

一　辖区基本情况

贵阳市观山湖区2012年底挂牌成立，辖区总面积307平方公里，下辖3个乡镇，10个新型社区，49个行政村，65个居委会。截至2016年区域总人口超过45万人，与成立之初相比增长20余万人。2016年，辖区地方生产总值达167.01亿元，年均增长16.5%，荣膺“中国最具投资潜力中小城市百强区”称号。贵阳市观山湖区人民法院成立后，收案亦从2013年的1380件急剧上升至2016年的8088件，年均增长幅度达到87.89%。

随着“引金入黔”战略的部署、实施和推动，占地173公顷，建筑面积达1400万平方米的贵州金融城应运而生，并落户辖区内。至2016年，贵州金融城基本建成，十大银行总部、部分保险公司等40余家企业已经入驻，上下游产业开始聚集，辖区内引进各类金融机构300余家，全国首家大数据金融交易所、众筹金融交易所挂牌运营。

二　设立贵阳市观山湖区人民法院绿色金融法庭的重要性和必要性

（一）设立绿色金融法庭是对辖区经济多样性导致不断增长的专业化金融快速审判需求的客观体现

经济基础决定上层建筑，人民法院作为社会管理的重要一环，与经济发展的关系不言而喻。观山湖区作为新兴建设城区，地区经济中第一产业比重较低，且在城镇化过程中，所占比例将会进一步下降。反映到法院受理案件中，法院自建院以来至2016年12月31日，共受理的与第一产业直接相关的农村土地承包、农村土地流转等案件共计183件，仅占总收案量的1.14%。同时，地区经济中的第二产业即建筑业在城区建设过程中十分发达，起到了强有力的支撑作用，2015年，辖区建筑业实现增加值35.9亿元，同比增长24.3%。反映到法院案件中，法院自建院以来受理的建筑设备租赁合同、商品房预售合同等相关案件就达2495件，年均增长121.96%，成为法院民事案件增长的主要原因之一。截至2016年，辖区城镇化率已达到83.9%，随着城镇建设的逐步完善以及房地产政策调控等因素，该类案件在经历迅猛增长后，将会逐渐回落到正常水平。辖区经济转型势在必行，贵州金融城的落户、建成、使用，为辖区经济注入了新鲜血液。2015年，辖区非营利性服务业和金融业成为第三产业主力军，产值已达95.31亿元，占全区GDP的62.2%。其中金融保险业完成14.52亿元，同比增长19.8%，占GDP比重达9.5%。至2016年，金融业增加值累计突破35亿元，与此同时，法院受理金融类案件亦由2013年的57件上升到2016年的764件，诉讼标的总金额上升至14314.161万元。

金融类案件多为金融企业按照格式合同提供商业贷款、担保、保险等服务后，合同一方未按照合同约定履行还款、担保费用给付、担保责任追偿、保险理赔等义务所引发的纠纷，该类案件往往事实较为清楚、审判难度较低。但法院2016年审结的此类案件仅3.5%的案件在1个月内审结，14.5%的案件在3个月内审结，40%的案件在3个月以上6个月以内审结，40%的案件在6个月以上1年以内审结，甚至部分案件超过1年审结。审理周期与案件难易程度对比明显不符合常理。

（1）银行、担保公司、融资租赁公司等面向全社会提供金融服务，不仅服务对象涉及地域广、人员流动大，个案涉及当事人众多，而且对涉诉后的诉讼处理约定不明，导致法院在完成此类案件的送达工作时深陷泥沼，大大影响了司法效率，极大地浪费了司法资源。

（2）法院人案矛盾突出，法院现有中央政法专项编制63名，机关工勤编制8名，分别实际在岗60人和5人，聘用人员76人，实际在岗人数141人，司法改革后，入额员额法官27人，除入额院领导5人外，共组建办案组21个，全部投入一线办案，一线办案人员占全院人数（含聘用）的84.21%。2016年员额法官人均办案数已达到311件，按照30%的收案增幅，2017年，法院案件数量将突破1万件，员额法官人均办案将突破380件。

（3）大数据金融、众筹金融等新兴金融形式所引发的诉讼纠纷，法律法规、司法解释等规范性文件较少，裁判标准不清晰，对法院审判工作提出了新的挑战。

金融经济的飞速发展和金融企业强烈的司法需求与法院的司法保障能力之间已经形成巨大的反差，专业化审判和绿色快速审判通道的开通已势在必行。

（二）设立绿色金融法庭是实现派出法庭科学发展的有利探索

绿色金融法庭的设立，是对派出法庭设置理论完善的重要实践。派出法庭设置一般遵循地域管辖、地区案件数量等基本因素进行设置和派驻。设置、工作、管理模式上，亦遵循着“麻雀虽小、五脏俱全”的理念。此种方式，诚然在管辖面积广、群众诉讼不便的地区起到了积极的作用。但对于交通便利、辖区面积小、案件量大的城市地区来讲，此种法庭设置模式，极大地限制了法庭的发展和功能完善。贵阳市环保法庭，对派出法庭设置理论的完善进行了大胆的、有益的探索，但由于环保案件数量较少、涉及因素多、指定管辖等原因，未能在派出法庭专业化审判、法庭设置科学性评价等方面创造出更多的经验。贵州金融城的建成使用，为金融类案件的地理集聚打下了基础，而“引金入黔”的方针政策为金融类案件的政策集聚提供了有力支撑，金融类案件“总部经济案件”的特性（即金融企业与服务对象签订合同时，多由金融企业提供格式合同，该合同内容一般会规定涉诉时由金融企业地区总部所在地法院管辖），更为金融类案件的法律集聚解决了诉讼管辖前提。同环保法庭相比，绿色金融法庭设立后，金融案件是否在未经指定管辖的情况下自然集聚，是检验绿色金融法庭设置理念、工作模式、审判质效的天然试金石，将对法庭设置的完善发展提供更加科学的佐证，为法庭设置科学性评价体系的建立做出有益的探索。

三　设立绿色金融法庭的可行性

设立绿色金融法庭不仅是满足人民群众不断增长的司法需求的客观需要，也是人民法院科学发展的必然要求。当前，贵阳市观山湖区人民法院已经具备设立绿色金融法庭的各项条件。

一是上级法院的政策支持。

二是地方党委、政府的支持。

三是金融类案件“总部经济案件”的特性，为金融法庭稳定案源提供了法律前提。2016 年，贵阳市十家基层法院共受理金融类和准金融类案件（不含民间借贷纠纷）达 5973 件，诉讼标的达到 457016. 3974 万元。未来两三年，全市金融类案件极可能突破万件大关，加之准金融类案件预计将突破两万件，绿色金融法庭案源稳定。

四是辖区金融业正处于起步阶段，绿色金融法庭的建设与金融业的同步发展，对金融业绿色发展的护航效果将更加明显。为充分了解金融业的司法需求，法院通过贵阳市金融办就辖区和贵州金融城入驻金融企业进行了问卷调查，共发出调查问卷 50 余份，问卷调查数据反映金融业普遍存在涉诉问题，仅贵阳市辖区内年均诉讼案件就在 4000 件左右。金融业反映问题主要集中在审限周期长、执行难等方面，对绿色金融法庭的快速审判、专业化审判寄予厚望。

五是贵州生态环保基础条件优越，环保法庭建设成效明显，环保类、低耗能新兴产业集聚，为绿色金融业的发展提供了天然的产业基础和环境基础。

六是人员、机制基础。观山湖区人民法院在司法改革中，已经尝试根据案件法律关系的不同，由相应的员额法官专业承办，走专业化审判道路，为绿色金融法庭的专业化审判模式提供了前期经验探索和人才培养。在人案矛盾突出的情况下，法院为解决金融类案件送达难问题，探索与金融企业建立起了较为固定的服务反馈机制。金融案件爆发后，法院深入研究，认为金融案件送达难，难在首次送达；首次送达难，难在地址确认的法律效力。一旦当事人地址确认，法院送达工作将变得通畅。为此，法院思考将涉诉地址确认工作前移，以合同约定的形式在涉诉前由当事人意思表示予以固定。而该工作的试点开展又以金融企业最为合适，因为金融企业提供服务一般为格式合同，且金融企业相对处于优势群体，有利于此项试点的推开。故法院将该意见反馈到金融企业，金融企业采纳应用后，已经逐步开始显现工作成果。

七是技术条件已经初步成熟，法院利用新审判大楼修建契机，与技术软件开发公司合作开发一体式社区服务终端，以银行自动柜员机为蓝本，实现立案、缴费、应诉、传票领取、文书自助打印、远程签章、送达反馈、自助查询、阅卷等功能。让人民群众不出居民区，即可完成诉讼活动，完成“诉讼绿色通道”的网络搭建工作。同时，以劳动争议案件表格式裁判文书为蓝本，民事团队金融案件办案组致力于金融案件表格式裁判文书的制作，同时与技术软件开发公司合作，实现该表格式文书在案件管理系统中抓取数据信息，自动生成裁判文书，“工厂化”生产金融类案件。

四 设立绿色金融法庭的初步构想

综上所述，尽快启动设立绿色金融法庭的运作程序，早日开启专业化审判和新型法庭设置机制的探索工作，已成为贵阳市观山湖区人民法院在人案矛盾突出情况下，以机制换效率的迫切需要。但是，设立派出法庭是一项复杂的综合工程，包括立项选址、工程筹划、基础设施建设、人员配备等问题，工作千头万绪。

（一）指导思想

以科学发展观为指导，以司法为民为宗旨，服务辖区人民群众、保障人民群众合法权益，切实保障辖区的经济发展和社会和谐。

（二）名称和场所

机构全称为“贵阳市观山湖区人民法院绿色金融法庭”，具体地点建议在贵州金融城内进行设置。

（三）设施和经费保障

绿色金融法庭按照一类法庭标准建设，需要审判、办公用房 1890 平方米；并计划分两步实现正规化办公用房，第一步租用（或购买）1000 平方米左右的写字楼及时开展审判工作，第二步建设 1890 平方米的独立审判法庭。设置两个审判法庭、一个调解室、一个诉讼服务中心、法警值班室及相应审判办公用房和附属、生活用房。

（四）人力资源保障

保障配备员额法官 2～3 人，法官助理 2～3 人，书记员 3 人，行政管理人员、安保人员等共 7 人，共计 16 人左右。

（五）主要功能定位

（1）促进金融业支撑促进环保和经济社会可持续发展，引导资金流向节约资源技术开发和生态环境保护企业，引导消费者形成绿色消费理念。

（2）加强金融机构涉诉风险控制规范，降低金融风险，促进金融企业自身的可持续发展。遵循“法治保障、服务大局、诉讼衔接、案结事了”的原则，采用依法审判、司法建议、沟通协商等方式，保证金融业的发展方向，避免注重短期利益的过度投机行为，积极发挥法院审判功能，预防、化解社会金融风险矛盾。

（3）开展金融类案件快速审判绿色通道，保障年均结案1000件左右，并随着发展逐步提升。绿色金融法庭组成人员通过自行立案、送达、审判的一条龙服务方式，处理金融类矛盾纠纷，充分运用登记立案制度，开庭形式和场所的便利，文书制作的简易化，最大限度地缩短审判周期，降低当事人的诉讼成本，节约司法资源。

（4）开展法治宣传教育，以绿色金融法庭办公场所为依托，开展金融知识普及和普法教育。

（5）发挥司法调解功能，积极参与综治维稳工作。及时介入社会重点热点问题，及时提供法律服务，通过审判工作定分止争，为辖区的和谐稳定提供法律保障。

（6）开展其他审判工作。

五　结语

在贵州金融城设立贵阳市观山湖区人民法院绿色金融法庭，是实现观山湖区经济发展转型升级的迫切需要；是省“引金入黔”重大战略部署得以贯彻、绿色金融业得以发展壮大的重要保障；更是观山湖区人民法院在新的历史条件下提升服务保障能力、高质量发展的必然要求。

金融司法的实践与突破

——以观山湖区人民法院绿色金融法庭为样本兼述对金融秩序的实质维护与引导

贵阳市观山湖区人民法院课题组*

摘　要：习近平总书记指出“金融是国家重要的核心竞争力，金融安全是国家安全的重要组成部分。金融活，经济活。金融稳，经济稳。”党中央在十九大明确提出坚决打好精准扶贫、污染防治和防范化解包括金融风险在内的重大风险三大攻坚战。2017 年 8 月 4 日，最高人民法院印发《关于进一步加强金融审判工作的若干意见》，提出建立专业化金融审判机构。此时又恰逢贵州被国务院确定为全国首批绿色金融先行五个试验区之一的大好机遇，中国工行贵州分行等 18 家银行、中国人寿等 8 家保险、中天证券等 8 家证券公司及其他 300 多家金融企业相继入驻贵州金融城，观山湖区正逐渐成为全省金融中心。有鉴于此，2017 年 10 月 16 日，贵州省高院、贵阳市中院决定在观山湖区贵州金融城设立全国首家绿色金融法庭，以期专业探索金融司法规律，总结司法经验，为维护金融安全提供强有力的司法保障。

关键词：金融司法　金融秩序　观山湖区人民法院

* 课题组成员：徐涛，贵阳市观山湖区人民法院党组书记、院长，贵州省首批审判业务专家，贵州省法治研究与评价中心研究员，贵州大学法学院法律硕士校外导师，三级高级法官；黄余，贵阳市观山湖区人民法院党组成员、审判委员会专职委员，四级高级法官；徐力，贵阳市观山湖区人民法院绿色金融法庭负责人，一级法官，法律硕士；任光焰，贵阳市中级人民法院知识产权庭副庭长，四级高级法官，法律硕士；张可，贵州省社会科学院法律研究所副研究员，法学博士。

观山湖区人民法院绿色金融法庭成立两年多以来，大胆探索，在司法实践中创造性地运用习近平总书记关于“金融本质与规律”的论述，引导金融服务实体经济、服务人民，防范化解金融风险，维护金融秩序。同时，以大数据网络空间思维，赋予当事人实名制移动电话号码拟制身份进行送达，结合标化案件事实要素进行集约化审理，构建公正与效率兼具的“标化速裁模式”。法庭自成立以来，3 名员额法官共收案 6014 件，结案 5997 件，涉案标的额 21.27 亿余元。在案件质效上，结案率、息诉服判率、人均结案数、平均结案周期等多项质效指标均位居全省第一。而且，赋予当事人实名制移动电话号码拟制身份进行送达的思维及实践，补充与拓展了民事诉讼制度。

一　绿色金融法庭“标化速裁模式”及其优势

绿色金融法庭“标化速裁模式”是指对同类型批量（3 件以上）案件，以案件事实要素为核心、以立案到归档的审判流程为脉络，将案件事实要素标化为若干要点及时间节点分配到审判流程的每一个岗位，通过当事人实名制移动电话号码送达、科学合理分配举证责任、法官助理庭前会议、要素式裁判及当庭宣判四位一体的流程设置加速案件进程，在程序上实现时间届满、要点明确、事实清楚、岗位递进的流水线集约化审判模式。

本审判模式将审理流程细化为：收案、登记、扫描、立案、电话通知、邮寄送达、调查、排期、庭前会议、开庭、当庭宣判、送达、报结、上诉、归档等要点及完成的时间节点，据此明确法官、助理、外包人员的岗位职责及工作流程，确保各岗位既分工明确又协作有序。如果把卷宗比喻为诉讼产品，那么要素就是产品零件，审理流程就是流水生产线，各岗位人员就是流水线上的生产工人。卷宗在不同的人员之间流动，就像产品在生产线各个环节之间输送一样。这种司法流水作业对金融借款、信用卡同类型批量案件具有特别的优势，它可以对数十个、上百个案件同时作业，做到批量审理、批量宣判、批量送达。

经过两年多的司法实践证明，本审判模式能有效地解决推行员额法官司法改革加剧的人案矛盾问题，拥有案件质量优、办案效率高、社会效果好的优势。

（一）案件质量优

当事人服判率是检验案件质量的重要标准，两者成正比，即服判率高，案件质量优。2018 年绿色金融法庭一审服判息诉率为 91.59%（审结 2105 件，仅上诉 177 件），观山湖区人民法院一审服判息诉率为 74.97%，全市基层法院一审服判息诉率为 83.31%（见图 1）。2019 年绿色金融法庭一审服判息诉率为 88.87%（审结 3351 件，仅上诉 373 件），观山湖区人民法院为 80.95%，全市基层法院为 83.90%。

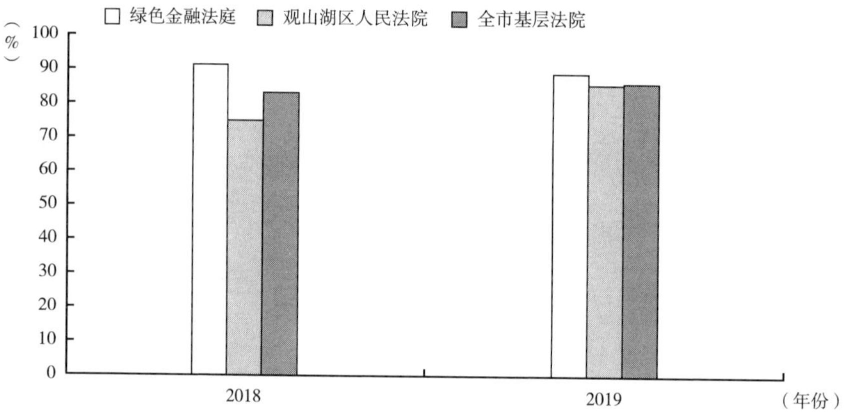

图 1　2018 年、2019 年绿色金融法庭的一审服判息诉率与观山湖区人民法院、全市基层法院的数据比较

二审法院对一审的改判发回重审率，也是认定案件质量的重要标志。改判率低，则案件质量高。2018 年绿色金融法庭改判发回重审率为 0.75%（改判和发回重审共 8 件），观山湖区人民法院为 2.64%，全市基层法院为 2.54%（见图 2）。2019 年绿色金融法庭改判发回重审率为 1.02%（改判和发回重审共 16 件），观山湖区人民法院为 2.07%，全市基层法院为 1.62%。

绿色金融法庭的一审服判息诉率高于所在法院和全市法院平均值，改判发回重审率却低于所在法院和全市法院平均值，充分说明绿色金融法庭的案件质量优异。

（二）办案效率高

2017 年绿色金融法庭收案 119 件，2018 年收案 2135 件，2019 年收案 3416 件，收案数变化如图 3 所示。

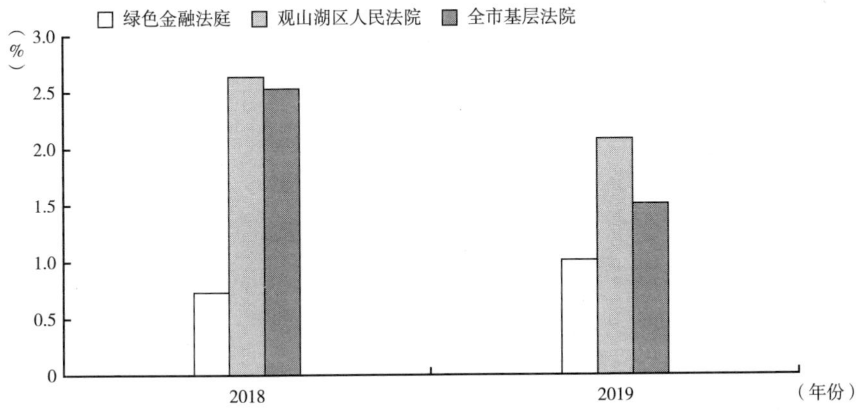

图2 2018年、2019年绿色金融法庭的一审判决案件改判发回重审率与观山湖区人民法院、全市基层法院的数据比较

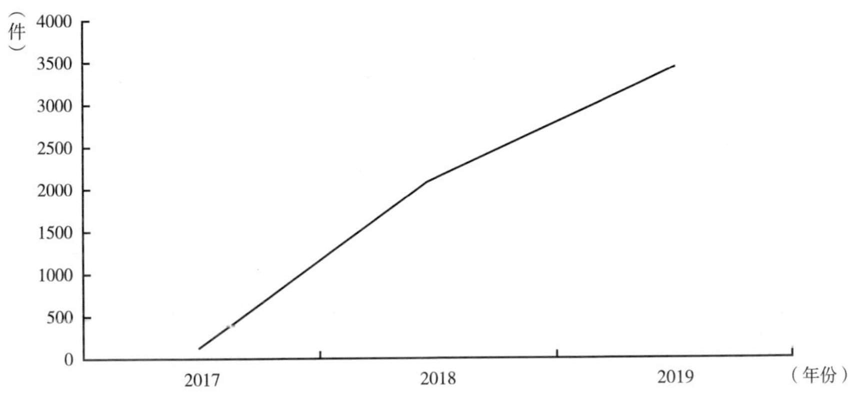

图3 绿色金融法庭收案数(2017~2019年)

该增速远远大于法庭所在的观山湖区人民法院和全市基层法庭,但法庭在案件增多而员额法官不增加的情况下,并未出现案件质效下滑现象。相反,三年的结案数同步成比例增长,分别为:114件、2105件和3410件。员额法官人均结案数也随之大幅上升。2018年和2019年分别为:701件和1136.67件,而同时期观山湖区人民法院分别为412.07件和566.62件,全市基层法院分别为305.17件和425.50件(见图4)。

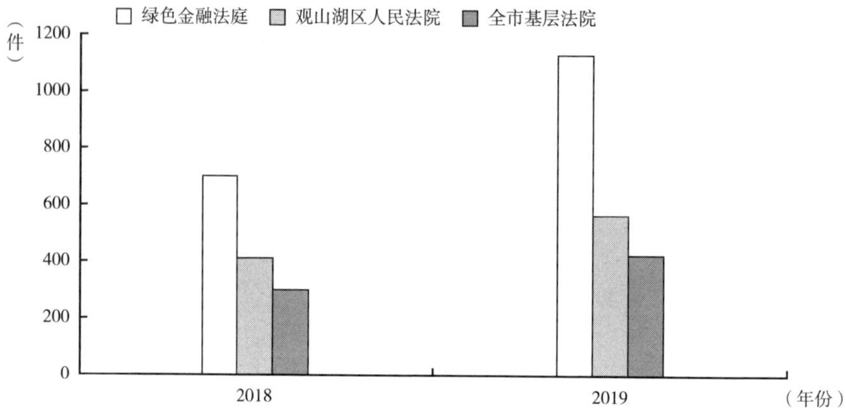

图 4　2018 年、2019 年绿色金融法庭的人均结案数与观山湖区人民法院、全市基层法院的数据比较

而 2018 年和 2019 绿色金融法庭的结案率分别为 98.36% 和 98.81%，同时期观山湖区人民法院分别为 82.99% 和 78.1%，全市基层法院分别为 94.11% 和 92.45%（见图 5）。

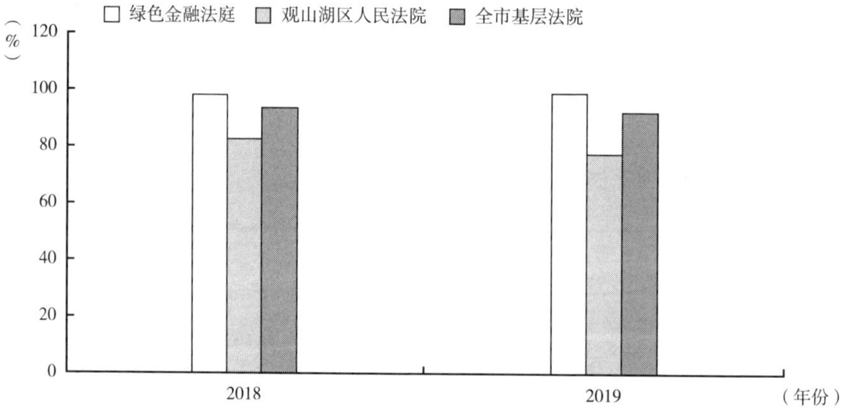

图 5　2018 年、2019 年绿色金融法庭的结案率与观山湖区人民法院、全市基层法院的数据比较

绿色金融法庭不仅结案多，而且周期短。2018 年绿色金融法庭平均审理时间为 30.47 天，观山湖区人民法院为 68.99 天，全市基层法院为 62.59 天。2019 年绿色金融法庭平均审理时间为 39.12 天，观山湖区人民法院为 60.88

天，全市基层法院为63.36天。绿色金融法庭审理周期比其他审判部门几乎少一半，数据比较如图6所示。

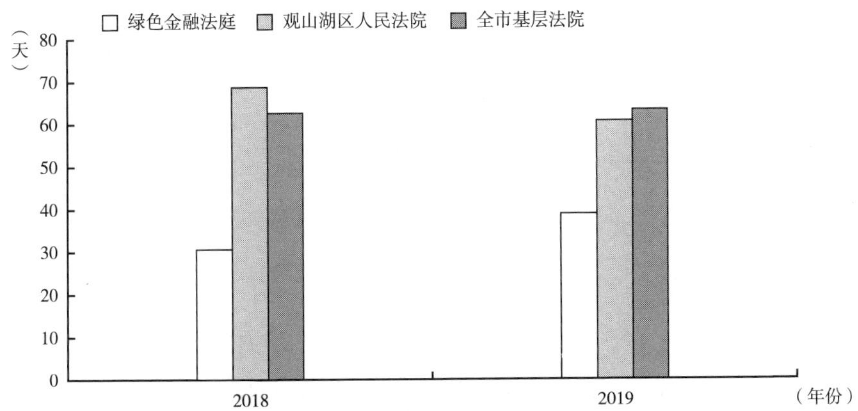

图6　2018年、2019年绿色金融法庭的平均审理天数与观山湖区人民法院、全年基层法院的数据比较

这其中的重要原因是送达效率高和当庭宣判率高。以当庭宣判为例，将2018年至2019年绿色金融法庭与观山湖区人民法院每月的当庭宣判率相比，法庭的当庭宣判率居高不下，最高达到93%，而观山湖区人民法院最高达到40%左右（见图7－1）。

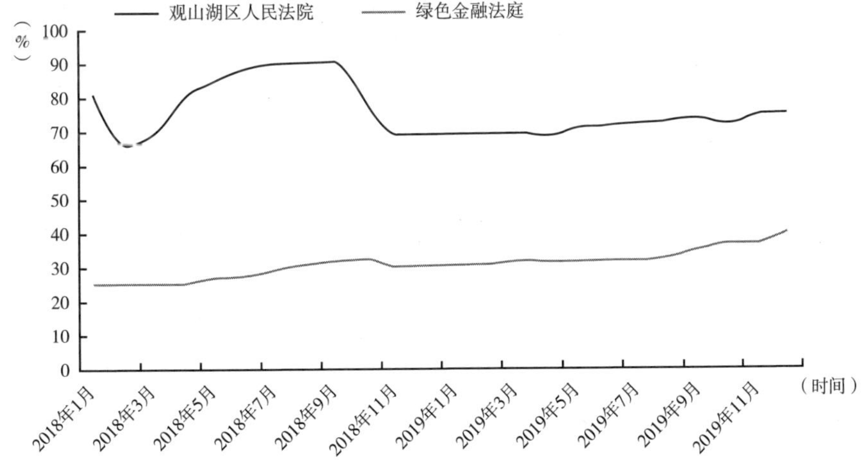

图7－1　2018年、2019年绿色金融法庭的平均审理天数与观山湖区人民法院当庭宣判趋势比较

当庭宣判，减少了从开庭到宣判之间的时间，节约了审理时间。通过绿色金融法庭、观山湖区人民法院及全市基层法院的当庭宣判率比较，可以看到每一个年度范围内，绿色金融法庭的当庭宣判率独占鳌头（见图7－2）。

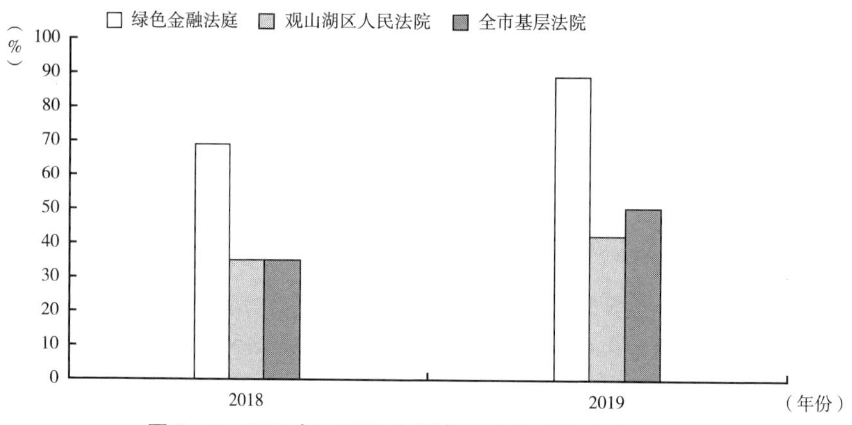

图7－2　2018年、2019年绿色金融法庭的当庭宣判率与观山湖区人民法院、全市基层法院的数据比较

2018年和2019年绿色金融法庭当庭宣判率分别为69.22%和88.88%，同时期观山湖区人民法院分别为35.21%和42.2%，全市基层法院分别为35.4%和50.51%。且绿色金融法庭当庭宣判率呈较大上升趋势。

（三）社会效果好

本审判模式在实体裁判中坚持以习近平关于金融为实体经济、为人民服务本质理论为指导思想，创造性地依职权主动调整金融企业的利罚息利率标准，降低了实体经济的融资成本，借款人不仅不上诉，而且还积极主动履行判决，导致金融企业资金回收率极大提高，促进金融融资速度，利润不降反升，金融企业也不上诉，逐步形成胜败皆服的良好局面。以观山湖富民村镇银行为例，作为股份制村镇银行，注册资本3000万元。但由于各种原因，在2018年至2019年共产生不良贷款286笔，涉及贷款标的额4447万元，严重影响其正常经营。该银行向绿色金融法庭起诉后，由于绿色金融法庭采用“标化速裁模式”优质高效地进行审理，迅速对249笔贷款做出判决，并执行完毕其中的

168笔，执行到位1504万元。同时，作为上市公司的贵阳银行，2019年起诉不良信用卡贷款768笔，涉及贷款685.02万元，绿色金融法庭已判决655笔，金额达570.7万元。

取得上述效果的原因，主要在于绿色金融法庭对传统的民事审判观念进行了突破。

二　样本在民事审判方面的突破

（一）送达观念的突破与实践

民事诉讼设置送达程序的立法本意是确保当事人的涉诉知情权，从而有效行使诉权。因此，人民法院传统的送达观念强调当面送达，然而当面送达难的现实已成为民事案件审理周期长的主要原因。特别是近年来，人口流动性越来越大，只听当事人之声，不见当事人之身的情形增多。加之，部分当事人恶意躲避诉讼，案件送达不能的难题已成为人民法院普遍面临的常见问题。对此，人民法院的常规做法是：经过一段时间的见面送达不能后，均流于形式地以当事人下落不明为由采用登报公告送达。公告案件审理周期一般150日左右，若有二审，则一年左右。虽然法院内部采用了审理期限监督、超审限管理、案件简繁分流等措施来提升司法效率，但仍不足以抵消公告案件增加的周期对司法效率的拉低。而且，从法理上讲，当事人现声不现身，不论其系恶意还是非恶意，均不属下落不明情形，公告送达于法无据。但不公告送达，案件要继续审理又别无良法。于是乎，公告送达不得不成为送达箩筐被合法滥用，其对司法效率的伤害成为不治之症。

时代在发展，观念需转变。绿色金融法庭与时俱进，在司法实践中以大数据思维方式，摸索出一套既确保当事人有效行使诉权，又不滥用公告送达的送达机制——实名制移动电话送达机制。

当代社会，大数据创建的网络空间与人类形成的现实社会二维平行并存。自然人除了在现实社会中有一个物理意义上的现实身份以外，还有在大数据网络空间中诸如微博、微信、QQ、支付宝、抖音等多个虚拟身份。2014年以来，中央文明委《关于推进诚信建设制度化的意见》逐步推进与落地，特别是

2019年工信部《关于进一步做好电话用户实名制登记管理有关工作的通知》的实行，使自然人的实名制移动电话号码与自然人的实体身份合二为一，实名制移动电话号码代表自然人在网络空间和现实社会中进行各种社会活动。大数据视野下，自然人使用实名制移动电话号码在网络空间与现实社会之间交错活动的行为模式，使实名制移动电话号码与自然人之间成立一一对应的函数关系。如果在大数据网络空间中确定了自然人的实名制移动电话号码，那么在现实社会中自然人的现实身份也就确定了。因此，实名制移动电话号码正在成为自然人的另一个身份号码和又一个虚拟身份代码。

绿色金融法庭创造性地将上述函数关系应用到司法实践中，赋予实名制移动电话号码身份属性，把它作为自然人拟制身份进行送达，并通过实践构建了实名制移动电话送达机制。这套送达机制将当事人的实名制移动电话号码拟制为当事人，人民法院向实名制移动电话号码的送达视为对当事人的见面送达。同时，根据当事人的反馈信息，判断当事人是否躲避诉讼。对于躲避诉讼的，根据2018年最高人民法院《关于进一步加强民事送达工作的若干意见》的规定进行邮寄送达，邮件退回之日，视为送达之日。

2018年至2019年，绿色金融法庭受理各类案件5515件，实名制移动电话号码送达5239件，占送达方式的95%。因躲避诉讼而缺席判决的案件共5029件。如按常规做法，该5029件案件均需公告送达，以每个案子公告两次（120天）计算，加上正常审理所耗的时间（至少为45天），则平均审理周期至少为165天。绿色金融法庭若采用此方式审理，那么加上不需要公告的案件486件（绿色金融法庭的平均审理周期34.8天），则2018年至2019年总计5515件，每个案件审理周期应为153.52天。但是实际上绿色金融法庭两年来的平均审理周期为34.8天，为之前审理周期的约1/5（见图8）。

（二）民事审判观念的突破与实践

1. 不以当事人的抗辩为前提，依职权主动将金融企业的利罚息及违约金等总和年利率限定在18%以下

一直以来，人民法院对金融企业与借款人之间的利、罚息标准是不予主动干涉的，充分遵守当事人“意思自治”的民事基本原则。2017年8月4日，

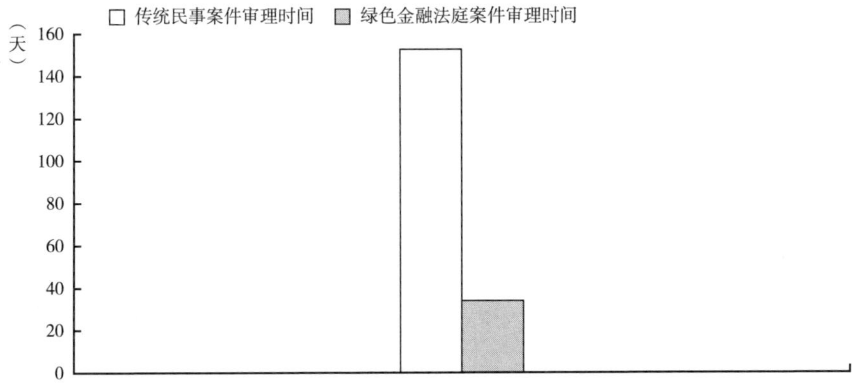

图8　2018 年、2019 年绿色金融法庭审理的案件时间与传统民事案件审理时间比较

最高人民法院印发《关于进一步加强金融审判工作的若干意见》，为规制金融企业高利贷，首次提出法院可依借款人的抗辩，对双方约定的利罚息及违约金等总和年利率超过 24% 的部分予以调整。

法庭在司法实践中发现，由于相当一部分借款人缺席未抗辩，导致《关于进一步加强金融审判工作的若干意见》无法适用，形同虚设，初衷落空。法庭不忘“为金融发展与安全提供法律保障”的初心，2018 年伊始，绿色金融法庭在司法实践中再迈一步：不以当事人的抗辩为前提，主动将金融企业的利罚息及违约金等总和年利率限定在 18% 以下。

首先，金融企业是持牌的金融主体，是国家金融市场的主力军和定海石，其金融活动就是为实体经济和民众服务的，绝不能等同于非持牌民间主体之间的临时的、偶尔的、互助的民间借贷活动，按照市场定位和风险与利益一致的市场法则，金融借贷利率不应高于民间借贷利率。其次，金融企业是特殊的民事主体，其民事权利能力与行为能力均由国家经济法律法规规章及金融政策设定。在经济转型的当下，中央出台一系列降低实体经济的融资成本，防范化解金融风险的金融政策当然约束金融企业。最后，中国工商银行、中国建设银行、中国农业银行、中国银行近几年根据中国人民银行利率市场化的政策，按照全国银行间同业拆借中心公布的贷款市场报价利率，实际执行的贷款利息年利率普遍在 6% ~9%，罚息年利率在 15% 以内，其他金融企业也应当按市场利率标准执行。另外，考虑到信用卡无担保借款、市场风险较高的特点，罚息年利率可适当调高至18%（即合同借期内利率日万分之五）。

2. 创造性地引入举证责任倒置规则，科学合理明确金融企业对借款人还款事实承担举证责任

适用举证责任倒置规则的案件由法律明确规定，在现行的法律规定中，金融借贷案件不适用举证责任倒置规则。因此，根据“谁主张谁举证”原则，借款人对还款事实承担举证责任。但在司法实践中，对还款凭证，借款人往往因保管不善无法举证，申请法院到金融企业调证；或者借款人缺席不能举证，法院为查明事实，主动到金融企业调证，这既浪费司法资源，又降低司法效率。

当今大数据信息化金融时代，金融企业信息系统保存的被告还款凭证信息客观全面，与借款人比较，其更有举证能力，且能节省司法资源、提高司法效率。因此，绿色金融法庭根据金融案件的规律和特点，创造性地将举证责任倒置规则引入金融司法领域，科学合理明确金融企业对借款人还款事实承担举证责任。

3. 依职权主动确认借款合同在金融企业核销呆账时也随之解除

根据现行合同解除理论，合同解除，不论是因约定，还是法定，合同均在一方当事人的解除通知到达另一方当事人时解除。因此，当金融企业按《金融企业呆账核销管理办法》将借款人在申请核销日前所负本息作为呆账进行核销时，由于金融企业在核销过程中未通知借款人解除合同，借款合同因缺少解除通知仍未解除。金融企业提起诉讼时，又均是基于继续履行合同而提出包括核销后合同约定利、罚息等诉请，一直以来，人民法院均做出支持诉请的判决。借款人丧失履约能力根本违约，仍判决继续履行，既不尊重客观事实，又因借款人根本不可能履行而毫无意义。

当事人从事民事活动，必须遵循诚信原则，金融企业也不能例外。2017年10月1日执行的《金融企业呆账核销管理办法》明确规定，呆账核销后金融企业追收的范围为“对于核销后的呆账或对于已核销的资产，金融企业要继续尽职追偿”，“本办法所称呆账是指金融企业承担风险和损失，符合本办法认定条件的债权和资产。本办法所称的核销是指金融企业将认定的呆账，冲销已计提的资产减值准备或直接调整损益，并将资产减至资产负债表外的账务

处理方式”。因此，核销后金融企业继续追收的呆账或资产是指借款人在核销申报日前所欠的本息，并不包括核销申报日后的利罚息，这就意味着金融企业在内部是按解除借款合同的方式进行处理的。金融企业在申请核销时不通知借款人，达到其继续按合同约定收取核销后的利、罚息及违约金的目的，加重借款人负担，有违诚信原则。人民法院做出既不尊重客观事实，又毫无意义的判决，本身已不诚信，对诚信社会的建设及社会主义核心价值观的弘扬有害无益。

为解决上述问题，绿色金融法庭在司法实践中提出依职权主动确认借款合同在金融企业核销呆账时也随之解除，在判令借款人承担相应的违约责任的同时，不再判令借款人支付核销后按合同约定计算的利、罚息的裁判观点，并适用之。该观点发展了《中华人民共和国合同法》中关于解除合同必须通知对方当事人，且从通知到达后合同才予以解除的理论。

三　样本对金融秩序的实质维护与引导

（一）防止金融企业过高利率对实体经济的负面影响

金融企业是国家金融政策的执行者，通过货币的政策化和市场化运作，实现国家的经济政策和自身发展盈利，确保经济秩序的平稳有序。因此，金融企业与借款人约定的合同利率，应当是根据货币的供应需求及其成本，能够获取利润的利率。金融企业，特别是银行企业不能追求高利率，过高的利率会加重实体经济的负担，特别是中小企业的负担。2019 年中国人民银行取消了长期以来实行的贷款基准利率，改为全国银行间同业拆借中心公布的贷款市场报价利率，使得利率进一步市场化。据此，绿色金融法庭根据金融企业市场利率来调整当事人之间过高的利率，实际上是减轻已经不能偿还贷款的债务人的负担，降低融资成本。同时，有利于防止金融企业为追求高利率搞不正当竞争，扰乱金融秩序。

（二）科学合理分配举证责任，实现司法公正，加速资金融资，促进金融良性发展

金融纠纷案件适用举证倒置规则，大大提高了息诉服判率及借款人主动履

行率，使得金融企业的资金回笼速度加快，增加信贷供给，更好地服务实体经济，特别是小微企业，促进金融良性发展。该制度实施以来，有效地避免了银行金融机构随意自认或者不自认对方还款的情况，确保了法院对欠款数额的准确认定，所做出的判决，得到双方当事人的认可。

（三）依职权认定合同解除状态，有助于债务人资产整组或处置与止损

不良贷款的出现，就是合同履行处于严重困难状态。人民法院依职权主动认定借款合同在金融企业核销呆账时也随之解除，一是引导金融企业诚信经营；二是及时通知债务人，有助于债务人根据债务情况，尽快资产重组或处置还债，防止损失扩大。

（四）防范金融风险，主动提出司法建议，促进秩序健康有序

绿色金融法庭发现金融企业存在诸多漏洞，比如未约定送达地址、部分合同没有与当事人面签，没有审查保证人的资信状况，没有及时催收债权导致超过债权诉讼时效，借新还旧没有重新办理抵押登记等，这些情况的存在导致部分债务人的还款责任免除，银行的权利受到严重的损害，造成了不必要的损失。为了确保金融企业的合法利息，绿色金融法庭主动提出司法建议的方式，将权利的维护放在诉讼前。让金融企业在审核、放贷等环节就开始规范行为，减少纠纷发生后权利维护受到制约的情况。针对普遍存在的当事人送达难问题，绿色金融法庭向各大银行发出约定电子送达方式的司法建议26份，其中浦发银行将该建议吸收为其全国通用的格式范本，其他银行也一一做了改进并回复法院。此外绿色金融法庭还向省金融办、银监委等部门对银行监管方式、民间借贷的违法行为的监管和取缔提出了司法建议，向司法局对金融企业代理人专业性的要求发出了建议，均得到了积极的回应和处理，促进了金融企业经营及其诉讼环节的规范，受到一致的好评。此外，针对实名制查询的障碍，法庭还向省移动公司发出司法建议，省移动公司高度重视，向全省各级法院开放了实名制查询绿色通道，收到了极好的社会效果。

论设立绿色金融法院实现环境司法保护“贵州模式”的必要性

徐　涛*

摘　要：为贯彻“探索推进金融、环境资源等专业性法院设置”的司法体制改革精神，推进绿色金融改革的纵向深入，设立为绿色金融及环保事业提供司法保障的专业法院势在必行。本文通过对绿色金融的背景介绍、绿色金融法庭的成果分析，提出借鉴贵州环保法庭及绿色金融法庭设立的经验，在贵州设立绿色金融法院，构建绿色金融审判从源头“防”、环保审判从结果“治”的环境司法保护的“贵州模式”。

关键词：绿色金融　环境保护　贵州模式

一　绿色金融法院建设的背景

（一）绿色金融法院设立的政策引导

关于绿色金融的官方定义，2016 年 8 月 31 日，中国人民银行等七部委在《关于构建绿色金融体系的指导意见》中定义为：指支持环境改善、应对气候变化和资源节约高效利用的经济活动，即对环保、节能、清洁能源、绿色交

* 徐涛，贵阳市观山湖区人民法院党组书记、院长，贵州省首批审判业务专家，贵州省法治研究与评价中心研究员，贵州大学法学院法律硕士校外导师，三级高级法官。

通、绿色建筑等领域的项目投融资、项目运营、风险管理等所提供的金融服务。[①] 2016 年 9 月 6 日，G20 杭州峰会发布《二十国集团领导人杭州峰会公报》，首次将绿色金融写入公报中。绿色金融逐步从一个金融产品，成为国家战略。2017 年 6 月 14 日，国务院决定在浙江、江西、广东、贵州、新疆 5 省（区）选择部分地区，建设各有侧重、各具特色的绿色金融改革创新实验区，在体制上探索可复制可推广的经验。绿色金融蓬勃发展，司法保障势在必行。2017 年 8 月 4 日，最高人民法院印发《关于进一步加强金融审判工作的若干意见》，提出根据金融案件特点，探索建立专业化的金融审判机构。

（二）绿色金融缺乏有力的司法保护

绿色金融市场的健康发展和功能发挥，既要不断健全绿色金融法律制度，也需要一个公正、高效、专业、权威的绿色金融司法体系。当前绿色金融发展如火如荼，绿色金融产品呈井喷式增长，绿色金融交易专业、复杂，产品政策创新层出不穷，而司法实践中“案多人少”“法律更新赶不上绿色金融发展”的矛盾和压力相当突出，且无专业的审判机构。绿色金融是新兴事物，专业性、政策性强，涉及金融、环保、保险、证券等行业，且各行各业实施各自的政策，不连贯、不统一，相互矛盾、易产生壁垒。现涉诉案件由各家法院分散管辖，由于各院的裁判标准及各法官的标准不统一，出现绿色金融审判乱象，司法保护不力。

（三）贵州省贵阳市的区位优势

贵州“大生态”上升为“第三战略”推动绿色发展，2013 年生态文明贵阳论坛升格为“国家级”，2016 年贵州获批建设首批“国家生态文明实验区”。随着“引金入黔”战略的部署、实施和推动，占地 173 公顷，建筑面积达 1400 万平方米的贵州金融城应运而生，并落户辖区内。2016 年，贵州金融城基本建成，十大银行总部、部分保险公司等 40 余家企业已经入驻，上下游产业开始聚集，辖区内引进各类金融机构 300 余家，全国首家大数据金融交易所、众

① 《中国人民银行　财政部　发展改革委　环境保护部　银监会　证监会　保监会关于构建绿色金融体系的指导意见》，中国人民银行，2016 年 8 月 31 日。

筹金融交易所挂牌运营。2017 年 10 月 16 日，全国首个绿色金融法庭——贵阳市观山湖区人民法院绿色金融法庭在贵州金融城挂牌成立。随着“环境保护法庭”的运行，生态环境司法的“贵阳模式”得到全国认可，现省高院提出升级版“贵州模式”，必然需要绿色金融法院“源头防”，与环保审判“结果治”防治结合形成贵州生态环境司法的车之两轮，鸟之双翼，缺一不可。

二 绿色金融审判的先行探索

为了发挥绿色金融审判对金融 + 可持续发展的良好效能，贵阳市观山湖区人民法院在贵州金融城建立了全国首家绿色金融法庭，并且运行良好，为绿色金融审判当好了排头兵。

（一）绿色金融审判的先行试点做法

绿色金融法庭以五大发展理念为指导，充分运用大数据信息共享平台，通过人工智能全程服务，开通便民、专业、公正、高效、智能的绿色审判之路。具体做法如下：①创新专业化、职业化审判理论，突破法庭功能设置，实现刑、民、行政“三审合一”。民事商案件更是推行从立案到审判、执行一站式服务，节省当事人诉讼成本。②创新智能化审判理论，配置人工智能法官参与审判，全程辅助审判。③创新绿色诚信审判理论，以审判为中心，构建绿色诚信评估体系。④采取送达地址确认前置、立案预登记前置及立案一键激活。⑤将法律保障置于纠纷发生之前，落实纠纷防控功能。⑥法庭变立案审查为排期送达前审查，由当事人当即自助立案，真正实现登记即立案。⑦运用大数据信息共享平台，开通线上、线下法庭，两个法庭实时转换衔接提供诉讼服务模式，跨越时空概念，高效、便捷、绿色，最大限度地方便当事人诉讼。⑧以当事人意思自治为中心，诉讼服务方式多样化选择。法庭选择多元化。⑨一防一治，源头防范，治理倒逼，防治并举，形成和完善环境的司法保护模式。

（二）绿色金融审判试点的经验启示

1. 绿色金融审判具有环保效能

绿色金融法庭必须始终贯彻生态环保可持续发展理念，以金融业支撑促进环保和经济社会可持续发展，引导资金流向节约资源技术开发和生态环境保护企业，引导消费者形成绿色消费理念。通过金融促进环保低碳行业的可持续发展，实现从“源头”发展生态环保事业，构建“防”的体系，融合了生态环保从根本预防的精神，致力于环保经济的发展，将结果治理变成了对过程实时监控预防。

2. 绿色金融审判具有安全效能

绿色金融审判通过加强金融机构涉诉风险控制规范，降低金融风险，促进金融企业自身的可持续发展。遵循“法治保障、服务大局、诉讼衔接、案结事了”的原则，采用依法审判、司法建议、沟通协商等方式，保障金融业的可持续发展，避免注重短期利益的过度投机行为，积极发挥法院审判功能，预防、化解社会金融风险矛盾。通过司法、监管两个层面的职能发挥，保障金融和环保的共同安全，最终实现两者的可持续发展。矫正绿色金融体系及完善绿色金融监管体系，保障金融企业和环保低碳企业的可持续发展，促进环保效益与经济效益的共赢。通过规范立法、严格司法的职能作用保障金融安全，打破传统审判的局限性，填补绿色金融发展中安全保障机构及纠纷解决机构的空缺，在为绿色金融发展提供规则和纠纷解决渠道的同时也为绿色金融上了一把安全锁。

3. 审判的高效率、专业化

绿色金融是政策引导产物，具有很强的宏观调控性及专业性，大多附带财政补贴、政策扶持等优惠政策，部分绿色金融案件涉及民事行政等多重法律关系及法律主体，具有很强的专业性。绿色金融本身具有专业性、政策性，多部门交叉、法律关系复杂等特点，为了专业化应对绿色金融纠纷、惩治绿色金融犯罪，统一裁判尺度，促进绿色金融产业的可持续发展，需要进行专业、高效的绿色金融审判。

三　建立绿色金融法院的必要性分析

（一）弥补环保审判的滞后性

绿色金融审判与环保审判的目的都是绿色生态的可持续发展，环保审判是通过对环境破坏案件的审理来促进绿色生态可持续发展，是环保结果“治”的过程，具有滞后性。而绿色金融重在受理与绿色金融相关的民事、刑事、行政案件，是通过绿色金融的申请、审批、评级、监管、信用反馈等步骤的司法渗入，促进绿色金融稳定健康发展和矫正对绿色金融的监管，是环保资金及监管中“防”的过程，做到了事前监管、事中预防，弥补了环保审判的监管不全面与审判的滞后性问题。

（二）稳定绿色金融产业发展

2015 年 9 月，中共中央、国务院发布《生态文明体制改革总体方案》，明确提出“要建立我国的绿色金融体系”，即通过政策的方式运用金融的宏观调控及引导作用，鼓励和引导社会经济资源流向环境友好、资源节约领域的“金融 + 绿色生态”模式。之后，绿色金融业得到飞速发展，短短几年，中国在绿色评级、绿色认证、绿色指数、环境压力测试等绿色金融分析工具的开发方面在国际上处于领先地位。[①] 中国一跃成为全球最大的绿色债券市场，绿色金融产品更新层出不穷。随着绿色金融产品不断丰富，绿色信贷、绿色基金、绿色股票指数、绿色债券指数、绿色担保、绿色保险、碳金融创新产品不断涌现，涉及绿色金融的纠纷也逐渐增多。

“法者，治之端也”，有法才有平安。绿色金融市场的发展伴随着许多潜在风险，且绿色金融尚处于成长初期，不管是金融创新、金融效率还是金融安全都需要配套良好的司法环境，否则绿色金融就无法发挥后发优势和竞争力。再者，绿色金融发展成熟后，需要完备的专业的司法保障，需要绿色金融法院为其扫清纠纷、法律困扰及完备绿色金融监管及保障体系。

（三）绿色金融案件专业化审判的需求

1. “互联网 + 金融”需要专业的审判

（1）网络虚拟化呼唤绿色金融的专业化审判。在“互联网 + 金融”改革创新背景下，金融业务办理从柜台操作过渡到了虚拟的互联网，资金流变成了数据流，全程电子化操作，数据全网络化储存。网络化的绿色金融交易模式，

---

① 马骏：《地方发展绿色金融大有可为》，《中国金融》2017 年第 13 期。

在方便业务办理的同时，也存在极大的纠纷解决风险。虽然在2012年的民事诉讼法修改中增加了电子数据的证据模式，但是电子数据存在更新快、易被篡改，操作缺乏凭证且收集保全困难，认定标准不统一、诉讼管辖难以确定等问题，互联网金融的纠纷处理仍旧是当前传统审判的薄弱之处。为应对虚拟化的网络金融审判，建立互联网金融的审判规则，迫切需要建立符合互联网时代的绿色金融审判庭。

（2）新兴的金融模式需要专业化的审判。“互联网+金融”，依托于虚拟支付平台、云计算、社交网络以及搜索引擎等互联网工具产生了第三方支付平台、P2P网络小额信贷、基于大数据的金融服务平台模式、众筹模式、网络保险模式、虚拟电子货币、金融理财产品网络销售等新兴的金融模式。绿色金融的创新会拓展金融机构或政府机关、绿色企业的权利义务主体和客体的内容，导致各种新类型金融诉讼纠纷的产生。以上的金融模式，不仅具备网络虚拟化对于传统诉讼的影响，而且具有涉及诉讼主体多、专业性强、法律关系多且杂糅、交易流程隐秘、交易数据分散、证据难以收集等特点，传统的信息相对封闭、一案一诉的审判模式难以应对，迫使多平台数据共享、多部门共同发力、多法律关系一并处理的绿色金融法庭的建立。

（四）制定绿色金融审判规则的需要

无论是惩治绿色金融犯罪，还是解决绿色金融民事、行政纠纷，都需要专业的绿色金融纠纷解决渠道。立法过程繁杂冗长，而绿色金融的发展却日新月异，为统一裁判尺度，推动绿色金融稳定可持续发展，为绿色金融提供全程的司法保障，在司法改革与金融改革并进的契机下，需要统一的绿色金融审判规则。目前，我国的金融立法散见于《合同法》《商业银行法》《公司法》等零散的部门法之中，并没有专门的绿色金融规制的法律，这使得个案的司法审判在很大程度上成为实际上的绿色金融交易规则和审判标准。绿色金融案件具有集团性、相似性、金额巨大、影响较大等特点，且绿色金融作为新事物，任何一个判决都可能成为金融机构、企业和政府监管机构和普通公民绿色金融的交易向导。它不仅可以和绿色金融政策合力共同规范绿色金融市场，同时还可以对于绿色金融监管中或者金融机构中的霸王条款、无效条款进行纠正并提出司法建议，矫正绿色金融市场及弥补绿色金融监管政策的不足。从而通过绿色金融案件的裁判，反作用于绿色金融交易规则的制定和绿色金融监管体系和信用体系的完善。

（五）衡平企业、金融机构、政府的需要

绿色金融具有两大特点：一是更强调人类社会的生存环境利益，通过自身活动引导各经济主体注重自然生态平衡，讲求金融活动与环境保护、生态平衡的协调发展。二是实施需要由政府政策推动。①绿色金融是国家政策引导绿色生态环保发展的金融产物，具有很强的政策性和宏观调控性。既然是具备政策性的金融模式，那么自然会存在行政化的影子。绿色属于公共产品，绿色金融作为服务公共的金融政策，增加了绿色评级认定程序，同时也增加了绿色审批监管等模块。对于绿色金融也限定了特定的绿色生态用途。由于绿色金融是弥补传统金融向绿色经济发展的不足，这就使得要平衡金融机构与绿色企业或项目有利可图，政府就必须给足双方有利的政策支撑。在有利可图的过程中，就会有越来越多的非绿色金融机构和非绿色金融企业钻法律空子，借绿色之名，谋取利益。那么政府自然需要对此类活动进行严格的把关，增加审批认定程序和对资金流动的监管。只要有往来就可能发生纠纷，在绿色金融蓬勃发展的情况下，绿色金融纠纷自然会越来越多，单单依靠企业或金融机构自身是很难解决的，再者政府作为绿色金融的推动者同时也是监管者，在政府与金融机构或者绿色企业之间发生纠纷时，司法救济就显得至关重要。绿色金融虽然是政策推动的，但是在依法治国的今天，在法治政府的当下，任何政策任何监管审批都应该有法可依，在法律的规范下进行。当绿色金融审批、监管等出现瑕疵，必须通过司法审判的方式进行矫正。通过司法裁判的方式使得绿色金融政策不偏离绿色生态的轨道及法律的规定。在绿色信用上而言，假如贷不贷款、绿色信用如何完全由绿色金融机构说了算，那么会使得绿色金融机构为了规避风险，选择性贷款。当金融机构或者绿色企业对于绿色评级等存在异议时，为了完善评级程序和监管体系，可以通过诉讼的方式对绿色评级进行确认或更改，从而完善绿色评级制

① 《绿色金融的两大特点》，《金融时报》，http：//m. jrj. com. cn/madapter/finance/2017/03/08044022147873. shtml。

度。绿色金融法院不仅可以解决绿色金融中存在的各类纠纷，更能矫正绿色金融的监管和审批模式，建立合法、合生态的绿色金融规程。绿色金融法院的建设，可以规范绿色金融的行政权行使，在企业、金融机构和政府监管机构之间搭建一个沟通与制衡的桥梁。

基层专业化法庭在市域社会治理现代化中的功能研究

——以观山湖区人民法院绿色金融法庭为样本的实证分析

贵阳市观山湖区人民法院课题组*

摘 要： 城市治理是推进国家治理体系和治理能力现代化的重要内容，是国家治理在市域范围内的具体实施，在国家治理体系中具有承上启下的枢纽作用。本文以全国首家绿色金融法庭——贵阳市观山湖区人民法院绿色金融法庭为样本，研究分析基层专业化法庭的治理内核，探索构建具有社会回应性与时代适用性的“121 标化速裁＋诉讼诚信奖惩”机制，通过研究分析绿色金融法庭的设置背景、价值取向、运行模式以及彰显意义等，为人民法院与人民法庭推进市域社会治理现代化提供生态的、可持续发展的路径。

关键词： 基层专业化法庭　绿色金融　市域社会治理　观山湖区人民法院

“城市治理是推进国家治理体系和治理能力现代化的重要内容”[①]，“是国

---

* 课题组成员：徐涛，贵阳市观山湖区人民法院党组书记、院长，贵州省首批审判业务专家，贵州省法治研究与评价中心研究员，贵州大学法学院法律硕士校外导师，三级高级法官；黄余，贵阳市观山湖区人民法院党组成员、审判委员会专职委员，四级高级法官，法律硕士；任光焰，贵阳市中级人民法院知识产权庭副庭长，四级高级法官，法律硕士；苏飞，贵阳市观山湖区人民法院审判委员会委员，中国司法大数据研究院法律研究员三办负责人，一级法官。

① 习近平：《深入学习贯彻党的十九届四中全会精神提高社会主义现代化国际大都市治理能力和水平》，新华网，2019 年 11 月 3 日。

家治理在市域范围内的具体实施，在国家治理体系中具有承上启下的枢纽作用”①，是实现党的十八届三中全会确立的全面深化改革总目标国家治理体系和治理能力现代化的战略抓手。新时代新形势新任务，人民法院与人民法庭作为党领导的基层司法机关，是党治国理政的重要力量。如何公正司法、司法为民，在“一元多层次”② 的市域社会治理体系中充分发挥职能作用，生成与推动社会治理现代化，是司法面临的重要理论课题和实践命题。课题组以贵阳市观山湖区人民法院绿色金融法庭（全国首家绿色金融法庭，以下简称法庭）为样本，研究分析法庭基于以法弘道③的治理内核，探索构建具有社会回应性与时代适用性的“121 标化速裁 + 诉讼诚信奖惩”机制，以期为人民法院与人民法庭推进市域社会治理现代化提供一个生态的、可持续发展的路径。

一　绿色金融法庭的成立：经济发展新常态与审判专业化改革之必然

改革开放以来，特别是践行“创新、协调、绿色、开放、共享”新发展理念以来，我国经济已进入高质量发展新常态，绿色金融成为经济发展方向。多彩贵州，弯道取直、后发赶超，国家生态文明试验区、国家绿色金融改革创新试验区、国家生态产品价值实现机制多个试验试点工作开展得如火如荼，绿色金融生机蓬勃。爽爽贵阳，知行合一、协力争先，奋力推进“大扶贫”“大数据”“大生态”三大战略，全力打造“平安贵阳、法治贵阳、中国数谷”，“引银入筑”升级“引金入筑”，以贵州金融城④为中心，辐射全市、全省金融，大数据格局初步形成，绿色金融、网络金融等创新金融如雨后春笋般蓬勃发

① 陈一新：在全国新任市地级政法委书记培训示范班开班式上讲话，2018 年 6 月 4 日。

② 余钊飞：《新时代“枫桥经验”与市域社会治理现代化》，《人民法院报》2019 年 11 月 22 日。

③ “道”专指社会主义核心价值观。

④ 贵州金融城位于贵阳市观山湖区，是贵阳市“引银入筑”项目，规划为集国内外知名银行、保险、证券、信托等金融机构，世界 500 强、国内 500 强企业及国内外上市公司总部于一体的城市经济集合体。2016 年前称贵阳国际金融城。截至 2017 年，贵州金融城已入驻中国农业银行贵州分行等 18 家银行、中国人寿等 8 家保险公司、中天证券等 8 家证券公司及其他 300 多家金融企业。

展。作为全市乃至全省金融、大数据核心区域的观山湖区，各类案件呈井喷式增长，其中，金融案件增长趋势尤为突出，每年以30%至50%的速率递增。[①]

观山湖区人民法院作为贵州金融城所在地、法治贵阳排头兵，身负化解与日俱增的民商事矛盾案件的重任。但在人案矛盾已经非常突出的情况下，如果再用传统审判思路、理念、方式去解决新案件，必将继续背上沉重的案件包袱，继续面临审判效率低下等问题，更不能满足新常态下人民群众和金融机构对金融案件的新需求[②]和市域金融治理现代化的新需要。

“无论是分析形势，还是做出决策，无论是破解发展难题还是解决涉及群众利益的问题，都需要专业思维，专业素养、专业方法”[③]。2017年7月14日，习近平总书记在第五次全国金融工作会议上指出“健全符合我国国情的金融法治体系”，中央深改组会议提出“要围绕金融工作服务实体经济、防控金融风险、深化金融改革的任务，发挥人民法院的职能作用，对金融案件实行集中管辖，推进金融审判体制改革，提高金融审判专业化水平，建立公正、高效、权威的金融审判体系”。2017年8月，最高人民法院在《关于进一步加强金融审判工作的若干意见》中提出“根据金融案件特点，探索建立专业化的金融审判机构”。专业化审判之路成为观山湖区人民法院金融审判改革的应然之选。中央的决策，省市领导机关的支持，为观山湖区人民法院突围人案矛盾困局，提升司法效率、实现司法公正创造了机会。2017年初，观山湖区人民法院提出在贵州金融城筹建法庭申请。经贵州省高院2017年7月批准，法庭于2017年10月16日在贵州金融城挂牌成立。

法庭成立两年多来，始终坚持党的领导，坚持以习近平总书记关于“金融本质与规律”的经济理论为指引，提出了“绿色、专业、致公、卓越”的工作主线，秉持专业化方式审判金融案件，坚持遵循金融司法规律，大胆创新司法模式。首先，观山湖区人民法院将全院的“刑事、民事、行政”金融案

① 观山湖区人民法院2015年收案5902件，2016年收案8089件，2017年收案11075件。其中，金融案件2015年收案707件，2016年收案1077件，2017年收案1402件，2018年收案2140件，2019年收案3451件。

② 2017年初，观山湖区人民法院对贵州金融城中100家金融机构进行问卷调查，其中，有98家要求改变诉讼周期长、诉讼半径大、执行难的司法现状；有86家诉求专业化审判、统一裁判尺度。

③ 习近平：《在党的十八届五中全会第二次全体会议上的讲话》，中新网，2016年1月1日。

件，统一划归金融法庭集中审理，着力推动市域金融治理现代化。其次，以问题导向、目标导向，打破传统审理运作机制，大胆探索构建了从起诉送达到宣判各岗位的审判流程新模式，形成了“121 标化速裁 + 诉讼诚信奖惩”机制审理新机制。成立两年多来，法庭共受理各类金融案件 6014 件，审结 5997 件，涉案标的额 21. 27 亿余元。在审结的案件中，普通程序陪审率 100%、一审改判发回重审率 0. 40%、生效案件改判发回重审率 0%；简易程序适用率 77. 87%、法定期限内结案率 100%、平均审理 35. 52 天、当庭裁判率 90. 99%；息诉服判率 89. 95%，调撤率 20. 86%，自动履行率 99. 97%。以上指标，不仅远高于该院的其他民商事审判部门，而且远高于贵阳市全市基层人民法院的平均水平。

二 “121标化速裁 + 诉讼诚信奖惩”司法模式：金融司法规律与社会主义核心价值观之必然

（一）样本构建背景

1. 传统审判存在的痛点

法庭成立伊始，对传统金融案件的审判方式、质效指标进行深入调研与深刻反思，发现两个痛点：一是未按金融类案件的特点及规律，实行集中集约式的要素式审判，内驱不足。二是当事人在诉讼过程中存在大量的不诚信诉讼行为，表现为不正当行使诉讼权利和不积极履行诉讼义务，外驱乏力。具体表现为立案时提交的被告信息不正确、逃避送达、恶意提起管辖异议、故意提起司法鉴定、假意提起反诉、未在规定的举证期限内提交证据、申请追加与案件无利害关系的人员参加诉讼等情形。特别是当事人逃避送达，拒绝应诉，导致法院直接送达难，法院步入公告送达误区，审理周期进一步延长。据统计，2017 年观山湖区人民法院审理的 8725 件结案中，有 1902 件因不诚信行为而导致案件超出法定审理期限达 180 天之久。

2. 创新审判追求的目标

努力让人民群众在每一个金融案件中感受到司法公平正义，是金融审判的核心职能和追求目标。痛则不通，通则不痛。民有所呼，改革应有所应。如何以市域金融治理为契机，精准施策回应金融主体呼声，创新审判革除传统审判的两个痛点，提升质效，推动法治金融、信用金融发展，营造良性营商环境，成为法庭的现实需要和首要任务。

（二）样本主要内容

1. 121标化速裁

“121”是指“运行一个标化（速裁）流程，抓住两个关键环节，追求一个质效目标”。具体来讲，“一个标化流程”就是将金融案件的借款事实、担保事实、履约事实、诉讼请求细化为诉讼主体、诉讼管辖、诉讼请求及抗辩理由、本金金额、利罚息利率、还款方式、到期或提前到期时间、尚欠本息明细、核销情况等事实要素与程序节点，并据此确定立案人员、书记员、法官助理、法官各岗位的职责和办案流程，使立案登记、送达、庭前会议、庭审及当庭裁判等环节流程化、标准化、格式化，从而形成各环节协同发力，分阶段快速消化案件的审判机制。“两个关键环节”，就是实名制移动电话电子送达和要素式裁判。第一个关键环节，是根据最高人民法院《关于进一步加强民事送达工作的若干意见》，利用贵阳市打造“中国数谷”，建设国家大数据（贵阳）综合试验区核心区的有利机遇和电话实名制推动成果①，制定《实名制移动电话电子送达规则》，推行实名移动电话电子送达，明确当事人不诚信故意逃避送达视为送达的几种情形，从而解决送达难题，基本抛弃公告送达。第二个关键环节，是围绕要素式裁判核心，衍生要素式立案、要素式质证、要素式开庭、要素式裁判文书一键生成，集中当庭裁判，解决诉讼过程中重复性耗时性工作问题。“追求一个质效目标”，就是追求质量评估指标体系中各项办案指标②的最优化。案件质量

---

① 据工信部信息，截至2017年6月30日，各省已实现全部电话用户实名登记。

② 最高人民法院从2008年开始探索构建案件质量评估指标体系，2011年3月正式下发《关于开展案件质量评估工作的指导意见》，对试运行3年的案件质量评估指标体系进行了调整完善，形成了三级31个指标体系。其中，反映案件审判公正的指标有一审案件陪审率、一审案件改判发回重审率、生效案件改判发回重审率等11个；反映案件审判高效的指标有法定审限结案率、平均审理周期、法官年人均结案率、当庭裁判率、一审简易程序适用率等10个；反映案件取得良好法律与社会效果指标有一审服判息诉率、调撤率、裁判自动履行率等10个。

是审判的生命线，是人民法院审判能力和审判体系现代化的真实反映，而质效指标就是体现案件质量的客观标准和依据。质效指标优，即表明案件质量好、审判效率高、案件的法律效果与社会效果相统一。因此，追求案件质效指标最优，就是努力实现让人民群众在每一件司法案件中感受到公平正义。

2. 诉讼诚信奖惩

诉讼诚信奖惩就是在诉讼中奖励诚信行为，惩罚不诚信行为，做到“两个一律”。即对积极的不诚信诉讼行为，包括虚假陈述、虚假提供证据、滥用诉权等，一律依照民诉法及司法解释、证据规则的规定依法训诫、罚款等，加速失信行为的认定并提前纳入黑名单；对诚信行为，包括如实陈述与抗辩、主动提交反映案件事实的重要证据、主动化解矛盾、积极按照法院的要求履行诉讼义务等减轻各方当事人诉讼成本的，一律进行适当鼓励，包括优先调解、优先审理、优先结案，在同等条件下适当轻判违约责任，诉讼费适当分担等。对于判决后主动履行判决的，减速纳入人民法院失信人员黑名单。

除了上述措施以外，法庭还对不诚信当事人建档立卡，固化不诚信事实，并以司法建议等形式向相关职能部门提出意见，或者同时向银行、市场监管等部门推送不诚信记录，提前预警失信风险。诉讼诚信奖惩机制当事人的诚信行为与审判行为紧密结合，多层次地反映诚信记录并将其纳入社会征信体系建设中。

3. 标化速裁与诚信奖惩的内在逻辑

标化速裁尊重司法规律，是司法的内升动力，解决司法内环境存在的问题，是法治保障；诚信奖惩培育社会信法、敬法、守法品格和精神，是司法的外援驱动，解决司法外环境存在的问题，是德治教化。标化速裁 + 诚信奖惩模式是社会主义核心价值观融入当代中国特色法治理论在司法领域的具化，两者相辅相成、相互促进、相得益彰，统一于司法公正高效。如果只有标化速裁，大量的不诚信诉讼行为会极大地降低司法效能；如果只有诚信奖惩，有限的司法资源也会极大地削弱司法效果，司法公正高效均成无源之水、无本之木。

（三）样本运行效果

样本运行两年多来，由于事实要素和程序节点进行流水标化，案件事实清楚、程序合法，案件公正高效，政治效果、法律效果与社会效果高度统一，全面诠释了法庭“绿色、专业、致公、卓越”的审判理念。课题组在公正指标、效率指标、效果指标中各取一至三个关键指标，以法庭、观山湖区人民法院、贵阳市十家基层法院均值三组同期数据作对比证明。

1. 审判公正

在审判公正评估指标方面，法庭一审案件改判发回重审率、生效案件改判发回重审率均远优于观山湖区人民法院和贵阳市基层人民法院均值。其中，一审案件改判发回重审率，2018 年、2019 年，法庭分别为 0.34%（改判和发回重审共 8 件）、0.47%（改判和发回重审共 16 件）。同比，观山湖区人民法院分别为 1.16%、1.00%，全市基层法院均值分别为 1.13%、0.72%（见图 1）。

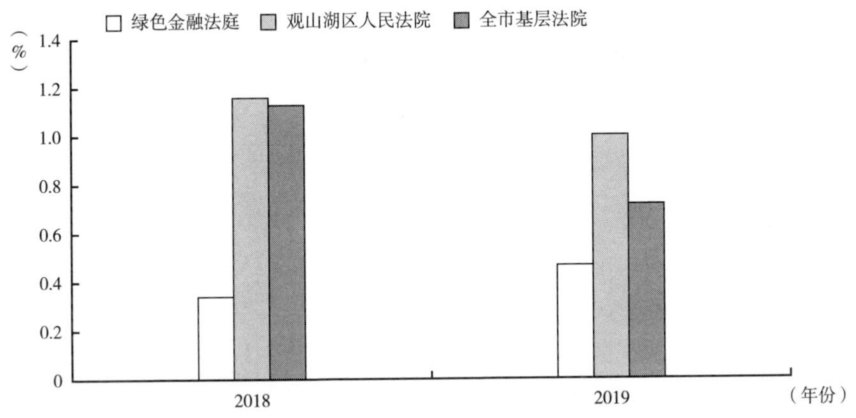

图 1　2018 ~ 2019 年一审判决案件改判发回重审率

2. 审判高效

在审判效率评估指标方面，平均审理时间、法官年人均结案数、当庭裁判率均优于观山湖区人民法院、全市基层法院均值。2018 年、2019 年，法庭平均审理时间分别为 30.47 天和 39.12 天。同比，观山湖区人民法院分别为 68.99 天和 60.88 天，全市基层法院均值分别为 62.59 天和 63.36 天（见图 2）。

2018 年、2019 年法官年人均结案数分别为 701 件和 1136.67 件。同比，观山湖区人民法院分别为 412.07 件和 566.62 件，全市基层法院均值分别为 305.17 件和 425.50 件（见图 3）。

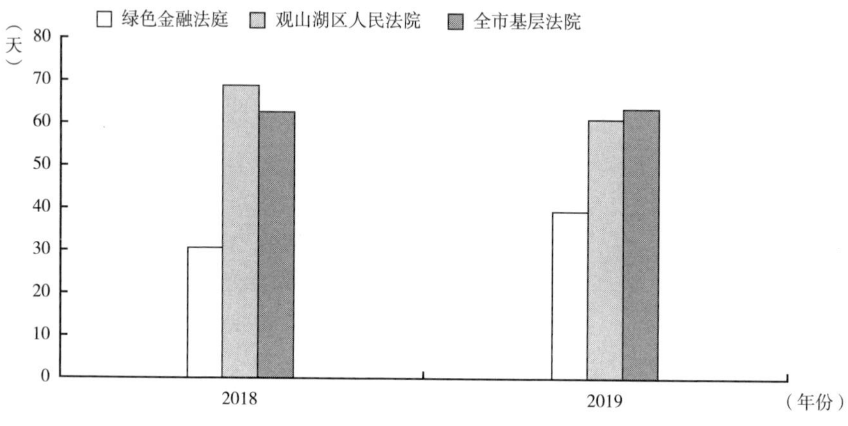

图 2 平均审理时间（2018～2019 年）

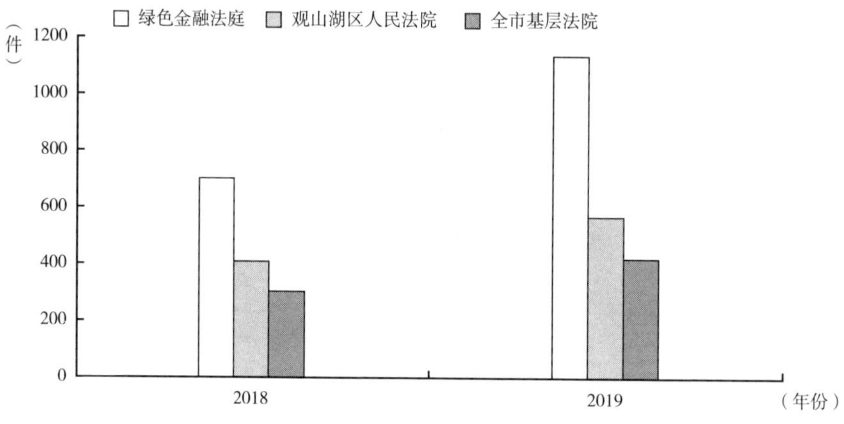

图 3 法官年人均结案数（2018～2019 年）

2018 年、2019 年的当庭裁判率均值比较，法庭分别为 69.22% 和 88.88%，同比，观山湖区人民法院分别为 35.21% 和 42.2%，全市基层法院均值分别为 35.4% 和 50.51%（见图 4）。

3. 审判好评

在审判效果评估指标方面，一审服判息诉率、调撤率、自动履行率也优于观山湖区人民法院、全市基层法院均值。其中，一审服判息诉率 2018 年、2019 年分别为 91.59%（审结 2105 件，仅上诉 177 件）、88.87%（审结 3351

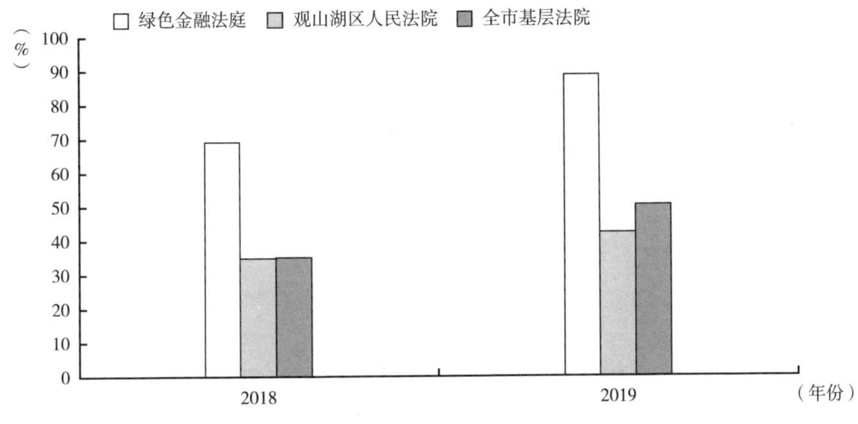

图 4　当庭裁判率（2018～2019 年）

件，仅上诉 373 件），同比，观山湖区人民法院分别为 74.97%、80.95%，全市基层法院均值分别为 83.31%、83.90%（见图 5）。

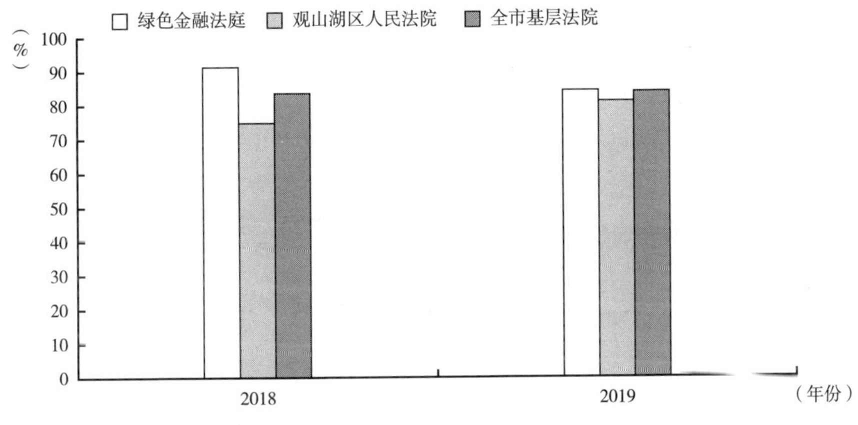

图 5　一审服判息诉率（2018～2019 年）

特别是自动履行率。法庭依职权对当事人的实名制移动电话号码进行查询，极大地提高了电子送达率，同时采取诸如减免利罚息、减轻借款人融资成本等诚信诉讼奖励措施，使得当事人的应诉率、自动履行率提高，金融机构起诉案件的融资周期变短，融资提速，利润不减反增，借贷双方均受益，胜败皆服。以观山湖富民村镇银行为例，作为股份制村镇银行，注册资本 3000 万元。

2018 年，有不良贷款 4447 万元共 286 件案件进入诉讼。在诉讼过程中，被告应诉调撤 168 件，自动履行本息 1504 万元。再如，上市公司贵阳银行，2019 年起诉到法庭的不良信用卡贷款 768 笔，涉及本息 685.02 万元。被告应诉调撤 376 件，自动履行本息 570.7 万元。以上两家银行的诉讼状况，较法庭成立以前均大为改观。两年多来，法庭已被贵阳市法律职业共同体认可，“绿色金融法庭能管的案件，一定到绿色金融法庭立案”，已成为贵阳市律师的共识。

三　服务实体经济、防范金融风险、服务金融改革

“金融是现代经济的核心。金融活、经济活；金融稳、经济稳。金融安全是关系我国经济社会发展全局的战略性、根本性大事”①。因此，金融治理是国家治理的重要支撑，更是市域社会治理的重要维度。“市域社会治理现代化事关顶层设计落实落地，事关市域社会和谐稳定，事关党和国家长治久安，在国家治理体系中具有承上启下的枢纽作用。政治、法治、德治、自治、智治联动融合是推进市域社会治理现代化的有效方式”②。121 标化速裁 + 诉讼诚信奖惩机制，在司法为民的政治引领下，以信息化为智治支撑，既以法弘道，以道护法；又以德化民，以民护法，促进和生成法治、德治、自治联动融合，是推进市域社会治理现代化的有效方式。

（一）以金融安全为抓手推动共建共治共享现代化市域社会治理格局

1. 依法快审快结各类金融纠纷，充分发挥金融司法定分止争的核心职能作用，化解金融系统性风险，辐射贵阳市域治理的金融安全

在刑事审判方面，认真贯彻认罪认罚被告人，依法从轻、从快的刑事政策惩罚金融领域犯罪，维护金融安全。2018 年，快审快结观山湖区仅有的 2 件

① 习近平：在中共中央政治局就维护国家金融安全进行第四十次集体学习时强调，2017 年 4 月 25 日。

② 陈一新：在全国新任市地级政法委书记培训示范班开班式上讲话，2018 年 6 月 4 日。

信用卡诈骗案，产生了较大的威慑力。在商事审判方面，用“121 标化速裁 + 诉讼诚信奖惩”机制服务实体经济，防范金融风险。此外还创新审判理念，一是抛弃金融机构利率上限参照民间借贷年利率 24% 的利率的审理思路，针对金融机构的特点和金融政策，认定金融机构年利率上限为 18%，降低实体经济的融资成本，解决小微企业、个体工商户、农村承包经营户等实体经济存在的融资贵问题，推动金融反哺实体经济的金融供给侧改革，在全球全国经济下行的大背景下，营造良好的营商环境。二是根据金融案件的规律和特点，创造性地将举证责任倒置规则引入金融司法领域，明确金融企业对借款人还款事实承担举证责任，既规范和推动了金融机构的区块链第三方存证，又节省了司法资源①。实践两年多来，金融案件均能实现一步到位当庭裁决，深得金融机构认可。

2. 依法及时向公安机关、金融监管机构移送非法金融活动线索，尽力延伸金融司法金融法治监管职能作用，净化金融环境、维护金融秩序

两年多来，法庭共向公安机关及省地方金融监督管理局移送职业放贷、变相非法放贷（以汽车销售合同、融资租赁合同等合法形式放贷）、变相第三方支付、非法放贷、关联企业担保、以 POS 机刷卡套现、无资质的职业 P2P 担保、P2P 非法集资、P2P 自行非法放贷、P2P 发布假标非法吸资、P2P 卷款潜逃等违法金融活动线索 100 余件，涉案金额 54 亿余元。随着法庭案件移送数量的增加、市域金融治理的需要和国务院整顿 P2P 平台的要求，贵阳市加大了非法金融治理的力度。贵阳市金融办于 2019 年 9 月 10 日印发了《贵阳市关

---

① 我国的举证责任倒置规则主要见于侵权法律中，如《侵权责任法》第六十六条“因污染环境发生纠纷，污染者应当就法律规定的不承担责任或者减轻责任的情形及其行为与损害之间不存在因果关系承担举证责任。”第八十五条“建筑物、构筑物或者其他设施及其搁置物、悬挂物发生脱落、坠落造成他人损害，所有人、管理人或者使用人不能证明自己没有过错的，应当承担侵权责任。所有人、管理人或者使用人赔偿后，有其他责任人的，有权向其他责任人追偿”等。此外《劳动争议调解仲裁法》第六条，《消费者权益法》第二十三条，《公司法》第六十三条对举证责任倒置也有规定。现代化金融，金融机构信息化管理借款人账户是常态，目前，金融机构正在推动区块链第三方存证，案件所需的借款人还款事实方面的证据金融机构均持有。而借款人却常因保管不善丢失还款凭证，导致在诉讼过程中，人民法院依申请或主动到金融机构调取银行流水，往往需要二次开庭，既耗时又浪费司法资源。金融机构持有证据符合举证倒置情形，可引入。规则引入以来，金融机构高度认可，在庭前准备阶段提供借款人的银行流水，确保一次开庭裁决结案。

于 P2P 网络借贷风险专项整治 – 第一批僵尸类、失联类、停业类、自愿退出类机构名单的公告》，先批对全市 18 家平台进行了清理。相继，全省、市地方金融监督管理局列入整顿的 P2P 平台 63 家中现有 18 家依法退出、停业 24 家。市域治理与人民法院司法实践高度融合，齐抓共管，形成了强大的合力，最终确保了贵阳市乃至贵州省的金融安全。

（二）以社会征信 + 金融监管为抓手创新现代化市域社会治理体制

1. 聚力构建诉讼诚信奖惩机制，推动完善社会征信体系

2018 年初，法庭与多家银行、市区金融办座谈，聚力构建诉讼诚信奖惩机制，连接执行失信惩戒制度，构建诉讼失信惩处体系，培育和弘扬社会主义核心价值观，提升社会法治思维及法治方式，从源头防范纠纷发生。

两年多来，对 75 件原告不按时到庭案件，按原告自动撤诉处理；对 2 件虚假诉讼案件、15 件虚假陈述案件的当事人给予训诫处理，如法庭对被告黔商市西担保公司恶意提起管辖异议处以高达 50 万元的罚款；对 1357 件逃避送达的案件当事人按缺席处理。同时，对 672 名诚信诉讼的当事人奖励不负担案件受理费（由金融机构负担），对 1569 件诚信诉讼案件诉讼优先，对 51 件加大纠纷调处力度，重新获得了银行的授信融资支持（贷新还旧）。对不按标化着装的律师给予 30 余次训诫及禁止出庭等惩戒措施。对拒不协助法院调查的中国移动公司贵州省分公司工作人员罚款一次，最终促使该公司无条件向全省法院系统提供实名制电话查询服务。

2. 协力完善司法建议机制，构建系统性的金融监管体制

2018 年，法庭与多家金融机构、市银保监会、市区金融办联席通过《司法建议答复纪要》，明确对法庭的司法建议必须答复办理情况，弥补了司法建议原有的只有建议、没有答复的缺陷。两年多来，各金融机构及监管部门对法庭发出的 30 多份司法建议均给予答复。其中，关于格式合同中约定涉诉送达确认地址及实名制移动电话作为合同条款的司法建议，被上海浦发银行全国总部采纳并确定为 2020 年该行通用的合同标准样本。法庭还针对金融机构存在的“三查”（贷前调查、贷时审查、贷后检查）不严、经办人代借款人担保人签名、借新还旧后抵押物不重新办理登记、先签合同后填内容等问题提出司法

建议，均被完全采纳。

3. 合力打造诉调中心，完善诉调对接机制，坚持多元化解

“能调则调”“调解优先”，坚持调解机制放首位。2019 年 9 月，观山湖区人民法院与贵州省法学会合作，构建运行“捆绑 1 + 4”调解模式（调解与保全、质证、庭审、效益捆绑）。在此基础上，法庭与省法学会金融法学研究会、省金融协会调解中心联合打造集金融司法研究基地与金融案件调解于一体的诉调中心，特邀省社科院、省法学会、省财经学院、省人民银行的知名金融专家、学者、教授，对金融司法进行实证研究及委托调解。截至 2019 年底，已开 3 个专门课题，共委托调解 213 件案件。

（三）以信息化为抓手加快推进现代化市域社会治理方式

1. 依托实名制移动电话、Word 办公系统、法院办案平台，实现诉讼数据化

2018 年，法庭推出实名制移动电子送达机制，解决困扰法院多年的送达难问题。通过中国移动、联通、电信三大营运商，全国法院办案系统平台、公安分局户籍系统查询等渠道，查询当事人正在使用的实名制移动电话，用法院办案系统向当事人推送诉讼文书，进行电子送达。同时，对批量诉讼案件，使用要素式电子表格一键生成法律文书，文书制作批量化、数据化。两年来，法庭通过实名制移动电话电子送达 5184 件，批量生成法律文书 2931 件。

2. 整合最高人民法院裁判文书公示系统、贵州法院办案系统、庭审直播系统、法庭专用微信号等平台，打造电子诉讼通道

法庭自建立以来，在最高人民法院裁判文书公示系统、贵州法院办案系统、庭审直播系统上深入推进审判公开、裁判公开，阳光司法。整合贵州法院诉讼服务系统、庭审直播系统、法庭专用微信号，建设线上立案、送达、调解、开庭、宣判的网络法庭，打造数据化诉讼。推出当事人自选线上线下或线上 + 线下组合等便民措施，提升当事人的幸福感、获得感。

结　语

“121 标化速裁 + 诉讼诚信奖惩”机制，在司法中培育社会主义核心价值

观，既以法弘道，以道护法；又以德化民，以民护法的功能和路径，促进和生成政治、法治、德治、自治、智治“五治”联动融合，司法紧紧抓住专业金融审判重要内容，推进市域现代化在金融领域的特别治理，充分实现专业化法庭的特有作用。“121 标化速裁 + 诉讼诚信奖惩”机制不仅仅是法庭司法改革效果回馈社会的体现，更是司法融合社会治理的有效方式，还是司法推进社会诚信建设、社会综合治理的多位一体格局体现，该模式可复制，具有一定的普适性，这也是本文分析样本的重要原因。

观山湖区人民法院“1+N”诉源治理模式的调研报告

贵阳市观山湖区人民法院课题组*

摘　要：如何在民事司法领域“诉讼爆炸”景象①下“把体现人民利益、反映人民愿望、维护人民权益、增进人民福祉落实到全面依法治国各领域全过程”，这对国家治理体系和治理能力现代化建设提出了新的要求、新的期待。对此，党中央顶层设计了“完善多元化纠纷解决机制”改革方案，最高人民法院对开展多元化纠纷解决机制改革做出了具体部署。四川、重庆等地方法院迅速展开探索实践，形成了以“党政主导、司法推动保障、多元协同参与”②

* 课题组成员：徐涛，贵阳市观山湖区人民法院党组书记、院长，贵州省首批审判业务专家，贵州省法治研究与评价中心研究员，贵州大学法学院法律硕士校外导师，三级高级法官；赵燕华，贵州省法学会研究部负责人，中国法律咨询中心贵州分中心主任，法学博士；黄余，贵阳市观山湖区人民法院党组成员、审判委员会专职委员，四级高级法官，法律硕士；苏飞，贵阳市观山湖区人民法院审判委员会委员，一级法官，三办负责人；徐力，贵阳市观山湖区人民法院绿色金融法庭负责人，一级法官，法律硕士；张贵梅，贵阳市观山湖区人民法院二级法官；刘忱，贵阳市观山湖区人民法院三级法官。执笔人：徐力、苏飞、刘忱。

① 参见左卫民《“诉讼爆炸”的中国应对：基于W区法院近三十年审判实践的实证分析》，《中国法学》2018年第4期，第238~260页；蒋银华、谢可训也在撰写的文章中对“诉讼爆炸”进行了分析和解读。

② 参见最高人民法院《关于人民法院进一步深化多元化纠纷解决机制改革的若干意见》，意见明确了人民法院加强平台建设的主体责任以及健全制度建设的推动责任；参见四川省成都市中级人民法院课题组（主持人郭彦）：《内外共治：成都法院推进“诉源治理”的新路径》，《法律适用》2019年第19期，第15~23页。文中指出成都法院“诉源治理”格局为：党委领导、政府主导、司法推动、部门参与、社会自治；参见（转下页注）

为主要内容的经验模式。贵阳市观山湖区人民法院立足“人案矛盾”突出实情①，与贵州省法学会携手，在区党委领导、政府支持下，构建起由区党委领导和支持、政府保障和监督、调解中心市场化独立运行、法院指导和对接的“1+N”诉源治理新模式（以下简称：观山湖模式），成效明显。本文将在总结、肯定语境下，对观山湖模式优势和不足进行辨析，对发展完善进行延展式思考，以期为丰富中国特色多元化纠纷解决机制体制建设做出积极贡献。

关键词： 诉源治理　多元化纠纷解决　观山湖区人民法院

一　观山湖模式形成原因

（一）根本性需求原因

2000年，贵阳市为推进西部大开发战略的实施，缓解老城区经济发展压力，经国务院批准，金阳新区（现观山湖区）② 开发建设全面启动。至今，观山湖区以迅猛之势构建起大数据、大金融、大商贸、大会展、大健康、大旅游和现代制造“六大一制”现代产业体系和观山湖现代服务产业试验区、高铁经济产业园、金融会展产业园、大数据产业园、先进制造产业园、商贸物流产业园、百花旅游产业园的“一区六园”产业发展格局，成为贵阳市政治、经

（接上页注②）胡仕浩《中国特色多元共治解纷机制及其在商事调解中应用》，《法律适用》2019年第19期，第3~14页，文中指出在中国特色的多元化纠纷解决机制中人民法院发挥的是引领、推动和保障作用；参见龙飞《“把非诉讼纠纷解决机制挺在前面”的实证研究——以重庆法院实践为样本》，《法律适用》2019年第23期，第76~88页。文中指出重庆法院形成的“荣昌模式”和“酉阳模式”都具有党委领导、法院主导和社会参与的特点；参见左卫民《通过诉前调解控制“诉讼爆炸”——区域经验的实证研究》，《清华法学》2020年第4期，第3~14页。文中指出我国诉前调解制度设计在实践中存在法院主导的诉前调解和以党委、政法委主导的社会大调解两种路径。

① 该院2013年收案1380件，2020年增至26275件，增幅为1803.99%。目前该院中央政法编制数69人，2020年度中央政法编人均结案数（293.06件）高于全市均值（152.92件）的91.64%，这意味着该院每一位干警年度实际承载工作量是全市均值的2倍，即使如此，该院中央政法编人均未结案数（87.74件）仍高于全市均值358.89%，人案矛盾日益严峻。

② 观山湖区由贵阳市老城区西北部的金华、阳关一带片区以及原乌当区野鸭乡、金华镇、朱昌镇、白云麦架乡的部分地区、清镇市的百花湖乡组成，2012年5月完成40平方公里的城市核心区域开发，同年11月15日，国务院批复同意在原金阳新区基础上设立观山湖区。

济、文化中心，是贵州省乃至西南地区重要的交通枢纽。截至2019年底，观山湖区地区生产总值607.05亿元，同比增长10.7%，经济总量跻身贵州省各区（市、县）前5，连续4年入围"中国最具投资潜力中小城市百强区"。大规模的开发建设和经济的迅猛发展，吸引了大批企业和大量外来人口聚居创业，原有熟人社区因建设拆迁与外来人口形成的陌生人社区交织，加之外来务工和创业人员频繁流动对熟人社区形成进程的破坏，原行之有效的社区调解、五老调解等矛盾多元化解模式对纠纷成讼前的筛选和分流功能呈弱化态势，大量未经诉前调解筛选分流的案件涌入法院。2019年，观山湖区万人成讼率增至340.13，次年增至373.67①。新区万人成讼率高位运行必然引发人民群众对多元、权威、便捷解纷模式的需求，这是催生观山湖模式形成的根本性原因。

（二）根本性推动原因

2013年，观山湖区人民法院由原小河区法院更名成立。如图1所示，自成立8年来，观山湖区人民法院收、结案件数量均保持了快速增长，从2013年的收1380件、结1074件增至2020年的收26275件、结20221件，8年间的收、结案增幅分别高达1804%、1783%。如图2所示，合同类案件是民商事案件高速增长的主因。

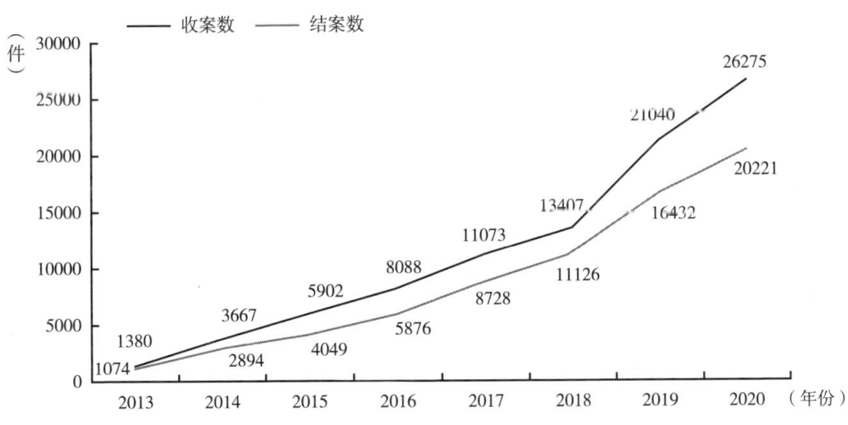

图1　2013～2020年观山湖区人民法院收、结案数

① 2020年度，贵阳市万人成讼率均值为222.08。

图 2　2013～2020 年合同类案件、其他类民事案件增长情况

如图 3 所示，近 8 年来，观山湖区人民法院中央政法编制数仅增 11 人①，中央政法编人均收案数 8 年增幅为 1500%、结案增幅 1483%。针对案件数量大幅度增长，观山湖区人民法院内挖潜力、外争援助，2016～2018 年度，中央政法编年人均结案增速持续超过年人均收案增速。然人力有时尽，2019～2020 年度，中央政法编年人均收案增速反超人均结案增速。这一反超意味着观山湖区人民法院人案矛盾全面爆发，寻找新的路径方法来有效缓解办案力量短缺、加快案件分流减轻审判压力成为法院推动模式形成的根本性原因。

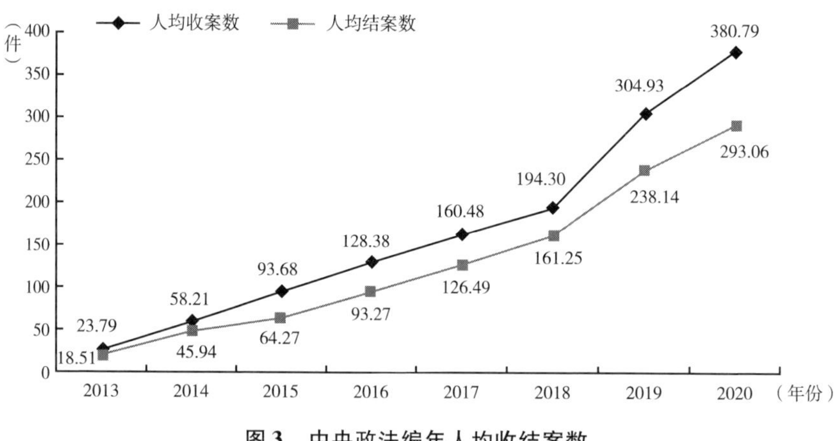

图 3　中央政法编年人均收结案数

① 2013 年，观山湖区人民法院中央政法编制为 58 人；2014～2016 年均为 63 人；2017 年至今为 69 人。

二 观山湖模式推进路径

省法学会要下沉地方支持和服务经济社会发展，观山湖区人民法院要摆脱人案矛盾困境，双方携手从理论和实务两方面反复论证，设计形成“1+N”调解平台和“1+4”调解模式。2019年5月，在省法学会智力支持，观山湖区党委的领导、主导，区政府的支持、监督，区法院的推动、指导下，省法学会应用法学研究会在观山湖区申请成立民商事案件人民调解委员会，同时成立调解中心，两块牌子，一套人马。同年8月开始预调解，9月正式开展调解工作。

（一）“1+N”调解平台

调解平台是以省法学会申请成立的调解中心作为诉前、诉中调解纠纷或委托调解案件的受理和分流中心平台，中心通过吸纳、整合辖区内各调解组织，形成调解网络。调委会（中心）有委员7人，工作人员8人，调解员215名，由省法学会独立市场化运行，区政府根据调解成功案件数量匹配工作经费。调解平台的优势如下：一是平台依托省法学会可迅速聚合大量具有较强专业基础的调解人才；二是平台依托独立市场化运行优势整合辖区各类调解组织；三是平台可借助省法学会专业优势开展辖区调解组织的培训、指导工作；四是平台可借助省法学会快速推进调解组织、调解队伍的专业化、规范化建设，快速形成调解规则等；五是平台独立运行，可避免法院参与推动“诉源治理”工作中出现的伦理风险、法治风险、技术风险①，真正实现“分调裁审”改革战略意图。

（二）“1+4”调解模式

针对诉中调解，调委会（中心）将调解工作与审判工作进行无缝衔接，

① 参见周苏湘《法院诉源治理的异化风险与预防——基于功能主义的研究视域》，《华中科技大学学报》总第161期2020年第34卷第1期，第28~37页。文中认为实务中已形成的法院诉源治理经验模式除发挥了正向的功能作用外，还存在三方面的“异化”风险：一是伦理风险，即有损法官“中立”的角色，超出能动司法的界限；二是法治风险，即架空立案登记，模糊诉中调解与和解的界限，冲击国家机关职能分工；三是技术风险，即机械的绩效评估催生出纠纷非实质性化解现象，过于强调法院主动出击以缓解人案矛盾的做法尚存质疑。

即调解与保全捆绑、调解与质证捆绑、调解与庭审捆绑、调解与效益捆绑，把调解程序模块化、流程化、简捷化，实现调解、质证、庭审“一日衔接”。调解模式的优势如下：一是分流委托调解与当事人财产保全同步进行，解除当事人的后顾之忧；二是调解与质证（在此功能与庭前会议一致）同步，引导当事人基于案件事实形成合理预期，确保调解基于事实依于法律，避免脱离事实和法律的“漫天要价、坐地还钱”，树立调解的权威；三是调解与庭审同步，减轻诉累，节省诉调衔接时间，提升诉调效益，培育群众多元选择解纷方式的意识和意愿。

（三）运行成效

2019 年 9 月至 2020 年底，观山湖区人民法院共计委托诉中调解案件 8524 件，调解成功 1955 件，未调退回 5244 件①，调解成功率为 59.6%，其中 2020 年度调解成功率为 83.75%，诉调工作成效位居贵阳市第一，详见表 1。

表 1　2020 年全市诉调统计情况

单位：件、人

行政区域	法院民商事案件一审立案数	法院推送案件数	调解案件涉及当事人数（含原被告第三人）	司法确认数	调解案件数	调解成功数
贵阳市本级	2944	808	1655	20	197	117
观山湖区	14425	6699	2573	1173	1938	1623
云岩区	17485	2497	2578	960	1719	1162
南明区	22529	7097	3987	514	1595	1160
乌当区	5028	936	2350	94	972	402
开阳县	3489	715	1100	377	701	523
清镇市	6834	4655	9270	574	4655	1259
花溪区	6637	838	377	75	273	140
白云区	2873	1555	1860	74	992	139
息烽县	572	45	89	17	40	27
修文县	1652	276	535	100	276	242

① 未调退回案件是由当事人明确拒绝调解和无法直接联系到被告两类案件组成。

三　对观山湖模式的延展思考

“诉”是指进入诉讼程序的案件，“源”是指纠纷产生的根源、来源，“诉源治理”是指社会个体及各种机构对纠纷的预防及化解所采取的各项措施、方式和方法，使潜在纠纷和已出现纠纷的当事人的相关利益和冲突得以调和，并且采取联合行动所持续的过程。①“诉源治理”有两层含义：一是深化社会基层治理，通过宣传、引导、示范等增强人民群众学法、守法、用法、遵法素养使纠纷止于未发、止于萌芽，通过非诉解纷平台分流化解矛盾，减少成诉纠纷发生量；二是深化诉非衔接机制，通过让诉前未解纠纷快速进入诉讼通道预防次生矛盾发生，通过让诉中简易纠纷借助非诉调解平台快速化解节约司法资源，通过司法裁判强化社会主义核心价值观为非诉解纷树立解纷标尺。“诉源治理”旨在构建社会矛盾纠纷预防、化解多维体系，优化统筹各类解纷资源配置，依法高效便捷化解社会矛盾纠纷。针对“诉源治理”双层含义，课题组对观山湖模式做以下延展思考。

（一）对“诉源治理”主体职能界定

《中共中央关于全面推进依法治国若干重大问题的决定》指出：“健全社会矛盾纠纷预防化解机制，完善调解、促裁、行政复议、诉讼等有机衔接、相互协调的多元化纠纷解决机制。”党的十九大报告提出，要深化司法体制综合配套改革，打造共建共治共享的社会治理格局。顶层设计没有具体明确“诉源治理”的主体。各地在落实中央统一部署工作中，明确“诉源治理”的主体从国家、司法、社会具化到党委、政法委、政府、社会和司法、执法部门。观山湖模式是区域社会治理新需要、法院解决“人案矛盾”新需求和省法学会要服务地方发展等多种因素促成的，在制度设计时具有较强的针对性和侧重性，实践中具体参与的主体及职能是“党委领导、政法委统筹、省法学会参与、法院指导、政府经费保障、司法局监督”，工作重点是缓解法院“人案矛盾”。

① 郭彦：《内外并举全面深入推进诉源治理》，《法制日报》2017年1月14日，第7版。

在“诉源治理”视域下，按照习近平总书记“完善党委领导、政府负责、社会协同、公众参与、法治保障的社会治理体制，打造共建共治共享的社会治理格局”的指示精神和要求，课题组认为，观山湖模式必须坚持党委领导、政法委统筹，这是领导保障、组织保障，不能动摇；省法学会的性质为社团，其本身并不能代表社会矛盾化解的多元力量，故应依托“1＋N”调解平台设计，采用整合、接纳和促进形成等方式，通过“1”这个调解中心平台把辖区的调解组织、调解人员统筹和调动起来，确保“社会参与”实质化、多样性；政府除经费保障外，还应针对社会矛盾纠纷预防健全完善司法社会工作机制，实质化开展纠纷预防和进社区、企业、学校法治宣传、诉调引导等工作，确保大量矛盾止于未发、止于萌芽；法院通过“一站式”诉讼服务加强与调解中心的诉、调衔接工作和对调解中心的调解法律业务指导、社会价值引导、裁判标准示范，解决各地在实践中事实上形成的“法院一根针，调解多条线”困境，节约有限的司法资源；监督则交由国家监督机构和社会大众。综上所述，观山湖“诉源治理”应构建为“党委领导、政法委统筹、政府预防和保障、‘1＋N’调解平台参与、法院指导”工作格局和“社会矛盾纠纷预防化解、案件审判双线互促”多元解纷工作模式。仲裁、行政调解等可单独存在，对上述双线模式形成有效补充，也可通过制度设计纳入“1＋N”调解体系中。

（二）对“1＋N”调解平台职能界定

“法院是法律帝国的首都，法官是帝国的王侯”① “法官是司法权的主体，是司法系统中最具有法力的构成因子”②。近年来，全国各地形成的诉源治理经验模式均强调法院的能动参与问题，如果强调以法院为中心，让员额法官或指定从事司法审判业务的人员直接投身到区域治理“前线”，化纠纷于法院之外，短期看一定程度上可缓解法院收案压力，但从长期看会弱化社会调解组织的独立性和权威性，加剧社会通过法院解决纠纷的路径依赖，从而促使大量非诉矛盾云集于法院，这与“诉源治理”初衷相背离。

---

① 〔美〕R. 德沃金：《法律帝国》，李常青译，中国大百科全书出版社，1996，第361页。

② 汪习根主编《司法权论》，武汉大学出版社，2006，第22页。

从功能主义来看，行动者的地位影响着其行动措施。课题组认为，“1 + N”调解平台的主体地位应当具备独立性且兼具市场化运行的主体性，不应当设计成法院的附设组织或党委政府的职能部门。其理由如下：一是设计成法院的附设组织，会混淆诉前预防、调解与诉中调解界线，不符合中央多元化解部署要求；二是设计成党委政府职能部门，会将非诉矛盾聚集到党委政府，不符合“社会协同、公众参与”社会治理制度设计要求；三是独立市场化运行是调解组织、调解队伍专业化、规范化发展的内驱动力，也是培育社会群体对社会矛盾纠纷自我管理、自我化解意识和能力的必然要求。据此，“1 + N”调解平台的职责有以下几方面：①调解中心的职责，负责调解纠纷（含法院委托的诉中调解案件）受理、调解以及按一定规则向“N”调解组织分流调解案件，指导“N”调解组织的规范化、专业化建设，负责对平台所有调解人员进行调解业务的培训、指导工作，负责建立调解组织、调解人员准入规则并进行准入前培训指导、准入初审工作；②“N”调解组织按照职责分工依托调解中心统一纠纷调解系统平台（可由省委政法委统建全省纠纷调解系统）受理、调解纠纷，依据职责分工对辖区司法社会工作进行业务指导、协助萌芽纠纷化解；③“1 + N”调解平台未解纠纷统一由调解中心与辖区各级法院“一站式”诉讼服务中心负责诉前未解纠纷、诉前调解司法确认以及诉中委托调解案件的衔接、对接工作，在全省范围统一建构诉调衔接工作机制、标准、规则和流程，确保诉前纠纷预防、化解与案件审判按照双线模式运行。

（三）对“1 +4”调解工作模式的扩展思考

“在强大的利益驱动下，如果没有同样强大的规则制约，往往会出现利益对社会规则的漠视，美德迷失于自我利益，就像河流迷失于大海。”[①] 在诉前纠纷调解过程中，调解组织和调解员要关注并妥善处理好纠纷的利益之争和规则之争问题。长期以来，我们有意无意强调纠纷的利益性，忽视了纠纷的规则性，甚至有部分人把“摆平就是水平”当成座右铭，极大地破坏了人民群众对法律（共同规则）的信仰，弱化甚至破坏了纠纷解决对法治社会生成的功

① 〔美〕戴尔·米勒：《社会心理学的邀请》，汪丽华译，北京大学出版社，2008，第166～167页。

能作用。观山湖模式形成之初主要是解决法院的人案矛盾，调解是否同时关注纠纷的利益、规则二元属性，决定了法院能否对依非诉调解平台形成的协议赋予法律强制性保障，在此条件下，实践形成了“1+4”调解模式，解决诉与调的无缝衔接问题。对于诉前调解能否采用该模式，课题组认为：一是调解必须基于纠纷事实，尊重现有法律、法律以及政策规定，如果纠纷的利益处理战胜了规则制约，无理要求获利，调解将面临异化风险，“诉源治理”预期目标将无法实现；二是调解人员应当向纠纷当事人均等提供法律释明、预期引导等专业服务，准确区分纠纷当事人合理诉求和无理要求，杜绝为促进调解成功而成为无理要求的促进者、斡旋者、威逼者；三是基于前述两项要求，对诉前调解仍可借鉴诉中调解中“调解与保全、调解与质证、调解与效益”捆绑模式，同时调解对当事人自愿处分自己权益要用法律、法规进行严格限制，制定当事人自愿处分自己核心权益的审查、确认程序，最大限度地避免社会产生合理怀疑，损害诉前解纷的专业性、权威性。诉前调解“1+4”模式，即“调解与保全、调解与质证、调解与效益、调解与核心权益自愿处分审查”捆绑模式，但法律、法规有禁止性、强制性规定的不能适用自愿处分原则。

（四）对“1+N”调解经费保障思考

目前，各地在“诉源治理”中均是由政府对调解经费进行保障，不同的只是保障的额度和认定应当保障的标准。调解是一直深度嵌入中国传统司法制度并融入中国传统司法文化血脉的一种重要的解纷方式，低成本、高效率和“不争、无讼、息诉”文化意识是调解制度在中国长久存世并与当前“诉源治理”调度契合的根源，在经费保障制度设计上应当充分尊重并保障。课题组建议：①基层人民群众、公益团体等作为纠纷调解申请人时，纠纷调解所需经费由政府全额保障；②具有营利性质的市场主体（国家政策另有规定的除外）作为纠纷调解申请人时，可根据纠纷类型、纠纷难易和争议标的额等综合因素在调解成功后适量交纳部分调解费，不足部分由政府补充；③对诉前调解未果案件移送法院后，对双方在调解中已达成协议的部分不收取诉讼费用，但庭审中双方或一方拒绝执行协议的除外；④调解收费标准和范围可先由地方法规进行规定和规范，成熟后形成法律制度和规定。如此，可在激励当事人选择调解解纷方式的同时减轻政府经费保障压力，快速促进调解组织专业化、规范化、职业化发展，推动“解纷”与“法治”的良性互动，保障“诉源治理”制度设计实质化运行。

（五）观山湖模式异化风险评估和推广建议

比对课题组查阅资料收集到的“诉源治理”异化风险①问题，观山湖模式确立了“1＋N”调解组织的独立市场化运行主体地位，法院和法院工作人员不直接参与诉前、诉中调解工作，不存在伦理风险、法治风险、技术风险。需要关注的是，在诉前调解前置程序未立法并明确类型期间，强推“诉源治理”在一定程度上会架空立案登记制和法院在立案时诉前强制分流调解的正当性问题，课题组认为上述现象会随着社会对非诉调解认同和法律制度建立而随之消失，当前需要加强的就是诉前调解和诉调衔接工作的宣传、发动、引导和释明工作，把争议和不利影响控制在最小范围，同时加强诉前前置调解立法工作。

对于观山湖模式推广问题，课题组建议：①非诉调解组织体系建设问题，可依托市、县（区）法学会分级成立调解中心，在党委领导、政法委统筹和政府支持下，快速分级接纳对接各类调解组织、有效整合社区人民调解组织并对调解员进行培训，形成多专业、多行业、多军种的非诉调解组织体系，省级调解中心对市、县（区）调解组织常态化开展业务指导和人员培训，加快推进调解组织的专业化、规范化建设；②在省级层面推进非诉调解规则等立法工作，规范调解活动和调解人员行为，增强非诉调解的权威性；③由省委政法委统筹建立非诉调解网络平台，打通平台与法院“一站式”诉讼服务平台衔接通道，实现社会矛盾纠纷预防、非诉化解一网统筹和与法院诉讼服务中心“一站式”接入，避免多平台、多路径造成的混乱；④调解经费由各级政府根据调解成功案件数量分级保障，减轻调解经费保障压力。探索设计有限度的调解费用收取和部分调解减免诉讼费制度，在缓解经费保障压力的同时保持调解低成本、高效率优势。

---

① 参见周苏湘《法院诉源治理的异化风险与预防——基于功能主义的研究视域》，《华中科技大学学报》总第161期2020年第34卷第1期，第28～37页。参见王树江《文化、治理及转型——“诉调对接”实践的三层考量》，《法律适用》2019年第21期，第3～10页。

审判辅助事务社会化试点调研报告

苏　飞*

摘　要： 随着全国各地法院进入“诉讼爆炸”时期，观山湖区人民法院同样面临着“案多人少”、审判效率下降的问题，同时法院工作人员的身心健康也受到严重影响。为解决以上问题，法院采用了审判事务社会化理论体系，让专业的人干专业的事，管事不管人，放权不放任，以信息化为支撑进行流程化运作，取得了为法院减负增效支持其正常运作、打破用工传统、摆脱管理及运行瓶颈等一系列成功，降低了法院人员及事务管理的难度，有效提升了法院的工作效率。在外包工作的开展过程中，法院加强对新兴事物的认识，寻找新尝试中顶层设计的支撑，聘用更高水平的法官助理从而提质增效。通过优化集中管理、兼顾流程监控和效果评价来防控审判辅助事务社会化后的风险。

关键词： 审判辅助事务社会化　人少案多　信息化

一　审判辅助事务社会化的深刻背景

随着公民维权意识的提高、矛盾纠纷解决路径的限缩及立案登记制的实行，全国各地法院进入“诉讼爆炸”时期，“案多人少”的窘境频繁上演，为突破这一困境，司法责任制改革势在必行，而且已经发挥重要作用。随着改革的深入，在巨大的案件数量面前，繁杂庞大的审判辅助事务逐步成为困扰法官及审判单元的“大包袱”，严重影响了司法质效的提升，“白＋黑”“5＋2”的

* 贵阳市观山湖区人民法院审判委员会委员，三办负责人，一级法官。

模式更是严重影响了审判人员的身心健康，司法审判事业的可持续发展面临巨大挑战。

在司法人力资源稀缺与审判辅助事务占据大量时间的巨大冲突下，如何让审判人员全面专注于审判核心事务，是司法体制深化改革及司法体制配套改革亟待解决的关键问题。结合审判实务，构建审判辅助事务社会化的工作模式，将审判辅助事务通过购买社会服务等形式进行事务外包，无疑为深化当前司法体制综合配套改革提供了一条全新的路径。

二 审判辅助事务社会化情况概述

（一）审判辅助事务的内涵及范围

目前，我国现行相关法律法规未对审判辅助事务的内涵给予一个明确定义或解释。但学术界对此早有论调，其中主流观点认为审判核心事务与审判辅助事务两者的区分标准为：“是否需要高度的法律判断并且能够产生确定效力或既判力。”行使审判权是法官从事审判事务的核心内容，就案件而言，裁判权是对其程序问题和实体问题做出处分的权利，该处分权的行使需涉及高度专业的法律判断。据此，审判核心事务应是运用高度专业法律判断对案件的程序及实体问题进行处分的审判事务，比如开庭审理、采纳或采信证据、认定案件事实、适用法律、做出裁判及诉讼程序的指挥权等。

区别于审判核心事务，审判辅助事务是指在案件处理过程中，不涉及高度专业法律判断的程序性事务以及不介入或干预案件实体审理和裁判的部分实体性事务，具备一定的司法专业性，但不需要较高程度的法律专业性，具有程序性和高度重复性。结合《关于完善人民法院司法责任制的若干意见》中明确的法官助理、书记员的职责，审判辅助事务应具体包括：立案、分案排期、送达、财产和证据保全、评估和鉴定、调查取证、庭审记录、诉前调解、法律文书上网、上诉移送、案件归档以及草拟法律文书、协助组织庭前证据交换、协助调解、准备与案件相关的参考资料、研究相关案件法律问题等。根据各类辅助事务所需要的法律专业化程度的高低以及与审判核心事务关联性的强弱程度，可进一步将审判辅助事务分为审判辅助核心事务与审判辅助一般事务，前者包括协助组织庭前证据交换、协助调解、草拟法律文书、准备与案件相关的参考资料、研究相关案件法律问题等法律专业化程度要求高、与审判核心事务联系较强的事务，其他辅助事务则可归为审判辅助一般事务。

（二）审判辅助事务社会化的理论、思路

司法责任制改革的核心之一是要解决审判效率的问题，表面上是解决的“案多人少”，其深层次是我国经济高速发展之下对社会分工、劳动分工要求细化的体现，是人民群众日益增长的诉讼需求对审判精细化分工提高质效的回应。将部分审判辅助事务剥离法院，实现审判辅助事务社会化的前提是对审判辅助事务进行精细化分类，根据审判辅助事务的类型特点依托诉讼流程进行深度精细化拆分是审判辅助事务外包的基础。

参照政府购买服务的内涵，审判辅助事务社会化是指人民法院作为主体将部分审判辅助事务通过购买社会服务等形式剥离人民法院，交由社会组织等服务提供者来完成，人民法院对服务法人成果进行验收的一种工作模式。重点解决三个问题：一是将法官从立案到归档的繁杂工作中解放出来，解决法官大包大揽问题，目的是给法官减负；二是将购买社会服务与集约化管理、信息化有机结合，解决管理模式和工作手段滞后问题，目的是提质增效；三是将进一步推进法官队伍的专业化、职业化建设，目的是解决“案多人少”矛盾问题。

三　审判辅助事务社会化是观山湖区人民法院的必然选择

贵阳市观山湖区人民法院由原小河区人民法院更名成立，人员编制数量沿用原小河区人民法院设置，具体为中央政法编制 63 人，机关工勤编制 8 人。至 2017 年 8 月，新增加中央政法编制 8 人，但因人事冻结，一直未实际增加工作人员。2018 年，成立区监察委员会，划编 2 人。现观山湖区人民法院实有中央政法编制 69 人，机关工勤编制 8 人，实际分别在编 59 人和 5 人，若扣除 4 名长期住院治疗干警和 1 名脱产攻读硕士学位人员，共实际在岗 60 人。

在人员不增反降的情况下，法院案件数量仍然保持高位增长，截至 2019 年 5 月 15 日，法院收案 8210 件，与去年同期的 6042 件相比，净增长

35.88%，暂按照该增长幅度预测，法院 2019 年全院收案将达到 17817 件，仅按照 2018 年的结案率 82.99% 计算，法院结案数将达到 14786 件（见表 1）。

表 1　2013～2019 年法院收、结、存案件情况

单位：件

年度	2013	2014	2015	2016	2017	2018	2019
收案数	1380	3667	5902	8088	11073	13407	21040
结案数	1074	2894	4049	5876	8728	11126	16434
未结案数	306	773	1853	2212	2345	2281	3031

7 年时间，法院收案数增长 11.91 倍，结案数增长 12.77 倍，而政法编制人员却在减少。为缓解人案矛盾，可持续发展司法审判职能，观山湖区人民法院在区委、区政府的领导支持下，试图以增加聘用人员的方式缓解人案矛盾，聘用人员亦从 30 人，到 50 人，再到 90 人，最后到 114 人，可随着聘用人员的增加，聘用人员流动性大、业务素质参差不齐、管理难度大等问题快速暴露，对审判执行业务的负面影响也越来越不容忽视。

为更好地解决该困难，观山湖区人民法院严格按照司法责任制配套改革要求，上级法院指示内容，区委、区政府“向机制要编制”的指导精神，积极转变思路，循着中央政法委、最高人民法院推荐司法改革成功经验案例，先后到北京市朝阳区人民法院、四川省宜宾市人民法院、广东省中山市第一人民法院考察学习，充分学习、了解各家法院的先进改革经验，最后结合自身案多人少、案件增长速度迅猛、区域经济活跃等特征，认真选取广东省中山市第一人民法院法务服务外包成功经验进行了充分调研学习，先后自行安排和在贵阳市中级人民法院的统一安排下三次赴广东省中山市第一人民法院学习、考察、调研审判辅助事务社会化工作，并最终作为贵阳市中级人民法院选定的审判辅助事务社会化工作试点法院，开展试点工作。

四　观山湖区人民法院审判辅助事务社会化的具体做法

（一）专业的人干专业的事

观山湖区人民法院在审判辅助事务社会化的过程中，由服务公司提供包括诉讼引导、分案排期送达、卷宗扫描装订、网络查控等内容，运行过程中，法院制定了立案规范、送达规范、排期规则、卷宗装订规范、文书模板等一系列制度细则，为审判单元与审判辅助事务服务公司协调配合奠定基础。

专业的人做专业的事，在立案诉讼服务环节，服务公司工作人员当日受理案件当日录入完毕，录入案件信息的同时即将纸质材料扫描上传，确保信息同步上传、电子卷宗同步生成，让法官第一时间从审判管理系统看到案件全部材料，改变过去从材料接收到录入系统需要三四天的情况。自实行审判辅助事务社会化以来，服务公司案件信息录入人员 6 人，累计立案录入 17283 件，电子卷宗均随案生成，同时完成 7898 次案件排期、改期工作。

专业的人做专业的事，流水线运作扫除送达“拦路虎”。民事送达是民事诉讼中一项基础性诉讼制度，是重要的审判辅助事务之一。但是“送达难”已经成为基层人民法院严重影响诉讼进程发展的“拦路虎”，解决“送达难”，迫在眉睫。审判辅助事务社会化过程中，服务公司利用其精细节点管理、人员安排灵活机动等特点，为化解“送达难”提供了全新的路径。服务公司根据送达方式划分人员岗位，应诉文书制作、电话和电子送达、邮寄送达、委托送达、直接送达、公告送达由不同岗位人员完成，案件卷宗在不同工作人员之间限时流转，改变以往包案到底的模式，搭建了可有效监督的送达高速道路。进入 2019 年以来，服务公司当月成功送达率平均达到 80.94%，意味着法院八成的民商事案件立案当月即可完成送达，次月即可如期开庭审理（见表 2）。

表 2　2019 年 1 ~ 5 月审判辅助事务社会化服务公司送达情况

时间	1 月	2 月	3 月	4 月	5 月
送达收案数(件)	655	839	976	1258	863
完成送达数(件)	322	641	937	1207	777
成功送达率(%)	49.16	76.40	96.00	95.95	90.03

（二）管“事”不管“人”、放权不放任

审判辅助事务社会化过程中，风险防控是不可回避的问题，观山湖区人民法院在试点过程中，始终坚持集约化、碎片化管理的理念，一方面明确由审管办负责对接社会服务公司，集中收集、反馈、管理；强化转变观念，由传统的

管“人”变为管“事”，抓住外包事务完成质量这个牛鼻子，反思流程缺陷、监管漏洞，积极运用指令、规范等机制手段，打通和完善审判执行流水线。对于服务公司需多少人、用什么方式，则由服务公司自行组织部署。此前法院庭审同步录音录像率，受法庭设备、聘用书记员流动大、涉及部门环节多等因素制约，一直未能得到有效提升。2019 年，在庭审排期、送达、庭审速录均实现社会化的前提下，以“事”为轴线，制定实施了《关于规范庭审排期及录音录像工作的审管指令》，分段明确职责和操作方法，并由审管办专项跟踪管理，最终于 2019 年 5 月实现庭审同步录音录像率超过考核指标区间上限，达到优值。另一方面，始终坚持放权不放任，通过分散节点、流水作业将外包工作碎片化，使服务人员无法知悉案件全貌；通过强化人员培训和技能考核，提升工作效率，使工作人员单独掌握案件卷宗时间缩短；通过合同约定服务方承担保密义务，明晰法律责任；通过信息技术措施精细到秒实时监控案件流转时长和工作场所情况，使责任可追溯，有效化解降低社会化风险，外包以来，法院收案 17854 件，结案 12221 件，仅按照结案数计算，法院在此期间案件已在工作人员之间流转 10 万次以上，至今未发生卷宗材料遗失、毁损等问题，未发生审判秘密泄露事件。

（三）信息化支撑、流程化运作

审判辅助事务社会化过程中，法院充分吸取其他法院的先进经验，在现有信息化基础上，大力搭建与社会化服务相统一的信息化平台、系统，推进智慧法院建设，实现管理模式和工作手段的革新，踏实践行科学技术就是第一生产力。通过信息化实现由人工到智能、由管“人”到管“事”、由抓“面”到抓“点”的工作方式和管理模式的更迭，形成了社会化与信息化相辅相成、相互促进的工作格局。辅助信息化系统的研发和应用，大大提高了工作效率。如案卷流转系统，不仅解决了将案卷作为产品在流水线上流转的问题，而且在操作中，工作人员只需通过手机扫描每一案卷对应的二维码，即完成整个签收程序，方便快捷的同时签收信息会自动留存在系统数据中，实现流程留痕和大数据管理。再如智能法院资源管理系统，准确保存每一个案件的庭审时长，经过大数据分析，相对准确把握每一类案件庭审所需时间，在法院审判法庭严重不足的情况下，充分有效地利用有限资源，提高审判法庭利用率 50% 左右。

五 观山湖区人民法院审判辅助事务社会化试点成效

（一）减负增效，支撑法院正常运行

通过审判辅助事务社会化机制，本着“应包尽包”的原则将导诉、案件信息录入、卷宗扫描装订、材料收转、送达、排期、庭审速录、人民陪审员预约、上诉移送、失信录入、联查查控、两表登记（执行登记表、日志登记表）、资产变现等大量事务性工作交由服务公司处理完成，为实现模式的搭建、辅助事务的剥离，法院进行了内部机构重组（法官 + 法官助理，不再设置书记员岗位），全新打造职责分工，让法官回归本位，负责审、判、写工作，法官助理负责管、核、写工作。经过一年的试点运行，审判辅助事务社会化后减负增效的效果开始显现，助力法院在案多人少矛盾急剧恶化的情况下平均审理时长降低了 18.7%，月均结案数增长了 108.18%（见图 1、图 2）。

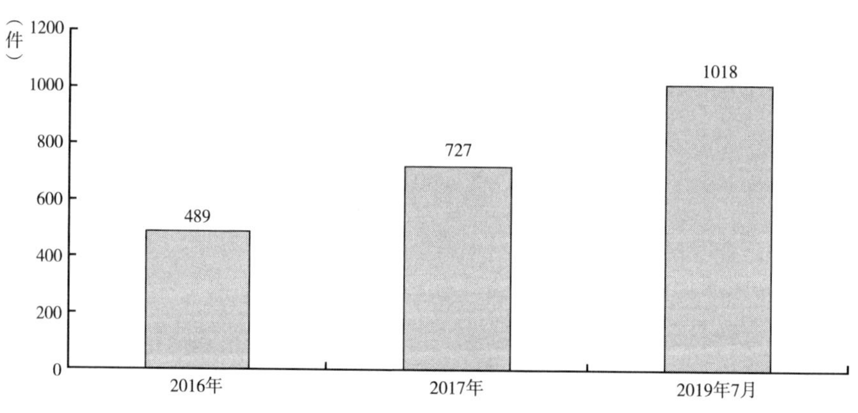

图 1 月均结案数

（二）打破用工传统，摆脱管理瓶颈

法院在化解案多人少矛盾的过程中，积极运用了人民调解、信息技术等政策措施，同时亦在上级法院、党委政府的支持下，通过合同制用工的方式，增

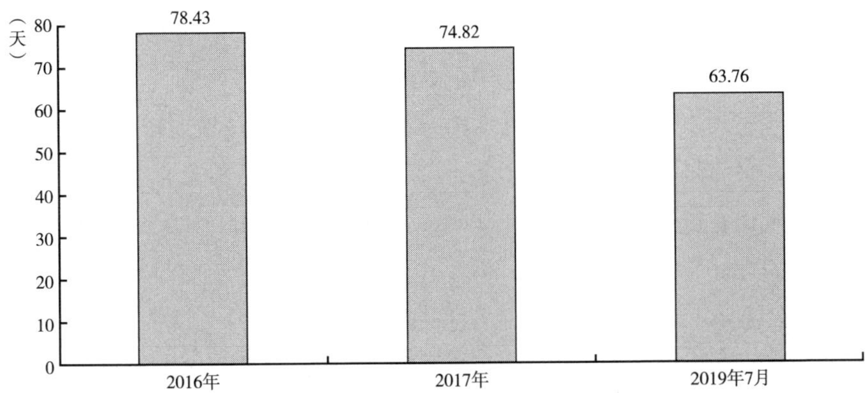

图 2　平均审理时长

加人员力量。而用工方式，亦从全日制用工逐步转变为劳务派遣，但无论是全日制用工，还是劳务派遣，都不只是简单地增加人员力量，与此同时增加的还有法院的管理成本和难度，人员力量往往难以发挥全部效能，所以在此期间的用工大多呈现“大浪淘金沙尽在”的怪圈。尤其是法院正式干警人数极其有限，在一对多（一名正式干警 + N 名聘用人员）的结构模式下，对人员和事务的管理往往是有心无力。三倍于正式干警的聘用人员已经成为法院审判执行工作的重要力量，但粗陋的管理更是成为制约法院优质高效运转的重要瓶颈之一。

试点审判辅助事务社会化后，服务公司自行招录、管理用工完成外包辅助事务，一方面，服务公司负责自行完成人员岗位安排调整、工资发放、社会保险、劳动纠纷解决、绩效考核、离职等日常员工管理工作，在规避法院长期用工风险和派遣政策风险的同时减少法院人员管理项目。另一方面，服务公司用工灵活、调度简单，自行根据法院规范制定操作手册、图示等，管理员工完成辅助事务，减少法院事务管理项目。两项减少，大大降低了法院的人员及事务管理难度，有力地提升了法院的审判效率。

（三）标准化建设，摆脱运行瓶颈

法院在司法责任制改革后，完全去行政化搭建的审判团队中聘用人员起到了链条衔接作用。但是聘用人员的稳定性极差，常常是青黄不接，甚至刚上岗3个月的聘用人员就开始传帮带新人，业务流程衔接基本无从谈起，法院运行基本处于混乱不堪的状态，严重影响质效提升，瓶颈效应明显。

在审判辅助事务社会化过程中，标准是保障流水线正常运转的重要前提，也是实现社会化后的重要成果。服务公司在院立案送达、排期、立卷等规范的框架内，细化设置各项业务流程工作标准，撰写标准手册，奠定法院审判辅助业务工作流程标准化基础。同时，服务公司在统筹流程节点基础上，细化岗位设置，强化人员培训，服务公司如标准车间般，流水线式“生产”服务成果，确保服务符合规范标准，成功应用于审判。自社会化以来，服务公司当月成功送达率保持在80%左右，执行流程节点无一超期，标准化建设成果初现。

六 外包工作开展过程中遇到的困难

（一）新兴事物，认识不一，推进艰难

审判辅助事务社会化目前仍然处于起步阶段，虽然此前理论探讨、法院实践等多有涉及，但在社会化的项目内容、实践地域等各方面均十分有限，所以社会大众以及相关部门对审判辅助事务社会化的认识往往处于印象模糊、概念不清的状态，甚至闻所未闻。而且审判辅助事务社会化往往源于劳务派遣，导致相关部门对此的认识就直接等同于劳务派遣，造成法院在争取支持、项目评审、招标过程中阻碍重重。

对于辅助事务社会化的认识，法院干警亦有认知的过程，尤其是责任的承担问题，一度成为推进审判辅助事务社会化进程的内部藩篱。为打消顾虑，顺利推进，法院在“边行边试、边试边改”中，相继制定了流程规范标准，完善了考核机制，统一了问题处理渠道，明确了责任划分方法。服务公司入驻后，更是以其专业的辅助水平赢得了法院干警的信任。至今，法院试点过程中未发生因责任分担而引发的矛盾。

（二）试点过程中的新尝试亟须顶层设计的支撑

为提升工作效率，服务公司大力推行信息化辅助手段，走专业化道路，节

点化运作。各种已经检验的新工作方式接踵推出，但是新方式并没有为人所熟知，更没有现成的标准，导致了新方式未能得到当事人的广泛认可，比如人民法院网络公告送达、实名制电话送达等，在没有顶层设计、法规支撑的情况下，当事人异议数量较大，为后续的审判执行工作埋下隐患。故此，在顶层设计缺失的情况下，试点工作难度较大。

（三）聘用法官助理水平成为提质增效的新瓶颈

随着审判辅助事务社会化试点的推进，标准车间高效、高标准运转，送达、庭审等均高速运转，80%以上的案件次月开庭，每个法官平均每天开庭审理2.5件案件，“审”占据了法官大量的时间，“判”“写”主要依赖于法官助理，法官助理拟写文书的能力水平直接影响审判效率和法官工作量。现法院绝大多数法官助理均为聘用，工作年限大都在1~2年，稳定性极差，“写”的能力水平极为有限，严重制约提速，成为审判辅助事务流水线上的新堵点。现法院已经针对此问题开展聘用助理等级区分、集中拟写文书等试点工作，但效果仍不明显。

审判辅助事务社会化，是“案多人少”司法环境下的大势所趋，也是减轻法官事务性工作负担和提高审判质效的必然选择。法院发挥应用审判辅助事务社会化的效果，一是要以审判辅助事务的类型理性选择购买社会服务的方式，二是要在合法性审查的基础上，综合考虑效率高低、交易成本高低、管理风险高低三方面因素，选择性价比最优服务提供者，三是要优化集中管理、兼顾流程监控和效果评价来防控审判辅助事务社会化后的风险。

现代化诉讼服务体系与提升司法治理能力问题研究

——以司法能力的提升为视角

苏 飞　曾 伟　马艺榕*

摘　要： 由于传统诉讼服务体系未对诉讼服务种类进行精细化划分且其体系建设不协调，各种诉讼服务都落到法院工作人员身上，造成了巨大的人案矛盾，使得诉讼服务体系几近崩溃。为改善诉讼管理体系，提升法院的司法治理能力，审判辅助事务社会化迫在眉睫。通过重新裁分、穿连、标化诉讼服务体系，审判辅助事务通过购买服务的方式交由第三方完成，打破固有的审判执行流程时间顺序，形成新的诉讼服务体系，样本法院最终打造了一套现代化流程节点标准化模式，成功摆脱了法院人员及事务管理瓶颈，化解了人案矛盾，实现了减负增效、提升法院司法能力和公信力的目的。

关键词： 审判辅助事务社会化　人案矛盾　诉讼服务体系建设

《最高人民法院关于建设一站式多元解纷机制　一站式诉讼服务中心的意见》指出："完善社会化服务机制。将能够由第三方辅助完成以及能够外包的服务性工作全部剥离出来，通过购买服务，由社会化专业团队开展。"

---

* 苏飞，贵阳市观山湖区人民法院审判委员会委员，三办负责人，一级法官；曾伟，贵阳市观山湖区人民法院执行员，法律硕士；马艺榕，贵阳市观山湖区人民法院三级法官，法学硕士。

本文旨在以贵阳市观山湖区人民法院为样本，通过对样本法院审判辅助事务社会化试点工作的经验与做法进行归纳与总结，探讨审判辅助事务社会化机制与现代化诉讼服务体系建设、提升司法治理能力之间的关系，明确审判辅助事务社会化机制在体系建设和提升司法治理能力中的独特作用、定位和路径。

一 审判辅助事务社会化机制的构建背景

（一）传统诉讼服务体系存在的痛点

1. 诉讼服务分类精细化程度不高

诉讼服务的分类是提升诉讼服务质量的重要基础，但传统诉讼服务体系并未就此进行细分。《最高人民法院关于建设一站式多元解纷机制 一站式诉讼服务中心的意见》明确将诉讼服务定义为诉讼指引类、便民服务类、诉讼辅助类、纠纷解决类、提高效率类、审判事务类等类型，在此之前并未严格定义诉讼服务的种类，为现代化诉讼服务体系的打造奠定基础。

2. 过分依赖法院人员力量

“服务一般只是社会成员之间相互提供方便的一类活动，通常可分为有偿的、直接或间接提供方便的经济性劳动服务。”① 所以，服务的根本是人，信息技术是提升服务品质的重要手段，同时也是提升服务效率、减少人员需求的重要措施。但传统诉讼服务体系在“服务功能与审判工作密不可分”的观念引导下，往往将服务功能附加在法官、法官助理等法院工作人员身上，过分依赖法院工作人员。在人案矛盾突出以及社会重新分工背景下，已然不合时宜。

3. 体系建设不协调，短板明显

诉讼服务体系建设包含多个方面，是有机整体，但传统诉讼服务体系建设不协调，重审判、轻服务；重信息化系统建设、轻系统融汇共享，使得体系短板明显，服务水平和能力提升受短板工作拖累，效果大打折扣。

---

① 张润彤、朱晓敏等编《服务科学概论》，清华大学出版社，2011。

（二）审判辅助事务社会化的重大意义

1. 审判辅助事务社会化是司法体制改革及司法责任制综合配套改革的内在要求

习近平总书记提出“司法体制改革在全面深化改革、全面依法治国中居于重要地位，对推进国家治理体系和治理能力现代化意义重大”①，“司法责任制综合配套改革是司法体制改革的重要内容，事关司法公正高效权威”②，而推进审判辅助事务社会化是司法责任制综合配套改革的有力举措。人民法院始终坚持司法体制改革的正确政治方向，积极探索审判辅助事务社会化的试点工作，提出了“推动部分事务集约化、社会化管理。配合内设机构改革，在人民法院内部推行文书送达、财产保全、执行查控、网络公告等事务集约化管理。充分利用市场化、社会化资源，探索实施网拍辅助、文书上网、案款发放等审判辅助事务和部分行政综合事务外包”③，改变了所有事务大包大揽的管理模式。

2. 审判辅助事务社会化是诉讼服务体系现代化建设的应有之义

“全面建设集约高效、多元解纷、便民利民、智慧精准、开放互动、交融共享的现代化诉讼服务体系，切实提升人民法院解决纠纷和诉讼服务能力水平”④。辅助事务社会化与辅助事务集约化、信息化运作相结合是现代化诉讼服务体系的应有之义，扩大审判辅助事务社会化的范围，加强审判辅助事务社会化的配套服务建设，有助于促进诉讼服务体系现代化建设。

3. 审判辅助事务社会化是司法治理能力提升的重要举措

专业化是提升司法治理能力的必由之路。但专业化除了审判案件类型、素质的专业化外，还应包括审判工作内容的专业化。审判辅助事务社会化通过将部分重复性、可操作性强、适宜集约实施的非核心辅助事务，如文书集中送达辅助、案件信息集中录入、案卷集中整理及扫描等，采取市场化、社

---

① 2017 年 7 月，习近平对司法体制改革做出的重要指示。

② 习近平总书记在中央全面依法治国委员会第三次会议上的讲话。

③《关于深化人民法院司法体制综合配套改革的意见——人民法院第五个五年改革纲要（2019—2023）》。

④ 2019 年 6 月 13 日，最高人民法院院长周强在全国高级法院院长座谈会上的讲话。

会化外包方式适度剥离，将法官从繁杂的审判辅助性事务中解脱出来，专注于开庭、合议、裁判，对法官专业化水平和司法治理能力的有效提升至关重要。

4. 审判辅助事务社会化是“人案矛盾”有效化解的现实需要

减负增效是化解“人案矛盾”的必有之意。法官员额制的实施使承担了大量审判任务的基层法院一线办案法官数量缩减；立案登记制的推行和社会的不断发展使各类案件纷纷涌入法院，案件数量不断攀升，“案多人少”的矛盾进一步凸显。审判辅助事务社会化将司法辅助事务和司法行政事务、服务事务交给市场主体、社会力量去做，为法官减负，让法官腾出更多的时间和精力专注于庭审和裁判，有效解决了当前司法供给与司法需求矛盾突出的问题。

二　样本法院构建审判辅助事务社会化机制的基本情况

（一）样本法院在巨大人案矛盾下诉讼服务体系几近崩溃

样本法院自2013年成立以来，经两次增编，有中央政法编制67人，机关工勤编制8人，司法责任制改革，法院共遴选29名员额法官。7年时间，样本法院收案数增长14.22倍，结案数增长14.30倍，但人员编制数量仅增加22人（见表1）。

表1　2013～2019年样本法院收、结案与政法编制人员情况

单位：件，人

年份	2013	2014	2015	2016	2017	2018	2019
收案数	1380	3667	5902	8088	11073	13407	21040
结案数	1074	2894	4049	5876	8728	11126	16432
中央政法编制	45	61	61	61	69	69	67
结案同比增长数	—	1820	1155	1827	2852	2398	5306

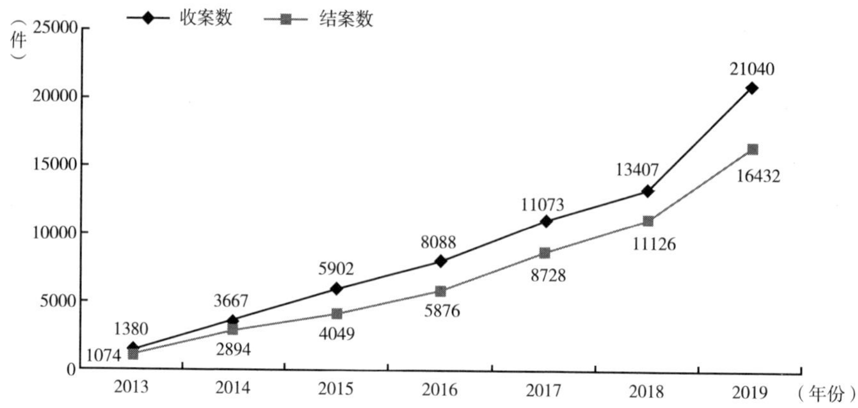

图1 2013~2019年样本法院收、结案趋势

根据《新华网》报道，北京市朝阳区人民法院2019年结案155980件①，在全国基层人民法院中位列第一。该法院有政法编制704人，中央政法编制人均结案221.56件。而样本法院2019年中央政法编制人均结案245.25件，超过北京市朝阳区人民法院23.69件②。在案件体量不大的基层法院，由于人案比不相适应，系统性问题层出不穷，结构性缺陷无从弥补，样本法院诉讼服务体系受到了极大的挑战，濒临崩溃。

1. 人员结构畸形，三类人员比例严重失衡

样本法院在司法责任制改革中核定三类人员（员额法官、司法辅助人员、司法行政人员）数量分别为员额法官38人、司法辅助人员23人（含法警10人）、司法行政人员6人。员额法官占法院政法编制的56.72%，员额法官成为样本法院的最大群体，而且整个三类人员越来越少，呈极不稳定的倒金字塔形，结构严重畸形，随时有倾倒的危险。现样本法院庭室组建、办案单元构建都是一名正式干警（即政法编和机关工勤编编制内人员）带领几名聘用人员

---

① 涂铭、吴文翔、谢昊：《“全国最忙基层法院”诉源治理初显成效》《经济参考报》2020年1月6日。

② 本文采用中央政法编制人员人均结案数，未采用员额法官人均结案数，是结合样本法院特殊情况，同时审执工作系法院系统工作，而不是法官个人工作，笔者个人认为中央政法编制人员人均结案数更能反映人案矛盾，突出法院的问题。2019年朝阳区人民法院员额法官人均结案679件，样本法院结案567件。

完成审判、执行、行政工作，正式干警的工作水平、管理能力、道德水准成为该庭室或办案单元工作水平的决定性因素，呈现一个人影响一个流程节点的极端现象，所以造成诉讼服务流程易堵塞的问题。更为重要的是，样本法院已经到了没有人可选的地步，人员调任，直接结果就是“这里不堵，那里堵”。易堵难疏，无法避免。

2. 绝对力量薄弱，员额法官承受压力已达极限，司法治理能力后劲不足

虽然样本法院已经高比例配置员额法官数，但在巨大的案件数量面前，二三十名员额法官日复一日、年复一年地面对堆积如山的案件，以及各级的督办和当事人的信访投诉，“白 + 黑”“5 + 2”，员额法官的承压能力已达极限。截至 2020 年，已有 6 名员额法官递交了辞员申请，1 名员额法官申请提前退休，1 名等待办理退休手续，1 名被停职。绿色金融法庭仅有 1 名员额法官坚守维持，不可持续发展。在此情况下，求数量还是保质量成为不可回避的选择，管理中尺度的把握如同高空走钢丝，稍有不慎，极可能引发群体反应，为本就不畅的诉讼服务工作套上新的枷锁。

（二）样本法院审判辅助事务社会化同质化实现诉讼服务体系现代化和提升司法能力的主要内容

诉讼服务类型的细化及诉讼服务社会化理论的提出，为审判辅助事务社会化过程中，完成诉讼服务体系的打破、重组、标化，实现现代化诉讼服务体系搭建提供了新的方法、路径。

1. 以审判辅助事务社会化为刀，重新裁分诉讼服务体系

诉讼服务贯穿于审判执行活动的全程，但是按照诉讼服务工作性质、与审判执行工作的紧密性，可以将诉讼服务分为执法服务和一般服务，执法服务需要依靠法官、法官助理、书记员高度专业的法律知识、技能，尤其是裁判决定权方能实现，包含了诉讼辅助类、纠纷解决类服务；一般服务则相反，不需要上述条件即可实现服务，包含了诉讼指引类、便民服务类、提高效率类、审判事务类。这样的分类与审判核心事务、审判辅助事务的区分具有高度的一致性，即审判核心事务是运用高度专业的法律判断对案件的程序及实体问题进行处分的审判事务，比如开庭审理、采纳或采信证据、认定案件事实、适用法律、做出裁判及诉讼程序的指挥权等。该部分事务对应的诉讼服务即为执法服

务。而辅助事务是指在案件处理过程中，不涉及高度专业法律判断的程序性事务以及不介入或干预案件实体审理和裁判的部分实体性事务，具备一定的司法专业性，但不需要高度专业法律判断，具有程序性和高度重复性。结合《关于完善人民法院司法责任制的若干意见》中明确的法官助理、书记员职责，审判辅助事务应具体包括：立案、分案排期、送达、财产和证据保全、评估和鉴定、调查取证、庭审记录、诉前调解、法律文书上网、上诉移送、案件归档以及草拟简单法律文书、协助组织庭前证据交换、协助调解、准备与案件相关的参考资料、研究相关案件法律问题等。该部分事务对应的服务即为一般服务。审判辅助事务社会化的过程，即可同步实现诉讼服务的社会化。样本法院在“六化”（事务项目化、项目流程化、流程标准化、标准信息化、监管数字化、考核指标化）运行理念的指引下，将诉讼引导、12368 平台呼叫座席、庭审排期、送达、卷宗整理装订归档、卷宗电子化等事务性工作，通过购买服务的方式交由第三方公司完成，实现了辅助事务与诉讼服务的双重剥离，重新裁分了诉讼服务体系，减轻了法官、助理、书记员的事务工作量和服务工作量，实现了减负的功能作用。

2. 以审判辅助事务社会化为线，重新穿连诉讼服务体系

诉讼服务体系是有机的整体，整体效能的发挥有助于真正实现诉讼服务体系的现代化。样本法院以辅助事务社会化中的节点分类、节点管理为基础，以节点责任人为衔接点，打破固有审判执行流程时间顺序，重新编排、整合节点衔接轴，形成新的、区别于常规的诉讼服务体系。如为有效实现查控，将网络查控与执行送达捆绑衔接，顺序化由公司完成；如将送达与人民调解衔接，由人民调解委员会衔接完成；再如将民事、行政案件的排期、送达，书记员排定，人民陪审员预约衔接，交由公司完成。

3. 以审判辅助事务社会化为尺，重新标化诉讼服务体系

“无论是分析形势，还是做出决策，无论是破解发展难题还是解决涉及群众利益的问题，都需要专业思维、专业素养、专业方法”①。现代化的诉讼服务体系应具备集约高效、多元解纷、便民利民、智慧精准、开放互动、交融共享的特征，实现一站通办、一网通办、一号通办、一次通办、“一次办好”的

① 见习近平总书记 2015 年 10 月 29 日在党的十八届五中全会第二次全体会议上的讲话。

目标，审判辅助事务社会化的前提是审判辅助事务的标准化，为实现法院对事务工作情况的掌握，事务工作必须实现标准化。而事务工作标准化的过程，即是对诉讼服务体系中具体服务内容的标化过程。如诉讼引导的工作职责标准，即是事务社会化的管理标准，同时也是诉讼服务的标准。样本法院针对不同的服务类型形成了不同的标准，比如12311时限标准（1：当日立案，当日完成案件信息录入；2：第二日排期和查控，预约陪审员；3：第三人启动送达程序；1：当月案件100%送出，80%以上成功送达；1：上月结案案件次月卷宗装订归档）。

三　样本法院审判辅助事务社会化试点工作成效

样本法院探索的审判辅助事务社会化路径，把适合由社会力量承担的司法辅助事务和服务事务交给市场主体、社会力量，推动完善了现代化诉讼服务体系的构建，提升了人民法院司法治理能力，成效明显。

（一）统筹运行，打造现代化流程节点标准化模式

在推进司法体制改革的过程中，审判团队实行去行政化，聘用人员起到了链条衔接的作用，但是聘用人员的稳定性极差，常常是青黄不接，甚至刚上岗三个月的聘用人员就开始传帮带新人，业务流程衔接基本无从谈起，诉讼服务基本停滞，法院运行基本处于混乱不堪的状态，严重影响质效提升，瓶颈效应明显。

在审判辅助事务社会化试点工作的开展过程中，标准是保障流水线正常运转的重要前提，也是实现审判辅助事务社会化后的重要成果。服务公司在法院立案、排期、送达、立卷等规范的框架内，细化设置了各项业务流程的工作标准和服务标准，制定了标准手册，奠定了法院审判辅助业务工作流程标准化的基础。在统筹流程节点的基础上，服务公司细化岗位设置，强化人员培训，如标准车间般流水线式“生产”服务成果，确保服务符合规范标准，成功应用于审判。

自样本法院开展审判辅助事务社会化试点工作以来，服务公司大力推行信息化辅助手段，走专业化道路，节点化运作，标准车间高效、高标准运行，送

达、庭审等均高速运转，每月成功送达率均保持在80%左右，80%以上的案件在立案后次月开庭，每个员额法官平均每天开庭审理2.5件案件，执行流程节点无一超期，网络查控措施期限内发起率较之试点工作开展前同比上升了1.1个百分点（达到98.84%，在贵阳市辖区内各基层法院之间的排名上升2位，与排名第1的基层法院之间的指标差额由1.93个百分点降至0.79个百分点）（见图2）。

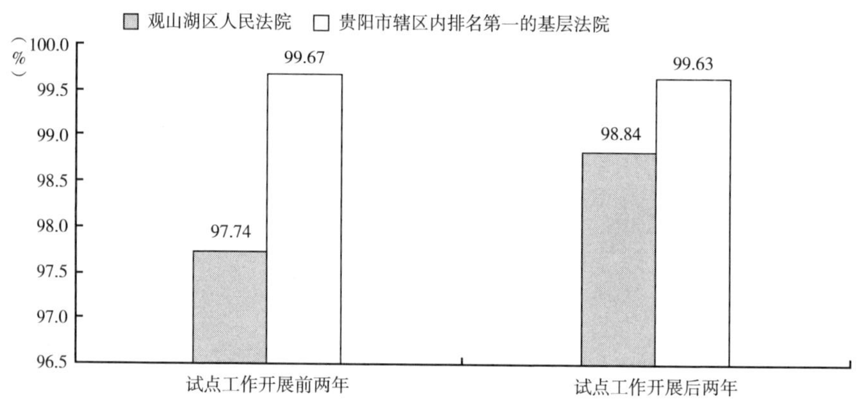

图2　网络查控措施期限内发起率对比

通过实践检验，服务公司在流程节点标准化模式建立过程中采取的一系列创新工作方式，如在送达过程中采用的人民法院网网络公告送达、实名制电话送达等，已逐渐得到了当事人的认可并被当事人所接受。样本法院利用服务公司实现了审判事务的集约化管理，在诉讼全过程加快构建了现代化诉讼服务体系，实现了流程全贯通、业务全覆盖、机制无缝衔接，利用科技助力，完善程序机制，既实现了标准化建设成果的初现，也进一步促进了法院现代化诉讼服务体系的构建。

（二）减负增效，促进提升案件审理效率指标

在建立审判辅助事务社会化机制的过程中，本着“应包尽包”的原则，样本法院将导诉、案件信息录入、卷宗扫描装订、材料收转、送达、排期、庭审速录、人民陪审员预约、上诉移送、失信录入、联查查控、两表登记（执

行登记表、日志登记表）、资产变现等大量事务性工作交由服务公司处理完成。为实现模式的搭建、辅助事务的剥离，样本法院进行了内部机构重组（法官 + 法官助理，不再设置书记员岗位），全新打造职责分工，让法官回归本位，负责审、判、写工作，法官助理负责管、核、写工作。

经过一年期的试运行（2018 年 7 月至 2019 年 6 月）以及一年期的正式运行（2019 年 7 月至 2020 年 6 月），审判辅助事务社会化机制给样本法院带来了较为明显的减负增效的效果，助力样本法院在案多人少的矛盾急剧恶化的情况下大幅降低了案件的平均审理时长，并同时大幅提升了全院的平均月结案件数。

在审判辅助事务社会化试点工作的试运行期内，样本法院仅同比增加 2 名员额法官（在编法官助理人数未增加）办案，在全院收案数同比增长 34. 19% 的态势下，全院平均月结案件数同比提升 36. 98% （增至 1058. 83 件）、案件平均审理时长同比减少 11. 31% （减至 67. 59 天）。在审判辅助事务社会化试点工作的正式运行期间，样本法院仅同比增加 4 名在编法官助理（含 1 名执行员，员额法官人数未增加）辅助办案，在全院收案数较之试运行期增长 41. 09% 的态势下，全院平均月结案件数较之试运行期提升 37. 82% （增至 1459. 33 件）、案件平均审理时长较之试运行期减少 17. 30% （减至 55. 90 天）（见图 3）。

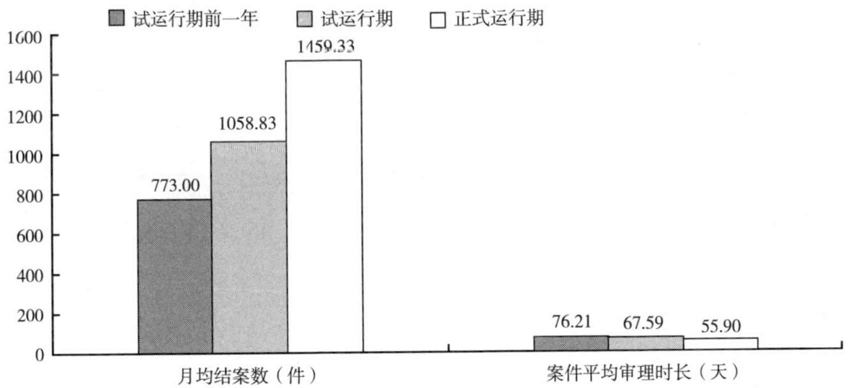

图 3　月均结案数和案件平均审理时长

通过实践检验，在员额法官人数几乎恒定的同时收案数亦大幅增长的情况下，通过剥离大量的辅助事务交由服务公司完成，法官确实能够更加专注于审、判、写，法官助理也能够更加专注于管、核、写，在减轻法官与法官助理负担的同时，案件平均审理时长大幅减少、平均月结案件数大幅增长，案件办理的效率指标得以明显提升，法院工作运行更加顺畅，凸显了人民法院司法治理能力的快速提升。

（三）摆脱瓶颈，促进提升案件审理公正指标

在推进司法体制改革的过程中，为化解案多人少的矛盾，样本法院曾积极尝试运用人民调解、信息技术等政策措施，并通过合同制用工的方式增加人员力量，用工方式亦从全日制用工逐步转变为劳务派遣。但无论是全日制用工还是劳务派遣都不只是简单地增加人员力量，与此同时增加的还有法院的管理成本和难度，人员力量往往难以发挥全部效能，所以在此期间的用工大多呈现"大浪淘金沙尽在"的怪圈。加之样本法院在编干警人数极其有限，在一对多（一名在编干警 + N 名聘用人员）的结构模式下，对人员和事务的管理往往是有心无力。三倍于在编干警的聘用人员曾成为样本法院审判执行工作的重要力量，但粗陋的管理却成为制约法院优质高效运转的重要瓶颈之一。

为摆脱人员及事务的管理瓶颈，在建立审判辅助事务社会化机制的过程中，入驻样本法院的服务公司均自行招录、管理用工完成外包辅助事务。在人员管理方面，服务公司负责自行完成人员岗位安排调整、工资发放、社会保险、劳动纠纷解决、绩效考核、离职等日常员工管理工作。自服务公司入驻样本法院以来，公司平均月离职率仅为 4.67%；此外，自服务公司入驻样本法院满一年时起，公司一年以上员工在职人数比一直保持在 35.72% 左右，人员队伍较为稳定，能够保证始终有熟悉业务标准及流程的老员工带领新员工。服务公司通过自行制定流程规范标准、完善考核机制、统一问题处理渠道、明确责任划分方法等，使其员工以专业的辅助水平赢得了法院干警的信任，在试点工作开展过程中至今未发生因责任分担而引发的矛盾。既规避了法院的长期用工风险和派遣政策风险，也减少了法院的人员管理项目。在事务管理方面，服务公司用工灵活、调度简单，自行根据法院规范制定操作手册、图示等管理员工完成辅助事务，减少了法院的事务管理项目。两项管理项目的减少，大大降

低了法院的人员及事务管理难度，缓解了法院的管理瓶颈，并助力样本法院在案多人少的矛盾急剧恶化的情况下大幅提升了庭审直播率、庭审录音录像率、一审案件陪审率、审判流程信息有效公开率等事务性管理指标，通过服务公司的人力并结合现代科技应用，实现了司法公信力的有力提升。

在审判辅助事务社会化试点工作一年期的试运行期内，在全院收案数同比增长 34.19%、开庭案件数同比增长 14.75% 的严峻态势下，全院庭审直播率同比上升 27.35 个百分点、庭审录音录像率同比上升 37.22 个百分点、一审案件陪审率同比上升 34.25 个百分点。在审判辅助事务社会化试点工作一年期的正式运行期间，在全院收案数较之试运行期增长 41.09%、开庭案件数较之试运行期增长 50.90% 的严峻态势下，全院庭审直播率同比上升 55.62 个百分点（达到 84.42%）、庭审录音录像率同比上升 15.16 个百分点（达到 95.63%）、一审案件陪审率同比上升 8.87 个百分点（达到 94.14%）（见图4）。

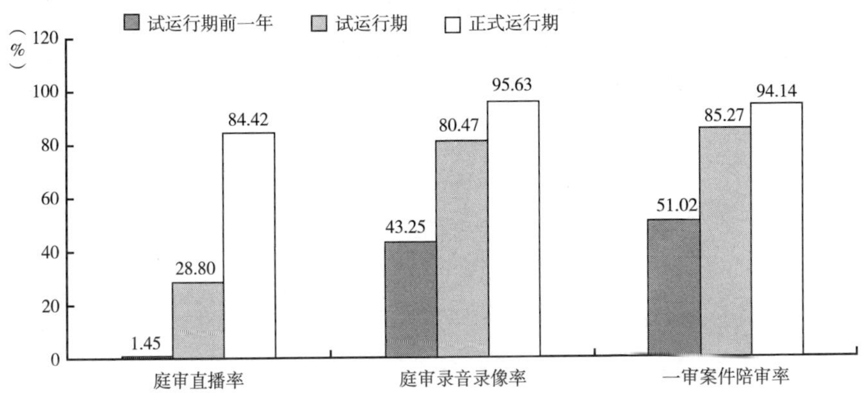

图4　庭审直播率、庭审录音录像率、一审案件陪审率

此外，因样本法院所在省自 2018 年 9 月开始考核审判流程信息有效公开率，故在审判辅助事务社会化试点工作的试运行期内仅统计样本法院 2018 年 9 月至 2019 年 6 月的该项指标，为 90.10%。在审判辅助事务社会化试点工作的正式运行期间，该指标提升至 92.67%。

经过实践检验，服务公司通过分担法院人员及事务的管理项目和职能，较好地发挥了服务公司的效能，提升了法院事务性管理项目的指标，使得法院的案件审理能够更加公平公正公开并高效地运转，通过提升庭审直播率、庭审录音录像率、一审案件陪审率及审判流程信息有效公开率等公正指标，进一步促进提升了法院的司法公信力，成为法院司法治理能力提升的重要部分。

结　语

在不断深化的司法体制改革进程中，人民法院应当坚持问题导向，勇于攻坚克难，坚定信心，凝聚共识，锐意进取，破解难题。在样本法院两年期的审判辅助事务社会化试点工作的开展过程中，法院的运行机制从分散粗放向系统集约转变，做到了人员集中、功能集约、效果集成，既促进了现代化诉讼服务体系的构建，同时也在案件办理的效率与公正等指标上实现了司法治理能力的快速提升。审判辅助事务社会化机制在法院现代化诉讼服务体系建设和提升司法治理能力中具有独特的地位和作用，改变“所有事务大包大揽”的管理模式，把适合由社会力量承担的司法辅助事务交给市场主体、社会力量去做，这是我国各级人民法院在构建现代化诉讼服务体系和提升司法治理能力的进程中可复制可推广的普适之路。

观山湖区人民法院“基本解决执行难”调研报告

苏 飞　姜毓荣*

摘　要： 2016年3月，最高人民法院在十二届全国人大四次会议上向全国人民庄严承诺“用两到三年时间，基本解决执行难问题”。为了履行最高人民法院的庄严承诺，观山湖区人民法院执行局采取了诸多措施。在组织架构方面，在仅有4名员额法官、3名法警、2名法官助理、3名合同聘用人员的现实条件下，通过刀刃向内、用机制换编制，整顿了队伍纪律，减轻了干警工作强度。在具体措施方面，通过突出执行强制性，提高执行权威性和威慑力；坚守公平正义信念，创新形式形成强大宣传攻势等措施实现“基本解决执行难”的目标。观山湖区人民法院相信，坚决依靠党的领导，坚定正确的发展方向，抓好执行队伍、制度、机制建设，通过不懈努力奋斗，一定能取得胜利。

关键词： 基本解决执行难　法院工作　观山湖区人民法院

党的十八届四中全会强调，在全面推进依法治国中，要切实解决执行难，依法保障胜诉当事人及时实现权益。为贯彻落实以习近平同志为核心的党中央的重大决策部署，2016年3月，最高人民法院在十二届全国人大四次会议上向全国人民庄严承诺“用两到三年时间，基本解决执行难问题”。2017年1月，中国社会科学院国家法治指数研究中心、中国社会科学院法学研究所国家

* 苏飞，贵阳市观山湖区人民法院审判委员会委员，三办负责人，一级法官；姜毓荣，贵阳市观山湖区人民法院党组成员、审判委员会委员、执行工作局局长，四级高级法官。

法治指数创新工程项目组作为第三方评估机构公布了《人民法院基本解决执行难第三方评估指标体系及说明》。贵阳市观山湖区人民法院认真领会“基本解决执行难”工作的深刻意义，积极响应，争取区委、区政府、区人大及社会各界的支持，在人案矛盾极为突出的情况下，砥砺创新，规范执行。

一　法院基本情况和执行工作基本情况

（一）法院基本情况

2013 年，贵阳市观山湖区人民法院由原小河区人民法院更名成立。更名后，人员编制数量沿用原小河区人民法院设置，具体为中央政法编制 63 人，机关工勤编制 8 人。直至 2017 年 8 月，才新增加中央政法编制 8 人，但因人事冻结，一直未实际增加工作人员。2018 年，成立区监察委员会，划编 2 人。现观山湖区人民法院实有中央政法编制 69 人，机关工勤编制 8 人，实际分别在编 59 人和 5 人，若扣除 4 名长期住院治疗干警和 1 名脱产攻读硕士学位人员，共实际在岗 60 人①。法院办公场所亦沿用原小河法院审判大楼，位于原小河区，相距法院辖区 24. 4 公里。

观山湖区人民法院自成立后，收案数量从 2013 年的 1380 件迅猛增长至 2017 年的 11073 件。短短 5 年时间，法院收案数量增长 7 倍，年均新收案件平均增幅更是达到 49. 66%。截至 2018 年 10 月 20 日，法院收案已达 10970 件，预计年底将达到 1. 3 万件，结案 1 万件左右（见图 2）。在案件迅猛蹿升、人员极度匮乏、工作顾此失彼的困境下，法院各种问题层出不穷，审判监督管理应接不暇。原法院院长与一名执行干警因自身党性下降、日常监管缺位等原因涉嫌违法被依法追究刑事责任，为法院工作蒙上了浓浓的阴霾，审判执行工作在很大程度上受到了严重影响。②

① 法院三类人员比例以实际在岗人数计算。

② 法院 2013 年以来收案、结案、政法编制数量走势均统计至“贵州法院综合管理平台”，2018 年数据为上文预测数据。

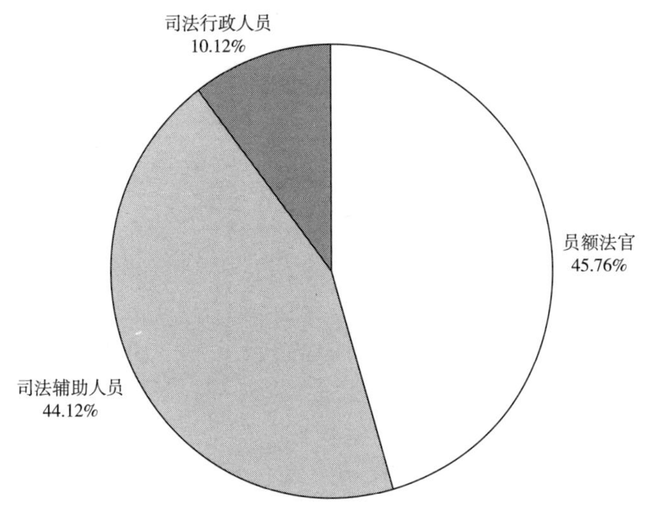

图 1　观山湖区人民法院三类人员占比

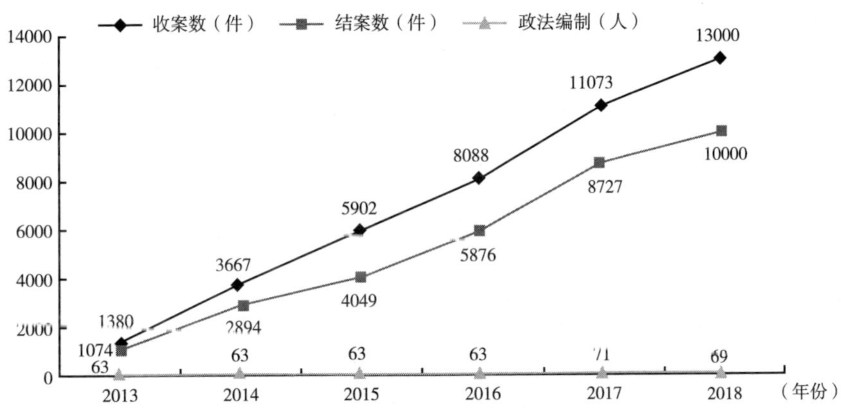

图 2　观山湖区人民法院收、结案和政法编制情况

2017 年，新的一届党组在边工作边整改中形成共识，提出了“一年打基础、两年翻身仗、三年规范化、四年争一流、五年走前列”的五年发展目标，制定出台了《贵阳市观山湖区人民法院目标管理办法》等系列规章制度，进行了撤销庭室结构、取消书记员、扁平化管理等多项改革，明确了向机制要编制的发展方向，走信息化、法务外包的道路，借助外力与创新实现突围解困。

2017 年，法院 5 名入额院领导共结案 766 件、8 名庭长共结案 2985 件，合计占全院结案量的 42.98%，院、庭长办案数量与 2016 年相比，上升 69.58%；27 名员额法官平均结案 323.22 件，同比上升 48.55%；中央政法编制人员人均收案 181.52 件、结案 143.06 件，均位居全省第一。但全年 78.81% 的结案率仍位于贵州省倒数第一。进入 2018 年，截至 10 月 20 日，法院平均工作量在结案率仅为 63.11% 的情况下已位于贵阳市第一、贵州省第三。人案矛盾极为突出。①

（二）法院执行工作基本情况

2016 年至 2018 年 10 月 20 日，观山湖区人民法院受理执行案件（含旧存案件）分别为 2159 件、2987 件和 3100 件，执结案件分别为 1763 件、2436 件和 2380 件（见图 3），实际执行率分别为 57.29%、66.97% 和 58.56%，执行标的到位率分别为 46.49%、49.87% 和 66.52%，三年分别兑现执行案款 2.21 亿元、4.61 亿元和 4.006 亿元。实际执行率、执行标的到位率、兑现案款金额均在贵阳市排名前列。

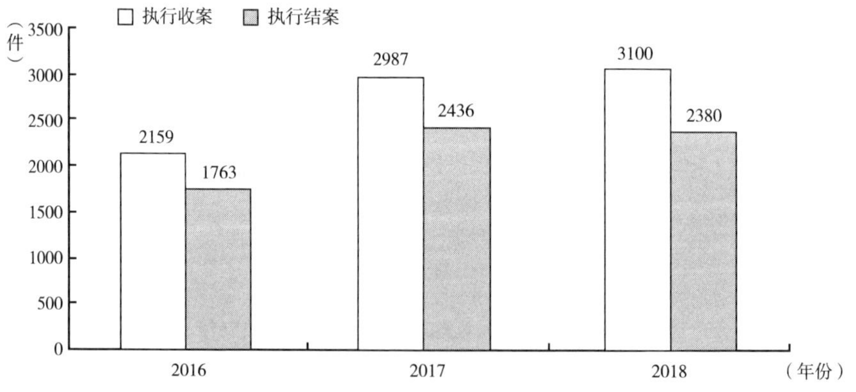

图 3　观山湖区人民法院执行工作情况

① 上述数据均统计至“贵州法院综合管理平台”。

二 “基本解决执行难”工作情况

（一）坚决依靠党的领导，推动构建综合治理执行难工作格局

执行难问题是社会问题和社会矛盾叠加交织的结果，基本解决执行难必须充分立足中国基本国情，发挥党的领导和中国特色社会主义体制优势，形成基本解决执行难的强大合力。观山湖区人民法院紧紧依靠党委领导，主动向区委汇报执行工作，区委、区政府联合下发《关于支持人民法院基本解决“执行难”问题的意见》，区委政法委积极组织多机构执行联席会议，逐步形成了由镇党委和政府、社区党委和服务中心、区委各部委、区级国家机关部门、区人民武装部、人民团体、区属企事业单位、派驻机构共同参与，“党委领导、人大监督、政府支持、政法委协调、法院主办、部门配合、社会各界参与”的执行工作大格局。2018 年 9 月，法院、公安局、检察院联合下发《关于敦促规避和抗拒执行人员依法主动履行人民法院生效裁判的通告》，并通过区委综治办快速全覆盖辖区 3 个乡镇 10 个新型社区、221 个村居；设立了法院公安执行工作组，利用公安机关强大的综合管理信息系统，全面查找定位“老赖”，基本解决“人难找”问题；在贵阳市党委、政府的统筹下，搭建了覆盖全市银行、机场、火车站等单位的贵阳市失信被执行人联合惩戒云平台，使法院执行失信人员惩戒进入云时代，一键实现“一处失信、处处受限”。3 年来，法院共通过该平台发布失信被执行人名单 2233 人，在被执行人履行裁判义务后，及时撤回 688 人，限制高消费 2591 人。

（二）坚定正确的发展方向，抓好执行队伍、制度、机制建设

1. 边疏边调

2016 年司法改革后，法院执行局仅有 4 名员额法官、3 名法警、2 名法官助理、3 名合同聘用人员。执行案件量持续增长，人员力量越显匮乏，但又不能在短时间内大量增编斩断人案矛盾持续加重的恶性循环。面对这一局面，新一届领导班子明确：在 2017 年通过一边疏通流程降低内耗，节省人力物力；一边想方设法增加执行办案力量，缓解执行工作压力，从而缓解人案矛盾，为

规范执行奠定基础。为此，法院一方面将审管、审监、监察职能合于一体，针对全院审判执行流程问诊把脉，找准病因，经院长办公会讨论决定后，对症开具30余份审判管理指令，完成了集中送达应诉材料、文书智能校对、诉讼费刷卡缴费等审判执行环节的梳理工作，合并缩减不必要流程，节约了人力物力。另一方面，在区委、区政府的支持下，为执行局增加合同聘用人员5人，完成“边疏边调”既定目标。

2. 刀刃内向

毛泽东说“政治路线确定之后，干部就是决定的因素”①。为提升干部队伍素质、提高执行干警办案水平。观山湖区人民法院坚持刀刃内向，相继出台《贵阳市观山湖区人民法院目标管理考核办法》《考勤管理办法》《审务督察制度》《案件质量评查处理规则》《信访首问责任制》《执行七条铁律》等制度，成立目标管理考核委员会，逐月考核、通报、兑现奖惩，2017～2018年，4名干警被通报批评，扣罚司法改革绩效奖金；700余件案件因错漏字、表格填写不完整等被扣减绩效；150余件上网文书因技术处理错误等被扣减绩效。规范制度的严格落实，逐步提升干部队伍自律意识、责任意识、大局意识。

3. 机制换编制

2018年，在环节衔接逐步通畅、干部队伍素质稳步提升的前提下，法院积极争取党委政府和市中院的大力支持，开展法务外包试点工作，本着“应包尽包”“应为尽为”的理念，将案件信息录入、案件排期、文书送达、网络查控、评估拍卖等审判执行辅助性工作交由外包公司完成，大量缩减法官、法官助理、书记员的工作内容。法务外包进驻成功后，法院先后调整4名员额法官、1名法官助理、4名法警、14名合同聘用人员进入执行局，组建执行办案组，开展执行办案工作。至此，法院执行局由2016年的12人增加到39人，基本完成执行队伍建设。

（三）坚持突出执行强制性，提高执行权威性和威慑力

执行难，难在找人难、查物难、控物难等方面，而查物难在最高人民法院

① 毛泽东：《中国共产党在民族战争中的地位》，《毛泽东文选》第2卷。

建立网络查控系统后，有了质的改变，但是人难找、物难控仍然是阻碍执行兑现的两大难题。为了畅通强制执行措施渠道，有效开展强制执行工作，法院在“基本解决执行难”大格局内，与区公安分局签订了《贵阳市观山湖区人民法院　区公安分局关于建立快速查询信息共享及网络执行查控协作工作机制的实施意见》，于2017年始，区公安分局根据法院提供的当事人身份信息，查找当事人联系方式、居住地址，便于法院送达执行。2018年9月，在上述协作机制运行的基础上，法院与区公安分局共同成立了法院公安执行小组，全息无死角定位被执行人，该小组成立以来，针对205位被执行人精准定位，对其中32名被执行人采取临时控制措施，采取措施后24名被执行人主动向法院履行了裁判确定的义务或部分履行达成执行和解协议，对仍拒不执行的，公安协助拘留8人。该小组在19天时间里控制拘留被执行人人数，已经超过法院前3年控制拘留人数总数，成效显著。目前，该小组拟与公安交警、滴滴代驾协作控车、送车，现已完成网络追寻被执行车辆行动轨迹测试工作，一旦控车、送车成功，即可通过该小组的工作基本突破执行工作中人难找、物难控的局面。在巧借外力的同时，法院坚持按照执行警务化的理念，将全院9名法警中的7名按照“1+1+1”的模式编入执行办案组，即每个执行办案组，均由一名法官、一名助理、一名法警组成，3年来，法警参与执行3680案，参与重大案件处置68次，及时控制处理紧急情况16次，在保障执行人员安全的同时，提升了执行权威性和威慑力。截至2018年10月20日，法院自动履行率在经历逐年下滑和2017年的谷底后，重新回升，并有望超过观山湖区人民法院建院以来的最高水平①。

（四）坚守公平正义信念，创新形式，形成强大宣传攻势

法院执行工作作为社会矛盾纠纷化解最后一道防线上的最后一班岗，意义非凡且压力巨大，所以执行宣传工作必须发挥其警示和震慑作用。观山湖区人民法院在“基本解决执行难”工作中，为营造“规范执行、积极执行、诚信无死角”的强大宣传攻势，一方面借鸡生蛋，弥补自身官微受众小的不足，

① 观山湖区人民法院2013~2018年自动履行率走势图资料来源为“贵州法院综合管理平台”，计算公式：自动履行完毕案件数/（首次执行+恢复执行）执行完毕案件数。

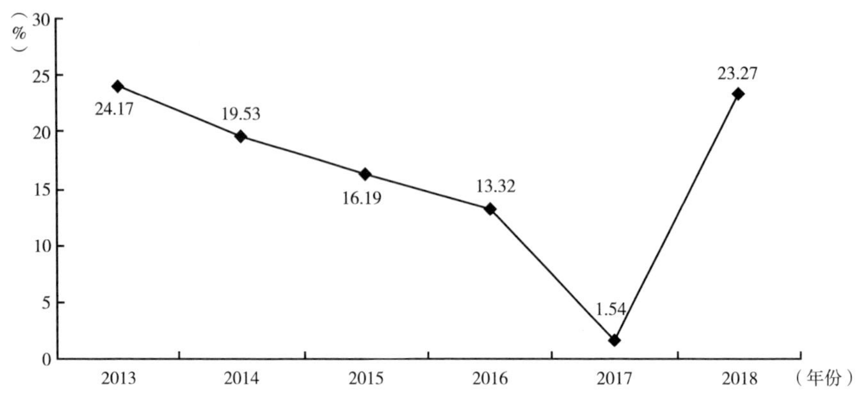

图4　观山湖区人民法院自动履行率趋势（2013～2018年）

大胆与成熟宣传平台合作，利用成熟平台受众集中、固定、量大的优势，快速增加执行宣传受众；另一方面纸媒、微信、微博、微电影、动画、歌曲、广播、电视等新老媒介串烧，短时间内形成了“立体式、全覆盖、点面结合”的执行宣传体系。自制定执行宣传方案以来，短短半年，法院多个执行宣传被最高院、省高院、人民网、贵州电视台、《贵州日报》等媒体刊载，取得良好执行宣传效果，助力“基本解决执行难”。如法院与中国人民保险股份有限公司贵阳分公司达成战略合作协议，引入“诉讼保全 + 执行救助 + 执行悬赏”机制，并合作发布全国首次保险执行悬赏公告，公开悬赏211名被执行人，一旦悬赏成功，悬赏金则通过保险的方式支付。该次发布除传统报纸刊登外，同步在贵州电视台《百姓关注》栏目组官方微博发布，短时间内点击阅读超过6万人次；又如法院《挖掘机回家》的新闻报道，采用拟人化故事连刊的方式，引发阅读热潮，被最高人民法院采用；再如法院制作的动画歌曲《执行很忙》，采用轻松诙谐的MTV模式，点击传阅量超过3万余人次，并被贵州省高院采用。

（五）坚信通过不懈努力奋斗，一定能取得胜利

紧紧抓住法务外包，规范执行，实现可持续发展。观山湖区人民法院在2019年实行法务外包后，按照“法院工作项目化、工作事项标准化、事项标准流程化、标准流程信息化”的四化要求，不仅针对执行流程37个节点，按照最高人民法院印发的《关于严格规范终结本次执行程序的规定（试行）》

《人民法院基本解决执行难第三方评估指标体系及说明》等规范执行要求，在外包公司、法官、法官助理、法警之间做了详尽的分工，并明确了工作完成时限、完成标准、流转要求，再造执行流程。同时，引进在办执行案件智能联查系统，智能实现网络自动化查控；引进送达过程管理系统，实现司法专邮执行文书、每单的跟踪管理和结果审核；引进案件卷宗流转管理系统，实现二维码扫描即完成案件签收流转，这些信息技术系统的使用，辅助完成了执行流程在法务外包环境下的信息化再造。7 月后，法院无一执行案件超过节点时限进行执行通知书、财产报告令的送达，无一案件超过时限进行被执行人财产的网络查控等。成立执行裁决组，审核签发所有执行文书。随着执行法务外包的逐环逐点逐渐推进，观山湖区人民法院规范执行雏形已然显现，真正实现“基本解决执行难”可持续发展。

“用两到三年基本解决执行难”是最高人民法院向全国人民所做的庄严承诺，而规范执行是通往基本解决执行难的必由之路。观山湖区人民法院在案件多、人员少、起步晚的情况下，创新审判执行模式，走出了具有自己特色的规范执行可持续发展之路，初步实现了基本解决执行难。但作为法律人，我们亦深知法院审判执行工作中还存在诸如变现周期长、动产控制难度大、裁执分离起步晚等问题，但是我们坚信只要在规范执行的道路上坚持不懈地走下去，就一定能在坚韧不拔的奋斗中成就梦想！

审判研究

贵州省基层法院一审民事案件变化趋势与对策研究

丁　杰*

摘　要：2014～2018年贵州省基层法院一审民事案件数量大幅提升，"案多人少"的困局已逐渐成为全省基层法院共同的难题，如何破解"案多人少"的难题，需要对案件的基本情况做全面的分析。案件数量与案件结构是量与质的关系，分析案件的各种结构可以探析案件数量增加原因，进而探明"案多人少"存在的主要矛盾。只有掌握了上述资料，我们才能对基层法院"案多人少"的问题提出有针对性的对策。

关键词：结构分析　案多人少　贵州省

一　贵州省民事第一审案件统计

根据《中华人民共和国民事诉讼法》（以下简称《民诉法》）的规定，我国民事诉讼的业务类型除了民事一审、二审程序外，还包括民事审判监督程序、特别程序、公示催告程序、督促程序和破产程序等。在表1中，笔者对贵州省2014～2018年民事案件数量进行了统计，将民事案件的业务类型分为第一审、第二审民事案件和其他业务类型案件，其他业务类型案件包含了除第一、二审程序以外的所有业务类型的案件数量。

* 丁杰，贵阳市观山湖区人民法院一级法官，法律硕士。

表 1　贵州省 2014 ~ 2018 年民事案件数量①

年份	贵州省民事案件数量(件)	第一审案件(件)	第二审案件(件)	其他业务类型案件(件)	民事案件中一审业务占所有业务的比例(%)
2014	174511	153275	15825	5411	87. 8
2015	231717	201233	22299	8185	86. 8
2016	281104	239831	27154	14119	85. 3
2017	350203	276684	32538	40981	79. 0
2018	394494	329489	37034	27971	83. 5

从表 1 可以看出，第二审案件和其他业务类型的案件在所有民事案件中所占的比例相对较小，第一审民事案件占到了所有案件类型的绝大多数，因此，研究一审民事案件对于整个民事审判业务具有重大意义。

二　贵州省基层法院民事一审案件定量分析

根据《民诉法》第 18 条的规定，我国的第一审民事案件主要集中在基层人民法院，当第一审民事案件的情况发生变化时，主要的压力将由基层人民法院承担。2014 ~ 2018 年，全省法院第一审民事案件总量持续上涨，5 年间民事一审案件总量增长了 114. 3% ，其中 97% 以上案件由全省 89 个基层法院承担（见表 2）。

表 2　贵州省三级法院一审民事案件与基层法院一审民事案件对比

年份	贵州省三级法院一审民事案件数量(件)	贵州省基层法院一审民事案件数量(件)	基层法院占全省三级法院一审案件的比例(%)
2014	153275	151379	98. 8
2015	201233	195210	97. 0
2016	239831	233913	97. 5
2017	276684	271232	98. 0
2018	329489	324435	98. 5

① 本文所有基础数据均来源于贵州省高级人民法院案件管理系统统计分析。

根据中央全面深化改革领导小组第三次会议审议通过的《关于司法体制改革试点若干问题的框架意见》的文件精神，在贵州省的主动争取下，贵州省成为司法体制改革的第一批试点省份，与此同时，员额制法官制度改革也提上了日程。在此大背景下，贵州省基层法院的法官数量在2017和2018年都有所下降，而案件数量却在逐年增加，双重影响给审判工作带来了巨大的挑战。据统计，2014～2018年贵州省基层法官年人均分配案件数量上涨了181.3%倍，其比例实际上要高于基层法院一审案件总量的增长比例。

表3　贵州省2014～2018年基层法院民事案件人均法官分配数量

年份	贵州省基层法院民事一审案件数量(件)	贵州基层法院法官数量(人)①	基层法院年人均分配案件数量(件)
2014	151379	2444	61.9
2015	195210	2560	76.3
2016	233913	2569	91.1
2017	271232	2131	127.3
2018	324435	1864	174.1

表格3的数据是贵州省近5年来全省基层法院年人均法官分配案件的统计，该数据反映了全省基层法院所面临的巨大审判压力。按传统的办案模式，对于每个民事案件，法官与书记员需要共同完成当事人通知、传票送达、证据交换、调查取证、开庭审理、制作裁判文书以及裁判文书送达等一系列程序，如果其中涉及保全、担保程序还需要制作相应文书并完成对应的工作。按此工作模式，2018年的年人均收案数量已经超出了大多数法官的承受范围。然而更严重的是，部分基层法院的该项指标还要远超全省的平均水平（见表4）。

① 法官数量统计来源于贵州省高级人民法院案件管理系统统计分析中的“承办人”筛选，按实际办理了案件的法官进行统计，可能与其他统计口径数量有所差异。

表4　贵州省2014～2018年部分基层法院民事案件年人均法官分配数量

序号	法院名称	案件总量（件）	法官人数（人）①	年人均案件分配量（件）
2014年				
1	贵州省盘州市人民法院	4731	33	143.4
2	遵义市汇川区人民法院	3707	27	137.3
3	遵义市红花岗区人民法院	5189	39	133.1
4	贵阳市观山湖区人民法院	2588	20	129.4
5	六盘水市钟山区人民法院	4211	34	123.9
2015年				
1	遵义市汇川区人民法院	4892	25	195.7
2	贵州省盘州市人民法院	5160	29	177.9
3	贵阳市观山湖区人民法院	3884	22	176.5
4	六盘水市钟山区人民法院	5467	35	156.2
5	贵阳市云岩区人民法院	7557	50	151.1
2016年				
1	贵州省盘州市人民法院	6023	32	188.2
2	遵义市汇川区人民法院	5526	31	178.3
3	贵阳市云岩区人民法院	8574	49	175.0
4	贵阳市花溪区人民法院	5008	30	166.9
5	贵州省兴义市人民法院	6581	44	149.6
2017年				
1	贵阳市南明区人民法院	13015	55	236.6
2	贵州省兴义市人民法院	8926	39	228.9
3	遵义市汇川区人民法院	5726	26	220.2
4	贵阳市花溪区人民法院	6082	28	217.2
5	贵阳市观山湖区人民法院	7067	33	214.2
2018年				
1	贵州省兴义市人民法院	10655	32	333.0
2	贵阳市白云区人民法院	7894	25	315.8
3	贵州省仁怀市人民法院	7766	25	310.6
4	贵阳市花溪区人民法院	7526	25	301.0
5	贵阳市观山湖区人民法院	8573	30	285.8

① 同上。

表4展示了2014～2018年年人均分配案件数量最多的5个基层法院的统计数据，在这5年间排名法院有所变化，但不影响我们感受基层法院所承受的与日俱增的办案压力。从数据中得知，2014～2015年与2016～2017年被统计法院的年人均分配案件数都发生了较快增长，但是到了2018年，该数据的增长超过了2015年与2017年，是近几年增长最快的一年，结合表格3的数据我们可以得知，全省基层法院2018年的年人均办案量也是近几年内增长最快的，如果该趋势持续下去，全省大部分基层法院可能都难以应对数量增长如此快速的审判工作。表4还显示一个趋势，全省将有越来越多的基层法院面临“积案难消”的风险，当案件的增长速度超过法院的办案能力，没有审结的案件就会成为旧存案件，累积到下一年度，形成案件越积越多的恶性循环。从贵州省高级人民法院（以下简称“省高院”）统计的数据可以看出这一问题的严重性，以下是2018年年终统计有超过500件案件未结的基层法院数据（包含所有业务类型的民事案件）（见表5）。

表5　贵州省2018年超过500件民事未结案基层法院数据

单位：件，%

法院名称	2018年1月1日至2018年12月31日收结存统计(民事)					
	合计	结案率	旧存	收案	结案	未结
贵州省凯里市人民法院	8187	70.5	334	7853	5772	2415
贵阳市观山湖区人民法院	8752	83.15	1700	7052	7277	1475
贵州省兴义市人民法院	11326	90.76	628	10698	10279	1047
遵义市红花岗区人民法院	13676	93.7	442	13234	12814	862
六盘水市钟山区人民法院	5193	85.69	179	5014	4450	743
毕节市七星关区人民法院	10346	94.76	404	9942	9804	542
贵阳市南明区人民法院	16329	96.81	832	15497	15808	521

积案难消、新收案件增长速度过快的双重影响肯定会导致基层法院案件的审理周期变长，为了不超过审限，部分基层人民法院违规扣除审限的问题也就在所难免。同时，解决纠纷的时间过长还会造成社会矛盾的积累，这也必将影响人民生活的安定团结和社会经济的稳定发展。

三 基层法院民事一审案件结构分析

为什么近几年来基层法院民事一审案件数量会迅速增长？找出导致案件快速增长的原因是破解“案多人少”难题的必要条件。民事案件数量的多少由当事人选择民事诉讼作为社会纠纷解决途径的数量决定。社会纠纷是社会关系主体参与社会关系过程中发生的矛盾，无论是个人、群体、社会或国家各自或相互之间的关系都被统称为社会关系，当主体间的社会关系需要法律调整时就被称为法律关系。法律关系是通过法律调整社会关系而形成的一种关系，例如民事法律关系指的就是通过民事法律规范调整而形成平等主体间的财产关系和人身关系的总称，民事案由则是对法院所审理的民事案件的法律关系性质进行概括所形成的案件名称。① 所以将案件用民事案件案由进行分类统计，这样不仅可以让我们一窥社会关系出现的变化，而且能够帮助我们探寻“为什么近年来贵州省基层民事一审案件数量迅速增长”这个问题的答案。

2007 年最高人民法院（以下简称“最高院”）审判委员会在《民事案件案由规定》（以下简称《案由规定》）中首次规定了民事案由，并在 2011 年颁布的《最高人民法院关于修改〈民事案件案由规定〉的决定》对部分案由做出了修正，所有 2014 ~2018 年贵州省基层法院民事一审案件所适用的案由依据均来源于新修订的《案由规定》。根据《案由规定》，我国的案由共有四级组成，10 个第一级案由分别是人格权纠纷，婚姻家庭、继承纠纷，物权纠纷，合同、无因管理、不当得利纠纷，知识产权与竞争纠纷，劳动争议、人事争议产权，海事海商纠纷，与公司、证券、保险、票据等有关的民事纠纷，侵权责任纠纷，适用特殊程序的案件。第二级案由 43 个，第三级案由 424 个和第四级案由 367 个。根据《最高人民法院印发〈民事案件案由规定〉的通知》规定的第四部分第一条的精神，用民事案件案由立案时，应当使用该类案由中最后一级的案由，例如有第四级案由的，立案时应当使用第四级案由，只有没有规定下级案由或下级案由不能适用于实际案件时才能使用上一级案由，如适用

① 孙佑海、吴兆祥、黄建中：《2011 年修改后的〈民事案件案由规定〉的理解与适用》，《人民司法》2011 年第 9 期。

第三级案由，以此类推。在近年来贵州省民事一审案件中，基层法院使用不同案由进行立案的数量统计如表6所示。

表6 贵州省2014～2018年基层法院使用不同案由进行立案数量统计

单位：件

项目	2014年	2015年	2016年	2017年	2018年
不同项目的案由数量统计	362	366	366	352	354

对于贵州省基层法院使用的案由类型需要做如下说明。一方面，根据《民诉法》第18条及相关司法解释的规定，知识产权类案件在管辖方面与其他案由类型的案件有所不同，知识产权类案件涉及了级别管辖、地域管辖和指定管辖的问题，结合省高院关于“贵州开展知识产权案件集中管辖试点”的工作安排，贵州省的知识产权案件由贵阳市中级人民法院和遵义市中级人民法院办理；另外根据统计得知，经济法类案件在贵州省也较少以司法途径解决。另一方面，由于贵州省属于内陆城市，省辖范围内没有海洋资源，因此海商海事纠纷类民事案件也寥寥无几。因此这两类案由的案件在贵州省基层法院的统计中很少能见到（见表7）。

表7 贵州省2014～2018年基层法院一级民事案由数量统计

单位：件

项目	2014年	2015年	2016年	2017年	2018年
案件总数	151379	195210	233913	271232	324435
相加总数	150884	194858	233604	271213	324432
人格权纠纷	4422	4978	4807	4774	4582
婚姻家庭、继承纠纷	52551	59126	63105	68040	71756
物权纠纷	8731	10726	10849	12181	11782
合同、无因管理、不当得利纠纷	63298	93572	123930	151599	201301
知识产权与竞争纠纷	8	7	2	2	6
劳动争议、人事争议产权	6561	8879	10184	10689	8678
海事海商纠纷	1	1	0	0	2
与公司、证券、保险、票据等有关的民事纠纷	1727	1759	1813	2318	3200
侵权责任纠纷	13147	15374	18586	20931	22344
适用特殊程序的案件	438	436	328	679	781

表7是按照最高院规定的第一级案由对贵州省2014～2018年5年间所有案件进行的分类统计，其中“案件总数”项是由省高院数据库直接统计的案件数量，“相加总数”项是以本年度10项第一级案由分类统计的数量相加所得的案件数量，两者之间存在差值的原因是由于法院立案庭在立案时无法将需立案的案件案由与《案由规定》相关民事案件案由的最后一级对应，所以使用了上一级案由，如2014年就存在以第一级案由“劳动争议、人事争议”立案的情况。从2014～2018年“案件总数”与“相加总数”数量之差来看，两者差距在逐渐缩小，从2014年相差495件到2018年的3件，可以说贵州省基层法院在使用《案由规定》进行立案时，表现得越来越专业和熟练。

从表7所展示的数据中可以看出，在贵州省基层法院民事案件案由类型中，数量最多的两类案件分别是合同、无因管理、不当得利纠纷（简称“第四类案件”）和婚姻家庭、继承纠纷类案件（简称“第二类案件”），但是两类案件数量的增长速度却是不同的。第四类案件每年的数量增长都在27000件以上，2017～2018年更是达到了49702件。而第二类案件数量增长最多的年份是2015年，共计增长6575件，而2018年和2016年的增长均未超过4000件。为更直观地观察各项民事案件案由在案件总数中所占的比例，笔者以“相加总数”项目作为案件总数的基数，计算各项案由案件数量在案件总数中所占的比例（见表8）。

表8　贵州省2014～2018年基层法院民事案件各类案由数量在民事案件总数中所占比例统计

项目	2014年	2015年	2016年	2017年	2018年
统计总数(件)	150884	194858	233604	271213	324432
人格权纠纷(%)	2.93	2.55	2.06	1.76	1.41
婚姻家庭、继承纠纷(%)	34.83	30.34	27.01	25.09	22.12
物权纠纷(%)	5.79	5.50	4.64	4.49	3.63
合同、无因管理、不当得利纠纷(%)	41.95	48.02	53.05	55.90	62.05
知识产权与竞争纠纷(%)	0.01	0.00	0.00	0.00	0.00
劳动争议、人事争议产权(%)	4.35	4.56	4.36	3.94	2.67
海事海商纠纷(%)	0.00	0.00	0.00	0.00	0.00
与公司、证券、保险、票据等有关的民事纠纷(%)	1.14	0.90	0.78	0.85	0.99
侵权责任纠纷(%)	8.71	7.89	7.96	7.72	6.89
适用特殊程序的案件(%)	0.29	0.22	0.14	0.25	0.24
总计比例(%)	100	100	100	100	100

从表8中可以看出，第四类案件在所有案件中所占的比例逐年增长，在2016年超过了50%，到2018年更是达到了所有案件的62.05%，这类案件无疑是所有基层法院应当高度重视并认真研究的案件类型，审理好该类案件，是解决“案多人少”问题的决定性因素。在第四类案件比例迅速增长的影响下，其他类型案件的比例通常都有所下降，第二类案件也是如此，但是该类案件的数量庞大，也需要基层法院给予足够的重视。除以上两类案件外，在其他案件类型中，还值得引起注意的是与公司、证券、保险、票据等有关的民事纠纷类案件（以下简称“第八类案件”），该类案件虽然在2014~2016年3年间所占比例有所下降，但是在2017~2018年两年间其所占的比例又开始上升，同时该类案件并非传统意义上的民事案件，其属于商事案件，在我国大多数学者倡导民商合一的理论背景下，商事案件也被纳入民事案件一类中。对于大多数基层法院的法官来说，相比民事纠纷，其对商事纠纷会相对陌生。在商事案件数量和比例逐年增加的情况下，相关法院应当加强此方面的专项培训，以帮助基层法院的法官应对不断增加的商事纠纷。

四　基层法院民事一审案件定性分析

通过对上述数据和结构的分析，我们可以对基层一审民事案件的基本情况做进一步的归纳总结，尝试找出与该案件有关的规律性的特征。

第一，基层法院“案多人少”的矛盾的普及化。近年来，基层法院办案的压力不断增加，以年人均办理150年案件为参数①对比2014~2018年全省基层法院的数据，2014年没有法院达到该标准；2015年、2016年有5个；2017年有18个；2018年有43个。从2018年的统计数据来看，年均分配案件超过100件的法院已达到69个，在未来的几年内年人均分配案件数量超过150件的法院数量有继续增加的趋势。随着各地基层法院法官办案压力的增加，各地法院办案法官的办案量将趋于饱和，很难再抽出空闲的法官支援其他法院。

第二，案件数量增长类型的单一化。据统计得知，基层一审民事案件数量

① 观山湖区人民法院以年人均办案量150件为最低标准。

主要增长来源于第四类案件，该类案件在贵州省基层案件总数中所占的比重逐年上升，2018 年已达到了占所有案件的六成以上，该类案件所适用的法律规范主要包括《中华人民共和国合同法》及其他相关法律及其司法解释。在贵州省整体经济持续向好、市场经济体制不断完善和发展的背景下，当事人之间的交易行为会越来越普遍，主体双方之间发生纠纷的概率越来越大，相信在未来几年，该种趋势还将持续。对于基层法院来说，其应当为努力维护市场主体的合法权益，为市场的公平交易提供法律保证。

第三，商事纠纷越发普遍化。随着企业登记制度改革、公司的注册资本登记制度改革的推进，大量的企业、公司等商事主体不断进入市场，基层法院的商事案件数量也随之增多。对于贵州基层法院来说，商事纠纷的增加是近几年的事，法院许多法官不熟悉这方面的规则，需要重新学习，在此方面法院应该给予必要的支持。

第四，新业态①纠纷频发的常态化。在贵州省，近年来最常见的新业态主要包括互联网金融、网约车和电商平台经济等商业形态。新业态下；传统的民事纠纷有了新的形态，以互联网金融为例，传统民间借贷与互联网的结合催发了网络借贷平台的诞生，“现金贷”“校园贷”以及“手机贷”等贷款模式都是依托网络借贷平台而产生的。民间借贷纠纷在第四类案件中占有一定的比重，其新模式带有很强的欺诈性，例如网络借贷平台为规避《最高人民法院关于审理民间借贷案件适用法律若干问题的规定》（以下简称《民间借贷若干规定》）的相关要求，经常使用“砍头息”“日息”“管理费”等经营方式混淆民间借贷最高年利率的计算，基层法官要认真学习新事物，增强辨别力，做好应对新业态带来的新案件情况的准备。

当然，基层法院的案件还有许多规律性的问题需要我们归纳、总结，例如民事案件案由中包含了经济法类案件，然而两者在法律理念、法律原则、追求价值和最终目的方面都存在巨大的差异，虽然经济法类案件在贵州省基层法院出现的频率还很低，但随着经济的发展，必然会产生更多宏观调控法和市场规制法方面的纠纷，如何面对这些纠纷将是一个不可回避的话题。

① 新业态是指基于不同产业间的组合、企业内部价值链和外部产业链环节的分化、融合、行业跨界整合以及嫁接信息及互联网技术所形成的新型企业、商业乃至产业的组织形态。

五 贵州省基层法院民事一审案件数量快速增长的对策

（一）基层法院在民事一审案件审判实践中的创新经验

为应对案件数量的快速增加，各地法院采取了多种措施，以观山湖区人民法院（以下简称“观法”）为例，为应对金融类案件的快速增长，观法设立了绿色金融法庭，针对类型化案件（金融纠纷类）的特点设立专门的审判模式。首先，立案方面，绿色金融法庭采取登记立案前置的方式，对立案时当事人不明的案件，统一时间到公安机关查询，帮助原告查明相关信息，统一指导其完善立案信息，规范立案资料。其次，在送达方面，绿色金融法庭采取送达地址确认前置、送达效力确认的方式，引导金融企业与相对方在签订金融合同时就相互确认送达地址，当一方当事人起诉到法院后，法院可以直接以双方约定的地址进行送达，避免因送达问题耽误诉讼周期。再次，统一裁判标准，针对金融类案件借贷双方对借款利息约定混乱的情况，绿色金融法庭会对辖区内的金融机构或其他涉案机构主动释明法律规定，以《民间借贷若干规定》规定的利率标准作为审判依据，协调双方在合法合理的前提下下调过高利率，促成双方达成调解。最后，使用令状式判决书，贯彻简案快审、繁案精审的方针，对案件事实清楚、标的额不大的案件适用令状式判决书，精简判决书的写作，为法官减负。

通过采取上述措施，观法绿色金融法庭在 2018 年 1 ~ 8 月只有 2 名法官、9 月与 12 月各增加一名法官的审判条件下，在 2018 年一年共计审结了 2082 件民事一审案件，大大减轻了全院的审判负担。

（二）对解决“案多人少”矛盾的一些思考

对于基层法院来说，“案多人少”矛盾的主要方面在于“人少”。通过统计分析可以看出，贵州省各个法院之间法官的平均分配案件数存在一定差距，如果能够调配各个法院法官的人数，达到法院之间的平衡，确实可以减轻许多积案过多法院的压力，但是，在实际操作中却困难重重。员额法官数量较少是因为该资格的获取要符合严格的规定，根据《中华人民共和国公务员法》的规定，基层法院的在编人员要在规定的编制和职数限额以内；《中华人民共和国法官法》规定审判员资格需要获得本地人大常务委员会的任免；根据司法体制改革的精神，员额法官需要得到省高院的任命，并且数量不能超过全省法院在编人员的33%，部分“案多人少”的地区基层法院可以适当超过该比例。但是如上分析所述，“案多人少”的矛盾有普及化的趋势，当全省法院都面临“案多人少”矛盾时，法院的员额法官数量面临着两重枷锁，即在保证本地区公务员编制和职数符合组织部门的规定的前提下，还要确保员额法官的比例在法院整体编制的33%以内。在上述规定的条件下，通过调整个别法院的法官到其他法院任职以达到各个法院法官办案数量的平衡将遇到重重困难。

化解“人少”方面的问题，还有两个办法，一是提升法官的办案能力和办案效率，二是为审判工作减负。个人能力的提升在于长期不断地学习锻炼，并非是行政命令能够实现的，寄希望于提高法官的审判效率，解决“案多人少”的问题可操作空间较小，并且难以普遍推广。所以，可行的方法只有为审判工作减负。

为审判工作减负通常有两种思路，分离办案业务和简化案件审判工作。分离办案业务很好理解，审判业务可以分为核心业务和辅助业务，核心业务包括开庭审判和制作审判文书，辅助业务则是指办案过程中包含的文书送达、开庭记录、卷宗装订等非核心业务，将核心业务与辅助业务分离，让审判人员专心于核心业务，减少审判人员的负担。简化案件审判工作主要包括庭审流程的简化、审判文书制作的简化两个方面。为审判工作减负面临的最大问题是如何处理效率与公正之间矛盾的问题，公正是司法的生命，为了效率放弃公正当然是不可取的，但是效率问题处理不好又容易滋生矛盾，如何平衡公正与效率两者的关系，是为审判工作减负必须处理好的问题。实践中，各级法院对分离办案业务和简化案件审判工作都做过多种尝试，如最高院为简化判决书制作而创作的令状式判决书和表格式判决书，观法聘请法务外包公司承担司法辅助业务等，都是为审判工作减负的尝试。

解决“案多人少”的矛盾，我们要看到它严峻性的一面，同时也要把握好全省基层法院的基本形式，勇于尝试一些新的办法，努力做到平衡法官的人均办案数量，提升法官的审判效率，减轻其工作负担。2018 年的民事一审案件审判形势不容乐观，法官们肩上的担子会越来越重，贵州各级法院都应该为此做好充足的准备。

现金贷业务法律规制路径探讨

丁　杰　刘柯柯*

摘　要：现金贷业务在发展的过程中因为诸多原因出现了大量的失范行为，譬如违法高利率、泄露当事人信息和暴力催收。现金贷虽存在贷款回收率和综合资金成本等方面的问题，但在弥补金融信贷的不足方面具有深刻的现实意义，不应予以完全禁止，而应分析现金贷存在的诸多失范行为和其发生原因，从贷款者的教育和保护、简政放权与秩序规范、规范贷款催收三个方面结合区块链技术进行规制。

关键词：现金贷　失范行为　规制路径

现金贷出现初期，自由的发展环境使它在金融市场中自成体系，逐渐繁荣，同时也积累了许多问题。在现金贷企业层面：金融风险办公室与P2P网贷风险专项整治工作领导小组办公室（简称网贷风险办公室）联合发布的《关于规范整顿“现金贷”业务的通知》（以下简称《通知》）规定贷款超过36%的年化利率，许多小贷公司在规定的年化利率下无法实现盈利。在贷款人层面，现金贷企业在细分市场后，其服务的对象为抵御信贷风险能力较弱的特定群体，同时现金贷企业又急于拓展业务、争抢客户，从而导致重复授信、诱导贷款人过度借贷、多头借贷等问题。过多的贷款加上高额的利率，最终会使贷款人陷入无力偿还贷款的困境。面对无法偿还贷款的贷款人，部分机构在催收贷款时会选择使用一些违法的行为，这就更进一步地加剧了社会矛盾。另

* 丁杰，贵阳市观山湖区人民法院二级法官，法律硕士；刘柯柯，西南政法大学硕士研究生。

外，现金贷企业对个人信息的保护也是一个亟须解决的问题。鉴于以上的问题，金融风险办公室及网贷风险办公室联合发布了《通知》规范现金贷业务，但是，要如何落实这些政策，推动具体执行措施，监管机构还有不少的工作要做。

一　问题提出：现金贷业务市场问题频发

（一）高利率：现金贷业务综合资金成本过高

现金贷企业通常采取“砍头息”的形式放贷，在贷款之前，现金贷企业会要求贷款人交纳诸如服务费、运营费等费用，并且会直接将其从贷款中扣除，根据《中华人民共和国合同法》第200条规定贷款数额应以实际借款数额计算并按此返还借款并计算利息。虽然现金贷企业没有使用“利息”的描述方式，但贷款人实际获得的贷款金额确实低于其申请金额，借款方在计算利息时却按照申请金额计算，这种做法实际上是逃避法律规定的文字游戏，对贷款人来说是不公平的。

此外，现金贷通常规定的是日息，如果换算为年化利率将远远超出最高人民法院规定的利率标准。同时，现金贷规定了很高的逾期利息，以现金巴士产品为例，罚息为每天本金的2%，也就是说每过50天贷款本金数额就增加1倍。根据《最高人民法院关于审理民间借贷案件适用法律若干问题的规定》第29条：“借贷双方对逾期利率有约定的，从其约定，但以不超过年利率24%为限。”上述逾期利息的约定明显比法律规定高出很多。根据网贷风险办公室在2017年4月颁布的《关于开展“现金贷”业务活动清理整顿工作的通知》（简称《整顿通知》）中统计的数据显示，市场中运营的现金贷的平均利率是158%，最高的可达到598%。因此，如何规范现金贷的利率计算标准是现金贷急待解决的问题之一。

（二）信息泄露：现金贷企业侵犯个人隐私的行为

2016年银监会发布了《关于银行业金融机构客户个人信息泄露案件风险提示的通知》，对金融机构泄露个人隐私的问题做了排查，发现出售个人信息的行为来源于一些外包机构、中介人员和金融机构中的“内鬼”。

用户的个人信息除了被现金贷企业非法买卖、使用之外，还常被现金贷企业作为威胁贷款人归还借款的手段，这种情况在现金贷市场屡见不鲜。泄露个人隐私的事件不仅对贷款人生活造成困扰，而且还会影响社会对现金贷业务的评价，降低公众对它的认可度。虽然最高人民法院在《关于审理名誉权案件若干问题的解答》中对侵犯他人隐私的行为作了规定，但是我国关于保护个人隐私的法律措施还是比较缺乏的。如何避免个人信息泄露的状况愈演愈烈、保护人民群众的正常生活秩序，是监管机构需要面对的问题。

（三）暴力催收：现金贷企业破坏市场秩序的行为

暴力催收酿成悲剧的情况时有发生，如“4·14 聊城于欢案”，在该案中双方当事人未采取合法的手段解决债务纠纷，导致双方情绪失控，最终事态升级，酿成了 1 死 2 重伤 1 轻伤的严重后果。针对债务纠纷，现金贷企业会选择自己收款或外包给专门的催收机构。在遇到难以收回欠款的情况时，催收行为很可能会伴随骚扰、辱骂、殴打、泄露贷款人隐私等方式逼迫其归还欠款。暴力催收的行为会侵害他人的民事权益，根据《中华人民共和国侵权责任法》第 6 条的规定，催收人对自己造成的损失需要承担民事责任；同时根据本法第 9 条规定，现金贷企业也有可能承担相应的法律责任。如果催收过程中激化社会矛盾，触及治安法、刑法，还会给当事人造成无法挽回的损失。当然，现金贷还存在许多问题需要解决，如无牌经营、资产负债表外融资、持牌金融机构参与现金贷行为等问题，但是上述几个问题，是现金贷引起社会矛盾、破坏金融秩序的关键问题。

二　问题厘清：现金贷存在的风险及意义分析

现金贷的社会问题是其运行模式与市场规律之间矛盾的外在表象，透过这些表象和矛盾我们可以推导出造成现金贷社会问题的深层原因。同时，对现金贷市场表象、矛盾及导致问题的原因的梳理和分析也可以进一步帮助我们了解现金贷的本质，进而总结现金贷存在的意义。

（一）贷款回收率问题分析

现金贷属于民间借贷的范畴，收账一直是我国民间借贷中的难题，我国有句谚语："热食好吃，冷债难还。"说的就是收账的问题。贷款回收率低问题是现金贷引发社会矛盾的主要原因，直接导致了暴力催收，同时低回收率又倒逼现金贷企业以高利率来维持公司的经营，随之形成一个恶性循环。造成贷款回收率低的原因是多维的，虽然不能排除某些贷款人在贷款之初就不打算还款，但是除此之外，贷款回收率低的大部分责任要归咎于现金贷企业本身。

首先，目标人群决定了贷款回收率低。在商业银行经营传统信贷行业多年以后，优质信贷资源已经被瓜分完毕。对于没有个人征信信息的"白户"等审核成本高、信用风险大、不能提交资产证明的人员，追求利益最大化的金融机构不敢贸然进入，而这部分信用风险较高的群体就成为现金贷企业主要的业务来源。这部分群体特征明显，通常属于低收入人群、认知水平偏低，缺少法律和金融知识、不具有收集信息的能力、又不常关注金融现状，普遍对行为后果缺乏判断力。同时其群体偏好明显，容易受身边人影响，喜欢前置程序简单的金融项目。这就造成他们不能根据自身情况理性思考、挑选合适的贷款方式、金额和周期。

其次，现金贷企业风控意识薄弱。由于在初期没有准入门槛，进入产业链的企业良莠不齐，许多企业毫无金融风险控制意识，盲目放贷。在客户审查阶段没有统一的客户审查标准，不在意了解你的客户（KYC）规制，为了抢夺客户，在贷款时只要求客户提供通讯录信息、网络消费记录、银行卡信息、身份证复印件等，甚至只要求客户登记身份信息及联系方式，单纯追求贷款业绩，不考虑贷款者的还款能力，鼓励贷款者过度借贷。更有甚者放任以贷养贷，形成恶性循环，导致信用违约率不断上升。

最后，"多头借贷"情况严重。现金贷审批、下款快的特点给贷款者同时向不同机构申请多笔贷款提供了可乘之机。"多头借贷"导致的信贷预期风险远远高于正常的借贷行为，据有关部门统计，"多头借贷"比正常借贷的信用预期风险高 3 ~4 倍。

（二）综合资金成本问题分析

根据《通知》的规定，现金贷的综合成本需要统一折算为贷款年化利率，以此计算，大部分现金贷利率远高于国家规定的民间借贷最高年限额，为什么其利率普遍如此之高，笔者相信除了商人逐利的因素之外，还有以下因素造成了现金贷利率畸高。

首先，现金贷企业普遍规模小，贷款数额少，不能形成规模经济，导致成本较高。其次，现金贷企业游离于法律规定之外，政策的不稳定增加了商家的经营成本。再次，现金贷企业不能吸收存款，融资成本过高。又次，现金贷企业目标客户大多难以获得金融机构借款，现实的困境造成贷款者可选择面狭窄，加上金融知识的缺乏，使得他们在议价能力方面表现出很大劣势。最后，现金贷贷款回收率低，催贷成本和呆账、坏账最终都要计算进经营成本，通过利息的方式由其他贷款者埋单。

高利率会对社会稳定造成许多影响，如催收行为激发社会矛盾、增加借贷者负担、破坏金融秩序、增加金融机构资金风险，甚至影响国家宏观调控。将现金贷利率控制在合法范围以内不仅关系到现金贷公司本身，还会影响我国金融市场的稳定，必须引起监管机构的重视。

贷款回收率低和利率畸高这两个问题是现金贷的根本性问题，问题背后包含了现金贷企业自身以及它与贷款人之间的很多矛盾。要解决这些问题和矛盾，简单地要求提高贷款回收率和规定贷款利率是很难起到作用的，必须对金融消费者、现金贷企业及市场环境做整体考虑，采取多措并举的策略。

（三）现金贷存在的现实意义

黑格尔《法哲学原理》论述："存在即合理"，现金贷的存在必然有自身的合理性。金融业应该服务实体经济，而现金贷业务在实体经济中起到什么作用？明确这个问题就明确了现金贷的市场地位，也能明晰它的规制进路。

现金贷行业通过市场垂直细分寻求自身发展，其服务对象主要是"无银行服务"或"无法获得银行贷款"的人群，主要作用就是弥补金融信贷的不足，提高金融包容性。2015 年 12 月 31 日国务院印发了《国务院关于印发推进普惠金融发展规划（2016—2020 年）》（国发〔2015〕74 号），将普惠金融的总体目标确定为提高金融服务的覆盖率、可得性和服务满意度。虽然现金贷行业在实现“提高金融服务的满意度”方面差强人意，但是在提高金融服务可得性和覆盖面方面还是有所建树的，我们可以从现金贷在金融领域所体现的公平价值、自由价值和秩序价值三个方面对其进行阐述。

公平价值方面，对个体而言，现金贷可以提高金融包容性、拓展金融服务覆盖面，减轻因金融资源分配不公平造成的贫穷现象，降低我国的基尼系数。对地区发展而言，在实现区域性金融平衡发展方面，现金贷企业小巧灵活，更容易渗透到金融机构不能覆盖的边远山区，破解金融排斥造成的影响。自由价值方面，对于贫困人口，物质资料的匮乏迫使他们必须优先考虑购买生活资料，如果能通过贷款获得额外的资金，无论是改善生活还是进行生产经营，他们都能够有更多的选择。对于高消费人群，贷款本身也赋予了他们选择消费品的权利，而不会因为价格的因素造成选择面的狭窄。秩序价值方面，现金贷等普惠金融对于合理分配金融资源具有积极作用，推动金融市场的稳定、健康发展。

另外，在创造税收、提供就业岗位、信贷模式创新等方面，现金贷也为我国实体经济的发展贡献了力量。《中华人民共和国国民经济和社会发展第十三个五年规划纲要》指出供给侧改革的关键环节是金融供给的增加和完善，监管部门应该正视现金贷的社会功能和价值，明确给予现金贷业务合适的社会地位，以开放的态度帮助现金贷企业走出现在的困境。

三　现金贷的规制路径

现金贷业务的良性发展需要综合性的措施以贯彻落实《通知》的精神，在借贷双方及市场的利益之间找到一个平衡点。同时，要想办法降低现金贷不必要的经营成本，使现金贷成为一个可以为社会服务的普惠金融产品。

（一）贷款者的教育与保护

根据《中华人民共和国消费者权益保护法》（以下简称《消法》）及《中国人民银行金融消费者权益保护实施办法》（以下简称《实施办法》）等法律规章的规定，金融消费者的权利应该得到政府和市场的保护。从现实的情况来看，现金贷贷款者（以下简称“贷款者”）的公平交易权、安全权及金融隐私权经常受到侵犯，而知悉权和受教育权利也得不到保障。金融服务应该为其服务对象提供优质的服务，贷款者希望维护自身权利的愿望必须得到尊重。对于在交易中明显处于弱势的贷款者一方，政府和市场应该对他们提供必要的保护，同时向其普及必要的金融知识，保证实质公平价值的实现。

1. 知悉权、受教育权和公平交易权

保障贷款者知悉权的关键是督促现金贷企业履行信息披露义务，使贷款者明确自己的债务情况和其他权利义务。现金贷市场的信息不对称问题会增加企业的道德风险，为其逆向选择提供空间。现金贷企业经常利用贷款者的认知偏差赚取利益，企业应该履行充分的风险提示义务，保证贷款者在事前能够预知贷款后果，了解贷款的真实情况。同时应该规定现金贷企业对信息披露义务承担举证责任，避免纠纷产生后的推诿。对不履行信息披露义务的机构给予相应的处罚，推动规定的落实。

贷款者受教育权利的保障可以借鉴美国消费者金融保护局（BCFP）及英国金融服务局（FSA）的做法。确定专门机构作为金融教育的主管机构，推行金融知识教育，普及金融体系知识，提高贷款者自我识别能力，使贷款者在知情的基础上，对金融借贷行为做出理性决策。

公平交易权蕴含了事前的知情权、平等自愿交易与权利义务对等等要求。金融教育权的普及有助于提高金融认知能力，缓解信息不对称给贷款者带来的劣势，帮助公平交易的实现。同时，监管机构也要认真履行职责，严防店大欺客的现象发生，通过《中华人民共和国反垄断法》《中华人民共和国反不正当竞争法》等法律鼓励公平竞争，促进金融市场的健康发展。

2. 金融隐私权及金融消费者安全权

金融隐私信息是一种具有商业价值的信息，广大金融消费者对自己的信息不够重视给了许多不良商家可乘之机；同时在个人信息保护这个问题上，许多人保护自己隐私的意识还不强，大部分人不知道如何保护自己的个人信息，发现问题后寄希望于公权力的介入。近年来侵犯个人隐私的案件屡见不鲜①，此

① 在“无讼案例”网查询，关键词“个人信息安全”，共查询到 135 件案件，其中有 89 件是刑事案件，民事及行政案件共计 46 件，http：//www. itslaw. com/bj，最后访问日期：2017 年 12 月 12 日。

类案件的刑事数量高于民事，说明多数公民在个人隐私被侵犯后不能及时维权，要到事态十分严重后才会寻求司法保护。

改善现金贷市场金融隐私问题，需要从大环境入手，一行三会需要加强监管，明确市场主体责任，制定隐私泄露问责细则。并且加强行业自律，严肃对待现金贷行业“内鬼”泄露贷款者隐私的问题和利用贷款者隐私信息催债的行为。另外，金融隐私保护问题是一个社会问题，贷款者个人力量较小，时间、地域限制性很大，个人难以向现金贷企业主张权利。对此问题，应该考虑适用公益诉讼制度，赋予相关行业协会，如消费者保护协会等提起民事公益诉讼的权利，维护金融消费者整体的权益。

（二）现金贷业务的负面清单与牌照：简政放权与秩序规范

负面清单是一种“非禁即入”的市场经济管理模式，由门类、条目和特别管理措施三部分构成。根据《国务院关于实行市场准入负面清单制度的意见》精神，负面清单制度“是指国务院以清单方式明确列出在中华人民共和国境内禁止和限制投资经营的行业、领域、业务等，各级政府依法采取相应管理措施的一系列制度安排。”负面清单制度体现了贯彻政府对市场监管的简政放权、依法监管、公正透明、权责一致、社会共治原则。

根据《通知》精神，对于现金贷等普惠金融的负面清单的设计必须贯彻问题导向原则，确实解决现金贷存在的问题。一方面，设计负面清单确定现金贷业务的外延，对现金贷企业确定准入标准。对采取特别管理措施现金贷企业必须申领牌照，具体标准应该包括贷款总额、累计贷款笔数、资金来源等，可以体现现金贷企业规模的规定。对于达不到上述规模的民间借贷组织应当允许其自由运营。同时由监管机构向外公示取得牌照的企业。

另一方面，统一牌照制度规定现金贷企业的内涵。要取得现金贷牌照，现金贷企业必须符合成立标准，符合股权结构、注册资本、机构设置等监管部门提出的硬性要求，并接受监管部门对其贷款利率、杠杆率、信息公示等方面的监督；监管部门也需要从以前的注重事前监管转变为更加注重事中监管和事后监管。

（三）区块链技术：信息共享、事前审核和资金安全

传统金融业在决定是否发放贷款前会首先查询征信系统的个人征信信息并

进行贷前调查，基于现金贷企业的现实情况，贷前调查的实施情况不尽如人意。根据2008年银监会、人民银行联合下发的《关于村镇银行、贷款公司、农村资金互助社、小额贷款公司有关政策的通知》的规定，现金贷企业的个人借贷信息可以逐步录入个人征信信息中，如今该项工作已经基本完成。但是，现金贷业务与传统金融业务相比有一定的特殊性，其服务对象很多是没有个人征信信息的“白户”或者有很多征信不良记录的“黑户”，无论是何者，他们都很难在传统金融机构获得贷款，面临这种情况时，贷前调查的重要性立刻凸显出来了。同时基于目标群体的认知偏差、羊群行为、行为偏好等原因，他们更倾向于通过民间借贷解决资金融通问题，而现金贷具有放款快捷的特点，为了避免贷款人向多个贷款机构同时借贷，又能确保贷款人个人金融信息存储和查询的完整性和一致性，现金贷企业必须配备一个能够及时反应、扁平化处理信息的系统；并且它还不能太贵，否则会增加机构的运营成本。

信息的存储有两种技术方式，集中式存储和分布式存储，而信息处理方式也分为中心化与去中心化处理方式。集中式存储和中心化处理类似于各商业银行通过中国人民银行个人征信系统共享信贷信息，特点是技术成熟，但成本较高，对场所、人员和信息安全防范要求都很高。分布式存储和去中心化处理以近几年来兴起的区块链技术为代表，基于区块链技术的分布式数据存储、点对点数据传输、共识机制等特性，对应类似现金贷这种去中心化的民间借贷业务，可以很好地解决机构之间信息共享的问题。具体来说使用区块链技术实现信息共享有以下几个优势。

第一，区块链技术可以实现企业自治：区块链可以做到完全开源，新成立的现金贷企业不需要通过第三方批准就可以在区块链程序上传输自己所经营的借贷信息。第二，信息上传、查询方便，区块链的分布式账本存储在用户自己的客户端上，无论是上传还是查询都能独立完成。第三，账户信息保密，区块链是一种加密算法，信息的上传和读取可以设置密钥，分为公钥和私钥。公钥用来上传信息，私钥由贷款者保存，企业对贷款者做贷前审查时，由贷款者填入私钥授权现金贷企业读取信息，限制他人随意查询信息。第四，信息安全，区块链的共识机制保证了单个客户端在没有掌握超过51%的工作量证明前，不能单方修改数据。第五，成本低廉，区块链共享、存储信息不需要场所和人员进行维护，在成本方面比中心化的信息共享方式节约很多。现金贷企业分布零散，勉强要求其建立信息中心储存数据显然不现实，通过区块链技术来解决现金贷信息共享问题是一个不错的选择。

贷前审查的缺失导致坏账数量的增加，危及现金贷企业的资金安全；无法收回的贷款和现金贷企业运营成本的增加，最终又要由消费者来埋单，因此借贷双方对建立风险控制体系都有需求。区块链技术的点对点传输、分布式存储、去中心化处理等特点都很好地契合了现金贷业务资金分散、低成本运营、借贷方便快捷的特点，是一种很值得采纳的技术手段。

（四）贷款催收：借贷者之间的利益平衡

合法的借贷关系受法律的保护，部分借贷关系不能诉诸司法的原因在于违法的高利率，对于这种行为，监管机构应当及时处理，涉及行政、刑事责任的，要做好各部门间的联动，将违法犯罪分子移交公安机关调查。有关部门对此问题应该加强执法力度，对现金贷企业、直接责任人和催收行为实施者，应综合民法、行政法和刑法等法律规定给予处罚，坚决维护社会稳定和金融秩序。对于合法的借贷关系，借款者可以采用公力救济或私力救济两种方式。司法途径通常是人们最先想到的解决借贷纠纷的方式，但是根据诉讼法规定的案件审限及收费规定，对于贷款额度在几千元的现金贷业务，无论是从时间成本还是金钱成本方面考虑，诉讼程序都是不明智的选择。因此，制定催收行为标准、规范私力救济手段是解决贷款回收问题的恰当途径。在催收过程中，相关企业应该积极遵守《消法》及《实施办法》的规定，采取合理合法手段，在维护自身经济利益的同时，也要保护金融消费者的身体、财产安全及其他合法权益。

信贷市场动产担保信息问题研究

丁 杰*

摘 要： 信贷市场的完善直接影响营商环境的改善，而完善信贷市场必须健全借贷信息体系与规范。信贷市场亟须解决的问题是动产担保信息的制度供给的缺失和管理机构的不确定。要解决这两个问题，需要从现有制度中寻找可行的路径，再赋权给相应的机构，实现制度的规范化和管理机构的统一性，从而方便信息需求者获取信息。

关键词： 动产担保 担保物权制度 担保物权登记机构

一 问题提出

信贷市场的健全与发展关系到市场营商环境的健全，从 2018 年世界银行的全球营商环境评估报告（Doing Business Report，简称 DBR）来看，“获得信贷”指标是世界银行评价独立经济体营商环境的十个指标之一，可见信贷市场的完善与否对营商环境的影响之巨。学者们的研究表明，信贷市场的繁荣与信息共享机制密切相关，信息充分程度则是当事人获取信息的基础，其完善与否直接影响私人信贷。① 信息充分程度影响私人借贷的理论由 Joseph Stiglitz 及 Andrew Weiss 提出，他们认为借款人的信息越完备，出借人获取信息越便捷，

---

* 丁杰，贵阳市观山湖区人民法院二级法官，法律硕士。

① 参考 Simeon Djankov，Caralee McLiesh，Andrei Shleifer，*Private Credit in* 129 *Counties*，https：// www. nber. org/papers/w11078，最后访问日期：2019 年 11 月 14 日。

就可以帮助出借人更了解借款人，在这种情况下，他们也就越愿意发放贷款，这种理论被称为“信息决定”理论。①

信贷市场的完善直接影响营商环境的改善，完善信贷市场必须健全借贷信息体系与规范。从改善商业环境的角度来考虑借贷信息，其应当具有以下两个特征。第一，信贷信息的深度。基于各国的制度实践，不同法系对于各类财产担保物权的规定是有相当差别的。大部分地区对不动产的担保物权登记制度比较完善，这和不动产的价值较大、物理形态不易改变、财产价值保值度高等因素有关。而在市场经济中，营业者为保证自身的经营，通常需要充裕的资金，所以资产变现率对于营业者来说就十分重要。如果动产担保物权能够享有不动产担保物权相同的法律保护，出借人对动产担保信息的掌握就会提升其对出借财产保障的信心，也就更愿意将自己的闲置财产用来赚取利息。所以，信贷信息所拓展的深度可以带动资产的流动性，完善信贷市场的发展。第二，信贷登记机构健全。信贷信息需要由具有国家强制力保障的机构予以公示，这需要制度的保障，也需要相应配套机构的建立。信贷登记机构是借贷双方登记借贷信息的机构，如信贷信息的深度一样，不动产登记机构在各国的法律制度中大多有明确的规定，而动产登记机构在各地区却有较大差别。借贷双方能够通过信贷登记机构公示借贷信息，达到公信的效果，是借贷市场信息充分的另外一个重要特征。

信贷市场信息充分与否，是由信贷信息的深度、信贷登记机构的健全两者共同决定。而这两者在制度上首先需要得到规则的肯定，由法律、法规等上层建筑建立恰当的规范指引，从而可以形成相应的机构体系，这样才能实现一个完善的借贷信息系统，以保障借贷双方信息的充分与对称。

二　动产担保信息制度供给及机构考察

对比我国的信贷信息公示公信问题，除了《中华人民共和国物权法》（以下简称《物权法》）第 9 条的规定以外，不动产抵押一般采取登记生效主义，

① 参考 Joseph Stiglitz，Andrew Weiss，*Credit Rationing in Markets with Imperfect Information*，https：//wenku. baidu. com/view/156c344f2b160b4e767fcf33. html，最后访问日期：2019 年 11 月 14 日。

市场主体对于该项规定早已认可，在进行登记和获取登记信息方面，借贷双方很少存在争议。但是在动产方面，我国的法律规范及职能机构规定就比较复杂了，这与我国法律对于动产的抵押采取转移占有作为公示的基本传统有关。然而，在市场经济环境中，动产作为经营者的销售产品或者生产资料，转移占有以后会给经营者造成很大损失；作为出借人，其通常考虑资金的安全和孳息的收入，对于占有借款人的动产通常兴趣不大。这种差别就导致了现有规范与市场经济现状之间的隔阂，当上层建筑不能适应生产关系时，生产关系的发展必然会倒逼上层建筑的改革。

（一）制度供给考察

我国的动产担保物权一般以转移占有作为公示的标志，如留置、质押、典当等动产担保物权的实现方式。根据物权法定原则，物权的设定必须有法律的明确规定，个人不能创设与法律规定不同的动产担保物权，然而市场中确实存在许多不以转移占有为前提的动产担保方式。

让与担保与流质抵押的规定。严格来说，我国法律并未规定让与担保的制度，但是根据《最高院关于审理民间借贷案件适用法律若干问题的规定》第24条规定，[①] 我们可以推导出相关的担保方式，让与担保是指甲与乙签订买卖合同，甲为卖方、乙为买方，甲继续占有出卖物，如到期还款，乙则转移所有权归甲，否则乙可以实现买卖合同。我国法律并未规定这种担保方式，这是假借买卖之名以行借贷之实，然而该种方式的借贷担保合同过多，因此，最高法院才以这种方式规定了该类合同的效力。但是，依据《物权法》第186条的规定，最高法院的该项司法解释并不能让担保权人取得合同的买受物，因此，我国法律对于该项担保权益的保护显然是不支持的，从所有人对物权的处分及合同自愿的角度，甲乙双方签订相关的流质条款不应该被禁止。

融资租赁合同中，出租人对出租物的担保权益之保障。融资租赁合同在承租人占有出租物的情况下，对外具有占有公示的表现效力，因此，如果第三人

① 当事人以签订买卖合同作为民间借贷合同的担保，借款到期后借款人不能还款，出借人请求履行买卖合同的，人民法院应当按照民间借贷法律关系审理，并向当事人释明变更诉讼请求。当事人拒绝变更的，人民法院裁定驳回起诉。

不知道出租物为融资租赁合同的标的物，则可以适用善意取得的法律规定。从出租人权利保障的角度出发，《中国人民银行关于使用融资租赁登记公示系统进行融资租赁交易查询的通知》规定，鼓励对融资租赁进行登记，同时根据《最高人民法院关于审理融资租赁合同纠纷案件适用法律问题的解释》第 9 条第 3、4 项，融资租赁适用登记对抗主义。但是，基于动产以占有为公示的原则，融资租赁合同的出租物适用登记对抗主义还需要有相关法律、法规、行业或地区主管部门的规定，或者是第三人有查询融资租赁登记的义务为前置条件。所以上述规定对出租物的保护依然存在瑕疵。

动产的概括担保和浮动抵押规定。关于动产的概括担保和浮动抵押的规定可以参考《物权法》第 181 条。概括担保与浮动抵押的法律关系相对于传统担保物权，具有合同签订时担保财产价值不确定、担保债权实现的困难性等特点。我国的相关规范性法律文件对两种担保物权的规定并不详细，也没有必须登记的规定。其实现缺乏相关保障，在最后确定担保物价值时，只能依靠债务人的诚实和债权人的个人努力。

以上三种情况是比较典型的动产不转移占有的担保方式，均表现为立法层面的制度供给不能满足市场需求，这种制度需求缺失导致了法律保护的缺位，并阻碍市场主体的交易愿望，不利于市场经济的发展。

（二）机构考察

根据法律规定，我国动产登记的部门体系比较复杂。作为信贷市场的信息登记机构，其形成的借贷信息登记体系过于分散，不利于商业主体查询动产的登记信息。简单梳理我国动产的登记机构，主要有以下几个部门：生产设备、原材料、半成品、产品等抵押登记机关是各地市场监管部门；民用航空器、船舶、机动车的登记机构分别为交通运输海事部门、相关航空部门和公安机关交通管理部门；应收账款的抵押部门为中国人民银行征信中心；融资租赁的登记部门为中国人民银行的融资租赁登记公示系统。

虽然我们可以通过查阅资料，进行推理罗列出上述动产的抵押登记机构，但是在实践中个人担保权的登记还缺乏可操作性。以机动车抵押登记为例，公安机关交通管理部门通常不接受私人之间的机动车抵押登记，一般只对公办理抵押登记业务。

从以上分析可以看出，我国信贷市场动产担保信息建设还极不完善，在制度规定和机构建设方面对私人借贷市场不太友好。在实际融资业务中，理清如此繁复的法律规定和登记机构设置，对个人投资者来说是一个不小的负担，所以他们希望通过登记机构公示债权债务信息、保障自己权利的愿望也就很难实现。

三　完善我国信贷动产担保信息建设的相关措施

要想改善我国动产担保信息建设，需要从制度层面入手，通过修改法律、法规，自上而下地改变市场原有的对动产担保物权以占有为公示表象的习惯。然后设计友好的登记、查阅途径，方便债务人、债权人行使、实现担保物权。

（一）基本路径

动产担保信息建设应遵循合法、真实、便捷、清晰的基本要求，以市场需求为导向，满足债权人、债务人获取贷款以及实现债权的意向。具体而言，合法性方面，在制度层面承认动产登记对抗主义，保证动产担保物权登记有法可依；真实性方面，制度的规定可以保证公示公信原则的适用，无论担保物的真实情况与登记内容所表现出来的内容是否有差别，根据公示公信原则都能保证依据登记信息进行的交易真实有效；便捷性方面，确保登记与查询动产担保物权的机构统一，这包括登记与查询的机构为同一个机构，也包括所有动产都能由同一个窗口进行登记；清晰性方面，登记和查询的信息应尽可能地简单、清楚，在浮动抵押和概括担保中，能确保第三者或司法机构在判断担保物范围时，能够确定具体动产是否设立了担保。

（二）具体措施

1. 担保物权制度

占有改定及流质抵押的规定，在《物权法》第四编第一节担保物权中加入对占有改定的规定，同时将《物权法》第 186 条关于流质抵押无效的规定修改为：“当事人设立流质抵押的，在债务人到期不能归还到期债务时，抵押权人有权获取抵押物，但必须经过评估，若根据评估，抵押物价值超过债务的，抵押权人必须支付相应对价，否则只能通过其他方式实现抵押权。”如此，在保障抵押权实现的同时，也能保障抵押人的利益。

关于融资租赁合同中出租人权益保障的规定。融资租赁合同中的出租人权利保障存在两个问题。第一个问题是制度层级较低，如前所述，规定融资租赁合同中出租人权益保障的条款为部门规章和司法解释，这在与法律、法规产生冲突时，有可能会牺牲出租人的权益。第二个问题是承租人如果想出售出租物给第三人，必须要有查阅登记的前置程序，以保证第三人能够知道该物为融资租赁物。我国法律并没有规定动产的登记制度，这就使得有关规定的适用效力大打折扣，出租人也很难证明第三人在购买融资租赁物时不是出于善意。为此，有必要在法律、法规中加入相关条款，同时完善动产担保权登记的规定，确保出租人的担保物权。

浮动抵押和概括担保的规定，浮动抵押的规定在《物权法》第 180 条第 5 款、第 181 条中，但是浮动抵押的时间范围如何制定，还缺乏相应的指导性规范，立法机构可以针对浮动抵押的时限、范围制定指示性规范，让权利义务人在设立浮动抵押时有所依据。概括担保的规范在我国还没有相应的规范性文件，笔者建议在《物权法》第四编合适位置增加相应的规定，规定的性质以指示性规范为主，充分尊重当事人的自主决定权。

最后，立法机构应将动产担保物权的登记对抗主义作为立法精神贯彻到物权和担保等相关法律中，培养社会在进行动产交易时有查阅担保登记的习惯。这可以参考不动产担保物权的做法，交易者在设定动产担保物权时，先行查询其权利状态，保证担保物权的真实性。

2. 登记机构

我国的动产登记机构分布广泛，这不利于担保信息的登记与获取，笔者认为各部门可以联合设立一个登记网站，共同服务于动产的担保物权登记与查询，做到信息统一入口，后台分类处理。各部门的数据也统一在该平台发布，实现中央所倡导的“让数据多跑路、群众少跑路”的工作理念。

动产担保的信息化建设涉及法律制度建设与机构整合两方面的问题，同时还要伴随着市场习惯的养成，这是一个漫长的过程。但是随着信息化的发展，科技的力量可以帮助我们做到许多早期市场经济阶段所不能做到的事。我们应该整合制度与技术的优势，从市场规律出发，为市场经济的发展提供更多有用的制度供给与金融科技产品。

我国民事立案登记制度的考察与研究

——基于贵阳市观山湖区人民法院的调研

张　玮*

摘　要： 为解决我国“立案难”“起诉难”问题，我国推行了民事立案登记制度的改革。改革要求立案仅进行形式审查，旨在保障当事人的诉权。自2015年正式实施至今，改革已5年有余，各地法院的诸多措施也基本落实，改革取得一定成效。然而，与立案登记制改革之初社会各界对其寄予的深厚期望相比，当前未就起诉条件进行实质修改的改革方案仍存在较大遗憾。实践中，改革取得明显进步的同时，也面临着不少问题。为解决这些问题，推动现行立案登记制改革更有效发挥其作用，本文将以实证调研为基础，客观分析立案登记制的实施现状，总结其成效与不足，参照域外有关民事立案理论，就我国民事立案登记制度的完善提出针对性建议。

关键词： 立案登记制　民事诉讼　诉权保障

---

* 张玮，贵州大学法学院硕士研究生，研究方向：民事诉讼法。指导老师：田应梅，贵州大学法学院副教授；徐涛，贵阳市观山湖区人民法院党组书记、院长，贵州省首批审判业务专家，贵州省法治研究与评价中心研究员，贵州大学法学院法律硕士校外导师，三级高级法官。

一　贵阳市观山湖区人民法院民事立案登记制实施现状及评析

（一）观山湖区人民法院民事立案登记制实施现状

1. 观山湖区人民法院民事立案情况

自 2015 年实施立案登记制以来，观山湖区人民法院的民事立案数量情况如图 1、表 1 所示。

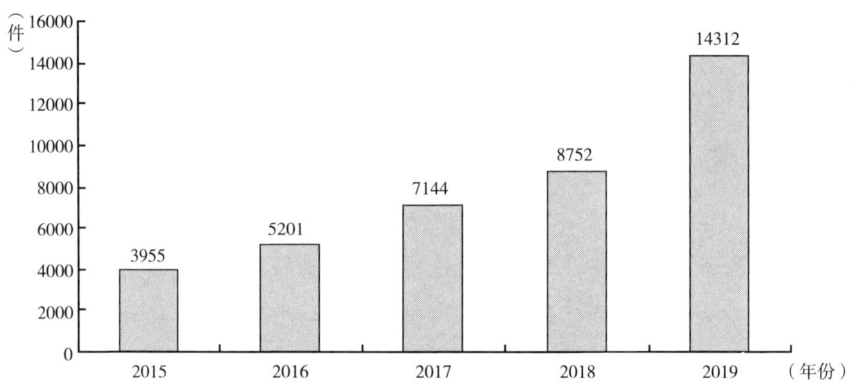

图 1　2015～2019 年观山湖区人民法院民事立案数量

表 1　2014～2019 年观山湖区人民法院民事立案数量变化

单位：件，%

项目	2014 年	2015 年	2016 年	2017 年	2018 年	2019 年
民事立案数量	2633	3955	5201	7144	8752	14312
较上年增加数量	/	1322	1246	1943	1608	5560
增长率	/	50.20	31.50	37.36	22.51	63.53

由图 1 可知，在改革立案登记制后，观山湖区人民法院的民事立案数量显著增加。2015 年，民事立案数量为 3955 件，[①] 而到 2019 年，其民事立案数量达到 14312 件。2015～2019 年，观山湖区人民法院民事立案增长率总体保持在

① 本文所有数据均来源于对贵阳市观山湖区人民法院的实地调研及官微、官网。

30%以上的较高水平。到 2019 年，其民事立案数量涨幅较大，较同期增长 63.53%，达到该法院历年的最高值（见图 2）。

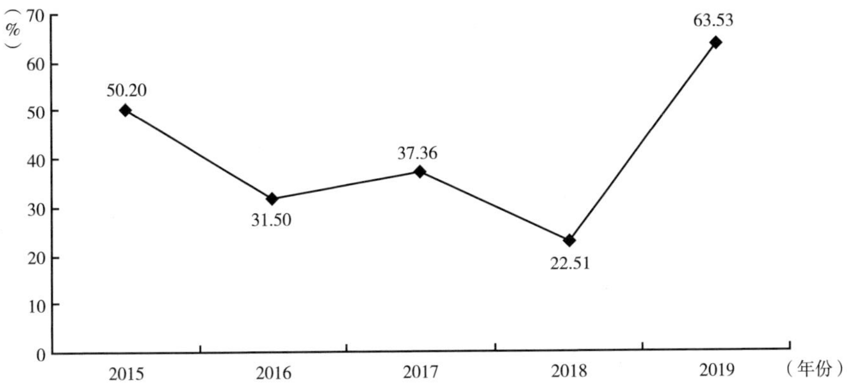

图 2　2015～2017 年观山湖区人民法院民事立案增长率情况

2. 观山湖区人民法院民事立案审查情况

（1）审查依据与审查内容。据笔者在观山湖区人民法院的调研，在民事立案登记制改革下，立案庭法官对当事人起诉的审查依据仍为《中华人民共和国民事诉讼法》的第 119 条与第 124 条。第 119 条所规定的起诉条件为立案审查的积极要件。[①] 而第 124 条规定的内容则为审查的消极条件。[②] 此外，《中华人民共和国民事诉讼法》第 121 条还对起诉状的记载事项进行了有关规定。[③] 就立案庭

---

① 《中华人民共和国民事诉讼法（2017 年修正）》第 119 条："起诉必须符合下列条件：（一）原告是与本案具有直接利害关系的公民、法人和其他组织；（二）有明确的被告；（三）有具体的诉讼请求和事实、理由；（四）属于人民法院受理民事诉讼的范围和受诉人民法院管辖。"

② 《中华人民共和国民事诉讼法（2017 年修正）》第 124 条："人民法院对下列起诉，分别情形，予以处理：（一）属于行政诉讼受案范围的；（二）涉及仲裁协议的；（三）依照法律规定，争议应当由其他机关处理的；（四）不属于本院管辖的；（五）对判决、裁定、调解书已经发生法律效力的案件，当事人又起诉的；（六）判决不准离婚和调解和好的离婚案件，判决、调解维持收养关系的案件，没有新情况、新理由，原告在六个月内又起诉的；（七）依照法律规定，在一定期限内不得起诉的。"

③ 《中华人民共和国民事诉讼法（2017 年修正）》第 121 条："起诉状应当记明下列事项：（一）原告的姓名、性别、年龄、民族、职业、工作单位、住所、联系方式，法人或者其他组织的名称、住所和法定代表人或者主要负责人的姓名、职务、联系方式；（二）被告的姓名、性别、工作单位、住所等信息，法人或者其他组织的名称、住所等信息；（三）诉讼请求和所根据的事实与理由；（四）证据和证据来源，证人姓名和住所。"

法官审查当事人起诉的内容而言，主要集中为当事人的起诉状与提交的基本证据材料。法官首先需检查相关起诉材料是否齐全；其次，对起诉状进行是否符合法定第121条规定的审查；最后，法官查明证据材料能否证明诉状所记载的事项。

（2）审查结果。笔者调研后发现，其民事立案不予受理的情况如表2所示。

表2　2015～2019年观山湖区人民法院民事立案不予受理情况

单位：件，%

年份	2015	2016	2017	2018	2019
不予受理数	0	8	26	8	13
民事立案数	3955	5201	7144	8752	14312
不予受理比率	/	0.15	0.36	0.09	0.09

由表2可知，在实施立案登记制后，观山湖区人民法院的民事立案不予受理比率相对下降。2015年，观山湖区人民法院民事立案不予受理的数量直接为0件，也即当年前来法院立案的民事案件均全部得以立案。截至2019年，民事案件不予受理比率均不超过0.4%，涨幅甚微。而其民事立案驳回起诉的情况如表3所示。

表3　2015～2019年观山湖区人民法院民事立案驳回起诉情况

单位：件，%

年份	2015	2016	2017	2018	2019
驳回起诉数	130	136	115	69	299
民事立案数	3955	5201	7144	8752	14312
驳回起诉比率	3.3	2.6	1.6	0.79	2.09

由表3可知，实行立案登记制后，观山湖区人民法院民事案件驳回起诉数量总体较不予受理数量更多，但驳回起诉比率总体较低。就笔者调研截止的时间来看，最高为2015年达到3.3%，最低为2018年达到0.79%。从整体趋势来看，驳回起诉比率并未呈现每年快速增长趋势，反而分阶段呈不规则的变化。而就民事立案不予受理与驳回起诉的理由情况如下。

由图3可见，基于我国现行法律及相关司法解释的规定，观山湖区人民法院据以做出不予受理裁定的理由主要集中为受诉法院无管辖权和无明确的被

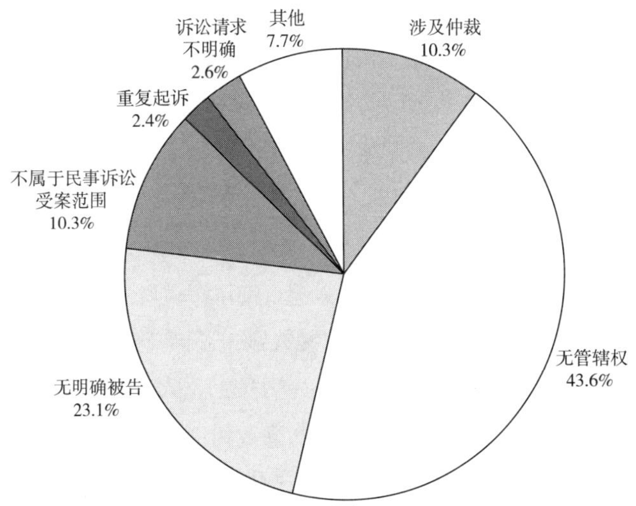

图3　2015～2019年观山湖区人民法院民事立案不予受理理由

告，占比分别为43.6%和23.1%。不属于民事诉讼受案范围和涉及仲裁则次之，占比均为10.3%。而民事驳回起诉裁定的情况如图4所示。

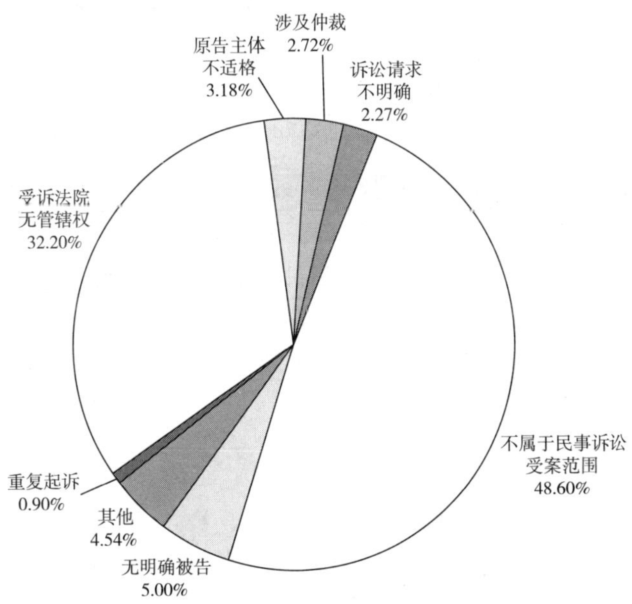

图4　2015～2019年观山湖区人民法院民事驳回起诉理由

由图4 可知，驳回起诉的原因也主要集中为不属于民事诉讼受案范围（占比 48. 6%）、受诉法院无管辖权（占比 32. 3%）以及无明确被告（占比 5%）。据此，通过以上两图对比，发现法院的立案庭与审判庭的审查职能有相重复的部分，大多数裁定不予受理和驳回起诉的理由均为不属于民事诉讼受案范围、受诉法院无管辖权以及无明确被告。

3. 观山湖区人民法院民事审结情况

由表4、表5、图5 可见，实施立案登记制后，观山湖区人民法院民事立案数量在逐渐增加的同时，每年民事结案数量也不断上升。在推行法官员额制改革后，法院民事员额法官数量从 21 人减少为 18 人。以 2017 ~ 2019 年 3 年为例，在面对法院逐年大幅增长的民事立案数量时，18 位员额法官的人均收案数均超过 350 件。且截至笔者调研时，民事员额法官人均收案数涨幅明显，甚至在 2019 年达到了 795. 11 件，几乎为 350 件的 2 倍。同时，18 位民事员额法官的人均结案数也均在 300 件以上，在 2019 年则达到了 581. 11 件。可见，立案登记制的实行进一步加剧了法院本就突出的案多人少矛盾。

表 4　2014 ~ 2019 年观山湖区人民法院民事审结情况

单位：件

审结情况	2014 年	2015 年	2016 年	2017 年	2018 年	2019 年
总计	2633	3955	5201	7144	8752	14312
已结	2044	2688	3521	5444	7277	10460
未结	589	1267	1680	1700	1475	3852

表 5　观山湖区人民法院员额法官数量变化情况

单位：人

时间	员额制改革前	员额制改革后
法官总数量	34	28
民事法官总数量	21	18

4. 观山湖区人民法院民事立案滥诉情况

根据最高人民法院在《关于人民法院推行立案登记制改革的意见》中的表述，滥诉具体包括虚假诉讼、恶意诉讼以及无理缠诉等表现形式。笔者调研后发现，改革立案登记制后，观山湖区人民法院涉及虚假诉讼的案件时有发

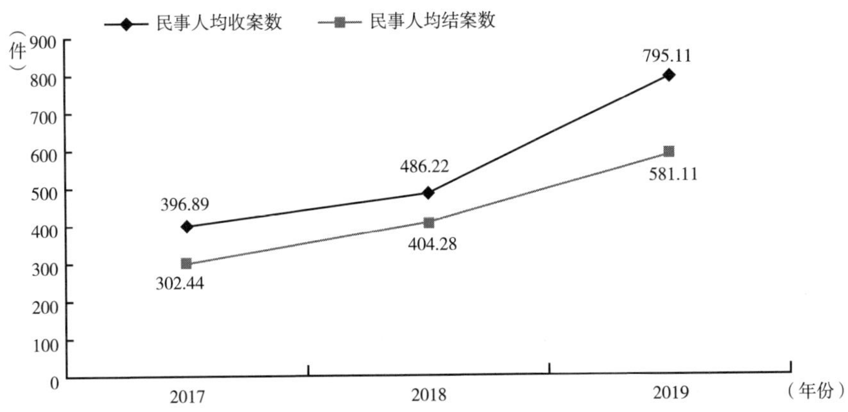

图 5　2017～2019 年观山湖区人民法院民事人均收案数与人均结案数对比

生，但不存在显著增加情况。

就图 6 可知，在有关虚假诉讼案件中，涉及案由大部分表现为合同、无因管理以及不当得利纠纷，剩余为物权、婚姻家庭以及继承纠纷。合同纠纷中特别是有关民间借贷关系的案件中，最容易产生当事人虚构事实的情形。此外，立案阶段还存在当事人多次往返、重复立案、极小部分无知立案等其他滥诉表现形式。这种情况下当事人可能因不满法院已经做出的生效裁判，未经上诉等救济方式，或者经过上诉仍旧不服二审生效判决的，则会发生不断以新的诉讼请求向法院多次或重复起诉等情形。

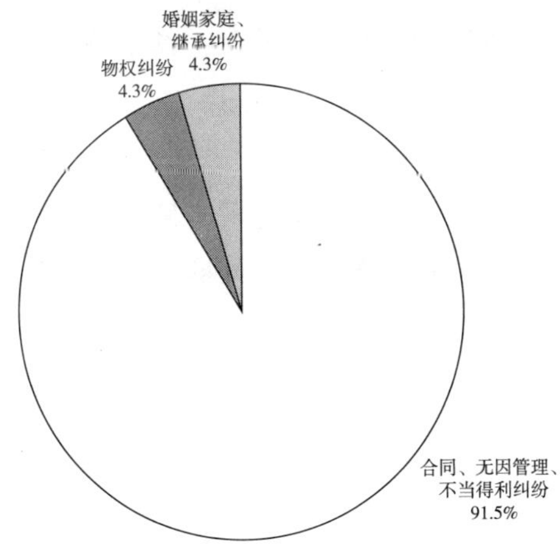

图 6　2015～2019 年观山湖区人民法院民事虚假诉讼案件类型

（二）观山湖区人民法院立案登记制实施现状之评析

1. 立案登记制改革取得的成效

民事立案登记制自2015年正式实施以来，在全国各地均获得热烈的反响，其运行效果不断显现。这其中最显著的效果即为各地法院民事案件收受数量的增加，这一点在笔者所调研的法院也有反映。在此改革背景下，要求立案由实质审查转变为仅形式审查使得法院在受理当事人起诉时审查尺度放宽，力度降低。立案审查制下长期饱受诟病的法院有案不立、有诉不理、拖延立案以及人为增设门槛等现象得到了相当程度的改善。此外，“立案难”问题得到部分有效缓解。改革后，法院更加注重对起诉材料的程序性事项进行审查，而对起诉条件所规定的原告是否适格、法院对案件是否有管辖权等涉及实质性审查的事项相对弱化。法院不再选择性地受理案件，而是只要当事人的起诉材料经形式审查符合条件，则均会被予以立案。

2. 立案登记制改革存在的不足

（1）形式审查难以完全去“实质化”。改立案审查制为立案登记制，最主要的变化即为将实质审查变为形式审查。我国的立案登记制属于借鉴了大陆法系有关起诉受理制度的“舶来品”。在大陆法系国家中，法院对当事人起诉的形式审查只包括诉状须依法记载的事项以及须依法缴纳诉讼费用的起诉要件。① 而反观我国现行法律及相关司法解释中对起诉条件的规定，所谓的“形式审查”依旧包含原告需具有直接利害关系、受诉法院需具有管辖权等需要经过实体审理的诉讼要件。改革虽然变为仅形式审查，但所谓的“形式审查”界限并没有完全明晰，实践中形式审查也没有统一标准，立案法官有时甚至还会出现以过往实质审查的思维处理立案的情况。可见，我国立案登记制改革所强调的形式审查难以完全去实质化，依然存在不少“立案难”问题。

（2）立案审查难以避免司法资源的重复。立案审查制时期，法院立案庭

---

① 姜丽萍：《民事立案登记制的实施与完善》，《扬州大学学报》（人文社会科学版）2016年第1期，第53页。

主要承担着案件过滤功能。因对当事人的起诉采用实质审查，故在起诉与受理阶段便能直接排除大量不必要、不合理的起诉。而改革后，因强调保障当事人诉权，立案庭的审查程度弱化、门槛降低，使得许多原来本应由立案庭过滤掉的案件经受理得以进入庭审程序。但同时问题在于，这些诉讼有时即使进入庭审阶段，仍会有不少因不符合法定起诉条件而被裁定驳回起诉，且理由大部分与裁定不予受理的相重复，主要集中为不属于民事诉讼受案范围、受诉法院无管辖权以及无明确被告。这样无论是对立案庭还是审判庭而言，都是个“尴尬”的处境。按理说，立案庭仍需发挥案件过滤功能，但实践中，审判庭实际承担的案件过滤功能却更明显，两者难以避免司法资源的重复。

（3）案多人少矛盾加剧。立案登记制实施后，随着大量诉讼不断涌进，观山湖区人民法院的办案承受能力也遭受着冲击。一方面，在形式审查要求下，加上随着法治的宣传，百姓的法治意识逐渐增强，法院的民事受案数量正显著增加。另一方面，自 2017 年开始，为精简法官队伍，提升法官的专业能力，我国推行了法官员额制改革，实践中法院的员额法官数量相应减少。经笔者调研，原则上观山湖区人民法院每年每位民事法官至少需要承办 350 件民事案件，但实际上截至年底每位民事法官会超额完成该指标。以 2019 年为例，观山湖区人民法院 28 位员额法官的人均收案数就超过 751 件，而民事员额法官的人均收案数这一年即为 795. 11 件。且在人均收案数和结案数均为 400 多件的情况下，每位民事员额法官可谓每天任务量剧增。可见，立案登记制的实行使整个法院的司法资源都承受着“案多人少”矛盾的加剧。

（4）滥诉现象仍旧存在。改革立案登记制后，不少学者提出，由于立案变为仅形式审查，当事人起诉的门槛大大降低，因此可能导致滥用诉权现象频发。[①] 然而，笔者调研后发现，自观山湖区人民法院开始实行立案登记制之后，滥诉现象虽时有发生，却并未如学界描述那般频发。笔者认为，在立案登记制背景下所讨论的滥诉行为，其内涵应予以缩限，仅指立案阶段的滥用起诉

---

① 石春雷：《立案登记制改革：理论基础、运行困境与路径优化》，《重庆大学学报》（社会科学版）2018 年第 5 期，第 129 页。

权行为。但这些滥诉的行为均具有以下通性：行为人无事实或者法律依据，滥用法律所赋予当事人的诉讼权利，旨通过民事诉讼方式，追求不正当的利益或目的。[①] 据此，除了如虚假诉讼、恶意诉讼等情况外，滥诉还包括多次往返立案、重复立案以及极小部分无知立案等无理缠诉情况。如今我国百姓对立案登记制的认识已较为全面，与改革之初相比，现在盲目立案、无知立案等滥诉情况实则已很少。但不可否认，因为形式审查下审查严苛程度的降低，这在一定程度上也导致了滥诉问题的发生。滥诉现象虽并不频发，但其存在也影响着司法的公信力，不利于立案登记制的有效推行。

二　贵阳市观山湖区人民法院实施立案登记制存在不足的原因

（一）起诉条件规定与当事人诉权保障的冲突

在我国，不少学者曾提出当下我国立案登记制改革起诉条件仍旧“高阶化”，原因主要在于起诉要件与诉讼要件的相混合。[②] 起诉要件指提起诉讼所必须具备的要件，诉讼要件指法院对本案的实体权利义务争议进行审理进而做出实体裁判的要件。[③] 起诉要件旨解决诉之成立，而诉讼要件旨解决诉之合法。在德国、日本等大陆法系国家，法院对当事人的起诉只对起诉要件进行形式审查，内容包含诉状的必要记载事项以及是否依法缴纳诉讼费用，而如法院是否有管辖权、当事人的诉讼能力及代理人权限、诉讼标的等要件则被归为诉讼要件。[④] 相反，我国当事人的起诉除了必须提交诉状外，第 119 条所规定的起诉条件中还涉及原告需适格、法院主管与管辖等相关诉讼要件。

由于立法未将两者区分，将诉讼要件前置审查不利于对当事人诉权的保

① 汤维建、沈磊：《论诉权滥用及其法律规制》，《山东警察学院学报》2007 年第 2 期，第 22 页。

② 杨会新：《从诉之效力位阶看民事案件受理制度》，《比较法研究》2016 年第 3 期，第 62 页。

③ 张卫平：《起诉条件与实体判决要件》，《法学研究》2004 年第 6 期，第 59 页。

④ 耿翔：《民事立案制度研究》，武汉大学博士学位论文，2017，第 22 页。

障。按照民事诉讼程序的发展，其大致可分为三个阶段，即诉之成立、诉之合法以及诉之审判，[①] 且每个环节都有与之对应的审理条件。部分学者曾提出，我国民事诉讼把诉讼要件审查提前至起诉与受理阶段，这与民事诉讼程序本身的顺序及逻辑相悖。在大陆法系国家，诉讼要件的审查通常在起诉要件审查完成后发生，且这种审查常常与实体审理相并行，故在实践中均采用“二元复式审理结构”。[②] 反观我国，法院在立案的形式审查阶段便会对涉及实体方面的内容进行审查，且目前立案庭对当事人起诉的审查为书面审理，通常具有单方性、封闭性，此时对于原告是否适格、法院是否有管辖权等事项的实体权利义务及证据的梳理，原被告双方未被赋予程序参与权利，更进一步说，当事人双方未能得以行使有关的辩论权、陈述权，这不利于对其诉权的保障。

（二）立案庭与审判庭因职权主义影响而审查分工不当

从历史角度来看，我国的社会治理长期保持着“集权”的人治思维，法治则更多体现为辅助国家“集权”的功能。思想上“和为贵”“无讼”“厌讼”等逐渐成为主流，由此导致国家对诉讼设定了严苛的限制。长此以往，对诉讼的权力管控思维也就成为必然。新中国成立后，受苏联国家本位以及权力本位的思想影响，我国的诉讼立法也体现了强职权主义印记。[③] 具体到民事立案领域，不管是改革前还是改革后，我国民事诉讼程序的启动更多依赖于法院的依职权审查。换言之，当事人一方的起诉行为仅是诉讼程序开启的必要前提而非充分条件，诉讼程序的启动依然取决于法院审查。[④]

按照我国“立审分离”的司法背景，法院的立案庭与审判庭各司其职，分别承担立案与审判功能。改革前，法院立案庭最主要的功能为案件审查过滤。随着立案登记制的推行，这一方面表明立案庭开始转变审查的内容与深度，但另一方面也表明起诉条件中一些诉讼要件在未进入实体审理前无法得到

---

① 杨会新：《从诉之效力位阶看民事案件受理制度》，《比较法研究》2016 年第 3 期，第 63 页。

② 唐力、高翔：《我国民事诉讼程序事项二阶化审理构造论——兼论民事立案登记制的中国化改革》，《法律科学（西北政法大学学报）》2016 年第 5 期，第 83 页。

③ 耿翔：《民事立案制度研究》，武汉大学博士学位论文，2017，第 90 页。

④ 张艳琼：《民事立案登记制度研究》，西南政法大学博士学位论文，2020，第 110 页。

有效准确的审查，立案庭与审判庭的审查职能产生重合。[①] 况且，由于立案庭开始转变其职能，其案件审查过滤功能减弱，案件分流、诉讼服务等功能在加强，再加之我国立法对起诉条件与立案程序构造的规定，实务中，法院立案庭与审判庭对于立案审查的职能则不免会分工不当，似乎与“立审分离”的司法背景相背离。

（三）司法需求与司法资源之间的不平衡

当下我国正处于社会快速转型发展的时期，利益的多元化带来纠纷的激增以及类型复杂多样。随着法治国家的建设，民众的法治意识也逐渐加强，加之立案登记制强调仅形式审查，因此越来越多的矛盾纠纷逐渐涌入法院。然而在我国，鉴于司法在国家及社会中的地位，其并不是社会治理的唯一手段，司法在我国现阶段也并不具备完全的独立性。就如法院审判权，受国家司法政策的影响，法院的审判依旧需要注重法律效果与社会效果的统一。此外，司法作为化解纠纷的手段，不是唯一也不是最佳选择，反而应是其他救济途径无法解决纠纷时的最后保障。我国的社会规范体系还存在诸如宗教、道德、政策等其他要素，有时司法并不一定适合处理各种纷繁复杂的社会问题。况且，就我国现行法律规定来看，我国的民事诉讼程序较为单一，与域外法治发达国家相比，缺少类似繁简分流机制、审前程序机制、多元化纠纷解决机制等制度规定，这也侧面反映出我国司法纠纷解决能力的局限性。由此可见，立案登记制改革下，民众日益增长的司法需求正与法院等司法机关的资源供给产生着不小的矛盾。

（四）立案环节滥诉筛查功能的缺乏

据前文可知，立案登记制的实行与滥诉现象的发生具有密切联系。实践中，很多滥诉现象正是行为人以“有案必立”为由，加之利用立案登记制下无须实质审查这个特点，从而实施了各种扰乱司法秩序的行为。既然立案登记制并不是只登记而不审查，那么笔者认为，可在该阶段仅形式审查的基础上增

---

① 曲昇霞：《论民事诉讼登记立案的文本之“困”与实践之“繁”》，《法律科学》（西北政法大学学报）2016 年第 3 期，第 159 页。

加一些筛查功能。实务中，虚假诉讼、恶意诉讼等案件因其较具隐蔽性，故仅通过形式审查确实难以辨别出来。但立案阶段还存在大量更偏无理缠诉的情况，这类起诉大部分滥诉情况十分明显，实践中立案法官凭借多年的立案经验与能力就能进行甄别。所以，虽然滥诉行为的识别在一定程度上存在困难，但若能在立案环节增加一些合理有效的滥诉筛查功能，则利于弥补由立案登记制改革所减弱的立案庭识别能力，也利于法院自身层面提高对滥诉的敏感度与谨慎度，从而降低法院遭受欺骗的可能性。

三　我国民事立案登记制度的完善路径

（一）完善有关立案登记制的法律规定

1. 合理区分起诉要件与诉讼要件

笔者认为，就我国现行的起诉条件规定，可以参照德、日等大陆法系国家有关起诉要件理论，对起诉要件与诉讼要件进行合理区分。具体而言，将以下内容定为起诉要件：当事人基本信息、法定代理人信息、诉讼请求以及相应的理由。而将以下内容定为诉讼要件：当事人有无行为能力或诉讼能力、法定代理人是否具有权限、是否属于法院主管与管辖。① 其中，起诉条件中，原告是与本案有直接利害关系的公民、法人和其他组织以及有明确的被告这两项，笔者认为可对其内容进行一定调整。具体而言，在针对当事人的总体要求上，笔者认为应主要集中于基本信息的提交。原告方面，所谓的“与本案有直接利害关系”，笔者认为该标准其实已经涉及实体审查，故不应以“适格当事人”作为基准。并且，在提供相关的信息时，原被告及其代理人是否具有行为或诉讼能力等也可在立案阶段不作要求。另外，针对诉讼请求与事实理由陈述也仅需明了，不需完全真实并准确。总体而言，以上有关起诉条件的调整，笔者认为可参照德国民事诉讼法，以诉的“具体化”或“特定化”作为标准，即原告的起诉只要能让立案法官明确审判对象即可。

---

① 肖建华、王勇：《论我国民事诉讼立案登记的积极要件——兼评〈民事诉讼法〉第 119 条》，《浙江工商大学学报》（社会科学版）2017 年第 2 期，第 51 页。

2. 完善起诉状有关规定

笔者认为，在合理区分起诉要件与诉讼要件的基础上，可对诉状记载事项也作一定区分。当事人以提交起诉状的方式向法院起诉，该起诉状所记载的内容同时也是为了之后的审判作准备。因而对于起诉状的功能，笔者认为应以起诉功能为主，准备功能为辅。

据此，就现行《民事诉讼法》第121条规定的诉状第一、二、三项内容，笔者认为可理解为实现起诉功能而不可缺少的事项，故可参照德国民事诉讼法的规定，将其称为“必要记载事项”。必要记载事项既然为当事人提起诉讼服务，那么其旨在确定当事人的诉讼请求，使得诉特定化。而对于那些并非使诉特定化的记载事项，笔者认为可作为与之相对应的“任意记载事项”。① 对于这些任意记载事项，立法可对这些材料实行鼓励性的提倡要求，旨在为庭审作准备或促进诉讼推进。对于被告信息，笔者认为姓名、性别与联系电话可归为必要记载事项，而身份证信息、工作单位以及住址等要求，则可归为任意记载事项。

（二）优化立案庭与审判庭的审查分工

1. 优化立案庭职能

虽然现今我国立法对当事人起诉条件的规定未作修改，但为符合形式审查的要求，笔者认为立案庭的职能需进行再定位。具体而言，以往立案庭承担的立案审查功能权重应逐渐降低，与此同时，其案件分流功能以及诉讼服务功能方面的权重应提升。② 在审查人员方面，可形成以少量员额法官为主，充足法官助理或司法辅助人员为补充的模式，既以员额法官保证立案符合形式审查，又以其他辅助人员补充的形式分担立案庭的其他职能，逐步整合并分配立案庭资源。

2. 优化立案庭与审判庭对诉讼要件的审查分工

对于诉讼要件，不少学者的观点认为应将其从我国现行起诉条件中剔除，

---

① 曲昇霞：《论民事诉讼登记立案的文本之“困”与实践之“繁”》，《法律科学》（西北政法大学学报）2016年第3期，第160页。

② 张嘉军：《立案登记背景下立案庭的定位及其未来走向》，《中国法学》2018年第4期，第231页。

后置于实体审理阶段，以此落实形式审查范围。[①] 笔者对此不赞同。这主要是因为当前我国立法未作修改，且民事诉讼程序较为单一，司法资源较为稀缺，司法解纷能力也略有局限，若直接将诉讼要件切除后置于实体审判程序，则不免过于理想化。所以，笔者认为，在现今起诉条件未作修改的背景下，可优化立案庭与审判庭对诉讼要件的审查分工。具体为：针对立案庭对诉讼要件的审查，笔者认为，其只需简略式审查，而不需过于精细化。立案阶段的审查程序保障明显低于审判阶段，在当事人的程序性权利得不到有效保障时，立案阶段就不需要过于精细地对涉及实体方面的诉讼要件进行审查。其主要任务集中为排除明显不合理、不合法或明显无法律利益的诉讼即可。[②] 而相应地，审判庭对诉讼要件的审查则应达到精确标准。必要时，可结合当事人提供的证据材料，归纳、梳理当事人的实体权利义务争议并进行审查判断。此外，在上述合理配置了审查分工基础上，笔者认为"是否属于法院主管与管辖"一项要求则并非一定要从起诉条中进行拆除，反而可在立案庭就诉讼要件审查进行合理分工后，实施简略式审查。

（三）优化司法资源配置

1. 加强审前程序的适用

审前程序，又称为庭前准备程序，一般指案件在受理后进入庭审前，为保障案件的审理能顺利推进而展开的庭前准备。不管是英美法系国家还是大陆法系国家，审前程序几乎是其诉讼程序中不可或缺的一部分。[③] 在开庭前通过对案件进行初步整理，不仅利于之后法官对案件做出裁判，而且还利于尽早促进纠纷的解决。对此，在改革背景下，笔者认为可加强法官助理或司法辅助人员对审前程序的适用，以此在一定程度上缓解立案登记制所带来的审判压力。具体而言，法官助理或司法辅助人员可以组织双方当事人进行证据交换，帮助法

---

① 蒋玮：《中国民事立案登记之困境及破解方案研究》，《青海社会科学》2016 年第 2 期，第 148 ~ 149 页。

② 肖建华、王勇：《论我国民事诉讼立案登记的积极要件——兼评〈民事诉讼法〉第 119 条》，《浙江工商大学学报》（社会科学版）2017 年第 2 期，第 55 页。

③ 刘楠等：《立案登记制度研究：以诉讼辅导为中心的设计》，法律出版社，2017，第 169 页。

官明确争议焦点的归纳，若案件事实清楚、当事人明确且争议不大的，还可由法官助理主持，直接进行调解等。

2. 健全多元化纠纷解决机制

多元化纠纷解决机制，又称替代性纠纷解决机制，其发端于美国。立案登记制背景下，单一的诉讼方式已难以消化全部的社会纠纷，也难以满足民众解纷的迫切需求。因此，为解决立案登记制导致的司法解纷能力局限问题，笔者认为可从以下两个方面对多元化纠纷解决机制进行完善：第一，探索设立部分案件强制调解前置。实践中，常常有很多法律关系清晰、事实争议不大、诉讼标的额较小的案件，因当事人不愿意选择非诉解纷方式，故而只能通过审判解决，徒增审判压力。对此，笔者认为可参照德国民事诉讼法，将涉及婚姻家庭、邻里纠纷、小额债务以及物业服务纠纷等案件纳入强制调解的范围，以减轻审判压力。第二，加强律师调解的适用。笔者认为，各地法院可以结合自身实际，吸收纳入律师等优势人才作为调解主体。同时，对律师参与调解的原则、程序等，对进行调解的律师人员的选任、资质等进行相关具体规定。必要时，还可设立一定的激励机制或者经费保障机制等，激发律师积极性，引导其参与调解等非诉解纷工作，进一步完善非诉纠纷解决机制。

（四）健全诉权滥用的防范与惩治机制

1. 建立滥诉行为的防范措施

无理缠诉作为一种滥诉的表现形式，由于其不合理的特征较为明显，较容易辨别。因此，笔者认为，可在立案阶段强化诉讼指引来对此类行为加以规避。各地法院在诉讼服务中心的各环节均可实行诉讼辅导，同时强化诉讼风险的释明，一定程度上起到警示的提醒作用，让当事人明白不是任何诉讼均可无差别进入法院。

针对虚假诉讼与恶意诉讼等滥诉行为，笔者认为可以加强审判前的案件分流程序，以此对其进行筛查，减少进入审理的可能性。法院通过对案件分流肯定会加强对每个案件的了解，故而可以更为容易地发现案件的异常之处。在此阶段，法院还可对异常案件类型进行一定总结，以提高筛查的可能性。例如，提交的证据存在伪造或变造可能、原被告之间存在某些特殊或异常的关系等。①

而对于重复起诉行为，因其有较为明确的认定标准，故笔者认为可以建立筛查系统加以防范。就筛查系统的整合，一方面可通过中国裁判文书网将公开的裁判文书形成大数据系统，另一方面各地法院依托大数据与互联网的信息化、智慧化的优势，将有关立案登记的各种信息实现法院内部资源共享。如此，在法院就立案进行审查时，即可将有关信息输入并自动识别。

2. 完善滥诉行为的惩治机制

我国部分学者主张可建立相应的滥诉民事损害赔偿责任，以此追究滥诉行为者的法律责任。②笔者认同此观点。这主要是因为，我国现行滥诉的法律规制在实践中适用率并不高，难以发挥有效作用。而综观国外的滥诉惩治措施，大部分国家立法均对此作了一系列规定。例如，法国就规定起诉或反诉都能够构成滥用权利。美国、英国等国家还将“恶意提起民事诉讼”和“诉讼滥用”规定为一种侵权行为，受害人据此可以提起侵权损害赔偿诉讼。③由此可见，就滥诉行为承担民事侵权赔偿责任并不是无任何法律依据。况且，从当事人滥用诉权的表现形式看，诸如当事人之间恶意串通、冒用他人名义等手段，其主观心态也难仅限善意，通常带有一定的非法目的。从当事人滥用诉权的结果来看，该行为不仅会侵害他人的合法权益，同时也会侵犯司法的公平公正。故根据侵权责任法的原理来看，滥诉行为也符合侵权责任的一般特征与构成要件，可按照侵权行为处理。因此，笔者认为我国可以建立滥用诉权的侵权责任，让滥诉行为者承担相应的民事损害赔偿责任。

结　语

立案作为审判的前提与基础，不仅是开启民事诉讼程序的总开关，还是人

---

① 刘楠等：《立案登记制度研究：以诉讼辅导为中心的设计》，法律出版社，2017，第 172 页。

② 梁艺：《“滥诉”之辩：信息公开的制度异化及其矫正》，《华东政法大学学报》2016 年第 1 期，第 177 页。

③ 景汉朝：《最高人民法院关于登记立案司法解释理解与适用》，人民法院出版社，2016，第 176 页。

民法院联系人民群众的桥梁与纽带。就民事立案登记制的实行现状而言，时至今日，其有效缓解了当事人的部分“立案难”问题，这点值得肯定，笔者对贵阳市观山湖区人民法院的调研也证实了这一点。但不可否认，我国现今的立案登记制度尚不完善。就本文而言，笔者虽然通过实证调研对立案登记制进行了客观剖析，提出了自己的一些看法与建议，但其中仍然存在许多不足，还有待于未来更加深入地研究。

参考文献

姜丽萍：《民事立案登记制的实施与完善》，《扬州大学学报》（人文社会科学版）2016 年第 1 期。

石春雷：《立案登记制改革：理论基础、运行困境与路径优化》，《重庆大学学报》（社会科学版）2018 年第 5 期。

汤维建、沈磊：《论诉权滥用及其法律规制》，《山东警察学院学报》2007 年第 2 期。

杨会新：《从诉之效力位阶看民事案件受理制度》，《比较法研究》2016 年第 3 期。

张卫平：《起诉条件与实体判决要件》，《法学研究》2004 年第 6 期。

耿翔：《民事立案制度研究》，武汉大学博士学位论文，2017。

唐力、高翔：《我国民事诉讼程序事项二阶化审理构造论——兼论民事立案登记制的中国化改革》，《法律科学》（西北政法大学学报）2016 年第 5 期。

张艳琼：《民事立案登记制度研究》，西南政法大学博士学位论文，2019。

曲昇霞：《论民事诉讼登记立案的文本之“困”与实践之“繁”》，《法律科学》（西北政法大学学报）2016 年第 3 期。

肖建华、王勇：《论我国民事诉讼立案登记的积极要件——兼评〈民事诉讼法〉第 119 条》，《浙江工商大学学报》（社会科学版）2017 年第 2 期。

张嘉军：《立案登记背景下立案庭的定位及其未来走向》，《中国法学》2018 年第 4 期。

蒋玮：《中国民事立案登记之困境及破解方案研究》，《青海社会科学》2016 年第 2 期。

刘楠等：《立案登记制度研究：以诉讼辅导为中心的设计》，法律出版社，2017。

景汉朝：《最高人民法院关于登记立案司法解释理解与适用》，人民法院出版社，2016。

梁艺：《“滥诉”之辩：信息公开的制度异化及其矫正》，《华东政法大学学报》2016 年第 1 期。

对赌协议纠纷的法律实证研究

邱 滢*

摘 要：“对赌协议”作为一个舶来品在21世纪出现在我国私募股权投资领域，为投、融资双方解决了估值不确定性的问题，近年来在我国资本市场上被广泛运用。由于《全国法院民商事审判工作会议纪要》（以下简称《九民纪要》）出台前没有对应的法律法规规范，因此出现了法院同案不同判的局面。直到2019年底出台《九民纪要》，首次对“对赌协议”的效力及实际履行做出规定，但并未彻底解决实际履行的问题。笔者通过对“对赌协议”纠纷近3年的案例梳理，把“对赌协议”分为目标公司回购型、目标公司补偿型、股东回购型、股东补偿型四种类型进行案例、法律依据分析。最后对“对赌协议”所存在的司法困境提出几点建议。

关键词：对赌协议 《九民纪要》 协议效力 实际履行

一 “对赌协议”的定义及类型

（一）“对赌协议”的定义

“对赌协议”又称为估值调整机制（Valuation Adjustment Mechanism，简

---

* 邱滢，贵州大学法学院硕士研究生，研究方向：民事诉讼法。指导老师：刘沂江，贵州大学法学院副教授；徐涛，贵阳市观山湖区人民法院党组书记、院长，贵州省首批审判业务专家，贵州省法治研究与评价中心研究员，贵州大学法学院法律硕士校外导师，三级高级法官。

称为“VAM”），是指投、融资双方就被投资公司未来发展的不确定性、信息不对称等问题而专门设计的包含股权回购、金钱补偿等对未来被投资公司的估值进行调整的融资协议。如果达到融资协议中所约定的条件（通常为业绩或利润目标）则投资方需要向融资方做出相应补偿以弥补融资方因先前对被投资公司的估值过低而承受的损失；如果未达到融资协议约定的条件，则融资方需要向投资方做出相应的补偿以弥补因先前对被投资公司估值过高而导致投资方蒙受的损失。该机制通过估值调整权利义务以帮助投资方降低投资风险，从而解决融资难的问题。①

（二）“对赌协议”的类型

“对赌协议”按对赌主体作为划分标准主要划分为三种：股东对赌型、公司对赌型、混合对赌型。股东对赌型是指与投资人签订“对赌协议”的主体是目标公司的股东，如未达到“对赌协议”中约定的条件，则目标公司的股东须履行“对赌协议”中约定的义务，承担对赌失败的不利后果。公司对赌型是指与投资人签订“对赌协议”的主体是目标公司，如未达到“对赌协议”中约定的条件，则由目标公司履行“对赌协议”中约定的义务。混合对赌型是指目标公司及其股东共同与投资人签订“对赌协议”，如触发合同约定的回购或补偿条件时，原股东与目标公司共同负有履行合同的义务。

以法律后果的不同为划分标准，“对赌协议”可分为股权回购型、补偿型。股权回购型中投、融资双方一般对目标公司应于某时点前上市或达到某个财务指标或其他事项进行约定，若未达到约定的条件，目标公司或其原股东应当回购投资人所持目标公司股份，约定股东回购可能同时约定目标公司共同负有连带责任。补偿型通常是由投、融资双方当事人给目标公司设定一个未来须达到的财务指标，若目标公司未达到约定的业绩，原股东或目标公司应按照约定的补偿公式以现金或免费转让股权等方式弥补投资人。另外，在同一“对赌协议”中可能同时约定股权回购及现金或股权补偿。

后文笔者将结合对赌主体及法律后果两种划分标准，将“对赌协议”纠

---

① 俞秋玮、夏青：《以上市为条件的“对赌”协议的效力》，《人民司法》2015 年第 21 期，第 29 页。

纷分为目标公司回购型、目标公司补偿型、股东回购型、股东补偿型四种类型分别进行类型化分析。

二　我国“对赌协议”的立法、司法实践历程

“对赌协议”作为一种新型商事合同，自从出现后很长一段时间都没有针对性的法律法规进行规范，法院在过去审理“对赌协议”纠纷时常引用《中华人民共和国合同法》（以下简称《合同法》）、《中华人民共和国公司法》（以下简称《公司法》）等法律法规及司法解释。直到2019年底出台的《九民纪要》中才首次专门对“对赌协议”的效力及实际履行做出规定。原则上，投资人与目标公司的股东签订的“对赌协议”有效并支持实际履行。投资人与目标公司订立的“对赌协议”原则上是有效的，目标公司回购型“对赌协议”，法院依据《公司法》第35条或第142条的规定审查目标公司是否完成减资程序，若未完成则不支持投资方请求目标公司实际履行回购股权的义务。目标公司补偿型“对赌协议”，法院依据《公司法》第35条、第166条规定审查目标公司是否有利润或足够的利润补偿投资方，若没有利润则不支持投资方请求目标公司承担金钱补偿义务的诉求；若没有足够利润全部补偿，则应部分支持投资人的诉讼请求。待今后目标公司有利润时，投资方还可依据该事实另行提起诉讼。

从中国裁判文书网中查阅，我国从2010年开始才出现有关“对赌协议”纠纷的案例。被称为“对赌第一案”的“海富案”[①] 2013年经最高人民法院再审，法院把投资人与股东签订的“对赌协议”和投资人与目标公司签订的“对赌协议”区分，并首次在司法实践中认定投资人与股东签订的“对赌协议”有效，而投资人与目标公司签订的“对赌协议”无效。理由是协议中约

---

① 无讼案例网：“苏州工业园区海富投资有限公司与甘肃世恒有色资源再利用有限公司、香港迪亚有限公司、陆波增资纠纷再审案”，https：//www. itslaw. com/detail? initialization = %7B%22category%22%3A%22CASE%22%2C%22id%22%3A%221aec2f66 - a673 - 4b73 - b424 - 1c11e0ed02d0%22%2C%22anchor%22%3Anull%2C%22detailKeyWords%22%3A%5B%22%EF%BC%882010%EF%BC%89%E5%85%B0%E6%B3%95%E6%B0%91%E4%B8%89%E5%88%9D%E5%AD%97%E7%AC%AC71%E5%8F%B7%22%5D%7D#content_null，2021年3月10日。

定目标公司利润低于目标值时，目标公司应向投资人做出补偿，这一约定使投资人可以取得相对固定的收益，该收益脱离了世恒公司的经营业绩，损害了公司及公司债权人利益，违反《公司法》第20条和《中华人民共和国中外合资经营企业法》第8条的规定，因而无效。但是，股东对于投资人的补偿承诺并不损害公司及公司债权人的利益，不违反法律法规的禁止性规定，是当事人的真实意思表示，是有效的。

2018年“瀚霖案”① 经最高人民法院再审审理认为对赌协议约定由目标公司为股东回购提供连带责任担保的担保条款合法有效，目标公司应当依法承担担保责任。裁判理由是投资人已对目标公司提供担保经过股东会决议，尽到审慎注意和形式审查义务，投资人的投资全部用于公司经营发展，目标公司的全体股东因而受益。目标公司提供担保有利于自身经营发展需要，并不损害公司及公司中小股东权益，应当认定案涉担保条款合法有效。

2019年初“华工案”② 经江苏省高级人民法院审理认为投资人与目标公司及其股东签订的若目标公司未按时上市则投资人有权要求目标公司回购股份的“对赌协议”是有效的。理由是我国《公司法》并不禁止有限责任公司回购本公司股份，有限责任公司在履行法定程序后回购本公司股份，不会损害公司股东及债权人利益且不会违反公司资本维持原则。股份回购条款属于缔约过程中当事人对投资合作商业风险的安排，系各方当事人的真实意思表示。针对履行可能性方面，首先，目标公司基于公司债权人的身份，当然有权依据对赌协议的约定主张权利。其次，目标公司在投资方注资后资产得以增长，且参考目标公司历年分红情况后，目标公司依约支付回购款不会导致公司资产减损，也不会损害其清偿能力，案涉对赌协议约定的股份回购条款具备事实上的履行可能。

---

① 中国裁判文书网：“强静延、曹务波股权转让纠纷再审民事判决书”，https：//wenshu. court. gov. cn/website/wenshu/181107ANFZ0BXSK4/index. html？ docId = 812dafb91f934fb88b2fa96900ea12c5，2021年5月23日。

② 中国裁判文书网：“江苏华工创业投资有限公司与扬州锻压机床股份有限公司、潘云虎等请求公司收购股份纠纷再审民事判决书”，https：//wenshu. court. gov. cn/website/wenshu/181107ANFZ0BXSK4/index. html？ docId = 0b0504134e334d05b7b0aa5c00c1efc8，2021年5月23日。

三　我国近三年“对赌协议”纠纷案例数据分析

笔者通过“中国裁判文书网”选择“民事案件”，输入关键词“对赌协议”，共检索出2018～2020年共847份裁判文书，其中2018年181份、2019年332份、2020年334份。剔除争议焦点与“对赌协议”纠纷无关或与“对赌协议”纠纷有关但只涉及程序的案件，筛选出有关“对赌协议”纠纷的裁判文书样本共计375份，其中2018年82份、2019年135份、2020年158份，裁判文书数量整体呈上升趋势（见表1）。

表1　2018～2020年有关“对赌协议”纠纷判决审结数据

单位：份

项目	2018年	2019年	2020年
一审	46	72	93
二审	36	61	65
再审	0	2	0
总计	82	135	158

2018年二审结案占总案件数的43.9%，2019年和2020年的占比分别是45.18%、41.13%。可以看出有关“对赌协议”纠纷的案件错综复杂，具有争议性，多数要经过二审审理才能结案，甚至有的经过了再审才结案。

近3年审理有关“对赌协议”纠纷案件的法院地区分布见图1。

以地区作为划分标准，通过图1、图2、图3可以看出，经济较为发达的地区发生“对赌协议”纠纷案件较多，北京、江苏、浙江、广东、上海地区的法院每年审理“对赌协议”纠纷的案件量已经超过全国总案件量的一半。而其他经济稍弱的地区该类案件出现频率相对较低，甚至如内蒙古、贵州、云南等地区的法院近3年未审理过此类案件。

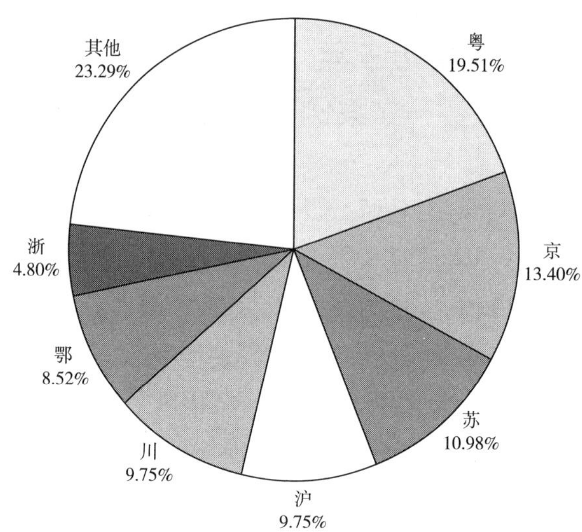

图1　2018 年审理有关“对赌协议”纠纷的法院地区分布

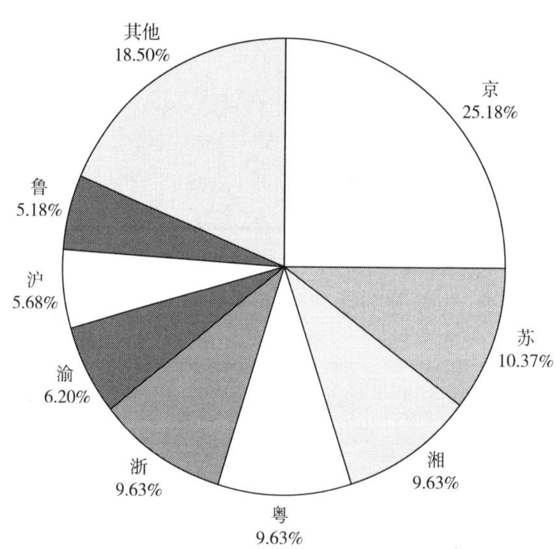

图2　2019 年审理有关“对赌协议”纠纷的法院地区分布

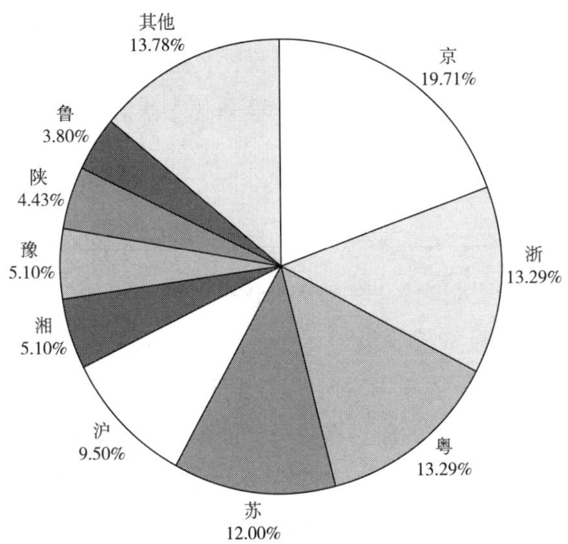

图3　2020年审理有关“对赌协议”纠纷的法院地区分布

四　“对赌协议”纠纷类型化问题分析

（一）目标公司回购型

1. 合同效力争议焦点的案例及法律依据分析

笔者收集的近3年涉及目标公司回购型的“对赌协议”效力性纠纷共有85个案例，按《九民纪要》出台前后时间分别统计法院判决认定此类“对赌协议”有效或无效案件数量及占比见表2。

表2　《九民纪要》出台前后人民法院认定目标公司回购型对赌协议有效或无效案件数量及占比情况

单位：件

项目	《九民纪要》出台前	《九民纪要》出台后
“对赌协议”无效	27(50.94%)	4(12.5%)
“对赌协议”有效	26(49.06%)	28(87.5%)
合计(件)	53	32

从以上数据可看出在2019年底《九民纪要》出台前，法院对目标公司回购型“对赌协议”的效力判决有较大争议性，法院判决该类“对赌协议”无效的理由均是认为其属于《合同法》第52条第5款情形及违反资本维持原则，目标公司回购股份会构成抽逃出资，影响公司经营能力，侵害了公司、股东及债权人的利益等。

《九民纪要》出台后在裁判文书中虽然仍有一小部分法院依然认为该类“对赌协议”无效，但大部分法院都认为该种“对赌协议”是有效的。法院判决无效的“陕西金戈投资控股集团有限公司与北京国君力鼎创业投资有限公司等股权转让纠纷案”① 等4份案例中裁判理由均为目标公司回购股份不符合《公司法》第142条所规定的股份有限公司回购股份的6种法定情形。

《九民纪要》第5条规定若无法定无效事由，“对赌协议”有效。笔者首先从《合同法》角度分析，判断本类型“对赌协议”是否有效主要是依据《合同法》第52条中第5款或现行《中华人民共和国民法典》第153条的规定。“强制性规定”分为“效力性规定”和“管理性规定”。根据《最高人民法院关于适用〈中华人民共和国公司法〉若干问题解释（二）》第14条规定，《合同法》第52条中的“强制性规定”应限缩解释为“效力性强制性规定”，同理《民法典》第153条中的“强制性规定”也应为“效力性强制性规定”。

其次，从《公司法》角度出发。《公司法》第20条规定公司股东应当依法行使权利及股东滥用权利的民事责任，公司股东若滥用股东权利、法人独立地位损害公司债权人利益的将对公司债务承担连带责任，股东是否滥用权利需结合具体情形及其他法律规定综合判断。

《公司法》第35条规定股东不得抽逃出资；根据《最高人民法院关于适用〈中华人民共和国公司法〉若干问题的规定（三）》第12条解释了4种属于抽逃出资的行为。有限责任公司的股东想要退出公司，股东可以根据《公司法》的相关规定将其股权转让给其他股东或依法转让给股东以外的人，还可以根据《公司法》第74条的规定请求公司收购股权。而股份有限公司只有

---

① 中国裁判文书网：“陕西金戈投资控股集团有限公司与北京国君力鼎创业投资有限公司等股权转让纠纷二审民事判决书”，https://wenshu.court.gov.cn/website/wenshu/181107ANFZ0BXSK4/index.html? docId = 061a9e454f7f4112980dac1b00a7d4a7，2021年5月23日。

在《公司法》第142条规定的6种情形下公司才可以收购本公司的股份。实务中“对赌协议”纠纷涉及公司回购股权一般只与减资有关，而《公司法》第177条规定了公司减资须编制资产负债表及财产清单、做出减资决议等法定程序，公司只需减资法定程序完成即可回购股权。

依照“对赌协议”的约定，公司回购股份并不属于股东滥用法人独立地位的有限责任进而会损害债权人及公司利益；也不属于抽逃出资的情形；对于《公司法》第74条规定，法无禁止即自由，该条并未规定除了条款中的3个情形外有限责任公司就不能回购股份。此外，前述《公司法》的条款不属于“效力性强制性规定”，这些条款并没有明确规定违反条款就导致合同无效或合同不成立，且违反条款继续使合同有效也不会损害国家利益或社会公共利益，因此前述法律条款并不属于效力性规定而是属于管理性规定，即使违反前述几条《公司法》的法律规定也并不导致违反《合同法》第52条第5款或《民法典》第153条所规定的“强制性规定”。

签订“对赌协议”系投、融资双方在各自意思自治下，经过多轮磋商，各自评估商业风险之后做出的理性决策。在无法定无效事由的前提下，应充分尊重各方当事人的意志，遵循诚实信用原则，目标公司回购型“对赌协议”应认定为有效。

2. 实际履行争议焦点的案例及法律依据分析

笔者收集近3年相关案例后，按《九民纪要》出台前后时间统计法院认为该类“对赌协议”有效的前提下是否支持投资人请求目标公司回购股份的诉请的数据（见表3）。

表3 《九民纪要》出台前后法院对有效的目标公司回购型对赌协议是否支持实际履行情况

单位：件

项目	《九民纪要》出台前	《九民纪要》出台后
“对赌协议”有效	23	31
不支持实际履行	1(4.35%)	22(70.97%)
支持实际履行	22(95.65%)	9(29.03%)

《九民纪要》出台前仅“李勇与熊维平等合同纠纷案”[①] 是法院判决目标公司回购型“对赌协议”有效但不支持目标公司回购，理由是因目标公司无可分配利润，目标公司若回购股份会损害公司及债权人利益。“张良与成都泓奇公司收购股份纠纷案”[②] 等22个案例中法院判决只要目标公司按照法定减资程序进行回购股份即可，均支持目标公司回购股份。

《九民纪要》出台之后有22个案例法院判决目标公司回购型“对赌协议”有效但不支持目标公司回购。其中“北京银海通公司与新疆西龙土工公司、奎屯西龙公司的股权转让纠纷案”[③] 等18个案例的裁判理由是投资人未能证明目标公司通过了法定减资程序。“广东盈峰公司与上海悠游堂公司等人增资纠纷案”[④] 等2个案例的裁判理由是因目标公司进入破产清算阶段，造成履行不能。“常州金茂新兴公司与王庆等人股权转让纠纷案”[⑤] 等2个案例的裁判理由是认为估值调整过后目标公司已退还一部分溢价款，是对回购相关协议的调整，投资方已得到弥补。

《九民纪要》中规定投资方请求目标公司回购股权的，目标公司须完成减资程序，但并未明确须完成至减资程序的哪一步骤。目标公司减资主要有两方面限制，一个限制是减资的股东（大）会决议，目标公司能否依照《公司法》相关法律规定召开股东（大）会以及能否形成有效的减资决议一般是投资人

① 中国裁判文书网：“李勇与熊维平等合同纠纷一审民事判决书”，https：//wenshu. court. gov. cn/website/wenshu/181107ANFZ0BXSK4/index. html? docId = a691669220084daf9087ab3c000bc1ea，2021年5月23日。

② 中国裁判文书网：“成都泓奇实业股份有限公司、张良请求公司收购股份纠纷二审民事判决书”，https：//wenshu. court. gov. cn/website/wenshu/181107ANFZ0BXSK4/index. html? docId = 79db173a7a4045f8a2c3a9b5005a4f5b，2021年3月10日。

③ 中国裁判文书网：“新疆西龙土工新材料股份有限公司与北京银海通投资中心、奎屯西龙无纺土工制品有限公司股权转让纠纷二审民事判决书”，https：//wenshu. court. gov. cn/website/wenshu/181107ANFZ0BXSK4/index. html? docId = 9f53c2f915a24f889e40ab2e00d3d948，2021年3月10日。

④ 中国裁判文书网：“邓莽与广东盈峰投资合伙企业（有限合伙）等公司增资纠纷二审案件二审民事判决书”，https：//wenshu. court. gov. cn/website/wenshu/181107ANFZ0BXSK4/index. html? docId = 40675dafb62a4855a210ac4f00f395ba，2021年3月10日。

⑤ 中国裁判文书网：“常州金茂新兴产业创业投资合伙企业与王庆、李士萍等股权转让纠纷二审民事判决书”，https：//wenshu. court. gov. cn/website/wenshu/181107ANFZ0BXSK4/index. html? docId = 2f4fee81e8dd48c198c9ac39011b5ce0，2021年3月10日。

无法控制的，因《公司法》中规定有限责任公司、股份有限公司召开临时股东会须分别满足第 39 条、第 100 条中的条件。而在实务中，融资方为保障其控制权，投资人所占注册资本比例较小，因此是否能召开股东（大）会具有很大的不确定性。根据《九民纪要》第 29 条规定，法院不支持投资人请求公司强制召开股东（大）会。因为股东（大）会的召开本质上属于公司内部治理的范畴，法院只能告知当事人依照《公司法》第 40 条或第 101 条所规定的程序公司自行召开股东（大）会。

根据《公司法》第 43 条及 103 条有关有限公司和股份有限公司股东（大）会表决规定，通过减资决议须出席股东（大）会的 2/3 绝对多数表决。由于投资人占股比例不大，且其他股东的立场通常与投资人相反，因此很难满足 2/3 绝对多数表决的条件并形成有效的减资决议。

目标公司履行减资程序的另一个限制是债权人保护程序。从公司债权人角度出发，公司作为债务人，经营状况会直接影响到债权的实现，且债权人只能被动接受，所以债权人对公司资产变动极其敏感，公司回购股份将使目标公司的资产减少，影响其偿债能力。因此，一般债权人不会同意目标公司通过减资的方式回购投资人的股权。如若目标公司执意回购，那么债权人可能会为了保障自己的权益而要求目标公司为其债权提供担保或提前清偿，但若公司资不抵债则可能使目标公司存在破产的风险。

《九民纪要》中设置减资的前置程序，增加了本类型“对赌协议”实际履行的难度。并且《九民纪要》中未明确须完成减资的程序，该类“对赌协议”的实际履行问题并未得到解决，投资人缺乏救济途径。

（二）目标公司补偿型

笔者收集近 3 年涉及目标公司补偿型“对赌协议”效力纠纷的裁判文书共有 8 份。根据《九民纪要》出台前后时间统计法院判决目标公司补偿型“对赌协议”有效的前提下是否支持实际履行的数据如表 4 所示。

《九民纪要》出台前法院判决目标公司补偿型“对赌协议”有效的均支持实际履行，而在《九民纪要》出台后法院判决目标公司补偿型“对赌协议”有效的 2 个案例均不支持实际履行，“匠星实业公司和深圳市博益公司与徐刚、

表4　《九民纪要》出台前后法院对有效的目标公司补偿型对赌协议是否支持实际履行情况

单位：件

项目	《九民纪要》出台前	《九民纪要》出台前
“对赌协议”有效	5	2
支持实际履行	5	0
不支持实际履行	0	2

广东阳光视界公司增资纠纷案”[①]法院判决理由是投资人依约请求公司回购股份不涉及补偿，目标公司未依法减资。在“北京锦寓信诚公司与翟仲夏、翟昆夏等人合同纠纷案”[②]中法院裁判理由是目标公司没有足够的利润支付。

《九民纪要》虽然规定投资人请求目标公司支付补偿款须目标公司有利润，但并未明确目标公司用于补偿投资方的利润是仅限于当年的税后未分配利润还是包含以前年度的未分配利润。根据《公司法》第166条对未分配利润的规定，目标公司对“未分配利润”的金额大小具有较大操作空间，可以通过对外进行大额投资、增加费用支出等方式减少税前利润，以及通过股东（大）会决议提取大额任意公积金等方式减少税后的未分配利润。并且即使公司的利润可能为零甚至亏损，但并不当然意味着目标公司的净资产为零或为负数，公司没有可用于偿还债务的资产。

笔者认为为了更合理地保障投资人权益，利润应当包含公司当年税后未分配利润及以前年度未分配利润，当年税后未分配利润应为弥补亏损后计提法定公积金，但不计提任意公积金之后的当年利润。依《公司法》第166条规定，税后利润应当补亏、计提法定公积金，而任意公积金则是可以计提可以不计提。根据《公司法》第168条规定公积金的用途，提取法定公积金维持公司正常经营并保障公司在某年发生亏损时及时补亏。为平衡目标公司资本维持、最低限度依

① 中国裁判文书网：“匠星实业有限公司、深圳市博益投资发展有限公司等与徐刚等公司增资纠纷一审民事判决书”，https://wenshu.court.gov.cn/website/wenshu/181107ANFZ0BXSK4/index.html?docId=f0c33fc73dce4ad4bb86ac290105c418，2021年3月10日。

② 中国裁判文书网：“佛山市夏彦电子商务有限公司等与北京锦寓信诚投资管理中心（有限合伙）合同纠纷二审民事判决书”，https://wenshu.court.gov.cn/website/wenshu/181107ANFZ0BXSK4/index.html?docId=8fb3860de2bd45ff92d1ac01000de13d，2021年3月10日。

法保障公司正常运转与投资人的合法权益，目标公司可用于现金补偿投资人的当年利润应为弥补亏损后计提法定公积金，但不计提任意公积金之后的利润。

公司以前年度的剩余未分配利润应为“盈余公积”，包含法定公积金和任意公积金。“盈余公积”是公司没有分红而存留在公司里的利润累积，用于现金补偿的当年利润中不应计提任意公积金。同时若以前年度计提的法定公积金已经足以保障公司正常运转则应转出一部分法定公积金用于现金补偿。

（三）股东回购型

在股东回购型“对赌协议”纠纷中有的投资人会请求目标公司对股东回购股份承担担保责任，法院是否支持投资人诉讼请求的案例数据如表5所示。

表5　2018～2020年法院对股东回购型对赌协议是否支持目标公司承担担保责任情况

单位：件

项目	2018年	2019年	2020年
股东回购型对赌协议	75	101	117
请求目标公司承担担保责任	8	12	7
不支持目标公司承担担保责任	5	9	4
支持目标公司承担担保责任	3	3	3

由表5可见，投资人诉请目标公司对股东回购股份承担担保责任的案例近3年共有27个，在2018年5个法院不支持目标公司承担担保责任。“蓝色成长公司与庄丽红、辽宁红旭公司股权转让纠纷案”① 等4个案例中法院的裁判理由是违反《公司法》第16条规定，目标公司未经过法定程序做出担保，因此做出的担保无效，2019年、2020年理由相同的案例分别有6个、4个。另一个“常州产权交易所与黄龙等人股权转让纠纷案”②法院的裁判理由是

① 中国裁判文书网：“杭州蓝色成长投资合伙企业与庄丽红、辽宁红旭现代农业股份有限公司股权转让纠纷一审民事判决书”，https：//wenshu. court. gov. cn/website/wenshu/181107ANFZ0BXSK4/index. html? docId =006fcc30540d4455b903a8f800a68f7c，2021年3月10日。

② 中国裁判文书网：“股权转让纠纷一审民事裁定书”，https：//wenshu. court. gov. cn/website/wenshu/181107ANFZ0BXSK4/index. html? docId = a008a1b17c6a4ecd8afaaad301044179，2021年3月10日。

因为未约定目标公司依法做出担保，并且公司承担担保责任回购股份将损害公司、债权人利益，使公司资产减少，故即使有约定也无效，2019 年有 3 个案例的裁判理由同前。在 2019 年中支持目标公司承担担保责任其中一个案例为“景德镇伟新创业公司与常州捷顺公司、常松金属公司增资纠纷案”①，法院判决支持目标公司承担担保责任的理由是实际控制人知晓目标公司承担担保责任并在“对赌协议”中加盖公章。2019 年“曲水汇鑫贸通公司与昊微投资公司、葛刚、郑善等人合同纠纷案”② 等 2 个案例中法院认为公司担保范围不明确，应为承担全部连带责任，2020 年有 1 个案例理由相同。2020 年其余 2 个法院支持目标公司承担担保责任的案例均以担保约定明确为由。

在目标公司是否与股东对回购公司股份承担担保责任的问题上，笔者认为主要在于是否符合公司对内担保的法律规定。根据《公司法》第 16 条规定公司为公司股东或者实际控制人提供担保必须经股东（大）会决议表决审议通过；第 43 条规定除《公司法》有规定的外，有限责任公司股东大会的议事方式和表决程序由公司章程规定；第 103 条规定股份有限公司的股东大会做出有效决议的条件与程序。目标公司若为有限责任公司，其是否对股东回购投资人所持目标公司股权承担连带责任，首先看公司章程如何规定，公司对股东做出担保须经股东大会决议表决数量达到多数才生效；目标公司若为股份有限公司应经出席股东过半数表决权通过决议。

（四）股东补偿型

股东补偿型及股东回购型“对赌协议”纠纷中涉及夫妻共同债务争议焦点的数据见表 6。

---

① 中国裁判文书网：“景德镇市伟新创业投资中心与杨建如、杨建强等公司增资纠纷一审民事判决书”，https：//wenshu. court. gov. cn/website/wenshu/181107ANFZ0BXSK4/index. html? docId = 600f602558b64c82accdab3300fbc7f1，2021 年 3 月 10 日。

② 中国裁判文书网：“曲水汇鑫茂通高新技术合伙企业（有限合伙）与郑善等合同纠纷一审民事判决书”，https：//wenshu. court. gov. cn/website/wenshu/181107ANFZ0BXSK4/index. html? docId = b948b869bb6f4c1db66eab2a00d39ba4，2021 年 3 月 10 日。

表 6　股东补偿型及股东回购型对赌协议纠纷案件涉及夫妻共同债务相关数据情况

单位：件

项目	2019 年	2020 年
涉及夫妻共同债务争议焦点	3	6
不属于夫妻共同债务	2	1
属于夫妻共同债务	1	5

股东补偿型“对赌协议”纠纷在过去的 2019 年里有 2 个案例涉及目标公司的股东向投资人补偿是否属于夫妻共同债务的争议焦点，其中在“四川产业振兴公司与廖昕、林宇虹、成都易晟公司合同纠纷案”① 中，法院认为不是夫妻共同债务，理由是该债务严重超出夫妻日常生活所需范围。股东回购型“对赌协议”纠纷中也涉及同样的争议焦点，2019 年里所涉及的 1 个案例认为不是夫妻共同债务，理由相同。而在“北京四方继保公司与方强、陆芸芸合同纠纷案”② 中，法院认为是夫妻共同债务，理由是公司是由方强与陆芸芸共同管理的，属于夫妻共同债务。在 2020 年中涉及夫妻共同债务争议焦点的共有 6 个案例，仅 1 例认为不是夫妻共同债务，理由同前；剩下 5 例认为属于夫妻共同债务的案例有 4 个理由同“北京四方继保公司与方强、陆芸芸合同纠纷案”，另 1 个“湖北省国有资本与林际军、张辉德、刘定艳、连筱兰合同纠纷案”③ 法院的裁判理由是林际军、张辉德是公司的股东，在没有相反证据证明的情况下，推定公司的盈利用于夫妻共同生活，因此股东回购股权所负债务属于夫妻共同债务。

关于夫妻婚姻关系的法律法规，以前由《中华人民共和国婚姻法》规制，后《民法典》替代了原来的《中华人民共和国婚姻法》。但《最高人民法院关

① 中国裁判文书网：“四川产业振兴发展投资基金有限公司与廖昕、林宇虹合同纠纷一审民事判决书”，https：//wenshu. court. gov. cn/website/wenshu/181107ANFZ0BXSK4/index. html? docId = c317f4f7721d44a1982caaab008b6e94，2021 年 3 月 10 日。

② 中国裁判文书网：“陆芸芸等与北京四方继保自动化股份有限公司二审民事判决书”，https：//wenshu. court. gov. cn/website/wenshu/181107ANFZ0BXSK4/index. html? docId = 94fbdd307b8141019604ab29000b7ef7，2021 年 3 月 10 日。

③ 中国裁判文书网：“林际军、张辉德合同纠纷二审民事判决书”，https：//wenshu. court. gov. cn/website/wenshu/181107ANFZ0BXSK4/index. html? docId = 961b7fa210b147049a67ac5c0098bc22，2021 年 3 月 10 日。

于适用〈中华人民共和国婚姻法〉若干问题的解释（二）的补充规定》依然适用，该司法解释的第 24 条规定了两种不为夫妻共同债务的特殊情形。若目标公司中承担回购或补偿义务的股东与其配偶不能证明投资人与股东约定的回购或补偿义务系个人债务或投资人知道该股东与其配偶对婚姻关系存续期间所得的财产约定归各自所有，则该回购或补偿所产生的债务系夫妻共同债务，股东的配偶应当承担连带回购或补偿责任。

五　“对赌协议”司法实践困境的解决路径

（一）完善“对赌协议”的司法制度

1. 以公司“清偿能力”作为前置标准

对于公司回购型“对赌协议”，笔者认为应当摒弃以“完成减资程序”为实际履行的前置程序，法院支持投资人请求目标公司回购股份与否应以目标公司的“清偿能力”为判决标准，若目标公司在不影响保持持续经营状态的情况下法院应当强制目标公司用其“合法可利用资金”回购投资人所持目标公司的股权。

目标公司是否具有“清偿能力”的标准即净资产大于注册资本，且在符合签订的“对赌协议”约定或目标公司的公司章程的情况下，目标公司使用净资产回购股权后目标公司所剩的资金还能保证公司能够正常经营。另外，由于法官并不是对公司治理、公司财务指标等都比较了解，需要专业人员帮助法官做出目标公司是否应当回购股权的判决。因此目标公司是否具有“清偿能力”可以通过专业的第三方评估机构对目标公司的资产、负债等进行综合评价，对各方面的财务指标都进行分析，并得出目标公司是否具有“清偿能力”的结论以供法官在审理案件时作为参考。

对于目标公司补偿型“对赌协议”，也应当摒弃使用“目标公司有利润”为目标公司履行补偿义务的前置程序，法院是否支持投资人请求目标公司进行金钱补偿的标准也应为目标公司是否具有“清偿能力”，若目标公司在不影响保持持续经营状态的情况下法院应当强制目标公司用其“合法可利用资金”补偿投资人。

2. 强制公司定期提供财务报表

若目标公司的“清偿能力”不能使其回购投资人的全部股权或只能回购部分股权则不支持或部分支持投资人的诉求，须待今后目标公司具有“清偿能力”投资人再以同样的事实另行起诉。笔者认为可以规定强制目标公司每月或每个季度向投资人报送相关财务报表等资料以便投资人及时获取目标公司的经营状况、财务状况等信息。若投资人通过目标公司报送的相关财务报表等资料初步判断目标公司具有一定的“清偿能力”，投资人则可以及时主张权利，请求目标公司继续履行回购股权或补偿义务。

（二）设计合理“对赌协议”防范风险

1. 采取分期注资的投资方式

投资方可以采取分期注资的投资方式向目标公司投资，这种方式将一次性的风险投资拆解为投资人根据目标公司后续的经营状况、盈利能力等再决定是否继续投入资金的多轮投资，若目标公司完成投、融资双方签订的“对赌协议”中约定的目标，则投资人依“对赌协议”约定继续支付后续的投资，若目标公司未完成约定的目标，投资人则依照约定停止后续投资。

从事前风险防范的角度出发，分期注资的投资方式能最大限度地减少合同各方当事人的信息不对称，因为若投资人入股时高估了目标公司的预期，那么可以通过分期注资的方式来减少损失，投资方可以及时止损。并且这种方式同样可以激励目标公司的股东或经理人尽力经营公司，解决估值差异问题。

2. 尽量选择股东履行回购或补偿义务

投资人依据“对赌协议”请求回购或补偿的对象系目标公司的股东时，就不会面临目标公司实际履行回购或补偿义务时的困境，相对容易履行。因此不论是签订回购型还是补偿型“对赌协议”，投资人应尽量选择目标公司的股东作为对赌义务的履行主体。公司回购型的“对赌协议”在实际履行过程中存在较大难度，若履行主体为公司股东，则不需要通过减资程序，直接使用股东个人财产回购投资人所持股份，只要股东个人名下还有可执行财产即可强制股东履行回购义务。对于补偿型“对赌协议”，若履行主体为股东即使最终也不能得到补偿那也是在强制执行阶段因无可执行财产，并非公司补偿型在诉讼审判阶段因公司无利润而不支持公司补偿的请求。因此投资人应当尽可能避免选择目标公司作为“对赌”相对方。

结 语

由于《九民纪要》出台后仍存在投资人与目标公司签订“对赌协议”的实际履行困难，给司法实践留下有待解决的问题，因此未来还须对以上问题做出合理的规制，使“对赌协议”能够在资本市场上发挥最大效用。

工作报告

观山湖区人民法院工作报告（2018年）*

（2018 年 2 月 11 日在区第二届人民代表大会第二次会议上）

观山湖区人民法院院长　徐　涛

各位代表：

现在，我代表区人民法院向大会作工作报告，请予审议，并请各位政协委员、各位列席会议的同志提出宝贵意见。

2017年工作回顾

2017 年，区人民法院在区委的坚强领导，区人大有力监督和上级法院监督指导，区政府、区政协及社会各界的关心支持下，贯彻党的十九大精神和习近平总书记在贵州省代表团重要讲话精神，以大力开展“司法体制改革”为契机，以开展创新型党组织创建、深入推进“阳光党建”工程为抓手，忠实履行宪法赋予的职责，积极深化司法改革，扎实推进审判执行工作，加强队伍建设，为我区加快打造“创新型中心城市核心区”提供有力的司法服务和保障。

一　围绕中心，统筹谋划，把强力推进“六个观山湖”建设工程大手笔融入审判执行工作大格局

（一）立足本职创实绩

过去的一年，区人民法院认真贯彻区委二届三次全会“紧密团结在以习

* 执笔人：胡蔚，贵阳市观山湖区人民法院法官助理。

近平同志为核心的党中央周围，切实发挥好支撑引领示范作用，加快打造创新型中心城市核心区”的会议精神，按照年初订立的“一年打基础，二年翻身仗，三年正规化，四年创一流，五年走前列”奋斗目标，把2017年定为“基础年”，用五大发展理念统揽法院工作，在服务大局中实现创新发展，面对案件井喷式增长（近五年案件增长情况见图1），克服案多人少等困难，取得人均收结案数全省第二，全市第一的好成绩。全年共收各类诉讼案件11073件，比上年增长36.91%，结案8727件，比上年增长48.52%，结案率比上年增长6.16个百分点。

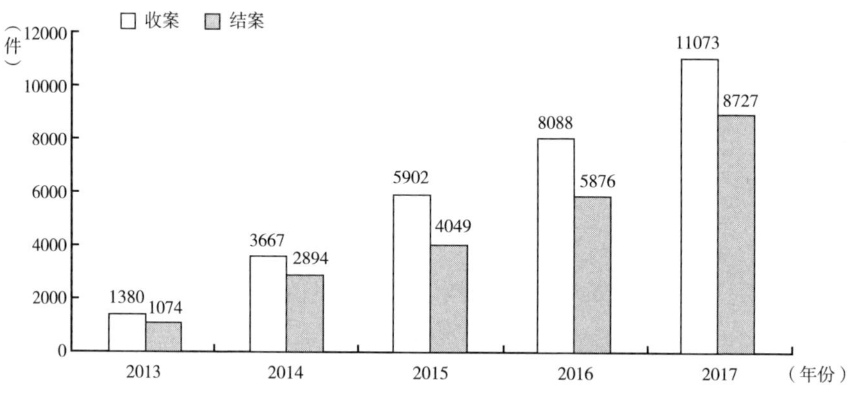

图1　2013～2017年收结案数对比

（二）多措并举促发展

1. 严厉打击刑事犯罪，助推“宜居观山湖”建设

充分发挥刑事审判打击刑事犯罪职能作用，贯彻落实宽严相济刑事政策，依法从严从重惩罚“两抢一盗”、吸毒贩毒等严重危害社会治安的犯罪行为，保护人民群众人身财产安全，有效震慑违法犯罪分子，助推“宜居观山湖”建设。共受理刑事案件634件，审结575件，结案率90.69%（刑事案件收案分类情况见图2）。严厉打击严某等15名罪犯强迫交易、寻衅滋事、非法拘禁、介绍卖淫恶势力犯罪，依法审结12案36人组织领导传销案，对“惠水帮系列盗抢案”罪犯重处重判；此外，还派出法官到观山湖北师大附中等学校开展校园“模拟审判”，进行法制宣传。

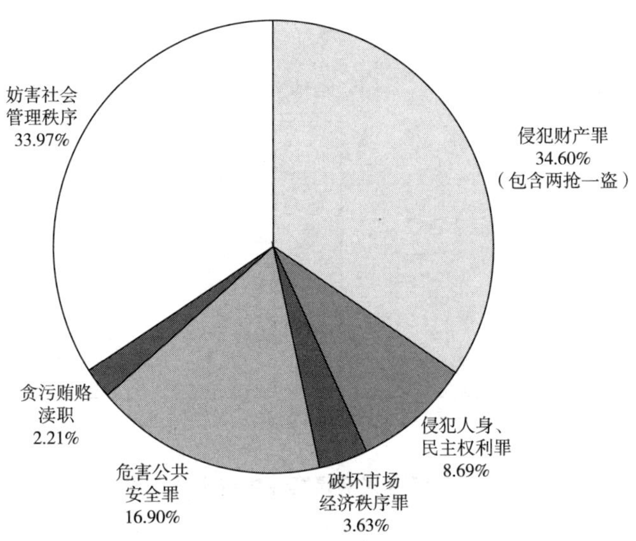

图2　2017 年刑事案件收案分类情况

2. 依法审理民商事案件，助推“幸福观山湖”建设

追求以民商事案件审判提升社会诚信建设、保护群众合法利益、维护社会和谐，增强人民群众的幸福感。2017 年受理民商事案件 7135 件，审结 5438 件，民商事案件结案率为 76. 22%（民商事案件收结案分类情况见图 3）。深入调查，认真研究，加大涉及企业案件办理力度，为辖区内企业发展排忧解难，审理涉企业民商事案件 1700 余件，涉案标的额 11. 5 亿元，以实际行动助推区域经济健康有序发展，努力促进社会和谐。组织专门力量审理了 1045 件诉恒大新世界地产公司商品房预售合同纠纷、72 件诉西南商贸城租赁纠纷、38 件诉中天金融集团房屋质量纠纷等集团诉讼案，收到了预期的法律效果和社会效果。

3. 想方设法破解执行难题，助推“爱心观山湖”建设

穷尽一切办法，深挖执行案件潜力，确保实际执行结案与到位率得到进一步提高，力求“基本解决执行难”，以实际行动努力实现公平正义的“最后一公里”。2017 年受理执行案件 2987 件，执行结案 2436 件，执行兑现案款 4. 15 亿元；执行攻坚战兑现涉民生案款 2100 万元，实行失信惩戒 1322 人。贵州电视台以“勤能补拙、有效破解执行难”为题，专题报道了区人民法院的执行

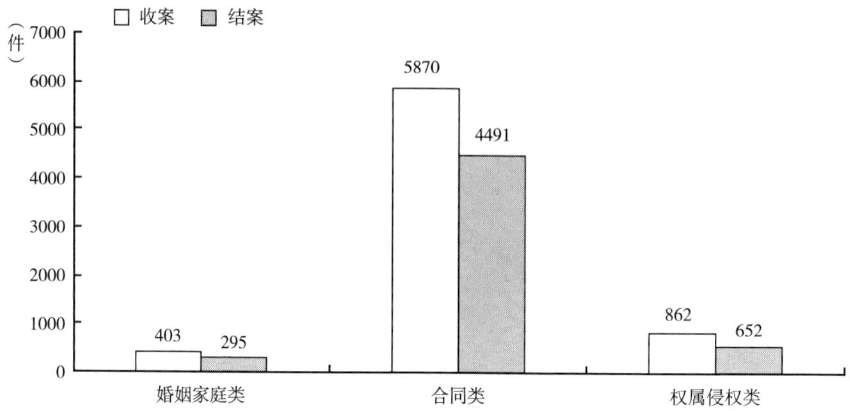

图3　2017 年民商事案件收结案分类情况

工作。2017 年 7 月区人民法院执行法官顶着巨大压力，运用法律智慧迅速执结丽阳天下 5000 余名业主与物业纠纷案件，丽阳天下业主委员会送来“恪尽职守、秉公执法”“魅力来自清正、靓丽皆因廉明”两面锦旗，真诚表达 5000 余名业主的感激之情，并请贵州电视台拍摄了《法官断案：赶不走的“老赖”物管》专题报道这个司法为民执行案件。

4. 全力审结行政案件，助推“阳光观山湖”建设

努力促进官民和谐，注重服务党和国家大局。通过公开公平公正的“阳光审判”，助推法治政府建设。2017 年 1 ~ 3 月，区人民法院受理南明区、白云区、修文县行政审判案件 293 件，审结 260 件，结案率 88. 74% 。成功审结涉及老城区改造、社会舆论关注、案情复杂敏感的市西路商户诉贵阳市规划局政府信息公开案。由于案多人少矛盾突出，2017 年 4 月以后贵阳市中级人民法院指定区人民法院不再受理行政集中管辖案件。

5. 司法改革稳步推进，助推“创新观山湖”建设

按照省高级人民法院、市中级人民法院关于司法改革工作要求，深入推进司法改革工作，并结合区人民法院实际制定出台《贵阳市观山湖区人民法院目标管理考核办法》等规章制度，探索落实办案质量终身负责制和错案责任倒查问责制，坚决贯彻区委“向机制要编制”的要求，取消庭室结构，精简办事程序，授权各团队，积极落实入额领导班子成员办案要求。区人民法院入

额院领导6名（挂职1名），全部参与办案，截至2017年12月31日，共承办案件1028件，人均收案数为171件，已审执结989件，位居全市第一。取消庭室结构后，区人民法院实行扁平化管理，7名庭长全部回归一线办案。2017年全院27名法官人均收案410.11件，结案323.22件，位居全省第二，全市第一。

6. 在全国首设绿色金融法庭，助推“生态观山湖”建设

围绕我区“一二三四五六”总体发展思路，把“大数据”“大金融”理念融入“生态观山湖”建设并落实到法院的具体工作中。2017年10月16日正式挂牌成立区人民法院绿色金融法庭，截至12月31日，收案229件（其中民商事228件，刑事1件），结案224件，当庭宣判172件，结案率为97.82%，平均结案周期20天。通过集中高效审理绿色金融刑事、民商事、行政案件，充分发挥绿色金融法庭的全程绿化功能，力求打造全方位、立体式的“大数据+”诉讼服务模式，让各种信息多跑路，努力使人民群众的司法需求延伸到哪里，法院的司法服务就跟进到哪里。由于措施有效、保障有力，当事人表达诉讼渠道更加便捷畅通，以前案件久拖不决的现象得到遏制，在短短20天内完成立案、送达、开庭、宣判、执行程序，得到了群众的一致认可，得到贵阳市金融办的高度赞誉，贵州工商银行、贵阳农商银行等金融企业给予高度好评，取得了较好的社会效应，为化解社会矛盾纠纷，解决“诉讼半径大、诉讼周期长、执行兑现难”问题开辟了一条新路。区人民法院绿色金融法庭“司法为民——全程开启绿色通道”的做法被《贵州日报》《当代贵州》《贵州都市报》《贵阳日报》以及人民网、中国青年网、贵州电视台、贵阳电视台、观山湖电视台等媒体广泛报道，并得到省高级人民法院的高度肯定。

二　多措并举，强化建设，努力打造捍卫公平正义的钢铁队伍

区人民法院认真贯彻落实党的十八大、十九大、中央纪委全会、全国政法工作会议、全国及省市法院院长会议暨党风廉政建设会议精神，加强社会主义核心价值观教育，坚定“四个自信”，增强“四个意识”，不断推进法院队伍建设。

1. 采取多元培训方式，加大培训力度，不断提高法官业务能力

2017年区人民法院参加各级各类培训606人次，其中参加省内外专业培

训35人次；结合区人民法院人案矛盾突出、法官工作压头情况，为有效提高学习效率，区人民法院专门在内网办公系统开辟了“党员学习之屋”和“法律天地”网络专题自学论坛，自学内容为党务知识和法律知识，参加培训干警达510人次，得到了广大干警的好评；区人民法院数名干警为提升自身工作能力水平，还自费参加培训，培训课程达960余学时。

2. 严查审务，挂钩绩效，有效提高队伍工作效率

制定出台了《观山湖区人民法院案件质量评查处理规则（试行）》《观山湖区人民法院法官联席会议工作规则（试行）》，按期严格评查案件质量，不断提升办案质效。2017年共评查案件800余件，查处问题200余条，网上抽查法律文书1600余件，查处问题100余条；对评查出的问题，要求及时进行整改，并纳入年终绩效考核；及时发现审判工作中的问题，发布审管指令8个，督促改进工作方法，不断提高办案队伍审判工作质效，确保审判流程顺畅。

3. “内挖潜力、外争援助”，扩充队伍，为实现五年目标夯实基础

努力争取新增了8名中央政法编制，同时对内部人员进行优化调整，最大限度发挥团队力量；通过多次积极向区争取，新增60个聘用人员指标，并将90个聘用人员纳入司法改革考核序列，与正式干警同管理、同考核；通过多方协调，争取贵州大学法律硕士生11名到区人民法院实习，作为法官助理，以减轻法官工作负担，提升审判工作效率。

4. 严格队伍管理，加强队伍纪律建设，不断提升“四个意识”

认真对待省纪委的巡视和市中院的巡察，统一思想认识，认领问题，对照整改，分别向省纪委巡视组和市中院巡察组报告整改情况。制定出台《观山湖区人民法院考勤管理制度》等规章制度，班子成员带头执行，加强队伍纪律管理，每月在网上公布考勤情况，不断提升队伍纪律意识，不断增强队伍凝聚力、战斗力。2017年对两名工作懈怠、不守规矩的干警分别给予诫勉谈话和通报批评。

三 主动对接，及时回应，把司法公开作为加强内外监督的利剑

1. 自觉接受党委监督

区人民法院党组牢固树立“不管党治党就是严重失职”的观念，党组

书记作为第一责任人，带头尊崇党章，带头贯彻廉洁自律准则，带头守住纪律底线，自觉接受党委监督；同时由区人民法院纪检组具体负责党的纪律监督检查，严格按照党规党纪要求，加强党风廉政教育建设，对全院同志廉洁自律情况进行监督检查，及时进行监督提醒，全年无违纪违法情况发生。

2. 主动接受人大监督

人大信访件办结率100%，回复率100%。走访人大代表，积极邀请人大代表、政协委员视察法院工作，增进人大代表对法院工作的了解、理解和支持，有力推动了法院依法履行审判职能。走访区人大代表5人次，邀请人大代表参观法院、旁听庭审、监督执行、评议5人次。

3. 接受政协民主监督

主动向政协通报工作情况，拓宽民意沟通渠道，及时回应社会关切，邀请政协委员开展参观法院、旁听庭审活动1次。

4. 接受社会各界监督

人民陪审员参与审理案件3084件，陪审率为35.33%，实现群众监督；加强三大公开平台建设，庭审同步录音录像1300余件，法律文书上网2504件，发表官方微博120余条、官方微信200余条，组织开展“公众开放日”活动1次。

各位代表，一年来，我们始终坚持党的领导，不断加强领导班子建设；以改革创新为动力，坚定不移地以五大发展理念统领法院工作发展。区人民法院工作取得的点滴进步，是区委坚强领导，区人大有力监督和上级法院监督指导，区政府、区政协、社会各界和各位代表、政协委员大力支持的结果。在此，我代表区人民法院向大家表示衷心感谢！

回顾过去一年的工作，我们清醒地认识到法院工作中还存在较多问题和困难：案多人少矛盾突出，保障不足，严重影响办案质效，结案率78.81%，居全省末位，办案周期长，呈恶性循环；一些干警的综合素质与党和人民的新期待新要求还有较大差距，队伍建设任重道远；深化司法改革正在路上，新机制的运转磨合会带来新的考验等。对于上述问题，我们将内挖潜力、外争援助，攻坚克难，争取各项工作再上新台阶。

2018年工作计划

2018年，区人民法院的总体工作思路是：认真贯彻党的十九大精神，认真贯彻落实区委二届五次全会“全面加快公平共享创新型中心城市核心区建设步伐”的工作思路，牢牢坚持司法为民、公正司法工作主线，全面深入推进法院各项工作，为观山湖区经济社会跨越发展提供有力的司法保障和司法服务，主要抓好“翻身仗”工作。

一是加大审判业务大楼建设力度。加大与区观投公司等部门工作对接，推进审判业务大楼建设进度，争取今年6月建设完毕投入使用，尽快解决异地办案、群众不便等问题。

二是加大基本解决执行难工作力度。基本解决执行难是党的十八大做出的安排部署，贵州省委在2017年全省执行工作大会上明确2018年6月为最后完成时限，2018年要举全院之力、发动全体干警、发挥集体智慧，解决执行工作中的人员紧缺等所有问题，4月接受第三方评估，努力完成基本解决执行难工作验收。

三是继续加大队伍建设工作力度。预计2018年收案将达到1.6万件，人员缺口达150人，案多人少矛盾更加突出。区人民法院将一方面争取外援，一方面按“以机制换编制”的要求，内挖潜力，大力加强法院队伍正规化、专业化、职业化建设，提升公正司法能力，深化“两学一做”教育，切实增强干警“四种意识”；继续抓好党风廉政建设，改进司法作风，确保司法廉洁建设。

四是深入推进司法改革工作。不断完善法官办案责任追究制度，确保审判权正确行使；推进人员分类和职务序列划分，切实落实福利待遇；加快法官独立办案团队建设，积极为法官独立办案提供坚实保障，确保今年基本完成审判执行工作任务。

五是打好扫黑除恶攻坚战。全面贯彻党的十九大精神，以习近平新时代中国特色社会主义思想为指导，牢固树立以人民为中心的发展思想，贯彻落实总体国家安全观，针对当前涉黑涉恶问题新动向，加大对黑恶势力的打击力度，有效震慑黑恶势力，形成压倒态势，有效铲除黑恶势力犯罪，不断提高人民群众安全感满意度。

各位代表，在新的一年里，区人民法院将在新的历史起点上，高举中国特色社会主义伟大旗帜，全面贯彻落实党的十九大精神，深入学习习近平新时代中国特色社会主义思想，围绕统筹推进“五位一体”总体布局，围绕区委二届五次全会精神，协调推进“四个全面”战略布局，牢固树立“创新、协调、绿色、开放、共享”的发展理念，推进司法公开，维护司法公正，提高服务社会、服务民生能力，增强人民群众获得感、幸福感、安全感，以更加振奋的精神，更加务实的作风，为加快建设“公平共享创新型中心城市核心区”，不断开拓新局面，创造新业绩。

名词解释

1. 宽严相济：根据犯罪的情况区别对待，做到宽严适度，罚当其罪，打击和孤立极少数，教育、感化和挽救大多数，减少对立，促进和谐。

2. 模拟审判：模拟审判一直被各法学院广泛采用，是法律实践性教学的重要方式。模拟审判通过案情分析、角色划分、法律文书准备、预演、正式开庭等环节，模拟刑事、民商事、行政审判及仲裁的过程。

3. 集团诉讼：集团诉讼是指一个或数个代表人，为了集团成员全体的共同利益，代表全体集团成员提起的诉讼。法院对集团所做的判决，不仅对直接参加诉讼的集团具有约束力，而且对那些没有参加诉讼的主体，甚至对那些没有预料到损害发生的相关主体，也具有适用效力。

4. 基本解决执行难：党的十八届四中全会《决定》提出，要切实解决执行难，依法保证胜诉当事人及时实现权益，“切实解决执行难”被列为全面依法治国的目标任务之一。2016 年 3 月 13 日，最高人民法院院长周强在十二届全国人大四次会议的最高法院工作报告中提出“用两到三年时间，基本解决执行难问题，破除实现公平正义的最后一道藩篱”。

5. 绿色金融：绿色金融是指金融部门把环境保护作为一项基本政策，在投融资决策中要考虑潜在的环境影响，把与环境条件相关的潜在的回报、风险和成本都融合进银行的日常业务中，在金融经营活动中注重对生态环境的保护以及环境污染的治理，通过对社会经济资源的引导，促进社会的可持续发展。

6. 法官联席会议：员额法官之间沟通情况、交流经验的常态性组织形式，讨论审判实践中遇到的各种疑难或新型问题，达到统一法律理解使用等目的。

7. 法官助理：法官助理是指专职审判辅助工作的司法人员。他们在法官的督导下工作，协助法官进行法律研究，起草法律文书以及其他与案件准备和案件管理有关的工作。

观山湖区人民法院工作报告（2019年）*

（2019 年 1 月 17 日在观山湖区第二届人民代表大会第三次会议上）

观山湖区人民法院院长　徐　涛

各位代表：

现在，我代表区人民法院向大会作工作报告，请予审议，并请各位政协委员、各位列席会议的同志提出宝贵意见。

2018年工作回顾

2018 年，区人民法院在区委的坚强领导、上级法院的科学指导下，坚持以习近平新时代中国特色社会主义思想为指导，全面贯彻落实党的十九大和十九届二中、三中全会精神，坚持党的领导、人民当家做主、依法治国有机统一，紧扣建设公平共享创新型中心城市核心区、城乡“三变”改革和扶贫攻坚中心工作，不断深化司法改革，砥砺奋进，为实现五年工作目标夯实基础，为观山湖区经济社会建设保驾护航。

一　坚持服务大局，忠实履行宪法和法律赋予的职责

（一）坚定信心，攻坚克难

一年来，区人民法院认真贯彻区委二届五次全会“牢记嘱托、感恩奋进、全面加快公平共享创新型中心城市核心区建设步伐”的会议精神，围绕区中

* 执笔人：胡蔚，贵阳市观山湖区人民法院法官助理。

心工作，循序渐进开展各项工作，打赢“基本解决执行难”攻坚战、打好“扫黑除恶”持久战、打胜“案多人少”突围战，被列为贵阳市司法辅助事务市场化运作试点法院、开展公证参与人民法院司法辅助事务工作试点法院。2018 年共收各类诉讼案件 13407 件，比上年增长 21.08%，结案 11124 件，比上年增长 27.47%，结案率比上年增长 4.16 个百分点，人均收、结案分别位居全省第一、第二，实现了打赢“翻身仗”的目标（见附表 1：2018 年收结案分类情况）。

（二）不忘初心，砥砺奋进

一是依法惩治犯罪、打击黑恶势力、维护社会和谐稳定。共受理刑事案件 546 件，审结 501 件，结案率 91.76%，判处罪犯 732 人。在区委政法委领导下，在区公安局和各级各部门积极支持配合下，审结“扫黑除恶”案件 8 件，对 51 名罪犯依法判处刑罚。审结的黄佳浩等涉黑一案，该案团伙犯组织卖淫、非法制造枪支等 7 项罪名，性质恶劣，其组织领导者被判处有期徒刑 20 年，剥夺政治权利 2 年，并处罚金 55000 元，没收全部财产；其他人员依情节轻重分别被判处 1 年半至 16 年有期徒刑，分别并处罚金；其余 7 案 39 名恶势力犯罪分子被判处 1 年至 13 年有期徒刑。取得了“扫黑除恶”第一阶段全面胜利。

二是依法审理民商事类案件、保障正常生产生活秩序、实现人民安居乐业。全年受理民商事案件 8615 件，审结 7141 件，民商事案件结案率为 82.89%（见附图 1：民商事案件近五年收结案对比）。区人民法院把为民营企业发展提供有力司法服务和保障作为“一把手”工程，由院长带头按照服务民营“12344 机制”落实各项工作；召开法官联席会议 18 次，审理经济类案件 7266 件，涉案标的额 22.3 亿元，为企业家创新创业营造良好法治环境。

三是依法办理执行案件、保护群众权益、打赢“基本解决执行难”攻坚战。按照党的十八届四中全会《决定》和最高院院长周强在十二届全国人大四次会议的最高院工作报告中提出的“基本解决执行难”工作要求，2018 年是最后一年攻坚战。全院干警经过 8 个月加班加点不懈努力，终于如期交出答卷，接受第三方评估。全年收案 4039 件，执结 3285 件，执结标的 21.53 亿元，兑现金额 5.65 亿元。

1. 在区委领导下，逐步形成“党委领导、人大监督、政府支持、法院主办、部门配合、社会各界参与”的执行工作大格局。区委、区政府联合下发了《关于支持人民法院推进基本解决“执行难”问题的意见》。公检法三家联合下发《关于敦促规避和抗拒执行人员依法主动履行人民法院生效裁判的通告》，并通过区委综治办快速全覆盖辖区 3 个乡镇，10 个新型社区、127 个村居；设立了法院公安执行工作组，利用公安机关强大的综合管理信息系统，全面查找定位“老赖”；在市中院的统筹下，搭建了覆盖全市银行、机场、火车站等单位的“贵阳市失信联合惩戒云平台”，使法院执行失信人员惩戒进入云时代，一键实现“一处失信、处处受限”。2018 年，通过最高院平台发布失信被执行人名单 1673 人次，限制高消费法人 600 人、自然人 2657 人；还与中国人保贵阳分公司达成战略合作协议，引入“诉讼保全 + 执行救助 + 执行悬赏”机制，合作发布全国首次保险执行悬赏公告，公开悬赏 211 名被执行人。该公告刊登在《贵州日报》，并同步在贵州电视台《百姓关注》栏目组官方微博发布，短时间内点击阅读超过 60000 人次。

2. 大力突出执行强制性，提高执行权威性和威慑力。2018 年法院公安执行小组对 205 名被执行人精准定位，对其中 53 名被执行人采取临时控制措施，实施拘留 32 人，拘留人数超过前三年总和。

3. 创新形式形成强大宣传攻势。区人民法院在“基本解决执行难”工作中，利用纸媒、微信、微博、微电影、动画、歌曲、广播、电视等新老媒介串烧，短时间内形成了“立体式、全覆盖、点面结合”的执行宣传攻势。短短半年，区人民法院多个执行宣传短片被最高院、省高院、人民网、贵州电视台、《贵州日报》等媒体刊载，取得良好的执行宣传效果和实际执行效果。2018 年执行自动履行率从 1. 54% 上升到 23. 27%。如《挖掘机回家》的新闻报道，采用拟人化故事连刊的方式，引发阅读小热潮，被最高院采用；再如制作的动画歌曲《执行很忙》，采用轻松诙谐的 MTV 模式，点击传阅量超过 30000 余人次，并被最高院作为回顾 2018 年执行工作的宣传歌曲。

四是依法推进绿色金融法庭建设、不断创新工作方式、提升为民服务水平。绿色金融法庭成立至今，一直以“绿色、专业、致公、卓越”为目标。2018 年收案 2082 件，结案 2047 件，人均结案 682. 3 件，平均结案周期 25 天，当庭裁判率 82. 35%，息诉服判率 93. 84%。目前已分别向省金融办、省银监会、省交通银行、上海浦发银行等机构发出司法建议书 27 份，所有发出建议均被采纳，进一步完善了金融机构金融风险防控体系，提高了金融机构投融资效益。绿色金融法庭审理的观山湖区富民村镇银行金融借贷纠纷系列案件，因为在裁判中严格制裁其变相收取高额利润的行为，使这 121 件呆滞账纠纷案件得到妥善解决，提高了贷款户还款积极性，40 余个案件当事人在判决后主动到银行还款，为观山湖区富民村镇银行收回放贷本金 1500 余万元，收回利息 200 余万元。事后贵州省富民村镇银行管理部、观山湖区富民村镇银行专门给绿色金融法庭送去“维护司法公正、匡扶公平正义”锦旗。

五是依序推进司法改革、强化监督指导、提升司法水平。按照要求上报了《观山湖区人民法院职能配置及内设机构改革工作方案》。启动陪审员“倍增计划”，预计增加选任人民陪审员 66 名。同时，加强审判监督管理，发布审判管理指令 2 个；加强案件质量评查和审理期限管理，促进司法公正高效。2018 年评查案件 4732 件，查处问题 357 条，并及时进行整改。

六是依规围绕中心工作、找准切入点、服务精准扶贫。区人民法院 1 名副县级干部、14 名科级干部参加了帮扶工作。依法惩治农村基层“微腐败”，确保脱贫攻坚领域风清气正。受理贪污、非法倒卖、转让土地等职务犯罪案件 8 件 8 人，涉案金额总计 1035 万余元，其中村官 4 人。在深入开展“扫黑除恶”专项斗争中，审理查明了黄佳浩等 12 人进村堵路的违法事实，予以严厉打击，坚决维护社会稳定，为农村群众致力于脱贫攻坚营造良好的生产生活环境。

二　坚持从严管理、加强法院队伍建设

（一）采取多种形式，抓好党建促队建，不断增强党组织凝聚力、战斗力

加强基层党组织建设，按照程序，改选党总支书记；调整充实党支部委员，开辟党员活动室，推进“阳光党建”工程。2018 年共开展以“爱家乡·抓审判·促发展”“信仰”等为主题的主题党日活动 12 次，采取参观贵阳城乡规划馆、观看信仰影片等形式开展党建活动，不断创新党建工作方式方法，加强党员政治信仰，打造合格过硬的司法队伍。

（二）结合多种培训方式，加大培训力度，不断提高法官职业素养

推进“两学一做”学习教育常态化制度化，继续利用“党员学习之屋”和“法律天地”网络专题自学论坛，学习党务知识和法律知识，参加培训干警达1900余人次；在积极学习氛围影响下，区人民法院数名干警还自费参加培训，培训课程达1800余学时，国家司法改革后首次法律职业资格客观考试有8人通过，主观考试有4人通过，并取得法律职业资格A类证书。

（三）抓好干警政治教育，及时认真整改，不断提升“四个”意识

认真对待省委巡视组的巡视、市委政法委政治督察和市中院的司法巡查，统一思想认识，认领问题，对照整改。认真履行党风廉政建设主体责任，夯实“一岗双责”，召开廉政专题会2次，采取集体和个别相结合方式与干警谈话150余人次。认真开展思想教育，规范进行中心组学习，引导干警牢固树立政治意识、大局意识、核心意识、看齐意识。

三　主动接受监督、不断改进工作

（一）自觉接受人大监督

对区人大二届二次会议上审议法院工作报告时提出的意见建议进行认真梳理，逐条研究落实。人大信访件办结率100%，回复率100%。走访人大代表，积极邀请人大代表、委员视察法院工作、旁听庭审，增进人大代表对法院工作的了解、理解和支持，有力推动了法院依法履行审判职能。

（二）认真接受政协民主监督

主动向政协通报工作情况，通过走访和邀请政协委员开展参观法院、旁听庭审活动等形式加强与委员的沟通。

（三）广泛接受社会监督

不断健全民意沟通机制，通过法官与当事人沟通、立案窗口与来访来电群众沟通等方式，认真听取群众意见，受理群众来信来访。2018 年，接待来访群众 67 次 89 人，妥善处理好上访群众问题 67 次，收到当事人信件 4 件，信访登记受理率 100%，处结率 100%。人民陪审员参与审理案件 2609 件，陪审率 82. 51%；严格按照最高院要求开展互联网公开审判流程信息，提高案件办理透明度，庭审同步录音录像 3913 件，法律文书上网 3911 件，发表官方微博、微信 121 条，浏览人次逾 100 万；入驻抖音 1 个月，发布信息 15 条，浏览人次逾 200 万。

各位代表，过去一年区人民法院的发展进步，是区委坚强领导，区人大有力监督和上级法院监督指导，区政府、区政协、社会各界和各位代表、政协委员大力支持的结果。在此，我代表区人民法院表示衷心的感谢！

我们也清醒地认识到区人民法院工作中还存在不少问题和困难："案多人少"矛盾突出，未结案件不断滚雪球，仍是影响办案质效的大问题；队伍结构、素质跟不上发展需要，少数同志司法行为不够规范、文明，影响人民法院在群众心目中的形象；内部管理机制不够健全，影响各项工作推进速度和力度。对于上述存在问题，我们将继续努力健全机制、加大工作力度，不断提升工作质量和水平，争取更大进步。

2019年工作计划

2019 年，区人民法院的总体工作思路是：认真贯彻党的十九大精神，认真贯彻落实区委二届七次全会"发挥省会城市核心区示范引领作用、大力实施高水平对外开放、加快推动经济高质量发展"的工作思路，紧紧围绕"让人民群众在每一个司法案件中都感受到公平正义"的目标，牢牢坚持司法为民、公正司法主线，切实做好执法办案等各项工作，为观山湖区经济社会跨越发展提供有力的司法保障和司法服务，主要抓好"规范化"工作。

一是继续夯实基础，在规范化建设上有新举措。在案件数急剧增长，人案比失调的大背景下，在不断构筑、压实基础的过程中，紧密联系实际，制定切实可行的实施方案，全面加强审判执行规范化、专业化建设，主动适应人民群众对公平正义的新需要，规范司法行为、促进法律统一适用。

二是继续加强基建，在审判业务大楼建设上有新进展。加大工作汇报、对接力度，推进审判业务大楼建设收尾工作，争取早日入驻新审判大楼办案，彻底解决群众立案、诉讼不便等问题。

三是继续查缺补漏，在"基本解决执行难"收官战上有新战果。继续加大对被执行人隐瞒、藏匿、转移财产行为打击力度，探索大数据查找协助机制，扩大司法半径，补齐短板，攻坚克难，切实提升人民群众司法获得感。

四是继续总结经验，在深入推进司法改革上有新突破。结合市委政法委关于"战区制"工作要求，实施好战区"三大战略"、打好"四大战役"，同时继续落实司法责任制，构建权责清晰的司法责任体系。探索符合审判机关特点和审判权运行特点的法院内设机构改革，继续完善绩效考评和法官履职保护机制，为干警尽职履责、不断成长创造条件。

五是继续战斗状态，在"扫黑除恶"攻坚战上有新亮点。将排查问题线索和摸清底数作为开展"扫黑除恶"专项斗争的重要基础，牢固树立一盘棋思想，继续加强与区检察院、区公安局协作配合，合力打击犯罪，在推动专项斗争过程中呈现新亮点。

六是继续开拓创新，在"法务外包"中寻求新起点。求真务实，改革创新，为解决区人民法院"案多人少"瓶颈问题，实现区人民法院可持续发展"必须为"寻求新的出路，强力推进法务外包项目落地，并争取尽快开花结果。

各位代表，新形势下人民法院工作责任重大，使命神圣，我们将以习近平新时代中国特色社会主义思想为指导，在区委的坚强领导下，敢于担当，真抓实干，以更加强烈的责任感、使命感，为发挥省会城市核心区示范引领作用、大力实施高水平对外开放、加快推动经济高质量发展，不断开拓新局面，创造新业绩，在坚韧不拔中成就梦想！

名词解释

1. 基本解决执行难：党的十八届四中全会《决定》提出，要切实解决执行难，依法保证胜诉当事人及时实现权益，“切实解决执行难”被列为全面依法治国的目标任务之一。2016 年 3 月 13 日，最高人民法院院长周强在十二届全国人大四次会议的最高法院工作报告中提出“用两到三年时间，基本解决执行难问题，破除实现公平正义的最后一道藩篱”。

2. 服务民营“12344 机制”：贵阳市中级人民法院提出的服务民营经济机制，1“一个中心”，即围绕中心服务大局，助推当前民营经济的发展；2“两个保畅”，一是保持党令、政令畅通，坚决贯彻执行中央和地方党委、上级法院关于服务民营经济的指示，二是保持立审执等法院各工作环节畅通，为服务民营经济提供绿色通道；3“三个坚决”，即坚决防止利用刑事手段插手干预经济纠纷，坚决防止把经济纠纷认定为刑事犯罪，坚决依法甄别纠正冤错案件；4“四个原则”，即平等保护原则，依法保护原则，全面保护原则，及时保护原则；4“四个主动”，即主动应对新情况，主动服务大局，主动宣传法律，主动接受监督。

3. 法官联席会议：员额法官之间沟通情况、交流经验的常态性组织形式，讨论审判实践中遇到的各种疑难或新型问题，达到统一法律理解使用等目的。

4. 第三方评估：最高人民法院为了客观评估人民法院“基本解决执行难”工作的力度和成效，决定引入第三方评估机制，由中国社会科学院牵头，研究制定了“基本解决执行难”评估指标体系，对法院执行工作进行科学分析评价。

5. 绿色金融：绿色金融是指金融部门把环境保护作为一项基本政策，在投融资决策中要考虑潜在的环境影响，把与环境条件相关的潜在的回报、风险和成本都融合进银行的日常业务中，在金融经营活动中注重对生态环境的保护以及环境污染的治理，通过对社会经济资源的引导，促进社会的可持续发展。

6. 司法建议：司法建议是人民司法的一项重要制度，人民法院审理解决民事、经济、行政纠纷案件，对有关问题向有关单位或个人提出的建设性意见。

7. 法务外包：即法院法务服务外包，是指以法院工作项目化、项目标准化、标准流程化、流程信息化为轴线，把法院立案信息录入、执行案件系统查控、执行文书送达、民商事案件排期、民商事案件应诉送达、裁判文书送达等工作，外包给专业管理公司完成，法院仅对公司服务成果是否符合法律法规规定进行审核，从而将法官、法官助理等从繁杂的事务性工作、复杂的管理性工作中解脱出来，专心于审核、审理、裁判工作，提高法官专业化程度。

附录：

一

附表 1　2018 年收结案分类情况

单位：件，%

类型	旧存	新收	合计	结案	未结	结案率
刑事	61	485	546	501	45	91.76
民事	1699	6916	8615	7141	1474	82.89
行政	31	30	61	60	1	98.36
执行	551	3488	4039	3285	754	81.33
其他	5	141	146	137	9	
合计	2347	11060	13407	11124	2283	82.97

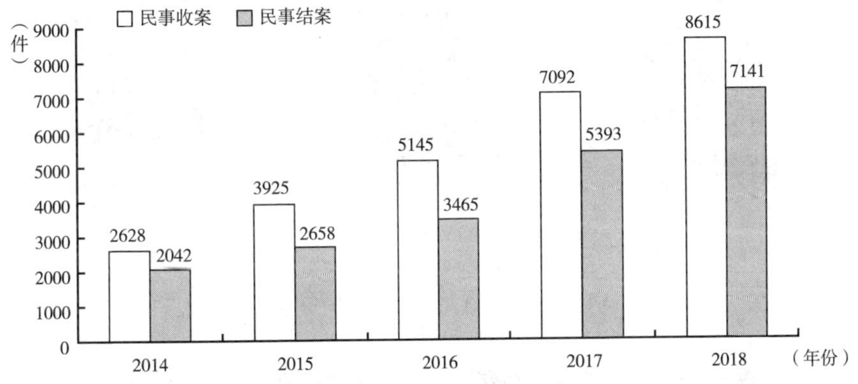

附图 1　民商事案件近五年收结案对比

二　以下二维码，扫码即可观看相关内容（包括图片、文字、视频信息）

（一）围绕中心 接受监督

党委政府支持

多单位联动

人大、政协监督

（二）不忘初心 司法为民

群众满意

群众满意

原、被告双方都满意的民事判决

优化营商环境

当大数据
“遇上”金融法庭……

观山湖区法院首涉
当事人适格审查中间裁定制度

绿色金融法庭：
助推贵州金融城
绿色经济健康发展

（三）坚定决定 扫黑除恶

涉恶

七起涉恶

观山湖区人民法院
集中宣判7起涉恶案件

涉黑

黄佳浩涉黑

黄佳浩涉黑
12人宣判

（四）满怀信心 决胜执行

“952”普法微剧

贵阳这个“老赖”居然敢这样

老赖欠钱不还遭强制执行服软

贵州日报执行悬赏

年轻女老赖不还钱还坐高铁

启动诉讼+保全+救助保险模式

小挖回家记

执行很忙

（五）凝聚人心 攻坚脱贫

1.精准扶贫

脱贫攻坚干警下乡送春联

扶贫剪影

2.队伍建设

主题党日图集

主题党日活动

观山湖区人民法院工作报告（2020年）*

（2020年5月19日在观山湖区第二届人民代表大会第五次会议上）

观山湖区人民法院院长　徐　涛

各位代表：

现在，我代表区法院向大会作工作报告，请予审议，并请各位政协委员、各位列席会议的同志提出宝贵意见。

2019年工作回顾

2019年，区法院在区委的坚强领导、上级法院的科学指导下，坚持以习近平新时代中国特色社会主义思想为指导，全面贯彻落实党的十九大和十九届四中全会精神，坚持党的领导，按照区委“行动方案”，紧扣“坚决在高标准要求高水平开放高质量发展中走前列、作表率”中心工作，把“不忘初心、牢记使命”专题教育活动贯彻始终，攻坚克难，为促进观山湖经济社会持续协调健康发展提供坚强有力的司法保障。

一　不忘初心，砥砺前行，在荆棘中闪现光芒

2019年，区法院克服重重困难，不忘初心、砥砺奋进，取得了一定成绩。

2019年，全院收案21042件，结案16434件，办理委托案件1285件；收案比上年增长7635件，结案比上年多结5310件。人均结案241.65件，居全省法院第一、全国法院前列。

---

* 执笔人：胡蔚，贵阳市观山湖区人民法院法官助理。

2019 年，在全院干警的共同努力下，区法院获得了一些荣誉：一是在中央政法委组织的首届“四个一百”优秀政法新媒体账号评选活动中，区法院“法观说”抖音账号从 11 万个账号中脱颖而出，获得“优秀短视频账号”荣誉，并代表贵州赴中央政法委领奖。二是在全国法院第六届微电影视频评选活动中，区法院《执行很忙》荣获优秀奖；改编的歌曲《执行很忙》，作为回顾法院 2018 年的四首歌曲之一，荣获最高院 2018 年度全国法院“十佳百优”新媒体作品中的“百优新媒体作品奖”。三是 3 名干警在决战“基本解决执行难”工作中获省高院嘉奖。四是 1 名法官被评为首批贵州省审判业务专家。五是区法院绿色金融法庭被省高院推荐参评最高院组织的“全国法院人民法庭工作先进集体”。六是在全市法院审判质效考核中首次获得三等奖。

二　牢记使命，同力同心，担负公正司法光荣使命

区法院自成立以来，收案数量从 2013 年的 1380 件迅猛增长至 2019 年的 21042 件。较去年同比增长 56. 95%，结案净增长更是达到了 47. 71%。

表 1　2013～2019 年收结案与政法编制人员情况

单位：件，人

年份	2013	2014	2015	2016	2017	2018	2019
收案数	1380	3667	5902	8088	11073	13407	21042
结案数	1074	2894	4049	5876	8728	11124	16434
政法编制	58	63	63	63	71	69	69
结案同比净增长数	2012 年为小河法院	1820	1155	1827	2852	2396	5310

2019 年，区法院倍感压力巨大，全院干警人均收结案数均排全省基层法院首位，但结案率却排全省末位。简单数据之下的事实更是区法院虽然有 28 名员额法官，但仅有 6 名在编法官助理在办案组从事文书拟写工作，也就是说 22 名员额法官是在没有在编法官助理的情况下完成庭审、文书拟写、裁判工作，意味着法官正常工作时间均花在庭审、调解案件上，文书拟写、裁判均须在工作时间之外完成，长此以往，不堪重负。

面临这样的困境，区法院干警谨记“不忘初心、牢记使命”嘱托，不断寻求新的出路，努力完成公正司法光荣使命。

（一）尽我所力，完成各项工作任务，循序渐进推进五年工作目标

2017 年，区法院提出了“一年打基础，二年翻身仗，三年正规化，四年创一流，五年走前列”的五年发展目标，在基本解决执行难、扫黑除恶专项斗争中，取得了良好成绩，同时被列为民商事案件诉调对接工作试点法院、电子卷宗随案生成及深度应用试点等。

1. 打赢“基本解决执行难”攻坚战

2019 年，区法院收到执行案件 6128 件（另有委托案件 1285 件），结案 5439 件（委托案件全部结案），结案标的 38.2 亿元，发布失信被执行人名单 2416 人，限制高消费企业法人 826 人，自然人 1885 人，拘留 51 人，全面完成“3 +1”核心指标。

2. 打好“扫黑除恶”持久战

2019 年，区法院共受理刑事案件 584 件，审结 526 件，判处罪犯 832 人。2019 年，共审判涉黑恶案件 34 件，涉案人员 111 人，所有罪犯均受到法律制裁（案件审理量连续两年居全市第一）。审理了“11·25”大唐传销案、王志洪等 31 人婚恋集团诈骗案等大要案，实现了三个效果的统一。

3. 打响民商事诉调对接创新战

2019 年，民商事收案 14312 件，结案 10460 件。为缓解案多人少矛盾，按照市委政法委、区委政法委的要求和安排，区法院积极开展民商事诉调对接中心建设工作。从 8 月正式开展调解工作，截至 12 月 31 日调结案件 332 件。我们期待民商事诉调对接中心能更好地发挥调解作用，尽力化解矛盾纠纷，减轻我区维稳压力，减缓区法院案多人少压力。

4. 打牢规范化建设堡垒战

2019 年区法院的目标是规范化建设。为实现目标，区法院从三个方面入手进行规范化建设：一是不断完善各项规章制度。为规范党组领导行为，出台了《区法院“三重一大”议事制度》；为规范全院同志工作行为，进一步完善出台了着装、考勤、严肃会风会纪等制度；为规范执法工作，出台了《贵阳

市观山湖区人民法院执行案款发放管理办法（试行）》等制度。二是对新审判业务大楼进行全方位规范化设置。为方便群众办事，让群众少跑路，将立案诉讼、执行对接、费用办理等部门和法庭设置在低楼层，还专门设置了母婴室、律师工作站、体训室和书咖。三是加强监督考核，不断规范队伍管理。我院高度重视自身司法能力建设，明确我院“三办”协助团队负责人严格监督各口审判质效，把19个审管指标融入每月案件进行目标考核，严格兑现奖惩（负监督职责的院党组领导也不例外），扣罚相关人员绩效考核共计34000余元。由于区法院案多人少矛盾突出，只能通过各种渠道解决此问题，因此在法院大楼内呈现“八路军”共同作战情况。为进一步管理好各兵种，最大限度地发挥其作用，区法院出台了法官助理管理、聘用人员管理及激励相关制度，通过规范进行管理提高其工作积极性，通过集中培训、轮岗锻炼等方式不断提高其工作能力和水平。区法院工作全面走向规范化。

（二）倾我所能，打造绿色金融法庭，营造良好营商环境

绿色金融法庭成立至今，一直以“绿色、专业、致公、卓越”为目标。2019年收案3451件，结案3410件，员额法官人均结案1137件，平均结案周期39.12天，当庭裁判率88.88%，一审服判息诉率89.05%。为积极推进辖区绿色金融建设的可持续发展，2019年，绿色金融法庭分别向省金融办、省银监会、省交通银行、上海浦发银行等机构发出司法建议书30份，所有发出建议均收到回复并部分被采纳。上海浦发银行更是将司法建议内容纳入总行2020年全国格式合同范本；其余多家银行将增设涉诉送达地址的司法建议内容纳入金融借款合同中的格式条款，从而解决了案件的送达难问题；对拒不协助法院调查的中国移动公司贵州省分公司工作人员罚款一次，推动该公司向全省法院系统提供实名制电话查询服务。绿色金融法庭历经磨砺，淬炼出“121标化速裁+诉讼诚信奖惩机制”司法模式，实现将金融案件的诉讼请求、还款方式等法律事实要素与程序节点在案件审判的各个阶段由立案人员、法官助理、法官分别在标化时限内依序审查，使立案登记、送达、庭前会议、庭审等环节流程化、标准化、格式化，形成分阶段快速处理案件的流水线审判机制；同时在诉讼中奖励诚信行为、惩罚不诚信行为，快速有效防控、化解金融风险，培育社会主义核心价值

观，有力推动金融治理现代化，营造良好营商环境，促进法治、德治、自治完美融合。

（三）竭我所思，探寻新的解压出路，破解案多人少突出矛盾

2013年以来，区法院收案净增长13.59倍，结案净增长15.3倍，而政法编制仅增加11人。为缓解人案矛盾，实现可持续发展，区法院严格按照区委、区政府“向机制要编制”的指导精神，充分调研学习，作为市中院选定的试点法院，在全市率先开展审判辅助事务外包试点工作。通过审判辅助事务社会化机制，本着“应包尽包”的原则将导诉、案件信息录入、送达、人民陪审员预约等大量事务性工作交由服务公司处理完成。为实现辅助事务的剥离，区法院进行了内部机构重组（法官+法官助理，不再设置书记员岗位），全新打造职责分工，让法官回归本位，负责审、判、写工作，法官助理负责管、核、写工作。经过一年多的试点运行，审判辅助事务社会化后减负增效的效果开始显现：累计立案录入18695件，电子卷宗均随案生成，完成17798次案件排期、改期工作，送达组送达案件19923件，当月成功送达率平均达到95%，助力区法院在案多人少急剧恶化的情况下平均审理时长降低了23.41个百分点，月均结案数增长了243.93%，比上年多结5893案（含委托案件）。

（四）穷我所有，在法院建设上实现新突破，为群众提供舒适的司法服务环境

在各级领导、相关部门的关心、支持、帮助下，在全区人民群众的热切期盼中，经过不懈努力，解决重重困难，2019年7月，区法院审判业务大楼终于完成全部建设，8月1日正式迁入办公。全面完善升级了区法院的基础设施和信息化设施、信息化软件系统，24个科技法庭、7个调解室建设完毕投入使用，不仅为群众提供了舒适的司法服务环境，也大大提高了审判执行工作效率。12月4日，作为全省唯一的试点基层法院上线电子卷宗深度应用系统，实现了立案回填、卷宗管理和自动归目、智能阅卷、文书智能编写等功能。目前，诉讼服务中心查询系统、集中控制中心可视化系统正在进一步完善中，3D导航、e送达站等正在建设中。

（五）汲我所智，围绕中心认真履职，竭尽全力完成重要工作任务

2019 年，区法院认真按照区委相关工作要求，努力完成各项工作任务：一是认真学习贯彻党的十九届四中全会精神，通过利用下班、加班时间集中学习、专题讨论、微信学习、“党员学习屋”等形式，宣传、学习、贯彻全会精神，微信、“党员学习屋”点击率达 4800 余人次；二是认真开展“不忘初心、牢记使命”主题教育活动，认真召开专题民主生活会，院党组共开展专题学习 30 次，中心组学习 4 次，严格按照规定完成了主题教育任务，全院干警思想政治素质得到有效提升；三是认真开展“脱贫攻坚回头看”工作，组织人员进村帮扶 42 人次，积极协调为三堡村贫困户解决住房补助款 20000 元，投入资金 12600 元帮助其解决生产生活困难；四是认真开展全面深化改革工作，深入推进完善司法责任制，开展民商事诉调对接试点工作、实行扁平化管理、聘用法官助理，不断提升司法质量。

三　接受监督，积极回应，让司法在阳光下运行

主动接受人大监督。认真梳理区人大二届三次会议上人大代表提出的意见建议，加强研究落实，加强督查督办。人大信访件办结率 100%，回复率 100%。积极邀请代表视察法院、旁听庭审，听取意见建议，不断改进工作。2019 年邀请人大代表视察法院 20 人次，旁听庭审 137 人次。

认真接受政协民主监督。主动向政协通报工作情况，通过邀请政协委员参观法院、旁听庭审活动等加强与委员的沟通。2019 年邀请政协委员视察法院 23 人次。

依法接受法律监督。支持配合监察、检察机关对法院工作进行监督，促进公正廉洁司法。依法接受检察机关诉讼监督，广泛接受社会监督，加强与新闻媒体互动，接受舆论监督，畅通民意沟通渠道。

各位代表，区法院的发展进步，根本在于以习近平同志为核心的党中央的坚强领导。区法院取得的成绩，是区委坚强领导，区政府大力支持，区人大有力监督、区政协民主监督，社会各界、人民群众和各位代表、政协委员大力支持的结果。在此，我代表区法院表示衷心的感谢！

我们也清醒地认识到区法院工作中还存在不少问题和困难：一是司法质量、效率和公信力有待进一步提高；二是一些干警的政治素质、司法理念、司法能力与新时代要求和人民群众司法需求相比还有不小差距；三是法院内部监督、队伍管理还有薄弱环节；四是法官办案压力巨大，常年超负荷工作，队伍建设十分困难；五是人案矛盾长期存在，且暂时不能解决，成为制约法院发展的瓶颈，导致法院难以优质发展。

2020年工作安排

2020 年，区法院的总体工作思路是：认真贯彻党的十九届四中全会精神，认真贯彻落实区委二届九次全会“坚持高标准要求、加快高水平开放、推动高质量发展”的工作思路，认真落实本次大会决议，忠实履行宪法法律赋予的职责，向创一流目标迈进！

一是始终坚持以习近平新时代中国特色社会主义思想武装头脑、指导实践、推动工作。增强“四个意识”，坚定“四个自信”，做到“两个维护”，准确把握新时代新要求，紧密联系法院工作实际，创造性开展工作。做强绿色金融法庭，不止领先、追求卓越；加强智慧法院建设，建设 7 × 24 小时自助法院，上线电子送达平台、电子卷宗深度应用二期、e 送达站、区块链第三方存证等系统，向科技要生产力。

二是坚持司法为民，依法审理，促进解决民生领域突出问题。采取有效措施，切实指导、帮助民商事诉调对接中心提高调解工作水平和能力；完成中标省院、中标省社科院，以及与贵州财经学院合作的“金融法庭创新审判模式助推司法改革”等五个课题；发挥裁判示范作用，加强法治宣传，提升群众法律意识。

三是发挥审判职能，助力观山湖区有效提升社会治理水平。聚焦观山湖区工作大局履职尽责，坚持底线思维，增强忧患意识，发扬斗争精神，立足审判职能防范化解重大风险，促进社会治理现代化。严惩黑恶势力犯罪，积极推动实现“长效常治”机制建设目标。服务“助力防范化解重大风险、精准脱贫、污染防治”三大攻坚战，依法平等保护各主体合法权益，努力营造稳定良好的营商环境。

四是加快推进队伍正规化、专业化、职业化建设，锻造让党放心、人民群众满意的高素质法院队伍。实行聘用法官助理定级激励机制，提高其专业素质；建立法官横向对标、纵向订标的工作量坐标系，合理核定员额法官工作量。自觉接受人大监督、民主监督和各方面监督，加强廉政建设，增强队伍整体素质和司法能力。强化法官职业道德建设和法院文化建设，教育引导法官恪守司法良知。充分发挥审判机关定纷止争、惩罚犯罪、保护人民的作用，坚决守住维护社会公平正义的最后一道防线。

2020 年，区法院将坚持在区委正确领导下，在区政府有力支持下，在区人大、区政协和社会各界全面监督下，以恒心坚守初心、用执着诠释坚守，坚定信念、勇毅前行，不断谱写维护司法公正新篇章！

名词解释

1. “四个一百”：中央政法委从全国 11 万个各类政法新媒体账号中，分微博、微信公众号、头条号、短视频四个系列进行评比，分别评出 100 个优秀账号。这项活动是近年来首次针对全国政法新媒体账号的全面评选活动，涵盖各级政法委、法院、检察、公安、司法行政系统的官方新媒体账号和政法干警个人自媒体账号。

2. “3 + 1”核心指标：三年来有财产可供执行案件法定期限内执结率、无财产可供执行终结本次执行程序案件合格率、执行信访案件化解率、三年总体结案率。

3. 三个效果：政治效果、社会效果、法律效果。

4. “八路军”：编制内的中央政法编制干警、事业工勤编制干警、聘用人员、人民陪审员、人民调解员、民商事诉调对接中心工作人员、审判事务外包公司人员、物业公司人员等共八类工作人员。

5. “121 标化速裁 + 诉讼诚信奖惩机制”司法模式：“121 标化速裁”是指一套标准化速裁审判流程、两个关键环节，一个追求目标。一套标准化速裁审判流程是指将金融案件的借款事实、担保事实、履约事实、诉讼请求细化为诉讼主体、诉讼管辖、诉讼请求及抗辩理由、本金金额、利罚息利率、还款方式、到期或提前到期时间、尚欠本息明细、核销情况等事实要素与程序节点等，并以此为依据确定立案人员、法官助理、法官各岗位的职责和办案流程，使立案登记、送达、庭前会议、庭审及当庭裁判等环节流程化、标准化、格式化，从而形成各环节协同发力，分阶段快速处理案件的审判机制。“二个关键环节”是指实名制移动电话电子送达和要素式审判两个环节。“一个追求目标”是指追求案件质效指标最优，快速定纷止争，推动金融治理现代化。诉讼诚信奖惩机制是指在诉讼中奖励诚信行为，惩罚不诚信行为。具体来说，一是对当事人在诉讼过程的诚信记录建档立卡，对不诚信诉讼行为，一律依法训诫、罚款等；对诚信行为，一律进行创造性地奖励，包括优先调解，优先开庭等。二是对不诚信行为以司法建议等形式建议相关职能部门对当事人进行处理，全方位、多角度惩戒。三是将当事人及其他诉讼参与人的奖惩记录纳入社会征信体系建设中，向相关职能部门推送预警信息，对失信当事人提前进行约束。

6. 民商事案件诉调对接：法院收到案件后，由民商事诉调对接中心人员通过说服教育、规劝疏导，促使纠纷各方互谅互让、平等协商、自愿达成调解协议，及时妥善、公平公正地化解民商事纠纷。

7. 电子卷宗随案生成及深度应用：通过电子卷宗随案生成及深度应用软件，实现立案回填、卷宗管理和自动归目、智能阅卷、文书智能编写，减少法官工作量、提升工作效率。

观山湖区人民法院工作报告（2021年）*

（2021 年 1 月 20 日在观山湖区第二届人民代表大会第六次会议上）

观山湖区人民法院院长　徐　涛

各位代表：

现在，我代表区法院向大会作工作报告，请予审议，并请区政协各位委员、列席会议的各位同志提出宝贵意见。

2020年工作回顾

2020 年，区法院在区委的坚强领导、上级法院的科学指导下，坚持以习近平新时代中国特色社会主义思想为指导，全面贯彻落实党的十九届二中、三中、四中、五中全会精神，坚持党的领导，认真落实区委二届九次全会精神，紧紧围绕“努力让人民群众在每一个司法案件中感受到公平正义”目标，坚持服务大局、司法为民、公正司法，忠实履行宪法法律赋予的职责，各项工作取得喜人成绩。

一　深入学习贯彻核心理念，不折不扣，坚持党的绝对领导

坚持把学习贯彻习近平新时代中国特色社会主义思想、党的十九大和十九届二中、三中、四中、五中全会精神作为首要政治任务，深入学习。采取中心组学习、党支部集中学习、内网 OA 学习等方式，增强“四个意识”，坚定

* 执笔人：胡蔚，贵阳市观山湖区人民法院法官助理。

“四个自信”，做到“两个维护”，始终在政治立场、政治方向、政治原则、政治道路上同以习近平同志为核心的党中央保持高度一致，确保人民法院工作正确政治方向。在区委政治巡察、意识形态检查、区纪委机关政治生态巡察、上级法院司法巡察和审务督察中，认真自查，并严格按照反馈意见完成好整改任务。严格落实重大事项请示报告制度。如期完成新时代脱贫攻坚目标任务。深入学习贯彻宪法，认真组织学习民法典，坚持依法独立公正行使审判权，坚定不移走中国特色社会主义法治道路。深入学习贯彻习近平总书记全面依法治国新理念新思想新战略，确保党中央决策部署在人民法院得到不折不扣的贯彻执行。

二　凝聚攻坚克难斗志，硕果累累，答卷秀美壮阔

2020 年，“十三五”收官、“十四五”起航。区法院凝聚人心，攻坚克难，按照五年奋斗目标，完成了“创一流”目标。

2020 年，全院收案 26275 件，结案 20221 件，办理委托案件 2133 件；收案比去年增长 5233 件，结案比去年多结 3787 件。人均结案 306.38 件，居全省法院第一，综合质效考核贵阳市一类地区法院排名第三，进入贵阳市先进法院行列。

2020 年，在全院干警的共同努力下，区法院各项工作结出硕果：荣获省级先进集体 4 个，省市区表彰先进个人 9 名；信息化工作被省法院评为先进法院；绿色金融法庭作为唯一的基层法院法庭接受全省政法系统 2020 年第四季度观摩，得到省领导和同仁的高度认可，被评为观山湖区“市域治理平安建设标兵”；与省法学会携手，创立了全省唯一的由省法学会独立实体化运行的调解中心，调解案件数一直位列全市第一；在全省清理超期未结案战役中，用不到三个月时间完成“双清零”目标，得到上级法院的高度赞誉，被评为全省先进法院；积极开展理论研究，中标省法院“人民法院和人民法庭在推进市域社会治理现代化和法治乡村建设中职能作用实证研究”课题，是中标 7 家法院中唯一的基层法院，并获得三等奖；《贵阳市观山湖区人民法院绿色金融法庭调研报告》被贵州省社科院《贵州省蓝皮书——贵州法治发展报告（2020）》收录，该书共收录了全省 7 家法院的调研文章，区法院

是唯一的基层法院；区法院还与贵州省财经大学课题组完成了《绿色金融法庭创新审判模式助推司法改革调查研究》《观山湖区人民法院司法辅助事务外包工作调查研究》《多元调解机制助推司法改革调查研究》三个课题的调研报告。

区法院工作得到《人民法院报》、新华社、《贵州日报》等多家省级以上媒体认可，被各级媒体报道百余次。《淬火成钢铸利剑，铁肩担当守正义——观山湖区人民法院打造亮点加固司法保障的实践探索》被新华网、学习强国等新媒体平台采用，累计浏览量超 80 万次，并被新华社内参刊登在 2020 年《高管信息》第 12 期。《人民法院报》刊载了关于绿色金融法庭工作特色的文章《快精准专业呵护金融绿色发展——贵阳观山湖区法院推进绿色金融司法工作纪实》，《贵州日报》对绿色金融法庭进行了 3 次系列报道。2020 年度省委政法委满意度测评中排名贵阳市法院第一。

三　坚持依法惩罚犯罪，维护稳定，步伐始终铿锵

区法院把维护稳定置于各项工作的首位，充分发挥运用刑罚手段惩治犯罪的职能作用，依法严惩各类刑事犯罪活动。截至 2020 年 12 月 31 日，共受理刑事案件 540 件，审结 457 件，判处刑罚 663 人。

在扫黑除恶专项斗争中，认真贯彻落实各级关于扫黑除恶的工作部署，充分发挥审判职能，打击黑恶势力。共受理涉黑恶案件 5 件，结案 5 件，涉案金额 3007 万元，涉黑恶人员 29 人，全部依法进行判处，有力打击了黑恶组织。审理了朱令鹏、谢周青等 12 人犯组织、领导、参加黑社会性质诈骗、敲诈勒索罪大案。该案是今年国家重点打击“套路贷”典型案件，罪犯假借民间借贷之名，诱使、迫使被害人签订“借贷”或变相“借贷”“抵押”等相关协议，设置各种套路，采取故意制造违约、肆意认定违约等方式，非法攫取巨额财物，查明犯罪事实 911 桩，涉案金额 2300 余万元，朱令鹏、谢周青被判处有期徒刑 25 年。彻底打击了黑恶团伙的嚣张气焰，有效震慑了犯罪分子。

四　坚持服务区域经济，司法为民，闪耀奋斗光辉

2020年，区法院共受理民商事案件18312件，结案12774件，占比较大的主要是买卖合同纠纷、商品房预售合同纠纷、借款合同纠纷和租赁合同纠纷案件，占民商事案件总收案数的59%，可见区经济社会发展“看似寻常最奇崛，成如容易却艰辛”，其间凝聚了各行各业的共同努力和付出。为依法服务区域经济社会发展，区法院结合司法改革要求及自身实际情况，采取多项措施，有效化解矛盾纠纷，为民解困，为区分忧。

（一）裁判迅速，化解矛盾纠纷

为提高效率，区法院全力开展案件繁简分流试点工作，组建了小额速裁工作组，由3个办案团队专门负责办理小额诉讼程序案件，加快办案节奏，及时化解矛盾纠纷，既方便了当事人，又提高了办案效率。截至2020年12月31日，共受理小额诉讼程序案件4815件，结案3464件，结案标的4818.99万元，平均办理周期33.49天。

（二）精准快速，优化营商环境

绿色金融法庭根据金融案件特点，采取“全案要素式+类案集中审+简案当庭判”的审理模式，有效推进各项工作，不断提升案件办理质效，让审判更加精准、快速；抓住电子送达和要素式裁判两个关键环节，通过运用信息化建设成果、“大数据”资源，破解传统送达、审判带来的“人难找”“时间长”的痛点，有效缩短了办案时间；为辖区企业提供优质服务，营造良好的营商环境。

截至2020年12月31日，法庭共收案3270件，结案3265件，结案率99.85%，当庭裁判率87.13%，结案标的6.56亿元，平均结案周期32.91天。

（三）发展提速，破解工作困局

区法院创新发展“枫桥经验”，努力践行司法为民宗旨，整合各方资源，积极与省法学会合作，成立全省唯一由省法学会独立实体化运行的民商事案件

人民调解中心。在运行中搭建了“1＋N”调解平台，摸索出捆绑“1＋4”工作模式，在调解中秉持人民调解“合法合情合理、平等自愿、不限制当事人诉讼权利”原则，却又在运行过程中不断总结发展，成为区别于人民调解而又不完全是司法调解的一种全新调解形式。经过不断实践，调解中心已进入科学化、规范化运行轨道，实现了为法院减负的工作目标，破解了法学会虚化困局。

截至2020年12月31日，调解结案1623件，占民商事案件结案数的12.7%，调解案件数一直位居贵阳市10家基层法院第一，有效化解了矛盾纠纷，减轻了区法院案件压力。

（四）迅猛加速，提升案件质效

按照习近平总书记关于“政法系统辅助事务外包”的指导思想和市委政法委“向机制要编制”的指导意见，2018年7月引入广东汉普法务外包公司，在全市率先开展审判辅助事务外包试点工作。经过两年多实践运行，对外包公司提出了“12311”时限标准，形成“六化四防”的核心理念，并成为全国行业标准。

截至2020年12月31日，外包公司办结并移送案件21278件，移送比高达100%，卷宗流转超20余万次零差错。

五　坚持化解执行难题，规范有序，鼓舞圆梦信心

为巩固“基本解决执行难”取得的阶段性成果，提升执行工作质效，保持执行工作高水平运行，区法院结合实际，采取有力措施规范执行工作程序、化解执行难题：制定2020年度执行工作实施方案，全力推进执行案件繁简分流制度，提高案件流转速度；建立“3＋1”指标完成图，实时监督工作进程，全面完成指标，执行工作排名提升15位；严格考核，提升质效水平，结案率增长了28.17个百分点；加强惩戒措施，打击恶意规避执行老赖，发布失信被执行人名单3230人次，限制高消费3057人次，拘留20人；受理涉民生案件299件，执行到位资金2136.41万元。为贵州执行工作冲进全国第一方阵做出巨大贡献，多次在全省法院工作会议上得到省法院表扬，鼓舞了全院干警圆梦信心。

六　坚持科技创造未来，锐意进取，打造智慧法院

经过两年持续不断的努力，区法院完成了信息化全面建设，基本实现了智慧法院建设。

通过借力信息化建设推进司法公开，让广大群众能够了解司法、参与司法、监督司法，2020 年，裁判文书上网 11554 件。通过借力信息化建设强化法院管理，借助信息化的资源整合与传输优势，形成高效率的管案、管人、管事格局，涉及员额法官的各种案件质效考核指标均从系统直接提取。通过借力信息化建设服务社会群众，通过司法文书电子送达、网上立案、网络庭审等多项措施，打破了时间、空间对群众诉讼活动的限制，获得群众的好评。2020 年，电子送达案件 18530 件、网上审查案件 2611 件，在全省率先试点成功“电子支付令”66 案。同时，还专门购置了智能导诉机器人“小法”，全天候提供智能法律咨询服务，既能帮助当事人熟悉立案流程，引用法条、分析案情并做出逻辑推理判断，也能引导当事人到各个区域办事，还能进行风险评估，帮助群众预估诉讼风险。

区法院依托信息化建设，围绕司法为民、公正司法，以高度信息化方式支持司法审判、诉讼服务和司法管理，构建了组织、建设、运行和管理全方位智能化的新型智慧法院。

七　接受各方全面监督，作风优良，水平平稳提升

自觉接受人大监督。认真落实区人大二届五次会议上人大代表提出的意见建议，加强研究落实，加强督查督办。人大信访件办结率 100%，回复率 100%。紧紧依靠人大监督推进司法改革各项工作，向区人大常委会专题报告金融案件审判机制体制工作情况，积极邀请代表视察法院、旁听庭审，听取意见建议，不断改进工作。认真接受政协民主监督，坚持社会主义协商民主，自觉接受人民政协和民主党派、工商联、无党派人士的民主监督，及时采纳各方面提出的意见。

依法接受法律监督。支持、配合检察机关履行监督职责，规范执行行为。

依法审理抗诉案件，共同维护司法公正。广泛接受社会监督。加强与新闻媒体沟通，及时发布司法信息，主动接受舆论监督。充分发挥新媒体平台作用，畅通民意沟通渠道。召开新闻发布会 1 次，与媒体沟通共同完成信息公开 100 余次。

各位代表，2020 年，区法院坚决贯彻落实党中央、省、市、区各级部署，坚定不移走中国特色社会主义法治道路，在区委坚强领导，区政府大力支持，区人大有力监督、区政协民主监督，社会各界、人民群众和各位代表、政协委员大力支持下，蹄疾步稳推进各项工作，才取得今天的成绩，我代表区法院表示衷心的感谢！

我们也清醒地认识到区法院工作中还存在不少问题和困难：一是司法能力与经济社会发展要求相比仍然存在不适应问题；二是基础工作存在短板，法院管理有待加强，队伍素质有待进一步提升；三是法院受理案件数量持续增长，法官办案压力巨大，常年超负荷工作，身心状况堪忧；四是人案矛盾持续存在。

2021年工作安排

2021 年，区法院的总体工作思路是：认真贯彻党的十九大和十九届二中、三中、四中、五中全会精神，认真贯彻落实区委二届十一次全会精神，擎起“高质量打造‘强省会’五年行动引领区”旗帜，朝着“走前列”目标进发！

一是充分发挥审判职能作用，维护稳定、促进发展。依法严惩刑事犯罪，严惩非法集资贷款、电信网络诈骗等新型违法犯罪，维护社会稳定。保持对腐败犯罪惩治力度不减，做好重大职务犯罪案件审判工作。加强法治宣传教育，引导群众尊法学法守法用法。

二是坚持司法为民，更好地满足人民群众多元司法需求。依法及时审理涉民生案件，及时审理执行拖欠农民工工资等案件，保障群众合法权益。基本解决执行难虽然取得阶段性成果，但任务仍然十分艰巨。区法院将持之以恒地加强执行规范化和信息化建设，不断攻克“执行难”。

三是加快智慧法院信息应用，努力提供更多优质司法服务。法院受理的案件是经济社会发展的“晴雨表”，是社情民意的“风向标”。依法审判各类案件，既是履行法定职责，也是向社会提供必不可少的公共服务。区法院将依托强化信息平台应用、区块链运用等，推进电子卷宗深度应用、审判智能服务等科技系统与办公办案平台融合，提升信息化建设水平，减轻法官办案压力，促进公正司法，努力为社会提供更多优质司法服务，为推进观山湖区经济社会建设提供更多司法智慧。

四是坚持从严治院，夯实基础，建设过硬队伍。坚定“四个自信”，牢固树立“四个意识”，做到“两个维护”，落实管党治党主体责任，严肃党内政治生活，强化党内监督。落实全面从严治党要求，根据各巡察组反馈意见，坚决抓好整改。按照中央全面依法治国工作会议精神，加强政法队伍建设。进一步落实防止干预办案“两个规定”，坚决排除干扰，依法公正办案。更加自觉地接受人大监督、民主监督、检察机关法律监督和社会监督。

五是立足现有基础，深入推进司法改革，打造品牌法院。不断完善法官办案责任追究制度，落实三定方案庭室结构调整，深入推进司法改革。立足现有基础，行稳致远，不断磨砺打造：绿色金融法庭新益求新，调解中心领导标新，法务外包涤故更新，智慧法院推陈出新，把这四项工作作为区法院的品牌产品，总结出更多可复制可推广的经验，向五年目标塔尖冲刺，跃进全省先进法院行列。

各位代表，新的一年，区法院将在区委坚强领导下，不迷失信念之路、不停滞奋斗脚步，信心满满走好每条路，谱写更多华章、收获更多惊喜，争取在五年届满之时，交出一份满意的答卷！

名词解释

1. 套路贷：是对以非法占有为目的，假借民间借贷之名，诱使或迫使被害人签订“借贷”或变相“借贷”“抵押”“担保”等相关协议，通过虚增借贷金额、恶意制造违约、肆意认定违约、毁匿还款证据等方式形成虚假债权债务，并借助诉讼、仲裁、公证或者采用暴力、威胁以及其他手段非法占有被害人财物的相关违法犯罪活动的概况性称谓。

2. 电子送达：是指通过送达平台、电话、手机短信、传真、电子邮件等方式将诉讼文书发送给受送达人的行为。

3. 要素式裁判：是指对固定案情的基本事实要素进行提炼，就各要素是否存在争议进行归纳，并围绕争议要素进行审理，简化裁判文书制作，从而达到简化审理流程、提高审判效率、实现类案专审简案快审的审判方式。

4. “1 + N”调解平台：是指1个民商事调解中心由省法学会独立实体化运行 + N个专业调解组织的专业调解模式，以省法学会实体化运行基地为运营总的牵引，以其专家库为支撑，向调解中心推荐引入保险调解、律师调解、行业调解、工会调解等领域的行家里手，使其现有200余名调解员以其专业化决定调解工作的高效能，使“1 + N”发挥出最大效能。

5. “捆绑1 + 4工作模式”：是指将调解与保全捆绑、调解与质证捆绑、调解与庭审捆绑、调解与效益捆绑，打造调解、庭审、质证“同一日衔接链条”，实现调解程序前置于质证、庭审活动，当事人或代理律师到院一次，即可实现调解、质证、庭审三项活动。

6. “六化四防”：“六化”是指事务项目化、项目流程化、流程标准化、标准信息化、监管数字化、考核指标化；“四防”是指政治建设筑基、保密设备加持、碎片流程防控、保险赔付兜底。这是区法院经过近两年的审判辅助事务外包试点运行，摸索出的外包运行、管理模式，目前已成为法务外包公司全国行业标准。

7. “12311”时限标准：是指区法院在法务外包公司工作时限上设置“12311时效标准”，确保其服务快捷、规范、标准。“1”：当日立案，当日完成案件信息录入；“2”：第二日排期和查控，预约陪审员；“3”：第三日启动送达程序；“1”：当月案件100%送出，80%以上成功送达；“1”：上月结案案件次月卷宗装订归档。

8. 电子支付令：支付令是指人民法院依照民事诉讼法规定的督促程序，根据债权人的申请，向债务人发出的限期履行给付金钱或有价证券的法律文书；电子支付令是督促程序与互联网信息技术的融合创新，实现了申请、提交证据、审查、立案、送达等一系列流程在线办理，电子支付令即时性强、程序简单、案件处理周期短，使用便捷，能更好地为司法审判过滤、增速、减压，把有限的司法资源让渡给疑难复杂案件，更好地维护群众利益。

9. “3 + 1”指标：“3”：法定期限内执结率，终结本次执行程序合格率，执行信访案件办结率；“1”：整体执行案件结案率。

附　录

观山湖区人民法院司法改革创新典型案例

贵阳市观山湖区人民法院案例选编组*

观山湖区法院秉承“忠诚、专业、致公、卓越”的信念，在常态做好“基本解决执行难”、扫黑除恶专项斗争、民商事诉调对接、规范化建设等工作的同时，创新打造绿色金融法庭、智慧法院建设、诉调对接等亮点工程，助力法院工作提质增效，持续为观山湖区经济社会高质量发展提供强有力的司法保障。绿色金融法庭新益求新、调解中心领异标新、法务外包涤故更新、智慧法院推陈出新，围绕“四大品牌”，三年多来观山湖区法院改革创新涌现出一系列典型案例。

一　绿色金融法庭典型案例

（一）探索“121”标化速裁审判模式

2019 年 12 月 23 日，观山湖区人民法院绿色金融法庭正在处理一批由贵阳银行起诉的金融借款案件，仅当天，一个法官需审理的案件数量就达 100 余件。需要当日开庭并于当日宣判（上午 50 余件，下午 50 余件）、次日报结案。

* 执笔人：尹训洋，贵州省法治研究与评价中心副研究员，法学博士，北京师范大学博士后研究人员。参与案例撰写人员：黄余，贵阳市观山湖区人民法院党组成员、审判委员会专职委员四级高级法官；熊德敏，贵阳市观山湖区人民法院审判委员会委员、一级法官；杨隽，贵阳市观山湖区人民法院法官助理；徐羿，贵阳市观山湖区人民法院诉讼服务中心负责人；肖海，贵阳市观山湖区人民法院一级法官；丁杰，贵阳市观山湖区人民法院二级法官；周小萌，贵阳市观山湖区人民法院三级法官；张雯，贵阳市观山湖区人民法院法官助理；许良绮，贵州行泰律师事务所律师。

从立案到送达用时不到 3 天，从送达到开庭用时不到 20 天，从开庭到当庭宣判，用时不到 2 个小时，从宣判到结案用时不到 2 天。整个案件流程走完用时不到 30 日。

如此高的工作效率，绿色金融法庭是如何做到的？这得益于观山湖区人民法院绿色金融法庭探索的“121”标化速裁审判模式。“121”标化速裁审判模式是观山湖区法院绿色金融法庭近年来经过不断实践探索出的一套运行纯熟的“生产线”，“1”是指“一个标化流程”，即将金融案件的借款事实、担保事实、履约事实、诉讼请求细化为诉讼主体、诉讼管辖、诉讼请求及抗辩理由、本金金额、利罚息利率、还款方式等事实要素与程序节点，明确岗位职责和办案流程，通过各环节协同发力，快速解决案件纠纷。“2”是指“两个关键环节”，即推行实名制移动电话电子送达和要素式裁判，积极解决送达老大难，围绕要素简化审判程序，提高裁判质效。最后一个“1”是指“追求一个质效目标”，即追求质量评估指标体系中各项办案指标最优化。针对贵阳银行起诉的上百件线上金融借款案件，法庭按照“121”模式，根据类案必备证据清单制作案件要素表，对立案送达、庭前会议、庭审裁判要素事项进行集约分配，实现诉调对接精准分流、小额诉讼程序与繁简程序精准分流，要素式批量精准裁判，仅用十余天审结该批案件，案件办理又快又好。

（二）组建金融案件联合执行组护航营商环境

观山湖区人民法院绿色金融法庭自 2017 年 10 月成立以来，在审判执行金融案件的过程中摸索出一套防控金融风险、推进辖区绿色金融建设可持续发展、为区域经济营造良好营商环境的司法审判模式。但随着案件急剧增加，案件执行成为制约绿色金融法庭发展的瓶颈。若生效裁判确定的内容得不到及时、有效的执行，司法裁判的公正、公平，社会正义的保障将被迫“打折”。基于此，观山湖区人民法院在绿色金融法庭设立金融案件联合执行组，该执行组由法院、公安联合成立，在法律准予的范围内，提高执行组的送达能力、查控被执行人的财产能力。

贵州首个金融案件联合执行组应运而生。观山湖区人民法院、贵阳市公安局观山湖分局联合成立了金融案件联合执行组，设大队长 1 名，由观山湖区人民法院法官担任，设副大队长 1 名，由贵阳市公安局观山湖分局民警担任，队员由观山湖区人民法院干警组成；同时与案件相关的银行也会有专人加入，及时向法院反馈被执行人的财产信息。金融案件联合执行组成立后，案件执行周期从 6 个月缩减至 4 个半月左右。

金融案件联合执行组执行的大多数是绿色金融法庭审结的民事案件，执行组主要采用“执行工作流程节点化”工作模式，从立案到执行结案，每个人分节点、按时限处理相关事宜，以加快工作效率，提高执行结案时间，维护当事人的合法权益。

（三）事前监管事中预防之典型

贵州某汽车销售服务有限公司诉饶某、冉某追偿权纠纷一案，在贵州省贵阳市观山湖区法院“绿色金融法庭”审理。该公司要求二人偿还已方贷款本金及违约金共计 73 万余元。然而，法庭在审理中查明，该公司在一定时期内，为不特定的购车人垫付购车款及为购车贷款提供担保，收取高额服务费。不仅如此，该公司同类型经营模式发生纠纷的案件，在观山湖区法院已多达 40 余件。而这种行为均未经中国人民银行批准，违反银行业特许经营，涉嫌非法经营罪。最终法庭裁定驳回起诉，并将有关材料移送公安机关审查处理。

观山湖区法院绿色金融法庭在受理与绿色金融相关的民事、刑事、行政案件时，通过加强各领域合作，将绿色金融的申请、认证、审批、评级、监管、信用反馈等步骤司法渗入，促进绿色金融稳定健康发展和矫正绿色金融监管。法庭从中发挥事前监管、事中预防的积极作用，实现“源头防”，与环保审判“结果治”相辅相成、防治结合，成为构建贵州生态环境司法保护的典范。

效果意义：

绿色金融是金融部门把环境保护作为一项基本政策，在投融资决策中要考虑潜在的环境影响，把与环境条件相关的潜在的回报、风险和成本都融合进银行的日常业务中，在金融经营活动中注重对生态环境的保护以及对环境污染的治理，通过对社会经济资源的引导，促进社会的可持续发展。党的十八大以来，以习近平同志为核心的党中央高度重视绿色发展，多次强调要“利用绿色信贷、绿色债券、绿色股票指数和相关产品、绿色发展基金、绿色保险、碳金融等金融工具和相关政策为绿色发展服务”。观山湖区法院绿色金融法庭受理与绿色金融相关的民事、刑事、行政案件时，通过加强各领域合作，将绿色金融的申请、认证、审批、评级、监管、信用反馈等步骤司法渗入，促进绿色金融稳定健康发展和矫正绿色金融监管。法庭从中发挥事前监管、事中预防的积极作用，实现“源头防”，与环保审判“结果治”相辅相成、防治结合，构建贵州生态环境司法保护的车之两轮、鸟之双翼。观山湖区法院绿色金融法庭以‘绿色、专业、致公、卓越’四大发展理念为指导，充分运用大数据信息共享平台，构建专业高效的绿色金融审判模式，完善绿色金融审批监管体系、风险预测体系、社会诚信体系，为服务实体经济、防控金融风险、深化金融改革提供强有力的司法保障。

从生态文明治理体系和能力现代化的战略高度看，观山湖区法院绿色金融法庭的实践与贵州先行探索的“生态委”大行政执法、“生态保护法庭”专属司法管辖、生态保护检察局和生态保护公安分局集中侦检，以及执法司法联动的重大理论创新、制度创新、实践创新一道，成为构建生态环境司法保护“结果治”和绿色金融审判“源头防”的生态文明新型审判体系建设的“贵州探索”，也将为最高人民法院探索建立“环资保护法庭”和国家设立统一的地方“环资法院”提供“贵州样本”。

二　智慧法院建设典型案例

（一）借力信息化建设强化法院管理

观山湖区人民法院加速推进智慧法院建设，逐步让信息化成为法院发展的重要羽翼。通过借力信息化建设推进司法公开，让广大群众能够了解司法、参与司法、监督司法，2020 年，裁判文书上网 11554 件。通过借力信息化建设强化法院管理，借助信息化的资源整合与传输优势，形成高效率的管案、管人、管事格局，涉及员额法官的各种案件质效考核指标均从系统直接提取。通过借力信息化建设服务社会群众，通过司法文书电子送达、网上立案、网络庭审等多项措施，打破了时间、空间对群众诉讼活动的限制，深受群众的好评。同时，还专门购置了智能导诉机器人“小法”，全天候提供智能法律咨询服务，既能帮助当事人熟悉立案流程，引用法条、分析案情并做出逻辑推理判断，也能引导当事人到各个区域办事，还能进行风险评估，帮助群众预估诉讼风险。

在位于法院大厅的法务外包服务公司办公点，工作人员使用扫描设备将案卷信息录入电子卷宗管理系统；审判辅助事务团队将案件通过短信、彩信、微信、邮箱等方式进行电子送达；在办公桌前法官们通过智能化办公系统查看案件信息并通过抓取要素形成判决书初稿……在这几个智慧法院建设运用的生动缩影背后，是该法院久久为功的韧劲和恒心——全面完善升级基础设施和信息化设施、信息化软件系统，24 个科技法庭、7 个调解室建设完毕投入使用；诉讼风险评估终端为群众提供诉讼风险评估、起诉书预生成、费用及法律条文参考等“自助服务”；作为全省唯一的试点基层法院上线电子卷宗深度应用系统，其可实现立案回填、卷宗管理和自动归目、智能阅卷、文书智能编写等功能，各项应用成效数据在全省保持领先，电子卷宗随案率达 86%……目前，观山湖区法院的科技“大脑”仍在升级中，诉讼服务中心查询系统、集中控制中心可视化系统正在完善，3D 导航、e 送达站等正在建设，并将继续开发完善智慧法庭、虚拟导诉系统、诉讼风险评估、区块链第三方存证系统等，不断完善智慧法院建设。

观山湖区法院依托信息化建设，围绕司法为民、公正司法，以高度信息化方式支持司法审判、诉讼服务和司法管理，构建了组织、建设、运行和管理全方位智能化的新型智慧法院。

（二）启用电子封条推动执行工作之创新

近年来，观山湖区人民法院充分借助智慧法院建设，不断加大执行工作创新力度，全力压缩失信被执行人的活动空间，切实维护胜诉当事人的合法权益。通过科技手段助力智慧执行，致力打造“互联网 + 执行”模式，努力让人民群众在每一个司法案件中感受到公平正义。而电子封条则是该院推动执行工作的一项创新探索。

2020 年 7 月 23 日，观山湖区人民法院在该区某小区一处涉案房产加装电子封条，全天候监控、取证该涉案房产，以保障司法拍卖程序顺利进行。该房产系本案被执行人邓某向某通过银行抵押贷款购买的一处房屋，后因贷款逾期，被银行诉至法院。案件执行过程中，被告邓某一直未履行法定义务，并通过多种手段阻挠法院执行，在执行法官多次张贴公告限期搬离后，仍不配合。最终观山湖区人民法院在该小区物业工作人员配合下对涉案房产加装电子封条。

执法现场，执法干警在多次敲门无人回应后，对涉案房屋采取强制换锁措施，并进入房屋采集房屋信息；在确认房屋信息后，依法将房屋查封并加装电子封条、张贴查封公告，以实际行动捍卫债权人合法利益，捍卫法律尊严。以往没有这个设备，封条都是纸质的，导致部分不法中介以及被执行人罔顾法律威严，擅自撕毁封条，纸质封条被撕毁使我们不仅取证困难，也很难对这种撕毁封条的违法行为实施惩戒。有了电子封条后，能够更好更快速地帮助法警调查取证，有效解决取证难的问题。运用电子封条取代纸质封条查封涉案房产此举在贵州省法院系统尚属首例。

相比传统封条，电子封条具有加装牢固、实时监控与自动报警等智能化优点，对查封的涉案房屋可实施有效“锁定”，防止无关人员进入法院查封房产，保障拍卖房产后续交付工作；同时，电子封条还可对涉案房屋实施24小时不间断监控和取证，当有人试图触碰或破坏封条时，该设备会立即播放法院的警告语音，并同步到执行干警手机终端进行报警提醒，破坏者的照片也将实时传输至执行指挥中心进行留存，便于强制措施的适用。此外，电子封条上还醒目标明法院查封，被执行人或者案外人可通过手机扫描电子封条上的二维码，详细了解房屋查封的原因、解封方法、执行法官的联系方式、查封期间的法律义务以及违反的法律后果等信息。

（三）推行“电子支付令”节约诉讼成本

观山湖区人民法院在全省率先推行“电子支付令”。支付令是指人民法院依照民事诉讼法规定的督促程序，根据债权人的申请，向债务人发出的限期履行给付金钱或有价证券的法律文书；电子支付令是督促程序与互联网信息技术的融合创新，实现了申请、提交证据、审查、立案、送达等一系列流程在线办理，电子支付令即时性强、程序简单、案件处理周期短，使用便捷，能更好地为司法审判过滤、增速、减压，把有限的司法资源让渡给疑难复杂案件，更好地维护群众利益。与普通诉讼程序相比，“电子支付令”省去了调解、证据交换、开庭、宣判等程序，审理时间更短，诉讼成本更低，大大减少了当事人的诉讼成本。

以贵州银行为例，该银行在信用卡纠纷案件、金融借款合同纠纷案件中存在数量多、催款难、诉讼难等问题。传统法务催收从准备诉讼资料、诉讼申请到法院受理、开庭审理和执结，预计诉讼周期超过 9 个月，且非电子化诉讼需要大量人力进行资料收集、打印、整理等，耗时长、效率低。而观山湖区人民法院绿色金融法庭在全省首推使用“电子支付令”后，实现了申请、审查、送达等一系列流程全程电子化。“电子支付令”的申请费用是一般财产类案件全额诉讼费的 1/3，在通过审查发出后一般 15 天生效，同时，能免去金融机构收集法务催收资料的繁杂工作，加快法务催收速度，缩短工作周期，提高工作效率，效力与判决书相同。

截至 2021 年 3 月，观山湖区人民法院绿色金融法庭共发出 44 份“电子支付令”，生效 43 份，已有 9 位被申请人主动还款，有效送达率达 97.72%。

效果意义：

党的十八大以来，以习近平同志为核心的党中央高度重视网络安全和信息化工作，习近平总书记对网络强国建设提出一系列新观点、新论断，为人民法院加强智慧法院建设提供了强大思想武器。

观山湖区智慧法院建设关注通过大数据与人工智能技术提供个性化的司法信息推送和探索式的司法公开检索。以“电子诉讼”为典型，通过平台对网上立案、网上送达、网上质证、网上调解、网上开庭等流程和环节进行整合，同时结合大数据与人工智能技术尝试构建定向化与专业化的诉讼服务。强调在传统信息化的基础上，通过对司法内外大数据的汇聚和联通构建各类知识图谱，实现对司法实践中各类行为的预测和预警。与传统信息化强调的便捷化等特征相比，司法大数据与人工智能应用会在网络化基础上实现智能化改造，更加强调个性化司法公开、定向化诉讼服务、专业化审判服务及静默化司法管理。观山湖区智慧法院建设将智能化全方位地贯穿于人民法院的全部业务和办案流程当中，从而走出一条司法公开、诉讼服务、审判执行、司法管理转型升级的新型法院现代化道路。

观山湖区法院依托信息化建设，围绕司法为民、公正司法，以高度信息化方式支持司法审判、诉讼服务和司法管理，构建了组织、建设、运行和管理全方位智能化的新型智慧法院。依托强化信息平台应用、区块链运用等，推进电子卷宗深度应用、审判智能服务等科技系统与办公办案平台融合，提升信息化建设水平，减轻法官办案压力，促进公正司法，努力为社会提供更多优质司法服务，为推进观山湖区经济社会建设提供更多司法智慧。观山湖区智慧法院建设作为近年来贵州省法院系统最为重要的改革项目之一，受到实务界和学界的广泛关注。随着改革的推进与成效的释放，观山湖区智慧法院逐步与“法治贵州的一张靓丽名片”“西部地区智慧司法”等标签相关联。

三　诉调对接典型案例

（一）“1 + N”模式打造贵州版“枫桥经验”

观山湖区法院创新发展“枫桥经验”，努力践行司法为民宗旨，整合各方资源，积极与贵州省法学会合作，成立全省唯一一个由省法学会应用法学研究会独立实体化运行的民商事案件人民调解中心。在运行中搭建了“1 + N”调解平台①，摸索出捆绑“1 + 4”工作模式②，在调解中秉持人民调解“合法合情合理、平等自愿、不限制当事人诉讼权利”原则，却又在运行过程中不断总结发展，成为区别于人民调解而又不完全是司法调解的一种全新调解形式。经过不断实践，调解中心已进入科学化、规范化运行轨道，实现了为法院减负工作目标。在开展调解工作过程中，形成了四大亮点。

一是创新“捆绑 1 + 4”工作模式。即调解与保全捆绑、调解与质证捆绑、调解与庭审捆绑、调解与效益捆绑，打造调解、庭审、质证“一日衔接链条”。实现调解程序前置于质证、庭审活动，当事人或代理律师到院一次，即可实现调解、质证、庭审三项活动，克服当事人不配合应诉调解主客观因素。

二是形成“一个调解中心 + N 个专业调解组织”运行格局。调解中心吸

① “1 + N”调解平台是指 1 个民商事调解中心由省法学会独立实体化运行 + N 个专业调解组织的专业调解模式，以省法学会实体化运行基地为运营总的牵引，以其专家库为支撑，向调解中心推荐引入保险调解、律师调解、行业调解、工会调解等领域的行家里手，使其现有 200 余名调解员以其专业化决定调解工作的高效能，使“1 + N”发挥出最大效能。

② “捆绑 1 + 4 工作模式”是指将调解与保全捆绑、调解与质证捆绑、调解与庭审捆绑、调解与效益捆绑，打造调解、庭审、质证“同一日衔接链条”，实现调解程序前置于质证、庭审活动，当事人或代理律师到院一次，即可实现调解、质证、庭审三项活动。

纳与整合辖区内各调解组织，形成合力，形成了“一个调解中心＋N个专业调解组织”的运行格局。一方面吸纳市场化运营的模式，从根本上跳出干与不干、干多干少一个样的怪圈，赋予了调解中心生命力。另一方面，法院不再因繁杂日常管理工作浪费人力物力而累，通过终端案件质量把控的方式引导中心工作方向，形成法院指导、中心调解、司法局监督、财政局经费保障的工作流程，做到放权不放任、管事不管人。

三是激发调解工作活力。在搭建“1＋N”调解平台、赋予调解中心生命力后，调解人员的活力激发，通过机制、模式、措施的组合，针对主客观因素精准发力，将案件当事人请进调解室坐下来积极面对诉讼和调解，有效解决了调解中当事人不配合的关键问题。

四是制定指标体系做强调解中心。调解中心通过试点运行，初步形成了自己的评价体系，对质量指标（收案数、调撤率、履行率、言行规范等）、效率指标（调解成功数、调解天数、反馈天数等）、满意度指标（当事人评价、委托人评价等）、否定指标（法律适用错误或不当、违反程序规定、违法违纪行为等）进行了阐释和定位。省法学会通过对调解工作全过程进行全面、客观、系统的科学评估论证，制定出一套指标体系，以做优做强调解中心。目前，调解中心的运行模式、机构定位、机制运行、人员管理等基本进入科学化、规范化运行轨道。实现了为法院减负的工作目标；同时，破解了法学会工作虚化的困局，使法学会实体化运行冲破理论之囿，成为新时代枫桥经验的升级版。

截至2020年12月31日，调解结案1623件，占民商事案件结案数的12.7%，调解案件数一直居贵阳市10家基层法院第一，有效化解了矛盾纠纷，减轻了观山湖区法院案件压力。

（二）重视运用司法建议延伸审判职能

司法建议是人民法院坚持能动司法、依法延伸审判职能的重要途径。我国正处于经济社会发展的重要战略机遇期和社会矛盾凸显期，站在新起点，面对新形势，人民法院在充分发挥审判职能作用的同时，应当更加重视运用司法建议，通过延伸审判职能，积极践行“为大局服务，为人民司法”工作主题，促进经济社会发展，切实维护社会和谐稳定。

2019 年 6 月观山湖区法院在审理一批案件中，因需查询被告冯某等人的实名制电话号码，前往中国移动通信集团贵州有限公司进行调查。在调查人员出示了相关证件及协助查询函后，该公司一名负责查询的员工，仍以上级部门和行业主管部门有规定为由，不配合调查取证。其间，法院希望负责查询的员工能够把问题反馈上级、协助查询，得到的回复仍然是“上面有规定，不予查询”。7 月 17 日，调查人员再次来到该公司，要求查询被告冯某等人的实名制电话号码，经过多番释法说理，该公司员工仍以上级主管部门规定为由，明确拒绝履行协助义务。

为此，观山湖区人民法院对该公司发出了一份《司法建议书》：针对其个别部门员工不学法、不懂法，甚至不履行协助查询义务、妨碍法院调查取证等问题，建议有针对性地对公司员工进行法律知识培训。收到司法建议书的第二天，中国移动通信集团贵州有限公司派专人将复函送至法院，并于当天，将法院要求查询的被告实名制电话号码反馈给法官。公司管理层对此份司法建议高度重视，于接收当天就由分管副总经理组织相关部门进行学习，明确了依法依规尽快向法院提供信息查询的工作方案，及时启动法院查询的相关流程、原则等规章制度的制定工作。2019 年 7 月 18 日，观山湖区人民法院接到了中国移动通信集团贵州有限公司的复函，表示在以后的工作中，不光针对观山湖区法院开放查询平台，更将以积极主动的态度、合法合规的原则向全省各级法院提供协助查询服务。而这是一份小小的司法建议带来的改变。

（三）小额诉讼速裁打开繁简分流新局面

观山湖区人民法院认真落实案件办理繁简分流、轻重分离、快慢分道要求，充分发挥诉讼调解中心的优势，着力推进小额诉讼速裁工作，为繁简分流改革试点工作注入新活力。

法院有针对性地成立了由两名资深法官组成的小额速裁组，负责审理小额速裁的民事案件。院审判管理办公室根据小额速裁的特点，打通小额诉讼案件审理链条，明确案件节点，做到环环紧扣，提出 24 天小额诉讼周期要求以及调解和保全捆绑、调解和质证捆绑、调解和庭审捆绑的“三个捆绑”调解方案，并将调解工作贯穿于整个庭审过程，为小额速裁案件打通关节，缩短办案时间、提升办案质效。

注重质证与调解相捆绑，在与调解相捆绑的过程当中，也可以一边调解，一边组织质证。质证的过程中，在了解案件事实的基础上，组织双方达成最大的预期，促进双方纠纷的化解达到最大力度的定纷止争。同时，法官在办理案件过程中也会和调委会进行速调的对接。案件立案进入调委会，由调解员组织双方调解，如果调解不成功再进入审判组，由法官进行第二次调解。

小额诉讼速裁的效果更好地贴近于当事人，一个是抓住小案件标的额的小，一个是抓住速裁的速，可以快速节约当事人的时间成本、经济成本，也节约司法成本，快速化解矛盾，当事人之间也可以回归正常的生活状态。

效果意义：

习近平总书记把“源头治理”列入四个治理根本要求，作为源头治理的典范，“枫桥经验”表征“发动和依靠群众，坚持矛盾不上交，就地解决”。“纠纷就地解决”对大国治理的成本与功效至关重要，国家治理能在较小范围解决纠纷，就会越来越强，相反就会不断削弱。故调解作为“纠纷就地解决”的主要形式，具有“在纠纷解决中促进法治社会生成”的重要治理功能。推动“解纷”与“法治”的良性互动，策之基础在于对纠纷本质属性的厘定、尊重和运用。

观山湖区法院诉调对接始于基层法治与社会治理实践，从国家治理现代化尤其是党中央近年提出的多元共治、协同治理等新理念以及完善人民群众基层自治制度等视角看，诉调对接模式的科学选择无疑是地方系统治理能力的直接体现，也是优化基层治理体系，推动当代政法工作在管理与服务之间协调转型、机关之间权能整合与结构优化的需要，是客观准确反映地方经济社会文化发展阶段，体现基层治理工作一切从实际出发、实事求是，突出治理精细化理念的需要。

观山湖区法院诉调对接注重纠纷解决的效果而非仅仅追求结果，诉调对接机制能够提供一个信息传递的平台或充当信息传递的桥梁，通过有效沟通或疏导化解纠纷方争议或矛盾。诉调对接的价值基础在于实现公平与效率的平衡、安全和自由的平衡以及法律效果和社会效果的协调。

四 其他典型案例

（一）审判辅助事务外包优化司法权力运行机制

随着公民维权意识的提高、立案登记制的实行，“诉讼爆炸”成为全国各地法院面临的共同难题，巨大的案件量和繁杂的审判辅助事务成为法官及审判单元的“大包袱”，严重影响司法质效的提升。观山湖区人民法院积极转变思路，大力开展审判辅助事务社会化试点工作。2018 年 7 月引入广东汉普法务外包公司，在全市率先开展审判辅助事务外包试点工作。经过两年多实践运行，对外包公司提出了“12311”时限标准①，形成“六化四防”② 的核心理念，并成为全国行业标准。本着“应包尽包”的原则，该法院将导诉、案件信息录入、卷宗扫描装订、送达、排期、人民陪审员预约等大量事务性工作交由服务公司处理，并形成了“当日立案，当日完成案件信息录入；第二日排期和查控，预约陪审员；第三日启动送达程序；当月案件 100% 送出，80% 以上成功送达；上月结案案件次月卷宗装订归档”的“12311”工作机制，优化了工作流程、提升了工作质效。辅助事务剥离后，法院进行内部机构重组，重新打造职责分工，让法官和法官助理回归本位，能够专心从事专业性工作和决定性事务，让工作效率大幅提升。截至 2020 年 12 月 31 日，外包公司办结并移送案件 21278 件，移送比高达 100%，卷宗流转超 20 余万次零差错。

效果意义：

党的十八大以来，习近平总书记高度重视司法体制改革。司法体制改革在全面深化改革、全面依法治国中居于重要地位，对推进国家治理体系和治理能

---

① “12311”时限标准是指区法院在法务外包公司工作时限上设置“12311 时效标准”，确保其服务快捷、规范、标准。“1”：当日立案，当日完成案件信息录入，“2”：第二日排期和查控，预约陪审员，“3”：第三日启动送达程序，“1”：当月案件 100% 送出，80% 以上成功送达，“1”：上月结案案件次月卷宗装订归档。

② “六化”是指事务项目化、项目流程化、流程标准化、标准信息化、监管数字化、考核指标化；“四防”是指政治建设筑基、保密设备加持、碎片流程防控、保险赔付兜底；是区法院经过近两年的审判辅助事务外包试点运行，摸索出的外包运行、管理模式，目前已成为法务外包公司全国行业标准。

力现代化意义重大。当前司法改革已取得阶段性成效，司法人员分类管理改革到位，亟待构建符合司法规律与现实条件的审判权运行机制。审判辅助事务因其体系庞杂、人员素质参差不齐，成为纵深推进改革的重大阻碍。最高人民法院周强院长强调，要注重利用社会化、集约化等手段，提高审判辅助事务办理效率，破解改革难题。

由于人民法院作为司法机关同时承担审判业务与非审判业务，需人民法院在司法机关与普通行政机关之间进行“角色切换”。在实务过程中，人民法院及其工作人员并没有留意两者的区分，并刻意进行角色的转换。恰恰相反，这些审判辅助业务已经在长期的操作过程中形成了较为规范的操作流程与技术规范，并在人民法院内部约定俗成，具有一定的内部规范效力。在案件当事人看来，人民法院作为司法机关，在其权限内依法实施的与司法裁判有关的活动，无论是审判业务还是审判辅助业务，在认知上并无太大的区别，就其效果而言，均具有法律上的权威性与强制力。因此，站在司法机关的角色定位与当事人权益保障的角度来看，重新厘定审判业务与审判辅助业务，并通过一定的方式减少两者交叉重叠，不仅能够重塑司法机关与司法活动的权威性，也能避免法律实施主体的角色混乱。

（二）庭前准备阶段当事人适格中间裁判制度之运用

2015 年 10 月 21 日，某商业银行与某公司签订《某商业银行流动资金借款合同》，约定某公司向某商业银行借款 800 万元。同日，某担保公司向某商业银行提供公司《董事会决议书》《股东会决议书》《担保决议》，为上述债务提供连带保证担保。林某某作为某担保公司的法人代表为上述债务提供连带保证担保，同时，其以公司股东代表的身份与某商业银行签订了《担保合同》。之后，某公司未按约定履行还款义务，某商业银行于 2018 年 2 月 9 日提起诉讼，诉请某公司还本付息，某担保公司、林某某及魏某某等 60 名某担保公司的其他股东承担连带清偿责任。

贵阳市观山湖区人民法院经庭前准备阶段当事人资格审查发现：某商业银行诉请魏某某等 60 名股东承担连带清偿责任的依据为《股东会决议书》和林某某以股东代表身份与某商业银行签订了《担保合同》。而《股东会决议书》载明的内容为“本公司股东会授权公司法人林某某代表本公司签署有关担保合同及文件，某担保公司为股东会任何成员提供担保服务，本股东会成员已知晓并同意。”不能证明魏某某等60名股东授权林某某与某商业银行签订《担保合同》，为某公司提供担保，且原告无法提供大部分被告的联系方式和送达地址。在某商业银行明确表示未有其他证据的情形下，向其释明：其未与魏某某等60名股东签订书面的《保证合同》，双方之间不存在担保合同关系，对魏某某等60名股东提起诉讼，属滥用诉权，并建议撤回对魏某某等60名股东的起诉。因某商业银行坚持对魏某某等60名股东提起诉讼，贵阳市观山湖区人民法院于2018年2月26日做出〔2018〕黔0115民初777号《民事裁定书》，以“原告不得滥用诉权，将与案件无利害关系的他人带入诉讼中浪费司法资源”为由，裁定驳回了某商业银行对魏某某等60名股东的起诉。上诉期限内某商业银行未提出上诉。上诉期限届满后，魏某某等60名股东不再作为该案当事人参与诉讼，贵阳市观山湖区人民法院仅向某公司、某担保公司、林某某等适格被告送达诉讼材料并顺利开庭、裁决，于2018年4月20日对该案进行了宣判送达。现判决已生效，原、被告双方均表示服判。

效果意义：

当事人适格中间裁决制度，是指人民法院在开庭审理之前，对当事人的主体资格进行适格审查，对不适格的当事人，明确释明并建议变更，在当事人不同意变更的情况下，裁定驳回当事人的起诉。当事人可就此裁决独立提起上诉，以期在开庭审理前确定涉诉当事人的制度。观山湖区人民法院创新地将法学理论植入司法实践，首次尝试当事人适格审查中间裁定制度。本案是一起在庭前准备阶段植入当事人适格中间裁定制度对涉诉被告的主体资格进行中间审查的典型案件，打破了司法实践中在终局裁判中一并审查当事人诉讼主体资格的传统，在确保案件公正审理的同时，提升了司法效率。

诉权不得滥用，原告行使诉权不应当将与案件无关的人员陷入诉讼中，损害他人利益。在立案登记制改革后，由于对原告提出的起诉仅仅作程序性审查，被告“明确”即可立案，立案难问题得到了有效缓解，但由于被告适格审查在庭前准备阶段缺位，滥诉和虚假诉讼现象较为严重，既浪费了本就稀缺的司法资源，又引发了大量的二次纠纷。因此，在庭前准备阶段应当植入当事人适格中间裁定制度，保证不适格当事人免于诉讼，平等保护公民的诉讼权益，有效节约司法资源。

媒体报道

一　观山湖区人民法院快乐法宣人——黄笛

修改材料、报送方案、上楼下楼，一上午的时间，黄笛在自己办公室坐下来的时间没超过半小时。全院的新闻舆论、舆情应对、文化建设等工作压在这个略显瘦小的女生肩头，忙碌、紧张、压力伴随而来。

“保持快乐的心态，才能把工作做好。”面对繁重的事务，黄笛笑了笑，道出业务出色的“秘诀”。

党管媒体　把好政法宣传舆论正确方向

审判、执行、后勤……自从参加工作以来，黄笛在法院多个部门都工作过，对全院的工作体系十分了解。“只有了解整体的工作，才能精准抓住宣传的重点，达到出色的效果。”黄笛说，要当好“新闻发言人”，就既要抓好“刀把子”，又要抓好“笔杆子”，不仅精于执法办案，还要记录下法院的好业绩、好作风、好形象。

刚接手法院舆论工作时，黄笛就明白，要确保政法宣传舆论的正确方向，就必须坚持党管媒体原则。

“刚开始我还摸不清门道，只能加紧学习，学习习近平总书记关于新时代政法工作的重要思想、关于新闻舆论工作的重要论述精神，以习近平新时代中国特色社会主义思想为指导，慢慢探索工作方法。”2018 年，在政法系统舆论工作慢慢适应新媒体传播环境的时候，黄笛积极顺应互联网时代潮流，运营官方微信、微博、头条、抖音、快手等多个新媒体平台，进行采编、策划等工作，推动法院宣传工作创新发展，不断提升传播力、引导力、影响力、公信力，为新时代法院工作发展凝聚强大正能量。

在做好宣传工作的同时，黄笛还牢牢掌握主动权、主导权，把维护政法意识形态安全作为重要任务，参与处置多起针对贵州的不利舆情事件，与团队相互协作持续发声，引导网民理性思考，不信谣不传谣。2020 年1 月8 日，黄笛被贵州省委政法委发函表扬。

“在网评过程中，需要结合老百姓容易接受的语言、方式，宣传习近平新时代中国特色社会主义思想、习近平总书记全面依法治国新理念新思想新战略和关于新时代政法工作的重要思想，讲清楚坚持党的领导是中国特色社会主义法治的本质特征和根本保证，引导广大干部群众坚定不移走中国特色社会主义法治道路。”黄笛说。

与时俱进创新政法宣传内容和形式

“我虽然是个法官，查封扣押是便饭，为什么执行不能，因为老赖没财产……”2018 年，这首黄笛填词改编的歌曲《执行很忙》，作为回顾法院 2018 年的四首歌曲之一，被最高人民法院评为 2018 年度全国法院“十佳百优”新媒体作品中的“百优新媒体作品”；策划的 MG 动画《执行很忙》，荣获全国法院第六届微电影微视频优秀奖。

“这首歌的灵感就是来源于身边的法官，有一次看到大家在微信群里讲述自己工作任务重，太忙了，我一下子想到为什么不把法官们的工作状态用歌来表达呢，于是就用周杰伦那首耳熟能详的《牛仔很忙》来填词改编做了出来。”黄笛说，内容才是王道，用好政法工作“富矿”，善于发掘、讲好与人民群众工作生活密切相关的政法故事，用心用情做有品质、有格调的内容，才能让政法宣传既有“意义”也有“意思”。

在黄笛看来，改进话语文风，用老百姓的幸福感、获得感、安全感说话，用老百姓听得进、看得懂、记得住的语言特别是用数据、典型、案例说话，就能增强报道的可信度、感染力、说服力。

决胜“基本解决执行难”期间，黄笛依托贵州交通广播、《贵州日报》、《贵阳日报》、《贵阳晚报》、百姓关注、社区公告等平台，熟练运用方言广播剧、悬赏通告、小视频等形式，形成线上线下齐发力的强大宣传攻势，仅“十一”黄金周期间统计数据，在全省宣传覆盖量就超 200 万人次；扫黑除恶专项斗争期间，利用短视频平台发布的 3 条视频后台总计观看量超 198.1 万人次，点赞超 4.1 万人次；新冠肺炎疫情期间，在各平台发布传播各类辟谣及科普信息 185 次，复工复产后积极探访法院日常工作，向公众解读如何进行网络庭审。

黄笛运营的抖音账号“法观说”还曾荣获中央政法委首届“四个一百”优秀短视频账号。“要做好舆论工作，就要以更好回应人民群众需要为出发点和落脚点，推动政法宣传舆论创新发展。贯彻以人民为中心的发展思想，以不断增强人民群众获得感、幸福感、安全感为立足点，进一步把遵循执法司法规律和遵循新闻传播规律、互联网发展规律结合起来，不断提高政法宣传舆论工作能力水平。”黄笛说，未来自己还会紧紧围绕人民群众所思所盼所需，努力学习，以更加乐观积极的心态精心设置议题，把握好时度效，努力实现政治效果、法律效果和社会效果的有机统一。

（来源：贵州频道　贵阳市政法委《【教育整顿 · 学先进】做一个快乐的法宣人——记观山湖区人民法院研究室工作人员黄笛》浏览量近 100 万）

二　观山湖区人民法院媒体报道成果*

1.《淬火成钢铸利剑　铁肩担当守正义——观山湖区人民法院打造亮点加固司法保障的实践探索》

2019 年，观山湖区人民法院收案 21042 件，结案 16434 件。中央政法编人均结案 241.68 件，居全省法院第一、全国法院前列。

绿色金融法庭人均办案数 1000 余件，结案率 98.81%，平均审理时间 39.12 天，多项指标在全省排名第一。

审判辅助事务社会化后减负增效效果明显，平均审理时长降低 23.41%，月均结案数增长 243.93%……

因为心中有信仰，所以脚下有力量。每一个数据都映射出观山湖区人民法院的使命和担当。长期以来，该法院在守护公平正义的道路上，迈着坚定步伐奋勇前行，在常态做好“基本解决执行难”、扫黑除恶专项斗争、民商事诉调对接、规范化建设等工作的同时，创新打造绿色金融法庭、法务外包、智慧法院建设等亮点，助力法院工作提质增效，持续为观山湖区经济社会高质量发展

* 该部分内容由黄笛整理。黄笛，贵阳市观山湖区人民法院工作人员，负责新闻宣传。

提供强有力的司法保障。

——金融法庭开先路，助力区域经济发展

2016 年，位于观山湖区的贵州金融城基本建成，多家金融、保险企业陆续入驻，观山湖区人民法院受理的金融类案件也随之激增。

唯改革者进，唯创新者强。为适应新的发展形势，促进区域经济和金融业健康发展，该法院积极谋划建设并于 2017 年 10 月 16 日挂牌成立全国首家绿色金融法庭，探索实践金融类案件的专业化审判。

张贵梅是观山湖区人民法院绿色金融法庭的一名法官。见到她时，她刚完成一起案件审判回到办公室。“经过两年多的实践，我们已针对金融类案件的特点，形成了一条专业、规范、有序的‘生产线’”，张贵梅翻开一本案件审判管理台账向记者介绍，“以这起案件为例，因为涉案金额较小，走的是简易程序，通过电子送达通知被告后，精准、快速进行要素式裁判并当庭宣判，从立案到结案只用了 32 天，比贵阳市基层法院平均审理时间少了将近一半。”

张贵梅所说的“生产线”指的是绿色金融法庭“一套标准化审判流程、两个关键环节、实现一个目标”的“一二一”标化速裁审判模式。标准化审判流程从立案到归档的一系列过程中均实行标准化管理，使原本较为繁杂的审判流程变得“有章可循”，让法庭在案件倍增的情况下依然能够保持工作有条不紊。同时，依托“电子化送达”和“要素式裁判”两个关键环节，破解传统送达带来的“人难找”“时间长”的痛点，有效缩短了送达时间；并对能够概括出固定案情要素的案件，进行要素提炼，针对类案的共性，重点审查双方当事人存在异议的要素，针对个案的特殊性，让案件审判更加精准、快速，从而达到质效最优的工作目标。

贵阳银行股份有限公司是众多受益的银行机构之一，该公司法务代表解小龙表示：“金融法庭办案效率高、流程简、审理快，大部分诉讼案件可以当庭领取判决书，在提升了还款率的同时也为银行依法收贷节约了大量时间。”

数据显示：2019 年，绿色金融法庭总收案 3451 件，总结案 3410 件，结案率 98.81%，服判率 89.85%，平均审理时间 39.12 天，当庭宣判率 83.16%。人均办案数、平均审理周期等多项指标在全省排名第一，在全国名列前茅，为观山湖区乃至贵阳市的经济发展营造了良好的金融生态。

——法务外包提质效，解决“案多人少”矛盾

随着公民维权意识的提高、立案登记制的实行，“诉讼爆炸”成为全国各地法院面临的共同难题，巨大的案件量和繁杂的审判辅助事务成为法官及审判单元的“大包袱”，严重影响司法质效的提升。

为此，观山湖区人民法院积极转变思路，大力开展审判辅助事务社会化试点工作。据该法院审判监督管理办公室负责人苏飞介绍，本着“应包尽包”的原则，该法院将导诉、案件信息录入、卷宗扫描装订、送达、排期、人民陪审员预约等大量事务性工作交由服务公司处理，并形成了“当日立案，当日完成案件信息录入；第二日排期和查控，预约陪审员；第三日启动送达程序；当月案件100%送出，80%以上成功送达；上月结案案件次月卷宗装订归档”的“12311”工作机制，优化了工作流程、提升了工作质效。

“在购买外包服务之前，事务性工作均由法官助理或法官亲自完成，事务繁杂让我们分身乏术，严重影响了结案效率。”对比法务外包前后“落差”，该法院法官助理周小萌深有感触，“辅助事务剥离后，法院进行内部机构重组，重新打造职责分工，让法官和法官助理回归本位，能够专心从事专业性工作和决定性事务，让工作效率大幅提升。”

经过一年多的试点运行，审判辅助事务社会化后减负增效的效果开始显现：累计立案录入18695件，完成17798次案件排期、改期工作，送达案件19923件，当月成功送达率平均达到80%以上，平均审理时长降低了23.41%，月均结案数增长了243.93%，比上年多结案5893件。

——智慧法院优服务，“系统”装上“科技大脑”

“把增进人民福祉作为信息化发展的出发点和落脚点，让人民群众在信息化发展中有更多获得感、幸福感、安全感。”2018年4月，习近平总书记在全国网络安全和信息化工作会议上的重要指示，成为人民法院全面推进信息化建设的行动指南。按照这一指示，观山湖区人民法院加速推进智慧法院建设，逐步让信息化成为法院发展的重要羽翼。

在位于法院大厅的法务外包服务公司办公点，工作人员使用扫描设备将案卷信息录入电子卷宗管理系统；在审判辅助事务团队送达组办公点，送达人员将案件通过短信、彩信、微信、邮箱等方式进行电子送达；在法院刑二庭庭长办公室，黄敏通过智能化办公系统查看案件信息并通过抓取要素形成判决书初稿……

在这几个智慧法院建设运用的生动缩影背后，是该法院久久为功的韧劲和恒心——全面完善升级基础设施和信息化设施、信息化软件系统，24 个科技法庭、7 个调解室建设完毕投入使用；诉讼风险评估终端为群众提供诉讼风险评估、起诉书预生成、费用及法律条文参考等“自助服务”；作为全省唯一的试点基层法院上线电子卷宗深度应用系统，实现立案回填、卷宗管理和自动归目、智能阅卷、文书智能编写等功能，各项应用成效数据在全省保持领先，电子卷宗随案率达 86% ……

“‘科技大脑’让法院工作系统更加‘聪明’，不仅为群众提供了舒适的司法服务环境，也大大提高了审判执行工作效率。”观山湖区人民法院技术室负责人杨广柱告诉记者，目前，该法院的科技“大脑”仍在升级中，诉讼服务中心查询系统、集中控制中心可视化系统正在完善，3D 导航、e 送达站等正在建设，并将继续开发完善智慧法庭、虚拟导诉系统、诉讼风险评估、区块链第三方存证系统等，不断完善智慧法院建设。

“今后，我院还将继续秉承‘忠诚、专业、致公、卓越’的信念，持续以亮点工作作为助推力，充分发挥审判机关定纷止争、惩罚犯罪、保护人民的作用，依法平等捍卫各类主体合法权益，坚决守住维护观山湖区社会公平正义的最后一道防线，为全区城市治理能力和治理水平的提升、经济社会高质量发展做出新贡献。”观山湖区人民法院院长徐涛表示。

（来源：人民网贵州频道，记者：罗飞宇、王明元）

2.《快精准　专业呵护金融绿色发展——贵阳观山湖区法院推进绿色金融司法工作纪实》

生态美、百姓富。近年来，多彩贵州在守护发展底线司法保护上，进行了大胆探索与实践。

2017 年 7 月，贵阳市观山湖区人民法院在贵州金融城挂牌成立绿色金融法庭，“三审合一”审理金融民事、刑事、行政案件。两年多来，该院共计受理金融类案件 7288 件，结案 6454 件，结案标的额 23. 17 亿元，法定正常审限内结案率 99. 86% ，当庭裁判率 95% 以上，平均结案周期 30 天，员额法官人均年度结案 782 件，为保护生态文明建设和绿色发展双赢之路提供源头防、结果治双向促进的绿色司法“贵州模式”。

——五快，提升司法服务效率。

绿色金融法庭坐落的“贵州金融城”，汇集了10家银行贵州总部、部分保险公司等40多家企业，各类金融机构300多家，大量金融纠纷聚集于此。

为快速高效权威化解大量金融纠纷案件，法庭在“便民”二字上下功夫，实行快立、快送、快调、快审、快判流水线式速裁服务模式，对岗位职责进行集约，快速推进各审判流程节点事项，减轻群众诉累，提高司法服务效率。

2017年11月，中国工商银行贵阳某支行有一批购房按揭贷款出现严重违约，需提前收回贷款。律师韦某作为该支行的委托代理人，于当月13日到法院立案，绿色金融法庭在21天内就完成了立案送达、诉调分流和庭审裁判等工作，在庭审后1小时内就批量送达了裁判文书。

“这可能是我办理的所有案件中速度最快的。”韦某面对承办法官发出了这样的感慨。

据绿色金融法庭庭长黄余介绍，金融法庭目前已实行金融机构批量自助立案和单案柜台立案分离，立案不用排队、不用等待。实行诉前、庭前、庭审分段式调解，促进双方沟通谅解和矛盾实质性化解。实行庭前会议实质化，通过查明事实与适用法律分离，简化庭审，统一裁判规则，提高裁判质效。

尝到了“快”的甜头，一些当事人、律师通过协商等方式改变管辖区域，部分金融机构直接在合同中进行约定，把争议纠纷诉到法庭。目前，共有9家金融机构通过合同约定将案件管辖集中到观山湖区。

——三精，提高司法服务质量。

2019年12月，贵阳银行起诉500余件线上金融借款案件，法官张贵梅根据类案必备证据清单制作案件要素表，对案件进行诉调对接快速分流、小额诉讼程序与繁简程序快速分流，要素式批量审理，仅用17天就审结该批案件。

“我们认真梳理金融借款合同、信用卡、P2P等金融类案特点，对立案送达、庭前会议、庭审裁判要素事项进行标准化，确保繁简分流精准、要素提炼精准、裁判把握精准。”黄余介绍说，法庭成立3年来，小额诉讼、简易程序和普通程序独任制审理共计占总收案的95%，一审判决案件改判发回重审率仅为0.35%。

——三准，筑牢风险防范堤坝。

绿色金融法庭成立两年多来，法庭依法审理各类金融纠纷，依法及时向公安机关、金融监管机构移送非法金融活动线索，延伸金融法治监管职能作用，为净化金融环境、维护金融秩序、化解金融系统性风险、确保金融安全做出了应有的贡献。

对高利放贷行为规制准。某小贷公司通过收取借款手续费、担保费等方式，变相提高年利率高达40%多，法庭在审理该小贷公司起诉的案件时，依职权将其总和年利率调整为18%，借款人对此均表示赞同并积极筹款还贷，部分借款人当庭清偿借款。

对非金融机构非法经营活动打击准。2019年，王某以履行了担保责任为由到法庭起诉15件追偿权纠纷。庭审查明，王某在某P2P平台为不特定多数人提供担保，收取高额担保费用，该行为属融资性担保，需要相应资质，王某未经审批提供融资性担保，涉嫌非法经营罪，遂裁定驳回起诉并将有关材料移送公安机关审查处理。

对金融风险点和薄弱环节预警准。主动与金融机构、金融监管部门建立绿色金融风险联合预警引导机制，适时召开多方金融纠纷化解联席推进会，对审判实务发现的金融产品缺陷、经营管理漏洞以及法律风险点及时沟通交流并预警，对违规、违法以及向污染企业发放贷款等行为及时向金融机构、金融监管部门制发司法建议30份，多家银行将司法建议内容纳入2020年格式合同范本的修改内容。

（来源：《人民法院报》2020年7月24日，第4版，作者：徐涛）

3.《设立绿色金融法庭　优化金融营商环境——金融生态司法保护的“贵州探索”之一》

贵州省是全国首批绿色金融先行试验区之一。坐落在贵阳市观山湖区的贵州金融城，集聚400余家金融机构，成为全省金融中心。

2017年，经贵州省高级人民法院、贵阳市中级人民法院批准，全国首个绿色金融法庭、观山湖区人民法院绿色金融法庭在贵州金融城挂牌，为探索绿色金融生态司法规律、维护绿色金融安全提供司法保障。

今天起，本报推出系列报道，聚焦贵州在绿色金融发展过程中的司法实践。

“执法公正，廉洁高效！”2019年12月30日，位于贵州金融城的贵阳市观山湖区人民法院绿色金融法庭大厅里，平安银行贵阳分行的员工代表专程向法庭呈送锦旗。“感谢绿色金融法庭对改善金融行业营商环境做出的贡献。”

观山湖区人民法院副院长、绿色金融法庭庭长黄余法官介绍：2019年，他审结的涉金融案为1259件，平均一天3.45件。

据统计，2019年全年，绿色金融法庭共计收案3697件，结案3650件，结案率达98.72%，结案标的额达9.2亿余元。法庭3名员额法官人均收结案均超千件。

绿色金融法庭的审理效率为何如此高效？

“我们把相似案件进行集中审理。”黄余介绍，目前，绿色金融法庭已经探索包含搭建电子送达、庭前会议、要素式裁判、审判辅助事务外包的“四位一体”绿色金融审判模式，打造出“快、新、精、准”的专业化绿色金融审判通道。

除了快，在“新”方面，实现当庭裁判率、一审民商事案件调撤率高达93%以上。而在“精”方面，一审服判息诉率高达89.17%，“准”上的成绩单表现也十分优秀，一审判决案件改判发回重审率低至0.52%。金融行业营商环境得到了明显改善，办结效率得到了明显提升，满意度也达到了全新的高度。

2012年以来，贵州“引银入黔”战略升级为“引金入黔”，吸引了不少国内外金融机构纷纷来贵州设立总部、分支机构以及后台服务机构。贵州金融城应运而生，占地173公顷、建筑面积达1400万平方米，目前有十大银行总部、部分保险公司等40余家企业入驻，上下游产业开始聚集，辖区内引进各类金融机构300余家，全国首家大数据金融交易所、众筹金融交易所也在辖区内挂牌运营。

2017年6月14日，国务院决定在浙江、江西、广东、贵州、新疆五省（区）选择部分地方，建设各有侧重、各具特色的绿色金融改革创新实验区，在体制上探索可复制可推广的经验，绿色金融蓬勃发展，司法保障势在必行，由此也对法院提出了更专业更高标准的司法需求。

2017年10月16日，依托卓越的区位优势，经贵州省高级人民法院批准设立，贵阳市观山湖区绿色金融法庭在贵州金融城挂牌，成为全国首个绿色金融法庭，为贵州绿色金融创新试点保驾护航。

“设立绿色金融法庭，就是为了适应绿色金融生态体系建设新形势，探索创新绿色金融审判方式。”黄余介绍，绿色金融法庭成立至今，一直以“绿色、专业、致公、卓越”为目标，致力于推动和促进观山湖区绿色可持续发展金融秩序建设。通过绿色金融法庭，可以构建完善绿色金融审判体系，充分发挥绿色金融审判在规范绿色金融秩序、保障绿色金融安全、促进绿色金融良性循环发展等方面的积极作用，培育良好的绿色金融法治环境，提升辖区营商环境。

2018 年贵州省优化营商环境执行合同类指标测评中，受邀法庭审结案件当事人对绿色金融法庭工作给予一致好评，绿色金融法庭该指标测评结果名列全省前 5 名。

（来源：《贵州日报》新闻，2020 年 1 月 9 日，第 23 版，记者：罗华　李坚）

4.《给金融风险打预防针　金融生态有了司法保护——金融生态司法保护的“贵州探索”之二》

刚刚过去的 2019 年，金融行业接二连三地出现“爆雷”，这其中不仅包括百亿巨头证大系，大大小小的网络借贷平台、私人民间借贷更是层出不穷。这是自 2018 年以来，P2P 行业“雷声不断”的延续，曾经火爆一时的联璧金融、唐小僧等四大高返平台都先后出事，就连一些“上市系”“国资系”平台也在接连爆雷，金融风险无处不在。

“2019 年，绿色金融法庭审理的案件中，90% 以上的案件或多或少都存在风险，其中收到标的额最大的达 1900 余万元。”观山湖区人民法院副院长、绿色金融法庭庭长黄余法官说。不管是银行，还是非金融机构，都存在一定的金融风险。非金融机构就是我们常说的民间借贷，凡是银行以外的个人和公司的案件，如小额贷款公司、融资担保公司牵涉的案件，都是存在较高金融风险的民间借贷行为，需要司法机关及时专业地处理。

一些并没有金融资质的“影子银行”“地下钱庄”的出现，更是严重扰乱了金融秩序，增加了金融风险，这种情况在全国范围内不同程度地存在。“比如有的打着汽车销售公司、装修公司甚至物业公司的幌子，暗地里从事金融借贷。”黄余介绍，当这样不具备金融借贷资质的一些公司从事金融借贷，聚集到的大量资金将处于缺乏监管的状态，当公司运作不当或者双方出现纠纷时，资金往往无法得到兑现，就有可能引发金融风险。为了打击这类存在高风险的金融行为，杜绝留下金融风险滋生的土壤，法院在审理时，一般都不认可这部分非金融机构做出的放贷行为。

以往，大多数法院审理金融借贷纠纷，会依据2015年《最高人民法院关于审理民间借贷案件适用法律若干问题的规定》，支持最多24%的利率，超过部分不予支持。但在绿色金融法庭，法官认为，金融机构不等同于一般的民间借贷关系，金融机构本身也承载着我们国家整个经济宏观调控的职责。因此，在审理这一部分借贷案件时，承办法官会根据不同时期的大背景、方针以及央行的利率调控等相关政策，对合理利率部分在24%的基础上进行浮动，从而获得更好的社会效果。

"有些商业银行借贷案件，利率比较高，尤其是到期未归还以后的罚息部分，一味采取惩罚式的高利息，对于借款人来说，既没有偿还能力，也没有还款动力。这时，法院就发挥了职责作用，根据具体案情，将借贷利率调整到正常范围，一方面借款人有动力积极偿还，另一方面银行也减少了呆账坏账，收回的本息又快速进入下一轮周转。"观山湖区人民法院绿色金融法庭副庭长任光焰介绍，通过这样的审理模式，银行的资金回笼率得到提高，不良资产的变现率也得到提高。仅贵阳某村镇银行，2018年就收回不良贷款1000多万元，实现资金快速回笼，有效维护金融秩序。

除此之外，绿色金融法庭还巧妙地运用司法建议，规避金融纠纷发生以后有可能存在的各种风险。"我们深入提炼纠纷发生原因，预测金融、诉讼过程中的风险，就涉诉地址确认、信贷管控、实名制查询等影响办案法律效果、社会效果等方面的问题，拟定具有高专业性和可行性的司法建议30余份。"黄余介绍，这些司法建议不仅可以和绿色金融政策合力共同规范绿色金融市场，同时还可以对于绿色金融监管中或者金融机构中的霸王条款、无效条款进行纠正并提供专业的司法建议，矫正绿色金融市场及弥补绿色金融监管政策的不足。

两年半的时间，30余条司法建议，陆续从绿色金融法庭发往政府金融办、金融机构、中国移动公司等组织部门，各组织部门对司法建议均表示认可。其中，涉诉地址送达这一建议，被各家银行采纳并纳入格式合同。浦发银行更是将司法建议内容纳入总行2019年年会讨论内容，最终将建议内容确定为该行全国格式合同范本。

防范金融市场风险，是观山湖区人民法院2017年设立绿色金融法庭之初定下的主要功能之一。如今两年时间过去，实践证明了绿色金融法庭对防范金融风险的可行性是行之有效的，不仅能够加强金融机构涉诉风险控制规范，降低金融风险，而且促进金融企业自身的可持续发展。

“打击‘地下钱庄’、规范银行机构、发出司法建议，是我们探索出来防范金融风险的三大主要做法。”黄余介绍，绿色金融法庭始终遵循“法治保障、服务大局、诉讼衔接、案结事了”的原则，采用依法审判、司法建议、沟通协商等方式，给金融风险打预防针，为金融生态提供司法保护，保证金融业向健康有序方向发展，避免注重短期利益的过度投机行为，积极发挥法院审判功能，预防、化解社会金融风险矛盾。

（来源：《贵州日报》新闻，2020 年 1 月 16 日，第 31 版，记者：罗华　李坚）

5.《创新专业化审判模式　探索金融生态司法保护——金融生态司法保护的“贵州探索”之三》

“本着生命权、健康权优先原则，被告可以暂不支付利息，已支付的利息可以冲抵本金。”随着观山湖区绿色金融法庭法槌的落下，原告杨某某诉被告田某某民间借贷纠纷一案一审结束，原本对簿公堂的姻亲，在法官的判决下握手言和，身患心脏病和癌症的被告人，终于能够安心治病。

做出如此人性化判决的是绿色金融法庭庭长黄余。“被告在三年内支付给原告剩余的近 26 万元欠款，以前支付的 9 万多元利息，冲抵本金，暂时减轻了被告人的经济负担和精神压力。”黄余介绍，本案原被告本身就是亲戚关系，双方约定的 18% 的利息符合法律的规定，被告理应按照约定予以支付，但被告现在患有心脏病、癌症，经济状况差，偿还能力有限。鉴于生命权、健康权优先原则，可暂不予以支付，原告待被告身体健康状态、经济状况好转之后，可再另行主张。

作为 2019 年绿色金融法庭 3650 件结案案件之一，这起特殊的民间借贷案，得到原、被告双方的认可，一致接受这个判决结果。“我们通过电子送达、庭前会议、要素式裁判、审判辅助事务外包这‘四位一体’的绿色金融审判模式，建立金融类案件的绿色快速审结通道。”黄余介绍，绿色金融法庭会充分利用登记立案前置、送达地址确认前置、送达效力确认等方式，提前准备开庭前工作。同时对开庭形式和场所的便利、文书制作的简易化，最大限度缩小审判周期，降低当事人的诉讼成本，通过专业化审判节约司法资源，并全部同步进行录音和在线直播，公开透明地接受当事人和社会监督。

在金融纠纷案件中，尤其是金融借款纠纷中，大部分作为原告的银行、小贷公司、担保机构等金融机构都有大批量、类型化的诉讼案件。“以往，批量的案子需要立案、开庭、送收材料、申请执行等程序，时间跨度长的一年至两年，甚至更久。”黄余介绍，经过两年的摸索，现在法庭已经建立了一套相对完善的“集约式、要素式”审判模式。对金融类案件中的有争议部分、本金部分以及利率部分进行提取，以表格的形式呈现在庭审之中，便于针对有争议部分进行举证质证及辩论。大大地提高了庭审效率，最快的时候，同类型的案件一天可以审理几十个甚至上百个，并进行当庭宣判。

按照最高人民法院最新文书送达司法解释新要求，绿色金融法庭还积极探索以微信送达、短信送达、电话送达等电子送达方式为主，上门送达、邮递送达和公告送达为辅的送达模式。截至目前，绿色金融法庭采取电子送达案件数量占所有案件的95%以上，有效提高送达服务质量和效率，切实解决了“人难找”这一难题。

此外，绿色金融法庭还积极探索审判辅助事务外包，将部分非核心的审判辅助事务从法院剥离，通过购买社会服务等形式进行业务外包，实现审判辅助事务精细化分类，切实为法官减负，有效提高审判质效，让法官有更多的时间办出好案，办出精品案。目前，已实现立案、分案、排期、送达、保全、法律文书送达、上网、案卷归档等事务性工作进行分类外包。

“绿色金融法庭是司法创新的产物，从立案、送达、审判等每一个流程都有创新做法，在审判、理论和机制三方面都探索出了新的司法路径。”贵州听君律师事务所律师李江姗认为，绿色金融法庭的办案效率高，流程简单，审理判决快速，取得了司法智能化的效果，成为节省司法资源的利器。

在全新的2020年，绿色金融法庭还在继续探索创新审判模式。“12 月1 日，电子卷宗深度应用系统已上线，实现了立案回填、卷宗管理和自动归目、智能阅卷、文书智能编写等功能。目前，诉讼服务中心查询系统、集中控制中心可视化系统正在进一步完善中，3D 导航、e 送达站等正在建设中。下一步，为完成智慧法院全面建设，区法院将继续开发完善智慧法庭、虚拟导诉系统、诉讼风险评估系统等等。这些系统的上线又会推动绿色金融法庭审理效率和质量的提升。”观山湖区人民法院院长徐涛告诉记者，绿色金融法庭依托一系列的制度创新，实现绿色金融专业化审判，为促进贵阳经济和金融良性循环、健康发展提供了有力司法保障，是金融生态司法保护的“贵阳探索”的又一重要成果。

（来源：《贵州日报》新闻，2020 年2 月28 日，第16 版，记者：罗华　李坚）

6.《绿色金融法庭：为维护金融安全提供司法保障——金融生态司法保护的“贵州探索”之四》

“加快银行业依法诉讼审理的速度，提升银行依法收贷的效率，为维护贵州省金融行业的金融秩序和金融安全提供了司法保障。”3 月 13 日，贵阳银行总行资产保全部总经理吴军，谈起绿色金融法庭成立后对贵州金融业的改变时，双手竖起大拇指点赞绿色金融法庭的“贵州探索”。

绿色金融法庭是在经过长期调研后做出的一大前瞻性尝试，获得金融行业的广泛认可。

贵阳市观山湖区人民法院成立后，从 2013 年至 2016 年，收案年均增长幅度达到 87.89%。而且随着“引金入黔”战略的部署、实施和推动，贵州金融城逐步建成，当时就吸引了十大银行总部、部分保险公司等 40 余家企业入驻，辖区内还引进各类金融机构 300 余家。

“设立绿色金融法庭，是实现派出法庭科学发展的有利探索。”在 2017 年绿色金融法庭正式成立之前，《贵阳市观山湖区人民法院关于设立绿色金融法庭的调研报告》正式出炉，通过对金融业的可持续发展问题、金融业对环保等可持续性产业的支撑问题、法院金融案件的快速审判问题，以及三者之间的关系和法院快速审判的功能作用进行了认真梳理，就如何满足辖区的现实司法需求和如何科学设置派出审判机构问题进行调研和论证，为观山湖区成立绿色金融法庭打下了良好的基础。经过两年多的实践和探索，事实证明，绿色金融法庭的成立，是一个高瞻远瞩的金融战略举措，为维护辖区金融安全提供了一条可以复制的司法路径，是贵州为金融安全提供司法保障探索的宝贵经验。

绿色金融法庭带来的革新，作为众多受益的银行机构之一，贵阳银行的感触在金融行业很具有代表性。“绿色金融法庭创新审判模式，最大变化就是立案、开庭审理到法律文书制作的高效快捷，部分诉讼还可以当庭领取判决书，为银行依法收贷节省了时间。”吴军介绍，以往诉讼从立案到判决生效执行大约需要 3 至 6 个月的时间甚至长达一年，在金融法庭成立后时间大大缩短，甚至部分案子可以实现当庭判决并领取判决书。

绿色金融法庭成立后，小到地方银行，大到全国大型商业银行，都受益于这样的创新审判模式，“绿色金融法庭探索出来的‘快、新、精、准’的绿色审批模式和效率，真正为金融企业的金融债权维护筑起了绿色长城。”吴军说，贵阳银行对绿色金融法庭充满更多的期待，他希望绿色金融法庭能够再进一步，做好针对金融案件执行的延伸链条，把“执行难”也纳入绿色金融法庭的工作中来，实现诉讼立案、审判到执行的线上线下一条龙，促进“金融＋司法”融合发展。

“绿色金融法庭从审判队伍、审判机制、审判程序等方面着力打造专门化绿色金融审判诉讼模式。”贵州省法学会专职副会长徐文山说，绿色金融法庭着力建好三支队伍，不断提升审判能力和专业化水平。同时，多举措优化立案、审执程序，建立健全快处机制。实行刑、民、行政“三审合一”审判模式，创新专业化职业化审判机制，打造了专业聚焦绿色金融审判的智慧法庭。

对于绿色金融法庭取得的成绩，贵阳市人大常委会副主任李志鹏高度认可，认为“绿色金融法庭是贵阳乃至贵州法院的一面旗帜”。而观山湖区人大常委会主任邱斌调研时也予以充分肯定。“绿色金融法庭是创新，法务工作初见成效，接下来的信息化建设是必由之路。”邱斌说。

面对高速增长的案件和人员不足形成的“困境”，观山湖区政协副主席王玉碧认为，绿色金融法庭工作成效明显，通过积极探索，有效缩短了从立案到结案的时间，工作效率不断提高，优化了营商环境，促进了金融业的良性循环发展。

中国法律咨询中心贵州分中心主任赵燕华看来，从生态文明治理体系和能力现代化的战略高度看，贵州绿色金融法庭的实践与贵州先行探索的“生态委”大行政执法、“生态保护法庭”专属司法管辖、生态保护检察局和生态保护公安分局集中侦检，以及执法司法联动的重大理论创新、制度创新、实践创新一道，成为构建生态环境司法保护“结果治”和绿色金融审判“源头防”的生态文明新型审判体系建设的“贵州探索”，也将为最高人民法院探索建立“环资保护法庭”和国家设立统一的地方“环资法院”提供“贵州样本”。

（来源：《贵州日报》新闻，2020年3月23日，第8版，记者：罗华　李坚）

7. 其他媒体报道成果篇目及二维码

观山湖区人民法院司法改革创新

观山湖法院:绿色金融法庭实现
市域社会治理现代化

观山湖法院成立贵州
首个金融案件联合执行组

于“抖音”里寻踪迹

清洁公司阿姨将水果和锦旗
送到法院为哪般?

贵州省首例!观山湖
区法院启用电子封条

观山湖区人民法院:小额诉讼
速裁　打开繁简分流新局面

观山湖区平安建设成绩单|
绿色金融法庭创新审判模式

防控疫情　庭审两不误　观山湖区人民
法院恢复诉讼服务及线下庭审

观山湖区人民法院集中宣判 7 起涉恶
团伙案,39 名被告人获刑!

拖欠房租上千万还将房子转租　租客
“不诚信”观山湖区法院出手了……

附　录
媒体报道

观山湖法院解决一起长达
5 年之久的妨害纠纷案

观山湖区人民法院今天
开庭审理一婚恋诈骗团伙

观山湖法院判决贵州首例
非法用工伤亡赔偿案

今天上午,观山湖法院集中宣判
7 起涉恶团伙案,39 名被告人获刑!

观山湖区人民法院举行首例信
访听证会

观山湖区人民法院执行局对一起租赁合
同纠纷已生效的调解书进行依法强制执行

观山湖区人民法院:启动新机制破解
执行难

绿色金融法庭构建环保审判新模式

观山湖区法院一站式服务获当事人点赞

韩德洋赴观山湖区法院调研

观山湖区人民法院司法改革创新

贵州省首个金融案件联合执行组
成立　法院＋公安实现联动执行

贵阳市委常委、市委政法委书记
陈小刚到观山湖区走访调研

拒绝法院调查取证，贵阳
一公司员工被罚 8 万元

韩德洋到观山湖区法院调研
“基本解决执行难”工作

故意制造“交通事故”敲诈勒索，观山湖区
法院对张清等 17 名被告人进行公开审理

欠钱不还?！今天，贵阳重
庆两地法院联合强制执行！

水果不用了，锦旗收下了，心意领到了

老赖被法院强制执行　住房不保

全国首个绿色金融法庭在
贵阳市观山湖区挂牌

“老赖”欠债不还　公积金也可执行

附　录

媒体报道

博士研究生起诉贵州省
教育厅　一审被驳回

贵州省首届审判业务专家名单出
炉，观山湖法院一名法官上榜！

拍摄暴力视频招募成员，
这个黑恶团伙被判刑了！

贵阳金融法庭向银行提建议，这类
借款发生纠纷，适用小额诉讼

尾号88888！明年1月5日，贵
阳将拍卖这个手机靓号！5万起拍！

法院多方工作帮她们讨回拖欠的工资，
她们抬了箱水果来感谢……

抢劫、强迫交易、敲诈勒索！七起
扫黑除恶案集中宣判，39人当场领刑

聚集聊天，不听劝阻，并持械
殴打防控工作人员，判刑1年！

借条上签字要慎重！借款人不还钱
3名担保人成被告！

欠钱不还？强制执行！

观山湖区人民法院司法改革创新

绿色金融法庭:助推贵州金融城绿色经济持续健康发展

一副证件两副脸孔?浪费司法资源,罚!

观山湖区法院一站式服务获当事人点赞

观山湖区人民法院:组建金融案件联合执行组护航营商环境

小编亲历执行|大家伙“小挖”回家记

“抖音”“微信”都把你出卖了,你还装,你还装……

试图以跳楼阻碍执行!荒唐!

“快、新、精、准”四大关键词解码贵州首家绿色金融法庭

绿色金融法庭:为维护金融安全提供司法保障

“你若安好,那还得了?”,这对离异夫妻让人哭笑不得......

附　录

媒体报道

“平安建设成绩单——走进观山湖区”系列报道丨绿色金融法庭创新审判模式

查封升级！观山湖法院今天开出贵州首个“电子封条”

观山湖区法院 2016 年执行到位金额 3.87 亿元　居全市首位

清洁公司阿姨将水果和锦旗送到法院为哪般?

全国首个绿色金融法庭:运用智能化办案系统,结案率高达 98.36%!

老赖玩“拖延战术”,欠人百万不偿还,法院查封住宅强制腾房

天呐！今天贵阳公审 7 名驾驶员,只因他们做了这样的事……

深化司法改革探索　全国首个绿色金融法庭审案提速

观山湖区法院:“定金”不可退？那可不一定

陈小刚到贵阳市中级人民法院、观山湖区绿色金融法庭调研并深入企业、群众开展大走访活动

观山湖区人民法院司法改革创新

“老赖”欠债不还　公积金也可执行

冒充亲妹妹到法院开庭
打官司,女子被拘 15 日

全国首设绿色金融法庭在我区揭牌

贵州法院 7 部作品获奖!

贵阳观山湖区设立全国首个绿色
金融法庭开启绿色审判通道

【全国法院第六届微电影微视频优秀奖】
观山湖区法院:歌曲《执行很忙》

为民之歌响彻阡陌闾
巷 ——贵州省人民法庭工作掠影

快精准　专业呵护金融绿色发展——阳
观山湖区法院推进绿色金融司法工作纪实

欠债不还　公积金也可执行

民法典时代下的金融法治
研讨会在观山湖区举行

附　录

媒体报道

贷款不还,400 余人被贵州某银行起诉

观山湖新闻|现场答疑解惑　观山湖区
人民法院举行 2020 年绿色金融法庭新闻发布会

加快智慧法院建设　为公平正义助力加速

观山湖法院成立贵州首个
金融案件联合执行组

现场答疑解惑　观山湖区人民法院举行
2020 年绿色金融法庭新闻发布会

清洁公司阿姨将水果和
锦旗送到法院为哪般?

贵阳市观山湖法院多形式
开展教育整顿　掀起学习热潮

20 万存款“不翼而飞”后,他来到
法院,原来他是……

绿色金融法庭:创新
工作方式　提高审判效率

拖欠房租 800 万! 3 年不搬还转租!
这家酒店被法院强制执行腾房!

观山湖区人民法院司法改革创新

观山湖区法院:“绿色金融法庭”事前监管事中预防

观山湖区人民法院:护舐犊之情,显司法温度

勤能补拙　有效破解执行难

学以致用:观山湖区法院持续推动教育整顿走深、走实

观山湖区人民法院:执行为民暖人心

离婚八年后相遇,前夫在街上上演闹剧,被前妻告上法院

法院加大执行力度保障劳动者权益

深化司法改革探索　全国首个绿色金融法庭审案提速 4 小时审理 14 个金融类案件

观山湖法院:调百姓之难,解群众之忧

观山湖区人大、政协为法院点赞!

附　录

媒体报道

绿色金融法庭:助推贵州金融城绿色经济持续健康发展

借款人不还钱　三担保人成被告

公积金也可执行？执行法官说 YES

“撕不烂”的封条上线!

第一次收到锦旗的法官:你有诚意,我有善意

男子怀疑征信有问题,法官帮忙解除误会……

六百元钱物归原主　一件小事流露人间温暖

“定金”到底能退吗？观山湖这起纠纷告诉你

一面特殊的锦旗

绿色金融守护者——贵阳市观山湖区绿色金融法庭揭秘

观山湖区人民法院司法改革创新

观山湖区法院一站式服务获当事人点赞

观山湖法院：善意执行护亲情

一份司法建议带来的改变

观山湖法院：回应群众关切　制定利民举措

胆大！撕毁封条换了锁，拿老人和小孩当挡箭牌，法院出手了……

好心当“保人”　不料惹官司

贵阳首例袭警罪，被判一年有期徒刑

法院“动真格”　执行没商量

贵阳市观山湖区人民法院：诉调中心高效办案、用心调解定纷止争

老赖玩“拖延战术”，欠人百万不偿还，法院查封住宅强制腾房

附　录

媒体报道

执行法官翻山越岭　查封扣押涉案挖机

绿色金融法庭:助推贵州金融城绿色经济持续健康发展

“老赖”半年微信流水24万,欠人钱财迟迟不还

拒绝法院调查取证,贵阳一通信公司员工被罚8万元

包治百病“祖传秘方”被法官当庭查封,提醒:“三无产品”不要信

为民办实事:执行信息大公开　阳光服务更暖心

房开拖欠购房款　执行法官帮追回

附　录

宣传视频

绿色金融法庭

我和我的祖国

金融法治研讨会

执行很忙

观山湖区人民法院大事记
（2017年1月至2021年6月）

2017年

1月5日 观山湖区人民法院正式启用办案系统电子签章功能。

1月9日 观山湖区人民法院党组书记徐涛在区第二届人民代表大会第一次会议举行第三次全体会议上当选为观山湖区人民法院院长。

1月26日 贵阳市中级人民法院党组书记、院长赵福泉，贵阳市中级人民法院党组成员、纪检组长张贵黔到观山湖区人民法院调研法院工作，走访慰问一线干警。

2月15日 观山湖区人民法院院长徐涛开庭审理4件刑事案件，率先垂范，推动落实院庭长带头办案司改要求。在全省法院工作会议上，贵州省高级人民法院院长孙潮对此给予肯定和表扬。

2月19日 观山湖区人民法院启动司法服务辖区绿色金融经济发展专题调解，研究探索促进金融经济发展、金融总部经济效应聚集和金融风险防范解决方案。

2月22日 观山湖区人民法院启用移动学习平台。

2月23日 观山湖区人民法院启用网上申诉信访系统。

2月27日 观山湖区人民法院启用审判委员会系统。

3月7～10日 观山湖区人民法院党组书记、院长徐涛率队到北京市第三中级人民法院、北京市第四中级人民法院、上海市第一中级人民法院、上海市徐汇区人民法院考察学习诉讼服务中心、数据中心、信息管理中心以及到北京华宇软件股份有限公司考察学习审判信息化建设工作。

观山湖区人民法院司法改革创新

3月17日 观山湖区人民法院便携式科技法庭系统建成并投入使用，同时启用全省法院系统 cocall 软件。

4月6日 观山湖区人民法院正式启用办案系统文书纠错功能。

4月10日 观山湖区人民法院正式启用办案系统文书评查功能。

4月20日 观山湖区人民法院干警陈仕玥参加区委统战部组织的扶贫典型事迹讲述会，其因以“德行善举是唯一不败的投资”为题的发言获优秀奖。

4月29日 观山湖区人民法院干警杨槐（贵州省书法家协会会员、中国法治诗书画院研究员）书法作品入选由中国文联、中国法学会指导，中国书法家协会、中国美术家协会、中国行为法学会联合主办的“第四届中国廉政文化书画展”，并荣获优秀奖。

6月13日 观山湖区人民法院执行指挥中心建成并投入使用。

6月15日 观山湖区人民法院启用全国法院系统 cocall 软件。

6月30日 观山湖区人民法院召开“基本解决执行难”动员部署大会，院党组书记、院长徐涛作动员部署讲话。

7月1日 贵阳市中级人民法院抽调黄余（时任修文县人民法院党组成员、副院长）、任光焰（时任贵阳市中级人民法院民二庭副庭长）到观山湖区人民法院挂职并负责筹建绿色金融法庭。

7月6日 贵州省机构编制委员会办公室做出《关于调整部分法院政法专项编制的批复》（黔编办发〔2017〕202号），批复同意从贵阳市乌当区人民法院、清镇市人民法院、开阳县人民法院各划转2名政法专项编制，贵阳市花溪区人民法院、修文县人民法院各划转1名政法专项编制（共8名）到观山湖区人民法院。

7月10日 《贵州日报》开辟全国司法体制改革推进会特别报道专版，刊载对观山湖区人民法院党组书记、院长徐涛专访《大胆“吃螃蟹”满足金融企业司法需求》文章，并以“观山湖区人民法院——五大目标推进司法体制改革”为题，报道观山湖区人民法院司法体制改革工作推进情况及取得成效。

7月18日 观山湖区人民法院邀请中电科大数据研究院有限公司副总经理、实验室副主任牟其林等大数据专家，就绿色金融法庭创建和金融案件专业化审判大数据运用展开深入研讨。

7 月 19 日　遵义市绥阳县人民法院党组书记、院长张隆敏，党组成员、副院长冯再萍、张锐一行到观山湖区人民法院考察诉讼服务中心、审判管理、信息化建设等工作。

7 月 20 日　贵阳市中级人民法院党组成员、纪检组长张贵黔到观山湖区人民法院开展司法巡查工作，观山湖区人民法院党组书记、院长徐涛对巡查工作进行动员部署。

同日　观山湖区人民法院干警杨槐书法作品入选“雄立东方”百名艺术家喜迎十九大法治诗书画展，这是贵州省政法系统唯一入选作品。

7 月 28 日　观山湖区人民法院启用贵州法院法官绩效系统。

8 月 1 日　贵州省机构编制委员会办公室做出《关于观山湖区人民法院第一人民法庭加挂绿色金融法庭牌子的批复》（黔编办发〔2017〕220 号），批复同意观山湖区人民法院第一人民法庭加挂绿色金融法庭牌子，其他机构编制事项维持不变。

8 月 6 日　观山湖区人民法院党组研究决定将张雯（安顺市中级人民法院原法官助理）编入绿色金融法庭筹建工作组。

8 月 14 日　贵州省高级人民法院做出《关于转发〈关于观山湖区人民法院第一人民法庭加挂绿色金融法庭牌子的批复〉的通知》（黔高法政〔2017〕84 号），批准在观山湖区人民法院第一人民法庭加挂绿色金融法庭牌子，全省乃至全国首个绿色金融法庭应运而生。

9 月 20 日　观山湖区人民法院启用大数据管理和服务平台，全省首家基层法院可视化平台建成并投入使用。

9 月 25 日　观山湖区人民法院干警杨槐书法作品入选《同根同梦　中国法治诗书画全国巡展·北京北》。

10 月 16 日　观山湖区人民法院绿色金融法庭在贵州金融城挂牌成立。时任贵州省高级人民法院党组书记、院长孙潮，贵阳市委常委、观山湖区委书记向虹翔参加揭牌仪式，标志着观山湖区人民法院金融案件专业化审判探索创新正式拉开序幕。绿色金融法庭由挂职（2 名）、聘用（5 名）、在编干警（2 名）混编而成：黄余（挂职任庭长、员额法官）、任光焰（挂职任副庭长、员额法官）、张雯（挂职任法官助理）、夏夏、李鉴航及聘用制干警郭军、王胜楠、黄荣、范彤程、周正志。成立当天，法庭收案 3 件。成立当年收案 119

件、结案 114 件。

10 月 18 日 观山湖区人民法院启用庭审直播系统。

10 月 23 日 观山湖区人民法院启用移动办案系统。

同日 观山湖区人民法院绿色金融法庭挂牌成立后首案（贵阳市高新区悦城小额贷款有限公司与李家进民间借贷纠纷案）采用要素式审判方式进行审理，后探索总结形成“121 标化速裁 + 诚信惩罚”金融案件专业化审判模式。

11 月 1 日 广西南宁市兴宁区人民法院一行 6 人到观山湖区人民法院绿色金融法庭就金融案件专业化审判进行交流学习。

11 月 8 日 《当代贵州》2017 年第46 期刊载《护卫绿色金融——全国首个绿色金融法庭在贵阳挂牌成立》文章，介绍观山湖区人民法院绿色金融法庭探索创新绿色金融审判方式、服务绿色金融经济发展的经验做法。

11 月 17 日 新《中华人民共和国民事诉讼法》实施后，观山湖区人民法院在贵阳银行股份有限公司高新科技支行与贵州乾宝通汇融资担保股份有限公司实现担保特权案中首发实现担保物权裁定书。

11 月 20 日 观山湖区人民法院党组书记、院长徐涛担任审判长，首次采用 7 人“大合议庭”方式，公开开庭审理张涛等诉贵阳新世界房地产有限公司商品房预售合同纠纷 1045 案。

12 月 6 日 贵阳市委市政府对观山湖区人民法院诉讼服务中心负责人徐羿在党的十九大召开期间信访维稳和相关保障工作突出表现给予通报表扬。

12 月 11 日 观山湖区人民法院绿色金融法庭公开开庭审理首起信用卡诈骗刑事案件并当庭宣判。

2018年

1 月 8 日 观山湖区人民法院受理建院以来首例强制医疗刑事案件。

1 月 10 日 观山湖区人民法院根据贵州省高级人民法院工作部署开展 2017 年度“智慧法院”建设评价工作。

1 月 12 日 贵州电视台第五频道（法制频道）到观山湖区人民法院拍摄“新春祝福”视频短片。

附 录

观山湖区人民法院大事记（2017年1月至2021年6月）

2 月 2 日 观山湖区人民法院召开党组（扩大）会议专题研究制订绩效考核管理制度，弥补了该项制度空白。

2 月 6 日 观山湖区人民法院收案数量首次突破 1 万件。

2 月 11 日 观山湖区委常委、政法委书记钟锋到观山湖区人民法院绿色金融法庭慰问干警。

2 月 24 日 贵阳市中级人民法院党组书记、院长唐宏，党组成员、政治部主任付臣刚到观山湖区人民法院视察新建审判大楼工地、绿色金融法庭，并对法院审判工作进行检查指导。

2 月 26 日 观山湖区人民法院绿色金融法庭对〔2018〕黔 0115 民初 777 号贵阳农村商业银行股份有限公司金阳支行诉贵州天恒达贸易有限公司、贵州黔聚源融资担保股份有限公司、郑维刚、黄浩等 73 名被告金融借款合同纠纷案件，遵循诉权不得滥用、诉讼必须经济等原则首次启用当事人适格审查制度，裁定驳回对郑维刚、黄浩等 60 名（贵州黔聚源融资担保股份有限公司股东）被告的起诉。被告林春明提起上诉后，未缴纳上诉费。2018 年 9 月 3 日，贵阳市中级人民法院做出〔2018〕黔 01 民终 6952 号民事裁定书，裁定“本案按上诉人林春明自动撤回上诉处理”。

3 月 贵阳市中级人民法院雷蕾副院长（挂职）到观山湖区人民法院绿色金融法庭调研并指导法庭探索推进实名制电话电子送达等工作。

3 月 观山湖区人民法院党组书记、院长徐涛带队到广东省中山市第一人民法院考察法务外包，为观山湖区人民法院寻找“人案矛盾”难题解决方案。

3 月 30 日 贵阳市中级人民法院党组成员、政治部主任付臣刚一行到观山湖区人民法院调研并指导工作。

同日 观山湖区人民法院结案数量首次突破 1 万件。

4 月 吉林省四平市中级人民法院一行到观山湖区人民法院绿色金融法庭就金融案件专业化审判考察学习。

4 月 2 日 观山湖区人民法院第四党支部获批成立。

4 月 19 日 广东汉普人力资源有限公司副总温彩蓉、项目经理陈劭凯、上海易能信息技术有限公司经理陈旭伟一行到观山湖区人民法院调研洽谈法务外包工作。

4 月 25 日 观山湖区人大常委会主任王延刚、副主任沈毅一行到观山湖区人民法院绿色金融法庭视察并指导工作，对法庭“快、新、精、准”审判服务模式给予充分肯定。

5月11日 观山湖区人民法院第四党支部选举产生支委委员李鉴航、夏夏、张雯，李鉴航为书记、夏夏为组织委员、张雯为宣传委员。

6月 观山湖区人民政府区长办公会研究决定，广东汉普人力资源有限公司于7月派员入驻法院，启动法务外包工作。

6月15日 观山湖区人民法院向贵阳市中级人民法院、贵州省高级人民法院呈报新建审判大楼信息化设计方案。

6月22日 观山湖区人民法院与中国人民财产保险股份有限公司贵阳市分公司签订“诉讼保全 + 执行救助 + 执行悬赏”战略合作协议，首次在全省联合推出“司法 + 保险”便民司法服务模式。

7月2日 观山湖区人民法院开展全省法院系统“基本解决执行难”之“雷霆风暴”执行行动。

7月5日 广东汉普法务外包有限公司入驻观山湖区人民法院并展示运行。

7月10日 广东省江门市江海区人民法院诉调中心主任寇青一行到观山湖区人民法院就诉讼服务和诉调对接工作进行交流，观山湖区人民法院副院长梁怀宇、诉讼服务中心负责人徐羿等参加座谈。

7月24日 观山湖区人民法院党组书记、院长徐涛经贵州省高级人民法院批准晋升为三级高级法官（该院第一批）。

7月31日 贵阳市中级人民法院党组书记、院长唐宏，党组成员、纪检组长张贵黔，执行局副局长王智远一行到观山湖区人民法院对“基本解决执行难”工作进行巡查督导。

8月14日 贵阳市中级人民法院党组书记、院长唐宏一行到观山湖区人民法院督导“人民法院基本解决执行难第三方评估指标体系”完成情况。

9月11日 观山湖区人民法院执行局局长姜毓荣与辖区部分金融企业就金融风险防范进行座谈。

9月26日 贵州省高级人民法院党组书记、院长韩德洋到观山湖区人民法院调研并指导工作。贵州省高级人民法院党组成员、副院长赵传灵，执行局局长陈永兴，贵阳市中级人民法院党组书记、院长唐宏，党组副书记、常务副院长李志强，执行局副局长雷让，观山湖区委常委、政法委书记钟锋陪同调研。

10 月 11 日 观山湖区人民法院举行观山湖区纪委监委派驻第四纪检监察组见面会议。

10 月 27 日 观山湖区人民法院干警杨槐书法作品入选由中国法学会、中国文联、中国美术家协会、中国书法家协会指导，中国行为法学会、中国行为法学会廉政研究委员会、中共北京市丰台区纪律检查委员会、北京市丰台区监察委员会、中国行为法学会廉政书画院共同主办，以“贯彻十九大 颂扬新时代”为主题的第五届中国廉政文化书画展参加展出。

10 月 29 日 观山湖区人民法院召开“基本解决执行难”迎接第三方评估验收工作部署会议。

11 月 7 日 贵州省高级人民法院党组成员、副院长李豫贵到观山湖区人民法院调研并指导审判信息化、法务外包等工作。

12 月 5 日 观山湖区人民法院在全省基层法院率先试点使用华宇电子卷宗深度应用系统。

12 月 12 日 观山湖区人民法院公开开庭审理张清等 17 人涉恶案件。

12 月 18 日 观山湖区人民法院启用法律法规查询系统。

12 月 19 日 观山湖区人民法院不公开开庭（涉及未成年人）审理黄佳浩等 12 名被告人涉嫌犯组织、领导、参加黑社会性质组织罪、协助组织卖淫罪、非法制造枪支罪、故意伤害罪、寻衅滋事罪、聚众斗殴罪、抢劫罪、非法拘禁罪一案。

12 月 26 日 观山湖区人民法院对洪雨雨等 39 名被告人涉恶案件进行公开宣判。39 名被告人分别被判处有期徒刑十三年至一年不等。

12 月 28 日 观山湖区人民法院对黄佳浩等 12 名被告人涉黑案件进行公开宣判。被告人黄佳浩依法被判处有期徒刑二十年，剥夺政治权利二年，并处罚金人民币五万五千元、没收个人全部财产。其余 11 名被告人分别获刑一年零六个月至十六年零六个月不等。

2019年

1 月 3 日 观山湖区人民法院收案数量首次突破 2 万件。

观山湖区人民法院司法改革创新

1 月 4 日　观山湖区人民法院按照贵州省高级人民法院工作部署开展 2018 年度“智慧法院”建设评价工作。

1 月 11 日　贵州省高级人民法院选派赵君、颜源、赵传毅三名员额法官到观山湖区人民法院挂职锻炼，支持观山湖区人民法院，解决案多人少难题。

1 月 14 日　观山湖区人民法院结案数量首次突破 2 万件。

1 月 29 日　观山湖区人民法院抖音账号“法观说”荣获首届中央政法委举办的政法新媒体“四个一百”优秀短视频账号。院党组书记、院长徐涛，干警黄笛、胡蔚作为全省政法系统代表到中央政法委会场上台领奖。

2 月 28 日　观山湖区人民法院改编的《执行很忙》歌曲被最高人民法院评为 2018 年度百优新媒体作品。

3 月 4 日　贵州省高级人民法院授予观山湖区人民法院党组书记、院长徐涛首届“贵州省审判业务专家”称号。

3 月 29 日　中共贵州省委机构编制委员会办公室做出《关于印发〈贵阳市观山湖区人民法院职能配置及内设机构改革工作方案〉的通知》，批复同意观山湖区人民法院设立审判管理办公室（研究室）。

4 月 2 日　中共贵州省委机构编制委员会办公室副主任曾祥坤、贵州省高级人民法院政治部法官管理处处长韦俊、贵阳市中级人民法院政治部主任付臣刚以及观山湖区委组织部副部长、区编办主任龙宪洪等一行到观山湖区人民法院就人员编制、法官助理配置等进行专题调研。

4 月 13 日　贵州省法学会专职副会长徐文山、研究部负责人赵燕华到观山湖区人民法院就引进第三方调解组织推动诉调对接工作进行探讨和交流。

4 月 16 日　观山湖区人民法院启用新 OA 办公系统。

4 月 24 日　贵州省高级人民法院常务副院长唐林一行到观山湖区人民法院现场查访诉讼服务工作，随后视察并听取审判辅助事务外包工作开展情况汇报。

5 月 15 日　河北省石家庄市中级人民法院副院长刘生吉一行到观山湖区人民法院考察交流。

5 月 20 日　在观山湖区委、区委政法委的领导和区政府的支持下，观山湖区人民法院与贵州省法学会携手推进成立观山湖区民商事案件人民调解委员会。该委员会由贵州省法学会应用法学研究会申请成立，工作人员有7名，调解员有200名，独立市场化运行，其体系设计模式为“1（一个调解中心）+N（接入N个调解组织）”模式，其调解工作模式为“1（调解）+4（保全、质证、庭审、效益）”模式。

6月12日 贵阳市中级人民法院党组书记、院长唐宏一行到观山湖区人民法院调研指导工作。

6月13日 武汉市江汉区政协副主席沈玲一行到观山湖区人民法院绿色金融法庭考察，就金融专业化审判服务区域金融经济展开交流讨论。

7月17日 观山湖区人民法院绿色金融法庭对贵州省移动通信集团公司以侵犯隐私为由拒不协助法院调查的行为发出《司法建议书》。次日，三大通信运营商向全省首次全面开放涉诉当事人实名制查询业务，为全省电子送达探索打通了查询通道。

7月25日 观山湖区人民法院启用数字图书馆。

8月1日 观山湖区人民法院整体搬迁至贵阳市观山湖区石林西路新建审判大楼，组织全院举行升旗仪式，宣布新审判大楼启用。新建审判大楼建筑面积12980平方米，一楼诉讼服务中心设置有10个立案功能窗口、诉讼服务显示屏、便民区、律师工作站、心理咨询室、警务室、民商事诉调中心，二楼设置有8个法庭和视频会议室，三楼设置有12个中心法庭和4个外包公司工作间，四楼设置为法官日常办公区域，五楼设置有档案室和外包公司工作间，六楼设置有会议室、行政办公室以及体训室、知行书咖等。

同日 观山湖区人民法院人脸识别安检系统启用。

8月 观山湖区人民法院启用智慧法庭科技系统。

8月20日 观山湖区人民法院民商事调解中心挂牌成立，该调解中心由贵州省法学会独立实质化运行。

8月22日 观山湖区人民法院MG动画《执行很忙》获得全国法院第六届微电影微视频大赛优秀奖。

8月27日 最高人民法院司法巡查组邱鹏（最高人民法院执行指挥信息室主任）、陈晓宇（最高人民法院执行指挥信息室副主任）、王丽娟（最高人民法院申诉审查室书记员）在贵州省高级人民法院执行局副局长李蓉陪同下，到观山湖区人民法院巡查指导执行工作。

同日 观山湖区人民法院邀请区人大、区政协、区信访局以及省法学会、律师事务所等代表，对王某涉诉信访请求开展听证会，这是观山湖区人民法院首次采取听证方式化解涉诉信访纠纷，取得显著成效。

8 月 28 日 最高人民法院审判委员会副部级专职委员杜万华到观山湖区人民法院调研并指导工作。贵阳市中级人民法院党组书记、院长唐宏陪同调研。

9 月 17 日 观山湖区人民法院根据跨域立案工作部署，为居住在观山湖区的张某办理一起由织金县人民法院管辖的抚养费纠纷案件的立案手续。该案是上级部署跨域立案工作后全省首件跨域立案案件。

9 月 20 日 观山湖区委“不忘初心、牢记使命”主题教育第二巡回指导组组长郭正带队到观山湖区人民法院巡查指导主题教育工作。

10 月 18 日 观山湖区人民法院启用移动微法院和跨域立案工作。

10 月 24 日 观山湖区人民法院党组成员、副院长梁怀宇，监察室主任吴家林经贵州省高级人民法院批准晋升为三级高级法官（该院第二批）。

同日 观山湖区人民法院党组成员、副院长杨小菠，党组成员、执行局长姜毓荣，民一庭庭长赵云仙、刑二庭庭长黄敏经贵州省高级人民法院批准晋升为四级高级法官。

11 月 13 日 观山湖区委“不忘初心、牢记使命”主题教育第二巡回指导组组长郭正、副组长王启祥到观山湖区人民法院督导巡查主题教育工作。

11 月 22 日 观山湖区政协组织政协委员、部分银行代表参加金融审判、金融风险防范座谈会议。

同日 观山湖区人民法院上线新档案管理系统。

同日 观山湖区人民法院启用涉案财务跨部门集中管理平台。

11 月 24 日 遵义市务川县人民法院党组书记、院长景贤江一行到观山湖区人民法院考察交流。

11 月 27 日 观山湖区人大常委会主任邱斌、区政协副主席王玉碧分别带领部分人大代表、政协委员视察观山湖区人民法院、绿色金融法庭。邱斌主任对观山湖区人民法院创新推进工作给予肯定，王玉碧副主席现场点赞法庭工作。

11 月 29 日 观山湖区人民法院对被告人毛军等传销犯罪案件（简称

“11·25”案）进行宣判，该案涉及31个省区市、183万余人，涉案161亿余元，被告人毛军等被判处有期徒刑十年至二年不等徒刑，并处500万至50万元不等罚金。

12月6日 观山湖区人民法院绿色金融法庭召开2019年度金融专业化审判新闻座谈会。

12月10日 观山湖区人民法院对以王志洪为首的（婚恋）诈骗犯罪案件进行公开宣判，王志洪等31名被告人分别被判处十一年至一年不等有期徒刑，并处五万元至十五万元不等罚金。

12月24日 安徽省合肥市蜀山区人民法院副院长杨明凤一行到观山湖区人民法院考察交流。

2019年度 观山湖区人民法院人均收案数、人均结案数、人均未结案数全省第一。

2020年

1月14日 观山湖区人民法院按照贵州省高级人民法院工作部署开展2019年度“智慧法院”建设评价工作。

2月25日 贵州省高级人民法院选派员额法官陈卫、白帆，法官助理李可眉、吕静，法警杨雪梅到观山湖区人民法院锻炼，支持观山湖区人民法院解决案多人少难题。

3月2日 贵州省高级人民法院党组书记、院长韩德洋到观山湖区人民法院调研指导工作，要求观山湖区人民法院认真梳理创新做法，形成观山湖经验并提升为贵阳经验。贵阳市中级人民法院党组书记、院长戴世驹陪同调研。

3月5日 观山湖区人民法院采用“云间法庭”等线上办案方式，推动形成防疫、办案齐抓共推工作格局。熊德敏、黄敏、张贵梅等率先运用线上办案方式开展审判工作。

3月13日 贵阳市人大常委会副主任李志鹏到观山湖区人民法院绿色金融法庭调研，认为“绿色金融法庭是贵阳乃至贵州法院的一面旗帜”。座谈会上，中国法律咨询中心贵州分中心主任赵燕华认为绿色金融法庭探索实践是生态文明新型审判体系建设的“贵州探索”，银行代表点赞绿色金融法庭的“贵州探索”。

3月18日 观山湖区人民法院在全市率先启用全国统一送达平台审判端。

3月20日 观山湖区人民法院党组书记、院长徐涛，干警苏飞在《贵州日报》发表《金融+绿色生态：打造环境司法保护的贵州模式——设立绿色生态环保法院实现环境司法保护的必要性》调研文章。

3月26日 观山湖区人民法院在看守所开庭审理首例涉疫案件。

3月27日 观山湖区人民法院在疫情期间借助“贵州移动微法院”App全力推进网上立案工作，截至该日，网上受理案件达943件，畅通了疫情期间人民群众诉讼的立案环节通道。

3月30日 在国内新冠肺炎疫情相对稳定后，观山湖区人民法院根据复工复产工作部署，在强化防疫措施前提下在全市率先全面恢复审判执行司法服务和线下庭审工作。

4月1日 观山湖区直机关工委副书记赵杨到观山湖区人民法院指导党建工作。

4月21日 《淬火成钢铸利剑——贵阳市观山湖区人民法院积极为高质量发展提供司法保障》被“学习强国”贵阳学习平台收录。

同日 观山湖区人民法院召开第二届区委第八轮巡察第一巡察组观山湖区人民法院党组工作动员会，巡察组组长尹环东作动员讲话。

4月29日 观山湖区人民法院党组书记、院长徐涛，干警苏飞在《贵州日报》发表《为绿色金融及环保事业提供司法保障》署名文章。

5月8日 《金融法庭开先路　助力区域经济发展》入选新华社《高管信息（贵州）》第12期。

5月13日 观山湖区人民法院启用办案系统繁简分流功能。

5月25日 安顺市中级人民法院党组成员、副院长刘江一行到观山湖区人民法院考察法务外包工作。

5月27日 贵阳市中级人民法院党组成员、副院长吴莎一行到观山湖区人民法院调研指导审判管理、审判研究、办案质效等工作。

6月10日 观山湖区人民法院干警杨槐书法作品被《中国法院网》书画栏目收录。

6月16日 贵州省高级人民法院撰写的含观山湖区人民法院绿色金融法庭等全省特色人民法庭工作成效宣传稿件被《人民法院报》刊载，涉及绿色金融法庭工作成效部分的标题为《为民之歌响彻阡陌闾巷》。

6 月 23 日 观山湖区人民法院首次采用网络视频方式对 2 案 2 人涉毒案件进行公开宣判。

7 月 1 日 《贵阳市观山湖区人民法院绿色金融法庭调研报告》被贵州蓝皮书《贵州法治发展报告（2020）》收录。

7 月 10 日 观山湖区人民法院在全省率先使用“小包公”刑事案件智能辅助系统法院。

7 月 23 日 观山湖区人民法院在全省首次采用“电子封条”对位于“远大·生态风景”小区 7 号楼的一处住房进行查封。“电子封条”全称“智能电子封条监控系统”，相比传统封条易被破坏等弊端，电子封条具有加装牢固、实时监控、自动报警灯智能化功能。

7 月 24 日 观山湖区人民法院党组书记、院长徐涛在《人民法院报》发表《快精准 专业呵护金融绿色发展——贵阳市观山湖区人民法院推进绿色金融司法工作纪实》署名文章。

8 月 18 日 观山湖区人民法院绿色金融法庭受理贵州修文农村商业银行股份有限公司申请执行李健金融借款合同纠纷案件，这是该法庭建庭后受理的首个执行案件。

8 月 22 日 贵阳市法院民商事审判法文化沙龙在观山湖区人民法院举办。本次法文化沙龙活动由贵阳市中级人民法院党组成员、副院长刘益召集，全市 10 家基层法院民商事审判分管领导和部分法官参加。

9 月 15 日 观山湖区人民法院绿色金融法庭向借款人发出全省第一份电子支付令，对上海浦东发展银行股份有限公司贵阳分行 24 件小额金融借款合同纠纷适用督促程序，进一步拓展快审模式的内涵和实现方式。

同日 观山湖区人民法院人证合一叫号机安装完毕并投入使用。

9 月 28 日 黑龙江省安达市人民法院党组书记、院长徐立新等一行 4 人到观山湖区人民法院绿色金融法庭就金融案件专业化审判工作进行交流互学。

10 月 15 日 贵州省高级人民法院党组成员、副院长刘力一行到观山湖区人民法院视察指导工作。

11 月 4 日 观山湖区人民法院启用全国统一送达平台执行端。

11 月 26 日 观山湖区人民法院绿色金融法庭被贵州省委政法委选定为全

省市域社会治理现代化视频观摩点。

12 月 9 日 观山湖区人民法院执行局法官助理张晶被贵州省高级人民法院、贵州省人力资源和社会保障厅联合授予“2018～2019 年度全省法院先进个人”称号。

12 月 10 日 观山湖区人民法院启用道路交通事故一体化平台。

12 月 23 日 观山湖区人民法院被确定为全省无纸化办公办案试点法院。

12 月 24 日 贵阳市中级人民法院党组书记、院长戴世驹到绿色金融法庭调研指导工作，要求法庭做好做实“党建带队建、队建促审判”工作，做优金融案件专业化审判工作。

12 月 27 日 “民法典时代下的金融法治研讨会·贵州省法学会金融法学研究会 2020 年年会”在观山湖区人民法院绿色金融法庭多功能会议室召开。贵州省社会科学院党委书记、贵州省法学会副会长兼学术委员会主任吴大华，贵州省法学会专职副会长兼秘书长徐文山，贵州省法学会金融法学研究会会长、贵州财经大学教授胡甲庆以及贵州省法学会金融法学研究会部分副会长、常务理事、理事，贵阳市中级人民法院党组成员、副院长刘益，贵阳市中级人民法院知识产权审判庭副庭长任光焰，观山湖区区委常委、政法委书记、区法学会会长钟锋，观山湖区人民法院党组书记、院长徐涛等出席会议。观山湖区人民法院党组成员、审判委员会专职委员黄余作为“民间借贷审判实务”研讨单元的主讲人。

12 月 30 日 观山湖区人民法院被贵州省高级人民法院评选为“全省长期、超审限未结案件清理专项工作先进单位”。

2020 年度 在全省政法单位满意度测评中，观山湖区人民法院建院以来首获全省第五全市第一名佳绩。

2020 年度 观山湖区人民法院在编政法干警人均结案 306.38 件，居全省法院第一。

2020 年度 观山湖区人民法院在全市法院系统综合审判质效考核名列一类地区第三名，是该院建院以来首次获此佳绩。

2021年

1 月 8 日 贵州省社会科学院党委书记、省法学会副会长兼学术委员会主任吴大华到观山湖区调研司法改革创新工作。省委政法委副书记李豫贵，省法学会专职副会长兼秘书长徐文山，观山湖区人民法院党组书记、院长徐涛等参加调研。

同日　贵州省社会科学院党委书记、省法学会副会长兼学术委员会主任吴大华，省委政法委副书记李豫贵，省法学会专职副会长兼秘书长徐文山，省法学会研究部负责人赵燕华调研观山湖区人民法院民商事调解中心调解工作，观山湖区人民法院党组书记、院长徐涛，诉讼服务中心负责人徐羿，民商事调解中心主任陈建新参加调研。

1 月 11 日　观山湖区委、区政府授予观山湖区人民法院绿色金融法庭“观山湖区经济发展和社会治理‘滨湖先锋’暨观山湖区（金阳新区）建设二十周年‘最具影响力’优秀集体”荣誉称号。

1 月 12 日　观山湖区人民法院启用对外委托鉴定系统。

1 月 13 日　观山湖区人民法院启用贵州法院移动办公系统。

1 月 15 日　观山湖区人民法院按照贵州省高级人民法院工作部署开展 2020 年度“智慧法院”建设评价工作。

1 月 20 日　贵阳市委常委、市委政法委书记陈小刚到观山湖区人民法院绿色金融法庭调研。

1 月 25 日　观山湖区人民法院率先在全省组建成立专门的金融案件联合执行组，执行组设大队长 1 名（观山湖区人民法院员额法官担任）、副大队长 1 名（贵阳市公安局观山湖分局民警担任）。

1 月 28 日　观山湖区人民法院启用律师服务平台。

2 月　观山湖区人民法院与中国司法大数据研究院对观山湖区人民法院人案矛盾问题采用大数据进行研究，形成全国法院系统第一份《基于司法大数据的 2020 年贵阳市观山湖区人民法院人案适配情况评估报告》，14 项评估指标，高风险指标有 8 项，未结案件增幅、一审案件改判发回重审率、生效案件改判发回重审率 3 项指标与全市相较为优异评价。

2 月 5 日　贵阳市中级人民法院党组成员、市纪委市监委派驻第十七纪检监察组组长向高翔到观山湖区人民法院走访慰问全省法院先进个人张晶同志。

同日，观山湖区人民法院启用全省法院内网集群网站。

2 月 8 日　观山湖区区委常委、政法委书记钟锋到绿色金融法庭视察指导工作并慰问法庭干警。

2月10日 贵阳市中级人民法院授予观山湖区人民法院“长期、超审限未结案件专项清理工作先进集体”、全市法院“繁简分流”改革之“电子诉讼改革先进集体”、“调研及编写案例工作先进集体”等荣誉称号；授予执行局“全市法院执行工作先进集体”荣誉称号，授予刑事审判庭“全市法院扫黑除恶工作先进集体”荣誉称号；授予黄余、苏飞“调研先进工作者”，授予苏飞、熊德敏、张贵梅“全市法院‘繁简分流’改革工作先进个人”，授予黄余、张铮、赵云仙、征秋涛“长期、超审限未结案件专项清理工作先进个人”，授予谢光琴、张琪斌“全市法院执行办案能手”，授予曾伟“全市法院执行办案质量标兵”，授予张琪斌“全市法院执行信访工作先进个人”，授予徐智勇“全市法院执行综合工作先进个人”，授予黄敏、惠艳琳“全市法院扫黑除恶工作先进个人”等荣誉称号。

3月 观山湖区人民法院以党组书记、院长徐涛为组长，黄余、任光焰、苏飞为成员的课题组经研究形成的《基层专业化法庭在市域社会治理现代化中的功能研究——以观山湖区人民法院绿色金融法庭为样本的实证分析》调研成果，荣获全省法院2020年度重点调研课题三等奖。

3月15日 观山湖区人民法院成立以党组书记、院长徐涛为组长，党组成员为副组长的领导小组，下设领导小组办公室和干警学习教育组、线索查纠工作组、顽瘴痼疾整治工作组等一室八组，制定了《观山湖区人民法院队伍教育整顿工作方案》，召开全院教育整顿动员部署会议，对三个环节工作任务进行安排部署，明确了规定动作和重点工作。

3月22日 观山湖区委区政府授予观山湖区人民法院干警杨槐“脱贫攻坚工作先进典型”，授予黄敏“扫黑除恶工作先进典型”，授予张晶“服务群众工作先进典型”，授予胡安翔“疫情防控工作先进典型”等荣誉称号。

3月23日 观山湖区人民法院法官助理方丹同志被贵州省高级人民法院评选为“全省法院监察工作先进个人”。

同日 观山湖区人民法院刑事审判庭庭长黄敏被贵州省高级人民法院评选为“全省法院刑事审判工作先进个人”。

同日 观山湖区人民法院干警苏飞、谢光琴、徐羿、张铮被贵州省高级人民法院评选为“2020年度全省法院‘四化’大练兵先进个人”。

同日　观山湖区人民法院绿色金融法庭被贵州省高级人民法院评选为“全省法院民商事审判工作先进集体”。

3月25日　贵阳市中级人民法院党组成员、副院长阮劲松一行到观山湖区人民法院检查督导队伍教育整顿工作。

3月30日　贵阳市中级人民法院党组成员、副院长阮劲松一行到观山湖区人民法院第二次检查督导队伍教育整顿工作。

4月7日　贵阳市中级人民法院党组成员、副院长阮劲松一行到观山湖区人民法院第三次检查督导队伍教育整顿工作。

同日　贵阳市中级人民法院研究室主任施辉法一行到观山湖区人民法院调研指导优化营商环境工作。

4月13日　观山湖区委书记、区政法队伍教育整顿领导小组组长罗杨率队到观山湖区人民法院调研指导政法队伍教育整顿工作。

4月14日　贵州省高级人民法院执行局杨飞燕处长带领遵义市汇川区、红花岗区、播州区、赤水市、绥阳县人民法院执行局局长到观山湖区人民法院就执行工作、法务外包进行交流学习。

4月16日　贵阳市中级人民法院立案一庭庭长杨晓智到观山湖区人民法院绿色金融法庭督导人民法庭一站式建设工作。

4月27日　贵阳市中级人民法院党组书记、院长戴世驹到观山湖区人民法院绿色金融法庭开展察民情、访民意专题调研，以学党史强党性为题为党支部党员讲党课。

4月28日　贵州省政法队伍教育整顿领导小组办公室第一指导组法院专班主任严白、副主任夏世杰、组员李秋秋一行到观山湖区人民法院检查指导队伍教育整顿工作。

同日　贵州省高级人民法院党组成员、副院长刘力带领研究室（审管办）主任赵君、立案庭庭长曹晓莉一行到观山湖区人民法院绿色金融法庭调研指导工作。贵阳市中级人民法院党组成员、副院长刘杰，立案一庭庭长杨晓智陪同调研。

4月30日　贵州省社会科学院党委书记、省法治研究与评估中心主任吴大华到观山湖区人民法院调研司法体制改革创新工作。决定以观山湖区人民法院为样本，总结提炼观山湖区人民法院创新经验做法，成果形成《贵州法治发展报告·观山湖区人民法院改革创新研究》。省社会科学院法律研究所所长、省法治研究与评估中心副主任王飞等参加调研。

5 月 8 日 中共观山湖区人民法院党总支及四个支部换届选举大会，会议选举产生了新一届总支委员以及四个支部委员。

5 月 28 日 浙江省高级人民法院党组书记、院长李占国，院长秘书郑永建一行到观山湖区人民法院绿色金融法庭考察调研，对法庭法务外包工作及标化快审模式创新工作给予充分肯定。贵州省高级人民法院副院长王霞，贵阳市中级人民法院党组书记、院长戴世驹以及贵阳市中级人民法院司法行政处处长彭惠林陪同调研。

6 月 2 日 观山湖区人民法院党组书记、院长徐涛，绿色金融法庭负责人徐力应邀参加省法学会组织的金融案件诉前调解调研成果评审会。

6 月 18 日 观山湖区人民法院绿色金融法庭经过初评、投票及审议，荣获贵阳贵安政法队伍教育整顿“十佳政法集体”荣誉称号。

6 月 28 日 贵阳市中级人民法院党组书记、院长戴世驹到观山湖区人民法院绿色金融法庭开展专题调研，视察指导法庭标化速裁快审工作，并为法庭党群干部宣讲党史。贵州省法学会专职副会长兼秘书长王占霞，省法学会研究部负责人赵燕华，观山湖区人民法院党组书记、院长徐涛以及部分金融机构代表、法庭干警参加专题调研座谈。

图书在版编目(CIP)数据

观山湖区人民法院司法改革创新 / 吴大华，徐涛主编. -- 北京：社会科学文献出版社，2021.8
ISBN 978 - 7 - 5201 - 8772 - 5

Ⅰ.①观… Ⅱ.①吴… ②徐… Ⅲ.①司法制度 - 体制改革 - 研究 - 贵阳 Ⅳ.①D927.731.64

中国版本图书馆 CIP 数据核字（2021）第 158102 号

观山湖区人民法院司法改革创新

顾　　问 / 李豫贵　徐文山
主　　编 / 吴大华　徐　涛

出 版 人 / 王利民
责任编辑 / 陈　颖
文稿编辑 / 陈晴钰
责任印制 / 王京美

出　　版 / 社会科学文献出版社 · 皮书出版分社（010）59367127
地址：北京市北三环中路甲 29 号院华龙大厦　邮编：100029
网址：www.ssap.com.cn
发　　行 / 市场营销中心（010）59367081　59367083
印　　装 / 三河市龙林印务有限公司

规　　格 / 开 本：787mm × 1092mm　1/16
印 张：25.25　字 数：415 千字
版　　次 / 2021 年 8 月第 1 版　2021 年 8 月第 1 次印刷
书　　号 / ISBN 978 - 7 - 5201 - 8772 - 5
定　　价 / 158.00 元